AF884629

LA JUSTICIA EN EL OJO DEL HURACÁN

REFLEXIONES DE UN MAGISTRADO DE LO SOCIAL

LA JUSTICIA EN EL OJO DEL HURACÁN

REFLEXIONES DE UN MAGISTRADO DE LO SOCIAL

Pedro Tuset del Pino
Magistrado

Prólogo

Antonio Vicente Semper Navarro
Magistrado del Tribunal Supremo

COLEX 2024

Copyright © 2024

Queda prohibida, salvo excepción prevista en la ley, cualquier forma de reproducción, distribución, comunicación pública y transformación de esta obra sin contar con autorización de los titulares de propiedad intelectual. La infracción de los derechos mencionados puede ser constitutiva de delito contra la propiedad intelectual (arts. 270 y sigs. del Código Penal). El Centro Español de Derechos Reprográficos (www.cedro.org) garantiza el respeto de los citados derechos.

Editorial Colex S.L. vela por la exactitud de los textos legales publicados. No obstante, advierte que la única normativa oficial se encuentra publicada en el BOE o Boletín Oficial correspondiente, siendo esta la única legalmente válida, y declinando cualquier responsabilidad por daños que puedan causarse debido a inexactitudes e incorrecciones en los mismos.

Editorial Colex S.L. habilitará a través de la web www.colex.es un servicio online para acceder a las eventuales correcciones de erratas de cualquier libro perteneciente a nuestra editorial.

© Pedro Tuset del Pino

© Editorial Colex, S.L.
Calle Costa Rica, número 5, 3.º B (local comercial)
A Coruña, 15004, A Coruña (Galicia)
info@colex.es
www.colex.es

I.S.B.N.: 978-84-1194-742-8
Depósito legal: C 1699-2024

SUMARIO

INTRODUCCIÓN

La justicia en el ojo del huracán. Reflexiones de un Magistrado de lo Social forma parte de la trilogía de recopilaciones de artículos que se me han ido publicando durante estos últimos años en torno a materias relacionadas con el Derecho del Trabajo y la Seguridad Social, siendo complemento de los anteriores títulos publicados por Editorial Colex: *Artículos doctrinales. Justicias e injusticias explicadas por un Magistrado de lo Social* (2021) *y Comentarios de un Magistrado de lo Social sobre la justicia y otros aspectos* (2023).

En todos ellos existe un nexo común, mi pasión por el Derecho y mi experiencia profesional sobre los temas objeto de comentario.

Experiencia profesional avalada por 40 años de dedicación al mundo jurídico, concretamente, 25 años como Abogado y otros 15 años como Magistrado, lo que me ha permitido tener una visión de conjunto en ambos frentes.

Como comprobará el lector, este nuevo libro se compone de dos materias bien diferenciadas: *Justicia y Derecho* y, de otra, *No todo es Derecho.* En la primera trato aspectos diversos relativos a la Justicia en general, mientras que en la segunda me he permitido discurrir en aspectos vitales, filosóficos, cívicos, éticos y literarios.

Debo, desde estas breves líneas, agradecer en primer lugar a Editorial Colex por renovar su confianza en esta nueva obra que, a buen seguro, tendrá una cuarta entrega. Agradecimiento que hago extensible al profesor y Magistrado de la Sala de lo Social del Tribunal Supremo, Antonio Vicente Semper Navarro, por su manifiesta generosidad en redactar el prólogo y los elogios vertidos tanto a mi persona como a este nuevo libro.

Para finalizar, deseo que *La justicia en el ojo del huracán. Reflexiones de un Magistrado de lo Social* cumpla las expectativas que el lector haya puesto en su adquisición.

Barcelona, 30 de octubre de 2024.

asuntos *vivos* en su juzgado o tribunal. Pero ese problema (ahora volveré) no debe impedir que la delimitación de órdenes jurisdiccionales sea coherente.

La avalancha de asuntos que llaman a las puertas del Juzgado o la demora en la resolución de los ya entrados no deja indiferente a nuestro autor. Buena prueba de ello la encontramos en las reflexiones aportadas por piezas como «Sugerencias para una relación más fluida en el trato con la Administración de Justicia»; «La Inteligencia Artificial aplicada al dictado de sentencias. Realidad o ficción»; «Nulidad de actuaciones por no notificar al trabajador que la empresa va a acudir al juicio con letrado»; «A favor de la Administración de Justicia». En justa correspondencia, el Prólogo incorpora las modestas y recientes propuestas contenidas en «El colapso de la Jurisdicción Social», *Actualidad Jurídica Aranzadi* n.° 1009, 2024.

Pedro Tuset del Pino, digámoslo ya, es profesional comprometido con su entorno y su misión. Testimonio de ello lo vienen dando quienes han coincidido con él en sus numerosísimas actuaciones asociativas, docentes o, sobre todo, judiciales. También se comprueba ello con el repaso de «Sugerencias para una relación más fluida en el trato con la Administración de Justicia»; «Por una adecuada formación de letrados y graduados sociales en los aspectos procesales de la jurisdicción social»; «El adecuado y debido respeto entre jueces y letrados»; «El uso obligado de la toga». Sin parangón con esa diversidad temática, pero transido de las mismas intenciones de mejorar la realidad circundante creo que se encuentra el epígrafe reproducido más abajo «¿Qué hacer con el atasco de la Sala Cuarta?», *Actualidad Jurídica Aranzadi* n.° 979, 2021.

Cada Juzgado o Tribunal actúa aplicando la Constitución. No se trata de una afirmación novedosa sino de un recordatorio que permanentemente han de hacerse. El elevado contenido social de nuestra Ley Fundamental, la permeabilidad de las relaciones sustantivas (laborales, empleo, protección social) enjuiciadas por la jurisdicción social o la propia configuración del proceso (sigue siendo imprescindible la lectura de la Exposición de Motivos de la LRJS) explican que nuestro autor haya prestado atención plural a temas conexos con todo ello. Así lo comprobamos, por ejemplo, en las contribuciones «La independencia del juez como piedra angular del sistema judicial»; «El derecho de libertad de expresión del empresario ante la convocatoria de huelga»; «La Constitución española cumple 40 años. Algunas reflexiones sobre su efemérides». En correspondencia, este Proemio reproduce «XXXV preguntas laborales a la CE», *Actualidad Jurídica Aranzadi* n.° 875, 2013, que lógicamente refiere al cumpleaños conmemorado al redactarlas.

Hay una segunda parte del libro no menos importante que la primera, pero sí diversa e indiciariamente sorprendente. En ella aparece el personaje humanista y culto, que no tiene empacho en rememorar el perfil de personas que le han marcado (Federico Carlos Sainz de Robles, Carmelo Gómez Torres, Maria Carme Junyent, Fernando Sánchez Dragó, José María Carrascal, Victoria Prego, Spencer Tracy...), en elevar su pensamiento a niveles cuasi teológicos (Discernimiento y libertad, Felicidad, Valores cívicos, éticos y estéticos, La Humanidad, etc.) o claramente filosóficos (la Nada, Sócrates), en llamar la atención sobre realidades insatisfactorias (vestimenta, país, incultura...) o evocar contextos referenciales (Roma Imperial, Concierto de Año Nuevo, etc.). Voy a vencer la tentación de replicar estas entradas de la obra, pero confieso que mucho me cuesta, porque la promoción de visiones personales (aunque laboralistas) del cine, la fotografía, la literatura, la pintura o la música también ha ocupado parte de mis actividades parajurídicas.

1. Por una jurisdicción social robusta[1]

Aun sabiendo que expongo posición minoritaria (cuando no aislada) creo que bien vale la pena dedicar unos minutos al tema de la extensión que posee el orden social de la jurisdicción, esto es, la competencia objetiva de los tribunales sociales (Juzgados de lo Social, Salas de lo Social de los Tribunales Superiores de Justicia, Sala de lo Social de la Audiencia Nacional, Sala de lo Social del Tribunal Supremo).

En los últimos años se han producido diversos acontecimientos (aprobación de normas, asunción de criterios interpretativos, creación de nuevos órganos jurisdiccionales con competencias mixtas, promoción de soluciones extrajudiciales, etc.) que caminan en una misma dirección: la disminución del elenco de materias cuyos litigios son conocidos en instancia por los órganos de la jurisdicción social. Los temas sobre personal Estatutario de los Servicios Públicos de Salud, aspectos laborales de las situaciones concursales, derivaciones de la violencia de género, conflictos colectivos o ciertos aspectos cooperativos son buenos ejemplos de ello; las impugnaciones de sanciones administrativas o expedientes de regulación de empleo presentan avatares dignos de recordatorio.

En un Estado de Derecho donde la jurisdicción es única, el acceso a la carrera judicial (salvo excepciones) se lleva a cabo sin especialidades, los procesos contencioso-administrativos o civiles pueden presumir de Leyes Procesales modernas, está regulada la asistencia jurídica gratuita, los agentes sociales poseen solventes gabinetes de asesoramiento, etc., ese trasvase o reajuste temático no tiene por qué ser censurable en sí mismo. De hecho, es muy probable que la inmensa mayoría de jueces aplaudan lo acaecido en aras de una mayor especialización y mejor servicio al justiciable.

A efectos dialécticos, y apurando las líneas argumentales que esas reformas o interpretaciones sostienen, incluso cabe que alguien opte por la *disolución* de la jurisdicción social y su reparto de materias entre los órdenes colindantes (civil-mercantil y contencioso). Pero si se opta por la persistencia

1. «A contracorriente: Por una jurisdicción social robusta» (*Actualidad Jurídica Aranzadi n.º* 686, 2005).

de una jurisdicción en torno a los temas sociales, como aquí se defiende por razones cuya exposición excede al espacio de esta columna, quizá haya llegado el momento de redimensionarla. No sólo para *repescar* ciertas materias sino para atribuirle otras nuevas (funcionarios de todo tipo, autorizaciones laborales, trabajos autónomos o en régimen mercantil por cuenta ajena, sanciones administrativo-laborales, asistencia y servicios sociales, recaudación de Seguridad Social, etc.), superando los confines del contrato de trabajo y de la Seguridad Social.

Conozco bien las objeciones que se oponen a esta idea; sin ánimo de combatirlas aquí, al menos indicaré algunas obviedades: mayor número de litigios no significa más trabajo para un concreto Juez; la heterogeneidad resultante no es mayor que la que ya existe entre cuestiones ahora conocidas por uno cualquiera de los órdenes jurisdiccionales; la LPL bien puede armonizarse con los cambios derivados de LEC y LJCA; las razones históricas no pueden servir para petrificar lo existente; la Constitución en modo alguno prefigura la materia, mientras que la LOPJ y Leyes concordantes admiten la reordenación postulada; la necesaria revisión de algunos dogmas sociales de tipo procesal (inexistencia de contestación escrita a la demanda, voluntariedad de la asistencia jurídica por parte de profesionales, etc.) refuerza la posibilidad de esa revisión competencial; una jurisdicción así pergeñada legitima y justifica su existencia de manera mucho más actual; un orden jurisdiccional razonablemente amplio, robusto y aglutinado alrededor de varios tópicos puede rendir más servicios a la sociedad que otro temáticamente raquítico y sólo pendiente de invalideces y despidos, por decirlo de manera provocativa.

2. El Derecho del Trabajo, en el ojo del huracán[2]

Hagamos un somero inventario de lo que acaece estas últimas semanas. La reciente declaración del **estado de excepción** se debe a un conflicto laboral en el que confluyen numerosas cuestiones: prolongada dejación empresarial de funciones, aprobación de varias normas sectoriales para recuperar el control por parte de AENA, utilización conflictiva de las bajas médicas, privatización parcial de la empresa; las decisiones de detalle (militarización, apertura de expedientes, investigación de la Fiscalía) han aumentado el nivel de discusión y litigiosidad.

La **Reforma Laboral de 2010**, publicada como Ley en septiembre, acompañada de una huelga general, comienza su aplicación (despidos económicos, medidas flexibilizadoras heterogéneas, restricciones a la contratación temporal), entrándose también en la fase de desarrollo reglamentario (agencias privadas de colocación) y siendo múltiples los frentes polémicos que ha abierto.

2. «El Derecho del Trabajo, en el ojo del huracán», *Actualidad Jurídica Aranzadi*, n.° 811, 2010.

El **sistema de protección social** entra en fase de ajuste: fin de la ayuda a quienes han consumido el subsidio de desempleo, recortes en prestaciones familiares, endurecimiento de la jubilación parcial, proyecto de reforma de las pensiones, estudio sobre viabilidad del copago en la asistencia sanitaria, congelación mayoritaria de las pensiones, mayor control de la incapacidad temporal, etc.

El marco para la **resolución de conflictos** reverdece: tras la renovación del ASEC y sus réplicas autonómicas o la potenciación de los mecanismos extrajudiciales por parte de la Ley 35/2010, el proyecto de Ley de la Jurisdicción Social camina a buen ritmo.

La crisis del **sector público** conduce a que comiencen a aplicarse inéditas medidas de restricción del gasto en temas de personal; tras el *tijeretazo* (RDL 8/2010) aparecen reducciones de jornada, suspensiones o extinciones contractuales, cancelación de contratas, minoración de subvenciones. Los empleados de Centros Concertados de Enseñanza, de Mutuas Patronales, de Entidades Públicas Empresariales y de sectores afines son metidos en el mismo saco, generándose problemas de todo tipo (constitucional inclusive) y múltiples litigios.

El número de **desempleados** no cesa de crecer, sin que finalicen los estériles debates acerca de su método de cómputo, endureciéndose los requisitos para percibir las prestaciones de seguridad Social. Desde diversos ámbitos se clama por una **reforma de mayor calado** en las normas laborales sobre contratación y despido, pero también sobre negociación colectiva, huelga, empleo, retribuciones y sindicatos, cotizaciones y responsabilidades.

En suma, por no hacer la lista interminable y por concordar con el espacio disponible, parece que todo el Derecho del Trabajo estuviera en cuestión. El asunto es tan viejo como la propia existencia de las normas laborales y sólo sorprende la ligereza con que en ocasiones se formulan las críticas o alabanzas de lo existente, las propuestas acerca de tal o cual institución. Si esta rama del Derecho aparece en el ojo del huracán es porque los problemas sociales se encuentran en el primer plano de actualidad; yerran quienes ven en esas normas la causa o la solución de los problemas. Ojalá todo fuera tan sencillo como elaborar un excelente *Código Laboral y de Previsión Social*.

Pero sí está justificada la preocupación por las técnicas normativas acogidas, las precipitadas redacciones, las desnaturalizaciones o desenfoques, las discordancias internas, la irresponsabilidad o el exceso por parte del Poder Ejecutivo o de la Administración, la falta de estudio a la hora de aplicar nuevas normas, la actuación obviando exigencias comunitarias o constitucionales, la formulación de principios rápidamente traicionados. Vivir en el ojo del huracán no legitima para ignorar e inaplicar la *lex artis* pertinente, sea la Meteorología, la Física, la Geografía ... o el Derecho.

3. XXXV preguntas laborales a la CE[3]

En los asuntos laborales la jurisprudencia constitucional se utiliza con tanta naturalidad como la doctrina los Tribunales Superiores o la jurisprudencia del Tribunal Supremo. Lo realmente importante no es que un 30 % de los asuntos resueltos por el TC posea impronta laboralista, sino que, en la demanda más modesta, en la sentencia de cualquier Juzgado o en la resolución de un expediente administrativo encontramos razonamientos directamente basados en la Constitución de 1978.

Presupuesta su madurez, en lugar de homenajes, ha llegado la hora de darle la palabra a la propia Constitución y pasarle un cuestionario (vivo, desordenado, provocativo) para que responda a tantas preguntas como años cumple.

1. ¿Debemos entender incluida la enfermedad crónica entre las circunstancias ante las que no cabe discriminar (art. 14)?
2. ¿Le parece positivo que sigamos sin una Ley reguladora del derecho de huelga (art. 28.2)?
3. ¿Es verdad que el derecho al trabajo colisiona con la reconducción de los despidos sin causa al pago de una indemnización (art. 35.1?
4. ¿Quiso garantizar el derecho al trabajo para los condenados a pena de prisión más que para el resto de la población (art. 25.2)?
5. ¿Le parece presentable que se tarde años en saber si una Reforma Laboral es inconstitucional (art. 161.1)?
6. ¿Quiso realmente establecer el salario familiar o era una alusión retórica (art. 35.1)?
7. ¿Le gusta la interpretación *contrario sensu* que avala la existencia de convenios «extraestatutarios» (art. 37.1)?
8. ¿Cree que podemos utilizar la construcción del TEDH sobre derecho a la propiedad y expectativas pensionísticas (art. 33.1)?
9. ¿Hemos acertado con la jerarquización de los distintos derechos laborales (art. 53 y concordantes)?
10. ¿No podría haber organizado mejor el tema de la Seguridad Social, la Asistencia Social y los Servicios Sociales (art. 149.1)?
11. ¿Cree que estamos exagerando las implicaciones del derecho a la tutela judicial efectiva en el ámbito laboral (art. 24)?
12. ¿Por qué separó las prestaciones públicas de Seguridad Social (art. 41) de las pensiones para la tercera edad (art. 50)?

---

3. «XXXV preguntas laborales a la CE», *Actualidad Jurídica Aranzadi* n.° 875, 2013.

13. ¿Considera redundante que utilicemos la cláusula de «Estado social» para delimitar el contenido de los derechos constitucionales (art. 1)?
14. ¿Casa mal con su diseño el que sindicatos y patronales reciban importantes ayudas públicas (art. 7)?
15. ¿Debemos seguir tolerando la inclusión de preceptos laborales en leyes que nada tienen que ver con la materia (art. 9.3)?
16. ¿Qué debería hacerse para facilitar el acceso de los trabajadores a la propiedad de los medios de producción (art. 129.2)?
17. ¿Le parece adecuado que se invoque la dignidad personal para rechazar el cumplimiento de obligaciones laborales (art. 10.1)?
18. ¿Hemos acertado con la interpretación sobre el alcance del principio de igualdad en las relaciones laborales (art. 14)?
19. ¿Considera que las nuevas tecnologías están yendo demasiado lejos a la hora de controlar la actividad de los empleados (art. 18)?
20. ¿Le sigue gustando la separación entre libertad sindical (art. 28.1) y derecho de asociación (art. 22.1)?
21. ¿Qué piensa sobre la tesis favorable a extender las garantías penales a la imposición de sanciones al trabajador (art. 25.1)?
22. ¿Es un mero valor retórico el reconocimiento de la libertad para elegir profesión u oficio? (art. 35.1)?
23. ¿Podría delegarse en una comunidad autónoma la facultad de aprobar legislación laboral (art. 150.1)?
24. ¿Se violenta el diseño de los Colegios Profesionales si se amplían los supuestos en que no resulta necesaria la incorporación a ellos (art. 36)?
25. ¿Debe quedar anestesiada la libertad de empresa cuando se declara una huelga (arts. 28.2 y 38)?
26. ¿Deberíamos considerar inconstitucional una norma, sea cual sea su materia, si resulta contraria a la consecución del «pleno empleo» (art. 40.1)?
27. ¿Tiene realmente sentido pedir a nuestros emigrados que retornen a un país en crisis (art. 42)?
28. ¿Por qué ha reconocido el derecho a la salud solo entre los principios inspiradores de las políticas públicas (art. 43)?
29. ¿Ha acabado teniendo sentido la diferenciación entre funcionarios y empleados públicos (art. 103.3)?
30. ¿Qué le parece la militarización de trabajadores en casos de alarma (art. 116)?
31. ¿Le agrada el modo en que se están interviniendo las empresas que ponen en peligro el sistema financiero (art. 129.2)?

32. ¿En qué pensaba al hablar de participación de los interesados en la Seguridad Social (art. 129.1)?
33. ¿Hemos acertado, en el ámbito laboral, con la invocación del canon hermenéutico internacional del artículo 10.2?
34. ¿Puede considerarse inconstitucional la actividad empresarial desenvuelta en régimen de economía «sumergida» (art. 9.3)?
35. ¿Cree que las PYMES (mayoritarias en nuestra realidad) están bien contempladas en su articulado?

4. ¿Qué hacer con el atasco de la Sala Cuarta?[4]

Propósito. Los Juzgados y las Salas de los Social están al borde del colapso. A la vista del limitado espacio disponible, ya que el Tribunal Supremo culmina la organización judicial, sin perjuicio de las competencias del Tribunal Constitucional, puesto que su Sala de lo Social experimente un prolongado *embotellamiento,* en los párrafos siguientes se apuntan ideas (compartidas o no) para animar al debate sobre el tema.

Necesidad de mejorar. Parece incuestionable la necesidad de mejorar el estado actual de las cosas, con tasas de pendencia y de respuesta temporal cada vez más desfavorables, poco coherentes con un orden jurisdiccional que debe su propia existencia al deseo de lo contrario.

Un problema estructural. La frecuencia con que los asuntos resueltos por las Salas de lo Social de los Tribunales Superiores de Justicia son objeto de un recurso de casación para la unificación de doctrina viene comportando un elevado número de causas pendientes. Eso, sin menospreciar las debidas a recursos de casación de tipo cásico o al resto de asuntos (error judicial, revisión, impugnación de decisiones administrativas, conflictos competenciales)

Un problema coyuntural. En fechas recientes, la Sala de Gobierno del Tribunal Supremo ha llamado la atención sobre las consecuencias negativas que provoca la imposibilidad de que el CGPJ pueda cumplir con su tarea de cubrir las Plazas que van quedando vacantes. Remediar esa anomalía es una clara prioridad.

Un diseño desacompasado. A diferencia de lo que ocurre con el Tribunal Constitucional u otros «mayores» (Luxemburgo, Estrasburgo), la estructura interna de la Sala Cuarta está pensada para el modo de *ius dicere* tradicional. No se trata tanto de la escueta planta de Magistrados sino, sobre todo, de la ausencia de un robusto Cuerpo de Letrados (al margen su denominación) que auxilie, apoye y asesore a las personas encargadas de deliberar, votar y redactar las resoluciones. Por otro lado, el trasvase competencial que supuso

4. «¿Qué hacer con el atasco de la Sala Cuarta?», *Actualidad Jurídica Aranzadi* n.º 979, 2021.

la LRJS no vino acompañado de un aumento de la plantilla de la Sala, añadiéndose a ello la desaparición del emeritaje.

Normas. Son muchas las opciones para revertir la situación desde un plano normativo: incorporar el cedazo del «interés casacional» en la admisión de los recursos, atribuir la competencia en instancia siempre (en cualquier litigio) a un Juzgado de lo Social (incluso remodelando la Audiencia Nacional), introducir una unificación doctrinal a nivel autonómico, aumentar las competencias del órgano ante el que se preparan los recursos casacionales, revisar el tema de las costas, aumentar los umbrales de recurribilidad, institucionalizar el «pleito testigo», etc.

Medidas organizativas. También son varias las opciones de la Administración de Justicia para mejorar la situación: asignar un Letrado de apoyo a cada integrante de la Sala, mejorar las remuneraciones y condiciones profesionales de las Plazas de Gabinete y Secretaría para hacerlas atractivas, estabilizar al personal temporal, pensar en el «auto-refuerzo», etc.

Participación. De acuerdo con el Consejo General de la Abogacía (sin olvidar los de Graduados Sociales y Procura) establecer una célula permanente de reflexión e intercambio de pautas e informaciones, con total trasparencia y publicidad, en orden a adoptar recomendaciones o decisiones sobre buenas prácticas. Abrir una información pública para que agentes sociales, Entidades Gestoras o colaboradoras, Inspección de Trabajo, Autoridades Laborales, Asociaciones científicas, o cualesquiera profesionales del laboralismo presenten iniciativas tampoco parece descabellado si la convocatoria se realiza desde una instancia solvente.

Interpretaciones alternativas. Sin presuponer cambios en la regulación vigente, la estructura orgánica o la dotación de medios, desde el ámbito académico se han sugerido algunas posibilidades para rebajar el número de asuntos o aumentar el de los resueltos.

- Potenciar el ejercicio de las facultades concedidas al Tribunal *a quo* a fin de revisar la corrección de los recursos casacionales (art. 210.3 LRJS; arts. 222 y 223 LRJS).
- Descartar como sentencia referencial la correspondiente al mismo Tribunal Superior que dictó la recurrida (art. 219.1 LRJS). Se trata de interpretación acorde con el papel que al TSJ y al TS reservan la Constitución (arts. 152.1 y 123.1 CE). Las discrepancias internas tienen posible solución a través del incidente de nulidad (ante la propia Sala) por vulneración del artículo 14 CE.
- Integrar las Salas ordinarias con tres Magistrados, y no con cinco como viene sucediendo (arts. 225.6 y 227.2 LRJS).
- Activar el recurso unificador rogado por sujetos colectivos e interpuesto por el Ministerio Fiscal (art. 219.3 LRJS) para unificar criterios de manera urgente, evitando así una proliferación de ulteriores recursos.

– Propiciar la acumulación de recursos pendientes ante la Sala (art. 234.1 LRJS).

El factor humano. Aunque sea un intangible, esta escueta reflexión no puede esconder la importancia que los comportamientos humanos (no solo de las partes litigantes) poseen a la hora de generar tanto problemas cuanto soluciones. Se trata de materia más propia de un coloquio que de una Tribuna de opinión y aquí solo se quería avivar el debate.

5. El colapso de la Jurisdicción Social[5]

La razón de ser de la jurisdicción social. A medida que fueron naciendo y desarrollándose las normas reguladoras del trabajo (muchas veces apartándose de las construcciones iusprivatistas) y surgiendo parcelas de la Administración funcionalmente dedicadas al entramado sociolaboral, nuestro legislador también se atrevió a poner en pie un sistema para resolver los conflictos derivados de su aplicación de tales normas. Como tantas veces se ha dicho, hay ramas del Derecho con las que la mayoría de la población apenas tendrá contacto a lo largo de su vida, pero difícilmente eso sucederá con la reseñada.

No es el momento de recordar las experiencias paritarias, de repasar los orígenes de la Magistratura de Trabajo o de reparar en la diversidad de modelos que desde finales del siglo XIX hemos conocido.

Lo relevante es que la puesta en pie de un proceso social con sus característicos principios (concentración, oralidad, inmediación, gratuidad, instancia única) tuvo buena parte de su justificación en el deseo de proporcionar una respuesta ágil, queriendo ver en esa rapidez tanto el contrapunto a la lentitud asociada a un litigio civil cuanto la complicidad con el tipo de los intereses generalmente concurrentes.

La teoría del principio de celeridad. Dada esa urgencia con que han de ser resueltas las pretensiones surgidas con ocasión de un conflicto de trabajo, el proceso debe gozar de la mayor agilidad de plazos y sencillez de tramitación. En realidad, los principios ya reseñados (que ahora explicita el artículo 74 LRJS) están orientados a conseguir este objetivo.

La doctrina (Montoya Melgar, por todos) ha venido explicando que la ordenación legal del proceso de trabajo pretende la rapidez de su desarrollo, estableciendo para ello diversos mecanismos: plazos breves, perentorios e improrrogables; irrecurribilidad (absoluta o selectiva) de determinadas decisiones; práctica de la prueba mayoritariamente durante el acto del juicio; formulación de excepciones al contestar la demanda; supresión de trámites incidentales y resolución de cuestiones previas en la propia sentencia; diseño de diversas modalidades procesales; ausencia de recursos ordinarios; etc..

5. «El colapso de la Jurisdicción Social», *Actualidad Jurídica Aranzadi* n.º 1009, 2024.

Las dilaciones concurrentes en la práctica. Tan numerosas fórmulas dirigidas a lograr la celeridad del proceso laboral desembocaron en un procedimiento cuya agilidad venía contrastando tradicionalmente con los dilatados trámites de otros Órdenes Jurisdiccionales. De hecho, algunas construcciones procesales asumidas por la Ley de Enjuiciamiento Civil (año 2000) se inspiraron en las aplicadas al proceso laboral.

Actualmente, sin embargo, el principio de celeridad ha dejado de gobernar el proceso laboral con demasiada frecuencia. El incremento de asuntos derivado de la LRJS y de las realidades sociolaborales no han ido acompañados por el paralelo crecimiento de los recursos personales y materiales de esta jurisdicción. Los órganos judiciales registraron durante el año 2023 un total de 7.004.309 asuntos, cifra que representa un aumento del 4,8 % respecto a 2022. Pese a ello, la capacidad de resolución de los tribunales se mantuvo apenas sin variaciones durante el pasado ejercicio: los 6.444.487 asuntos resueltos supusieron una reducción interanual del 0,3 por ciento. A 31 de diciembre de 2023 seguían en trámite un total de 3.981.707 asuntos, un 17,2 % más que un año antes.

De ese modo, por desgracia, en cada vez más ocasiones la respuesta se dilata y, desde luego, nos alejamos de la consecución de los fines que están en el origen de esta jurisdicción. Los medios de comunicación (incluso generalistas) notician citas señalamientos de juicios para dos o más años. Se da así la paradoja de que la propia agenda judicial (por despersonalizar), ella misma, está propiciando cierta vulneración de la garantía que proclama el artículo 24 de nuestra Ley Fundamental, en línea con diversos Tratados o Convenios supraestatales.

Un primer ejemplo de aproximación constitucional. La muy conocida STC 125/2022, de 10 octubre, afrontó la pequeña tragedia del investigador de la Universidad de Sevilla que presentó una demanda contra la misma y recibió un Decreto señalando juicio para cuarenta meses después (justificado por la sobrecarga del número de asuntos). Reclamaba una indemnización de daños y perjuicios por el incumplimiento de la formalización de contrato postdoctoral, a la que consideraba tenía derecho.

La STC, basándose en doctrina propia y del Tribunal de Estrasburgo: 1.º) Descarta que el elevado número de asuntos pendientes ante el órgano judicial justifique cualquier dilación. 2.º) Toma en cuenta la duración promedio del tipo de litigio (a nivel estatal). 3.º) Atiende a la escasa complejidad de lo debatido (en términos de constitucionalidad). 4.º) Recuerda que aunque estemos ante defectos estructurales (inimputables al Juzgado) la vulneración del derecho surge de modo objetivo.

Las conclusiones del Alto Tribunal fueron varias: 1.ª) Se ha vulnerado el derecho a un proceso sin dilaciones indebidas del recurrente, 2.ª) Nulidad de las resoluciones dictadas fijando la fecha del juicio y desestimando los recursos frente a ella. 3.ª) Ordenar al Juzgado de lo Social núm. 11 de Sevilla que proceda a efectuar un nuevo señalamiento que resulte respetuoso con el derecho fundamental lesionado.

Un segundo ejemplo de aproximación constitucional. La posterior STC 31/2023, de 17 abril, aborda un caso muy similar. Una empleada de la Comunidad de Madrid interesa que su vinculación profesional sea catalogada como fija y que su plaza sea excluida del proceso de estabilización convocado.

La STC, en línea con la precedente, concluye que vulnera el derecho a un proceso sin dilaciones indebidas (art. 24.2 CE) la decisión judicial de señalar la vista para un procedimiento ordinario en el orden social con una demora de dos años desde la admisión a trámite de la demanda con fundamento en que, si bien se ha respetado el orden cronológico de los señalamientos para los asuntos no urgentes, problemas estructurales imposibilitan su anticipación.

En línea con lo ya afirmado en otras ocasiones (SSTC 54/2014 y 89/2014), sin embargo, matiza más las consecuencias de la vulneración y considera que el otorgamiento del amparo no debe incluir la nulidad de las resoluciones impugnadas ni medida alguna relacionada con la anticipación del señalamiento para la vista porque, dado el carácter estructural de los referidos retrasos, ello podría agravar la posición de terceros litigantes.

Necesaria adopción de medidas. Basta lo anterior para concluir no que «algo debe hacerse» sino que «muchas cosas deben cambiarse» para salir de la situación de colapso en que se encuentra buena parte de la jurisdicción social.

El RDL 6/2023, de 19 diciembre, ha introducido múltiples novedades (no solo en el orden social) destinadas a agilizar el proceso, comenzando por las destinadas a la adaptación de la realidad judicial española del siglo XXI al marco tecnológico contemporáneo, favoreciéndose una relación digital entre la ciudadanía y los órganos jurisdiccionales. La mayor agilidad o sencillez van en la buena dirección, aunque el *cuello de botella* que es la tarea prototípicamente jurisdiccional (celebración del juicio, dictado de sentencia) parece inevitable.

Otras varias modificaciones también debieran, al menos en el deseo normativo, caminar en la dirección de simplificar y agilizar: acumulación (de acciones, de procesos, de recursos), sentencia oral, procedimiento testigo, proceso monitorio, extensión de efectos.

Apunte final. Es seguro que la modernización del proceso social y los ajustes expuestos no bastarán para *desatascar* las listas de espera (en realidad, ese es el resultado). Para que la demanda de atención judicial (no tan distinta de la sanitaria) sea satisfecha en plazos razonables, evitando perjuicios no solo a quienes litigan (pensionistas, empresas, sindicatos, trabajadores, solicitantes de asistencia social, etc.) sino también a sujetos o entes conexos, incluyendo al propio Estado.

Cuando la sabiduría popular viene afirmando que *a grandes males, grandes remedios* seguramente está formulando una máxima de experiencia que conviene no menospreciar.

Dicho abiertamente: es el momento en que interlocutores sociales, profesiones jurídicas del sector, asociaciones judiciales, representantes de LAJ, Entidades Gestoras o colaboradoras, Abogacía del Estado, Fiscalía, Universidad, Asociaciones científicas y cualquier otra persona o sujeto con interés en el tema aporte propuestas.

Ejemplos: mayor implicación de quienes intervienen en solución extrajudicial de los conflictos laborales; reordenación de la competencia judicial en la instancia (quizá debiera corresponder siempre a un Juzgado y no a las Salas); reconducción de los debates médicos (incapacidad, discapacidad) hacia otro ámbito cuando no posean complejidad jurídica; aumento del número de Juezas y Jueces; potenciación del cuarto turno en este orden; condena en costas; potenciación de la profesionalidad en el personal de esta Administración; adoptar (y adaptar) el modelo de procedimiento contencioso abreviado (sin vista) cuando solo haya prueba documental; etc.

* * *

Hay que ir poniendo término a este proemio. Pero es imprescindible aludir al perfil curricular de Pedro Tuset del Pino. Otrora combativo Abogado vinculado a causas relacionadas con el mundo de la discapacidad y de la empresa nacional, luego Magistrado, ya de larga trayectoria (desde 2010).

Es fácil encontrar sus comentarios, reflexiones, propuestas o exposiciones, Publicista incansable, asiduo de las redes sociales, generoso participante en Jornadas, Cursos o Congresos. Siempre claro y del lado de los valores que considera irrenunciables. Constantemente preocupado por la temática inclusiva, por la atención a las personas con discapacidad.

Siempre he admirado su valentía a la hora de exponer posiciones razonadas, sin importarle que fueren minoritarias o que no cuadrasen con lo que probablemente se esperaba de él. Por algo «La independencia del juez como piedra angular del sistema judicial» aparece como una de las reflexiones ahora compartidas.

Un mero recordatorio de las cuestiones que actualmente suscitan mayor polémica en el ámbito laboralista (indemnización por despido improcedente, consecuencias de la incapacidad permanente, audiencia previa en caso de despido disciplinario, prevención de riesgos en el ámbito doméstico, complemento de pensiones por brecha de género, anomalías en empleo público, jubilación del empleador, funcionalidad de la cuestión prejudicial, etc.) garantiza que el manantial que alimenta mi admirado colega seguirá saciando nuestra sed.

Sea mi último párrafo para manifestar, ahora en público, gratitud por haberme concedido este privilegiado lugar y alegría por asistir desde aquí al alumbramiento de una nueva, sólida y sugerente, obra de su autor.

Ferrol, septiembre de 2024

Antonio Vicente Semper Navarro

Catedrático de Universidad. Magistrado del Tribunal Supremo

JUSTICIA Y DERECHO

1

DEL ORIGEN NATURAL DE LA LEY[6]

Diálogo entre Marco y Ático, recogido en la obra «Las Leyes», de Cicerón

Marco: Podéis estar seguros que en ningún tipo de discusión se ponen de relieve cuestiones más nobles que estas: cuáles son los atributos que el hombre ha recibido de la naturaleza, qué capacidad tiene la inteligencia humana para las cosas excelentes, cuál es la misión para la que hemos nacido y hemos venido a este mundo, cuál es el vínculo entre el hombre y los dioses, qué relación se establece entre ellos por naturaleza. Una vez expuestos, podremos alcanzar la fuente de las leyes y del derecho.

... de todos los asuntos que discuten los sabios, no hay nada más importante que alcanzar a comprender claramente que hemos nacido para la justicia y que el derecho no se fundamenta en la conjetura, sino en la naturaleza.

... En efecto, la razón, la única facultad que nos hace superiores a los animales, gracias a la cual hacemos conjeturas, argumentamos, rebatimos, convenimos en algo y llegamos a una conclusión, es común al conjunto de los hombres: una facultad diferente, ciertamente, por los conocimientos adquiridos, pero igualmente para hacer posible aprenderlos ... Y no hay nadie que, tomando la naturaleza como guía, no pueda alcanzar la virtud.

... y se añade, aún, la interpretación del derecho; esta labor, de hecho, no me resultará tan pesada por el esfuerzo que supone, como porque me impedirá la reflexión previa sobre aquello que he de decir, sin la cual nunca me he atrevido a hacerme cargo de una causa importante.

Estas sabias reflexiones de Cicerón, puestas en boca de su protagonista, ponen de relieve que el origen de todo conocimiento y, por ende, del derecho descansa en la naturaleza, de modo que se erige en fuente del derecho mismo, destacando la necesidad, antes de hacerse cargo en la defensa de cualquier causa, de prepararla a consciencia.

6. Publicado en *Linkedin*, el 21.1.2023.

No en vano, el mismo Marco afirma que la ley es la razón suprema implantada en la naturaleza, que ordena lo que debe hacerse y prohíbe lo contrario, y esta misma razón, cuando se ratifica y perfecciona en la mente humana, es la ley, de modo que la ignorancia del derecho, más que su conocimiento, es precisamente la causa de los litigios.

Definición que Cicerón toma de la doctrina estoica y de Crisip, cuando aseveraba que la ley *iubet ea quae facienda sunt, prohibetque contraria* (la ley ordena lo que se debe hacer y prohíbe lo contrario).

2

HORAS EXTRAS. REGULACIÓN Y ACREDITACIÓN DE SU PAGO[7]

Conforme al art. 4.2 f) del Estatuto de los Trabajadores (ET), el trabajador tiene como derecho básico la percepción puntual de los salarios pactados o legalmente establecidos. Percepción de salarios que constituye la contraprestación fundamental que corresponde al empresario en el contrato de trabajo en correspondencia con los servicios prestados por el trabajador, en atención a su categoría profesional, y que viene constituido por la totalidad de las percepciones económicas que aquel perciba, en dinero o en especie, y que no tengan la consideración de suplidos por los gastos realizados por el trabajador durante su actividad laboral, incluyendo las horas extras (arts. 26 y 35 del ET).

El mismo art. 35 ET nos define y delimita la realización de horas extraordinarias advirtiéndonos de los siguientes aspectos a tener en cuenta:

1. Tendrán la consideración de horas extraordinarias aquellas horas de trabajo que se realicen sobre la duración máxima de la jornada ordinaria de trabajo, fijada de acuerdo con el artículo anterior.
2. Mediante convenio colectivo o, en su defecto, contrato individual, se optará entre abonar las horas extraordinarias en la cuantía que se fije, que en ningún caso podrá ser inferior al valor de la hora ordinaria, o compensarlas por tiempos equivalentes de descanso retribuido. En ausencia de pacto al respecto, se entenderá que las horas extraordinarias realizadas deberán ser compensadas mediante descanso dentro de los cuatro meses siguientes a su realización.
3. Salvo que otra sea la previsión establecida en el convenio colectivo sectorial, el número de horas extraordinarias no podrá ser superior a ochenta al año, salvo lo previsto en el apartado, sin que se tengan en cuenta, a efectos de la duración máxima de la jornada ordinaria laboral, ni para el cómputo del número máximo de las horas extraordina-

7. Publicado en *Linkedin* el 25.6.2024.

rias autorizadas, el exceso de las trabajadas para prevenir o reparar siniestros y otros daños extraordinarios y urgentes, sin perjuicio de su compensación como horas extraordinarias.

4. Para los trabajadores que por la modalidad o duración de su contrato realizasen una jornada en cómputo anual inferior a la jornada general en la empresa, el número máximo anual de horas extraordinarias se reducirá en la misma proporción que exista entre tales jornadas.
5. Los trabajadores menores de dieciocho años no podrán realizar más de ocho horas diarias de trabajo efectivo, incluyendo, en su caso, el tiempo dedicado a la formación y, si trabajasen para varios empleadores, las horas realizadas con cada uno de ellos (art. 34.3, 2.º párrafo del ET).

En cuanto a la forma de controlar las horas extraordinarias el art. 35.5 ET establece que:

> «A efectos del cómputo de horas extraordinarias, la jornada de cada trabajador se registrará día a día y se totalizará en el periodo fijado para el abono de las retribuciones, entregando copia del resumen al trabajador en el recibo correspondiente».

Más concretamente, el art. 34.9 ET se refiere a que:

> «La empresa garantizará el registro diario de jornada, que deberá incluir el horario concreto de inicio y finalización de la jornada de trabajo de cada persona trabajadora, sin perjuicio de la flexibilidad horaria que se establece en este artículo.
>
> Mediante negociación colectiva o acuerdo de empresa o, en su defecto, decisión del empresario previa consulta con los representantes legales de los trabajadores en la empresa, se organizará y documentará este registro de jornada.
>
> La empresa conservará los registros a que se refiere este precepto durante cuatro años y permanecerán a disposición de las personas trabajadoras, de sus representantes legales y de la Inspección de Trabajo y Seguridad Social».

Al respecto, la STSJ Cataluña de 14 de abril 2022 afirma que, a partir de 12.5.2019 (entrada en vigor del Real Decreto-ley 8/2019, de 8 de marzo, de medidas urgentes de protección social y de lucha contra la precariedad laboral en la jornada de trabajo, ex DF 6.º, que modifica el art. 34. 9 ET) el hecho de no cumplir el empresario su obligación de registro horario supone, conforme a las reglas de la carga de la prueba (art. 217.7 LEC), la existencia de una presunción a favor de la persona trabajadora, considerándose suficiente que se aporte un indicio de prueba de la realización de las horas extraordinarias, correspondiendo a la empresa acreditar que no se hicieron en todo o en parte las horas extras reclamadas o que han sido debidamente compensadas con descansos.

Sin embargo, la postura mayoritaria mantiene que no podrá exigirse tal presunción antes de la citada modificación legal y por tanto no podrá implicar consecuencias jurídico-probatorias relacionadas con la ausencia del registro antes del 12 de mayo de 2019.

En todo caso, el art. 217 de la LEC impone al actor la carga de probar los hechos constitutivos de su pretensión y al demandado la de los impeditivos o extintivos de la misma, por lo cual la aplicación de este principio determina que a la empresa le incumba acreditar que pagó o dejó de pagar justificadamente tanto el salario, en su conjunto, como la realización de horas extraordinarias.

Para acabar, deberemos remitirnos a las particularidades del convenio colectivo de aplicación para conocer la regulación que se haga de las horas extraordinarias.

3

EL MODELO DE TRABAJO DE SIMONE WEIL, ALAIN TOURAINE, EMMANUEL MOUINER Y GIUSEPPE RENSI[8]

Acaba de publicarse *Simone Weil. Filosofía del tabajo y teoría crítica social*[9], cuyo autor es el catedrático de Derecho del Trabajo y de la Seguridad Social de la Universidad de Granada, José Luis Monereo Pérez. Publicación que coincide en el tiempo con el reciente fallecimiento de Alain Touraine (Hermanville-sur-Mer, Normandía, 3 de agosto de 1925 - París, 9 de junio de 2023), sociólogo francés considerado uno de los pensadores contemporáneos más importantes y pionero en el estudio de las condiciones laborales, que se centró, especialmente, en entender e interpretar las grandes transformaciones sociales.

Dos pensadores críticos unidos en su pasión por transformar el trabajo en un sistema digno y respetuoso con sus principal protagonista, el trabajador, reivindicando para ello la mejora de sus condiciones laborales en sendos momentos históricos en que la economía de mercado y el sistema capitalista ignoraban los más elementales derechos sociales, sometiendo al trabajador a un modelo condicionado a la completa subordinación a los poderes directivos del empresario que rehusaba, como norma, cualquier colaboración de clase o, en cualquier caso, permitiendo, cuando no favoreciendo, una nueva organización interna de la empresa, asumiendo cada uno de los agentes involucrados su propia función en búsqueda de instrumentos de solución del conflicto inherente a las relaciones de trabajo y distribución de responsabilidades.

Y es que para Simon Weil (París, 3 de febrero de 1909, París - Ashford, Reino Unido, 24 de agosto de 1943) la estructura interna de la empresa capitalista es compleja: en ella existen tres capas sociales distintas e interrelacionadas, es decir, los trabajadores, instrumentos pasivos y subordinados de la empresa; los capitalistas, cuya dominación se basa en un sistema econó-

8. Publicado en *Linkedin* el 17.6.2023.

9. *Simone Weil. Filosofía del trabajo y teoría crítica social*. Ed. El viejo topo.

mico en vías de descomposición, y los administradores, que se apoyan por el contrario en una técnica cuya evolución no hace más que aumentar su poder.

Dicho de otro modo, se tiende a una fábrica racionalizada, donde el individuo se ve privado, en provecho de un mecanismo inerte, de todo lo que es iniciativa, inteligencia, conocimiento y método.

Para Weil, bajo las nuevas formas de empresa racionalizada y burocrática *«el individuo se ha encontrado brutalmente despojado de los medios de combate y de trabajo; ni la guerra ni la producción son ya posibles sin una subordinación total del individuo a la máquina (burocrática) colectiva, de forma que la subordinación de la sociedad al individuo es la definición de la verdadera democracia, y es también la del socialismo»*.

Esta tesis es en parte compartida por el filósofo francés Emmanuel Mouiner (Grenoble, 1 de abril de 1905 - París, 22 de marzo de 1950), con quien Weil comparte el compromiso con las víctimas y con las clases populares, y la idea de la emancipación de las personas de sus condiciones de opresión, que trabajan enlazando el trabajo manual y el intelectual y educando para la emancipación y para la participación crítica en las organizaciones productivas y en la esfera pública.

Considerando que el obrerismo establece una primacía del trabajo (o del productor) sobre el hombre total y sobre todas sus actividades sociales, para Mounier existen cuatro leyes básicas:

1. El trabajo es una obligación universal.
2. El trabajo no es una mercancía, sino una actividad personal.
3. El derecho al trabajo es un derecho inalienable de la persona. La propiedad más elemental debe ser la propiedad del oficio. La sociedad tiene obligación de asegurarla a todo el mundo y en cualquier coyuntura.
4. En todas las facetas de la vida económica: ganancia, responsabilidad, autoridad, el trabajo tiene una prioridad inalienable sobre el capital, siendo que la figura del «*asalariado capitalista*» es el primer y principal responsable de la lucha de clases.

La anterior teoría entronca con otro estudioso del trabajo, Giuseppe Rensi, que en su obra *Contra el trabajo*[10] afirma que el trabajo asume una connotación moral cuando la clase capitalista y dominante somete a la clase trabajadora a las duras condiciones de las clases proletarias, al extremo de que se produce un efecto creciente en la absoluta devaluación moral en que han caído los trabajadores, a los que se les antoja ineludiblemente como un empeño material y burdo, despojado de todo valor ético, y del que, en la

10. Véase mi artículo «El trabajo es contrario a la esencia espiritual del hombre. Algunas reflexiones acerca de la obra de Giuseppe Rensi», incluido en mi libro *Comentarios de un Magistrado de lo Social sobre la justicia y otros aspectos*, publicado por Ed. Colex.

medida de lo posible, es urgente escapar, de modo que no duda en afirmar que las clases trabajadoras odian el trabajo y, justo porque lo odian, exigen que se valore cada vez más.

Es aquí donde al autor, partiendo de una concepción realista, señala que para evolucionar de la vida animal a la vida del espíritu humano —a la atmósfera del arte, la poesía, la religión, la ciencia, la filosofía, las relaciones sociales, la política—, la humanidad tuvo que construir el engranaje cada vez más vasto, confuso e inmediato del trabajo, pero con el contrasentido de que quienes formaban parte del mismo no podían gozar de una vida sin trabajar, por un elemental criterio y necesidad de subsistencia, conjugándose así esa necesidad del trabajo con la del no-trabajo, siendo ambos imprescindibles para la consecución de la vida del espíritu.

Pero llegados a este punto, para Renzi, el trabajo auténtico es esclavitud y, por tanto, negación absoluta de la espiritualidad propia del hombre, porque no se ejerce en función del placer que de él se deriva, sino bajo la presión y el mandato de un fin distinto a la actividad, que es su condición. Y aún llega a aseverar que entre el que se llama esclavo y el que trabaja no existe diferencia cualitativa, sólo cuantitativa. Se trata del mayor o menor tiempo que uno, en relación con el otro, puede utilizar a su antojo y del que puede disponer libremente hasta el punto de desperdiciar sus horas.

En cualquier caso, el humanismo que predica Weil en el seno de la relación laboral parte del reconocimiento de la fe cristiana. Para el autor de la obra comentada, ha podido realzarse el valor de su experiencia religiosa y compromiso político, pero al mismo tiempo se ha podido llevar a cabo una crítica severa desde un planteamiento inequívocamente católico conservador y ortodoxo.

Por lo que se refiere a Alain Touraine, pionero en el estudio de las condiciones laborales desde hacía más de 60 años, intentó descifrar las transformaciones de un mundo postindustrial donde el movimiento social fue, en su opinión, el motor del cambio.

Nacido en el departamento francés de Calvados, Alain Touraine se licenció en París y siguió formándose en las Universidades de Columbia, Chicago y Harvard para acabar convirtiéndose en un investigador de referencia.

Entre otros galardones, en el año 2010 le fue concedido el premio Príncipe de Asturias de Comunicación y Humanidades, y en el año 2007 fue nombrado doctor *honoris causa* por la *Universitat Oberta de Catalunya*. Touraine, que se definía como un hombre de izquierdas, nos ha dejado un legado de unos treinta libros y centenares de artículos, destacando entre sus últimas obras: *Podemos vivir juntos* o *Igualdad y diversidad*.

Especial interés tiene su estudio *La evolución del trabajo obrero en las fábricas Renault*, publicado en 1955, que reconstruye las transformaciones acaecidas en el trabajo obrero a partir del desarrollo de la maquinaria y la automatización, resultado del acelerado proceso de innovación científica y tecnológica iniciado en la segunda etapa de la Revolución Industrial. Para Touraine, en un primer momento, las máquinas realizaban varias tareas bajo el control de obreros con amplias competencias, pero a medida que aquéllas se fueron especializando y automatizando, el obrero quedaba relegado a simples funciones de mantenimiento y supervisión. De esta forma, las masas obreras quedaban privadas de un papel activo en la producción.

Pensamiento que se avanzó a lo que hoy en día es una realidad incuestionable, por medio de la revolución no ya de las máquinas (automatismo) sino de la Inteligencia Artificial, de modo que no resulta nada aventurado afirmar que el peor enemigo del hombre y de su evolución social y laboral es él mismo.

4

EL DERECHO DEBE SERVIR A LA REALIDAD

Los juristas nos enfrentamos a diario con el dilema de resolver las cuestiones que nos son expuestas por los justiciables, por difíciles, duras y complejas que sean.

Ante este reto, no cabe, sin más, aplicar el Derecho positivo, entendido como el conjunto de normas aprobadas por el legislador, sino que es preciso con carácter previo subsumir el hecho en la norma adecuada.

Pero, es más, no es tan importante saber el Derecho como conocer la vida. El Derecho positivo está en los libros, pero lo que la vida reclama no está escrito en ninguna parte, como ponía de manifiesto Ángel Ossorio en su obra *El alma de la toga.*

Para el jurista francés León Duguit «*El Derecho es mucho menos la obra del legislador que el producto constante y espontáneo de los hechos, Las leyes positivas, los Códigos, pueden permanecer intactos en sus textos rígidos, poco importa; por la fuerza de las cosas, bajo la presión de los hechos, de las necesidades prácticas, se forman constantemente instituciones jurídicas nuevas. El texto está siempre allí, pero ha quedado sin fuerza y sin vida; o bien por una exégesis sabia y sutil, se le da un sentido y un* alcance en los cuales no había soñado el legislador cuando lo redactaba».

En esta empresa están involucrados todos los operadores jurídicos, jueces, letrados de la administración de justicia, abogados, graduados sociales y procuradores.

Afirmaba Ciuratti, en su *Arte Forense,* ponderando lo difícil de la formación: «*Dad a un hombre todas las dotes del espíritu, dadle todas las del carácter, haced que todo lo haya visto, que todo lo haya aprendido y retenido, que haya trabajado durante treinta años de su vida, que sea en junto un literato, un crítico, un moralista, que tenga la experiencia de un viejo y la infalible memoria de un niño, y tal vez con todo esto formaréis un Abogado completo*».

Teorema que ha sido incorporado a nuestro Código Civil cuando en su art. 3 se refiere a que «Las normas se interpretarán según el sentido propio de sus palabras, en relación con el contexto, los antecedentes históricos y legislativos, y la realidad social del tiempo en que han de ser aplicadas, atendiendo fundamentalmente al espíritu y finalidad de aquellas», sin dejar de lado a que Para añadir que *«La equidad habrá de ponderarse en la aplicación de las normas, si bien las resoluciones de los Tribunales sólo podrán descansar de manera exclusiva en ella cuando la ley expresamente lo permita».*

Vivencia, experiencia, sentido de lo justo, de lo equitativo, de la realidad que nos envuelve como elementos a considerar en nuestras decisiones jurídicas, dejando de lado el mero automatismo normativo para adentrarnos en la exégesis que toda norma exige, adecuándola a cada caso concreto.

He ahí el sentido último de la justicia.

5

A FAVOR DE LA ADMINISTRACIÓN DE JUSTICIA[11]

Aunque históricamente la Justicia y, por extensión, quienes la administran, han sido blanco de toda clase de críticas, algunas justificadas y la mayoría interesadas, lo cierto es que contemplo impotente un panorama cada vez más sombrío propiciado por la opinión pública.

Los últimos acontecimientos que han acaparado la atención de los operadores jurídicos, esto, es las reivindicaciones de los Letrados de la Administración de Justicia, Fiscales, Magistrados y Jueces, han puesto a éstos en el ojo del huracán y en el centro de todo tipo de comentarios que ponen en duda la profesionalidad, eficacia y responsabilidad de a quienes, por mandato del Estado, nos corresponde administrar justicia, cada uno en sus respectivas áreas de responsabilidad.

Pareciera que todos los males se ceben en los que día a día, nos ocupamos de prestar un servicio público acorde con el mandato constitucional y legal, y que, por reivindicar mejoras que redunden en su mejor gestión, seamos los culpables de los males que, endémicamente, padece la Administración de Justicia.

La falta de recursos humanos y materiales, la necesidad de reformar nuestras leyes procesales, de codificar la inmensa legislación sustantiva que regula los ámbitos penal, civil, contencioso administrativo y social, de adecuar nuestras retribuciones a la carga y responsabilidad de nuestro cometido y, en especial, de lograr una justicia acorde con la conflictividad actual que dé adecuada respuesta a las demandas de la sociedad en el menor plazo posible, implantando definitivamente las nuevas tecnologías e, incluso, la inteligencia artificial a los nuevos métodos de organización y resolución, son, en suma, los retos que debemos afrontar cuanto antes si queremos que no se anquilose la actual situación.

11. Publicado en *Linkedin* el 16.3.2023.

En esta labor están llamados a participar, inexorablemente, los letrados, graduados sociales, procuradores, abogacía del Estado y Fiscalía, porque se trata de una labor de conjunto en que debe primar el principio de solidaridad frente a actitudes corporativistas.

Tengamos en cuenta que, durante el año 2022, los juzgados y tribunales de toda España registraron un total de 6.682.587 asuntos, un 6,5 % más que en 2021 y resolvieron 6.458.696 procedimientos, un 2,1 % más que en el ejercicio anterior, con un aumento del número de asuntos pendientes de resolución del 7,9 % a 31 de diciembre, en total 3.393,755.

Si a lo anterior añadimos que actualmente ejercen más de 5.600 jueces y magistrados, con una ratio muy por debajo de la media europea, se entenderá que la urgencia en encontrar soluciones que afronten la problemática actual se erija en imprescindible y prioritaria.

Pero mientras tanto se buscan esas soluciones, consensuadas, lo que nos toca es defender a capa y espada nuestra Administración de Justicia, ponernos a su lado, continuar en nuestra labor diaria, aguantar la tempestad, trabajar con la conciencia tranquila de que estamos haciendo lo posible e imposible, dejándonos la piel, sacrificando nuestra vida personal y familiar, sin respiro.

Es en los momentos difíciles cuando debemos arrimar el hombro y no hacer leña del árbol caído, Sintonizar, armonizar, coordinar, proponer, resolver, pero nunca enfrentar y dividir.

Entre todos estoy seguro que podremos conseguir una Administración de la Justicia ágil, comprometida, moderna, capaz de afrontar los retos del siglo XXI, que sea el espejo donde se reflejen las mejores cualidades de nuestra sociedad.

No entenderlo así y seguir criticando en lugar de construir no presagia más que nuevos problemas.

6

LA INDEPENDENCIA DEL JUEZ COMO PIEDRA ANGULAR DEL SISTEMA JUDICIAL[12]

Puede que a muchos se les antoje un comentario fútil, sin trascendencia, huérfano de mayores argumentaciones, aunque muchos aspectos de la vida, de nuestra existencia, se traducen en actos que, por intrascendentales que puedan ser, revisten una lógica que difícilmente puede ser objeto de la más mínima crítica, al formar parte de nuestro acervo cultural.

Uno de esos aspectos es la Justicia, entiéndase por tal, al menos en lo que se refiere a este breve comentario, no a la divina, que en el caso de la Iglesia católica y según el criterio del Papa Benedicto XVI, se ha desarrollado siguiendo la doctrina de las cuatro leyes, que indican en qué orden está edificada la vida en nuestro mundo: la ley natural, la ley de la concupiscencia, la ley de la antigua alianza con Moisés y la ley de la nueva alianza con Jesucristo. Justicia que, asimismo, se sintetiza en los Diez Mandamientos, conjunto de reglas morales, educativas y de convivencia, que han servido para que nuestras sociedades acojan al menos parte de sus principios, y de las que no podemos sustraernos, ignorar, atacar u ofender grave y públicamente si con tal proceder afectamos los derechos religiosos o herimos los sentimientos del colectivo, si no es a costa de incurrir en delito.

A la Justicia a la que ahora me refiero es a la humana, la que imparte aquel reducido número de personas seleccionadas e investidas por el Estado para el ejercicio de la potestad jurisdiccional en todo tipo de procesos, juzgando y haciendo ejecutar lo juzgado, de forma independiente, inamovible, responsable y sometida únicamente al imperio de la ley.

Precisamente, esta cualidad de la justicia humana hace que sea necesaria e inevitablemente imperfecta, sujeta a los vaivenes no ya solo legislativos sino a los cambios interpretativos y doctrinales que acomodan la aplicación

12. Publicado en *Linkedin* el 18.7.2023.

de la ley a la realidad social imperante en cada momento, y, se quiera o no, a los errores que, involuntariamente, desvíen el sentido de la resolución que se adopte, de ahí que la vía del acceso a los recursos procesales contra la sentencia que en primera instancia se dicte representa la mejor garantía para el justiciable, aunque ello no evite *per se* la imperfección del sistema, si quiera sea porque cualquier resolución necesariamente estimará, total o parcialmente, el criterio sostenido por una de las partes y desestimará, total o parcialmente, la pretendida por la contraria.

A la independencia se le une la ajenidad (la *alienitá* a la que se refería Chiovenda, en Italia, o el desinterés objetivo del que habla De la Oliva Santos en España), entendida como la ausencia de interés por parte del juzgador en la *res de qua agitur* (el asunto en cuestión) sobre la que proyecta su función de tutela en el caso concreto; pero también la imparcialidad o la inexistencia de vínculo afectivo, de parentesco, profesional o subordinación, presente o pasado, entre el juez y las partes o sus representantes y asesores legales.

A pesar de que jueces y magistrados no pueden pertenecer a partidos políticos ni integrarse en su estructura, el art. 401 de la Ley Orgánica 6/1985, de 1 de julio, del Poder Judicial reconoce su derecho de libre asociación profesional fijando las reglas a las que deben someterse dichas Asociaciones, así como el contenido mínimo de sus Estatutos, una de cuyas funciones, precisamente, es la de coadyuvar al mantenimiento de la independencia judicial frente a cualquier injerencia externa que la debilite o ponga en peligro.

Profundizando en este aspecto, el gran teórico del Derecho, el profesor Luis María Diez-Picazo, afirmó que la preocupación del constitucionalismo por garantizar la independencia judicial está íntimamente relacionada con la convicción de que el ejercicio de la función jurisdiccional no es algo puramente mecánico y predeterminado en todos sus extremos. Y añadía que, sin necesidad de entrar en la compleja cuestión de hasta qué punto es lícita la discrecionalidad judicial —o, más en general, hasta qué punto la actividad de interpretación y aplicación del Derecho puede ser creativa—, resulta claro que la independencia judicial sólo tiene sentido en la medida en que aquellas resoluciones judiciales añaden algo a las previsiones normativas.

Por otra parte, conviene tener presente que la independencia judicial no es sólo una pieza básica del Estado de Derecho para el correcto funcionamiento técnico jurídico de éste, sino que también lo es desde el punto de vista de su legitimación política, indispensable para la supervivencia de dicha forma de Estado. La percepción por parte de los ciudadanos de que sus Jueces actúan con independencia es una de las circunstancias necesarias para que asuman y aprecien los valores en que se funda el Estado de Derecho, pues como suelen decir los juristas ingleses, no basta que se haga justicia, sino que ésta debe ser vista.

He aquí el *quid* de la cuestión, el juez debe apartarse de cualquier automatismo en la aplicación rigurosa de la ley, como algo objetivo y estanco que no permita ir más allá de las previsiones contempladas expresamente por la norma dictada por el poder legislativo. Muy al contrario, su proceder debe consistir en acoplar la norma al caso concreto enjuiciado, en lo que se conoce como labor interpretativa, aunque, claro es, sin forzar la propia finalidad de la norma, límite que debe respetar, vinculándola con los criterios razonables y proporcionados que la situación sometida a su debate y decisión le haga posible resolver en derecho, que es tanto como llevarlo a cabo con justeza.

Como ha puesto de manifiesto el Tribunal Constitucional (SSTC 144/1988, de 12 de julio, FJ núm. 3, 62/1984, de 21 de mayo, FJ núm. 5 y 66/1983, de 21 de julio, FJ núm. 4), la homogeneidad en la interpretación de las normas es un objetivo en un Estado de Derecho y una exigencia derivada del principio de seguridad jurídica que consagra el art. 9.3 CE, pero debe alcanzarse sin mengua de la independencia judicial, de modo que el principio de seguridad jurídica integra la expectativa legítima de los justiciables a obtener para una misma cuestión una respuesta inequívoca de los órganos encargados de impartir justicia, y lo anterior de suerte que los Tribunales no están limitados por los preceptos expresamente invocados por las partes, sino que les corresponde elegir conforme a derecho, y, según su criterio, la norma adecuada para resolver la cuestión planteada, en virtud del principio del cambio de punto de vista jurídico, proclamado en el axioma *da mihi factum dabo tibi ius*.

Difícil labora, nunca exenta de polémica y discrepancia, precisamente porque la justicia siempre debe decantarse del lado de una de las partes, por mucho que la diosa Justicia (en la mitología griega, *Temis*, y *Iustitia* en su equivalente romana) aparezca con los platillos de su balanza en armonioso equilibrio, lo que ocasiona la lógica insatisfacción y frustración en la parte no favorecida.

Pero eso forma parte del juego, de las reglas que nos hemos impuesto, porque lo importante, lo decisivo descansa, en la independencia del juez.

7

SUGERENCIAS PARA UNA RELACIÓN MÁS FLUIDA EN EL TRATO CON LA ADMINISTRACIÓN DE JUSTICIA[13]

La práctica forense y la realidad diaria de los asuntos en que interviene la Oficina Judicial me llevan a proponer algunas sugerencias que pueden facilitar una tramitación más eficaz y una mayor agilidad en su funcionamiento:

1. Debe prevenirse con la suficiente antelación la presentación de escritos de subsanación, aclaración y ampliación de la demanda, pues en otro caso se corre el riesgo de una más que probable suspensión del acto de juicio, con la lógica indefensión del resto de partes en el proceso que ven retrasar su tramitación y resolución.
2. Enlazando con lo anterior y aun cuando el plazo legal es de cinco días anteriores a la celebración de juicio, es recomendable proponer la prueba con una mayor antelación, en especial cuando su práctica exija la tramitación de exhortos, requerimientos, oficios o citaciones.
3. Con más habitualidad de la que fuera recomendable, se presentan escritos de desistimiento de la acción el mismo día o el anterior a la celebración del acto de juicio, impidiendo poder celebrar en su lugar el juicio de otro procedimiento.
4. También es conducta reprochable la incomparecencia de la parte actora el día de juicio, con el perjuicio que ha originado la tramitación de las actuaciones y la comparecencia baldía de la parte demandada, de su asesor jurídico, testigos y peritos.
5. La demanda debe ceñirse a hechos concretos que puedan ser objeto de acreditación por cualquiera de los medios probatorios admitidos en derecho, orillando redacciones más propias de otro estilo literario. Ello presupone y aconseja que la demanda no se extienda más de lo necesario, lo quc redundará en su mayor comprensión.

13. Publicado en *Linkedin* el 29.5.2024.

6. El uso de las comas, puntos y seguidos y puntos a parte, junto con una adecuada estructuración de los hechos debe ser el complemento necesario de la acción ejercitada.

7. La presentación de la prueba documental durante de acto de juicio precisa de un índice donde se concrete cada uno de los documentos aportados, permitiéndose, incluso, una breve referencia a determinados extremos de cada uno de ellos o explicación de su importancia.

8. Las preguntas a formular a las partes, testigos y peritos deben ser directas, sin divagaciones ni valoraciones de tipo alguno, y siempre relacionadas con los hechos recogidos en la demanda y los extremos opuestos en la contestación verbal.

   Se trata de que el testigo dé noticia de su versión no que se limite a afirmar o negar las preguntas que se le formulen.

9. Es preciso, en aras a lograr una Administración de Justicia más ágil, que se implante la cultura del diálogo y de la mediación entre las partes, propiciando conciliaciones antes de la fecha de juicio o, en todo caso, ante el LAJ o el propio Juez.

   Lo anterior debe venir precedido por la importancia de que los asesores jurídicos de las partes se reúnan con carácter previo, diriman sus diferencias y crucen sus datos e información para solventar el litigio.

10. El juez, como máxima autoridad, es quien dirige el debate en el transcurso del acto de juicio y quien debe administrar y controlar los tiempos en el uso de la palabra de las partes. Seguir sus pautas contribuirá a agilizar la vista sin merma del derecho de defensa.

11. La puntualidad en comparecer en la fecha señalada para el acto de juicio es esencial y si ello fuera imposible deberá acreditarse suficientemente.

8

POR UNA ADECUADA FORMACIÓN DE LETRADOS Y GRADUADOS SOCIALES EN LOS ASPECTOS PROCESALES DE LA JURISDICCIÓN SOCIAL[14]

Cuando finalicé los estudios de Derecho, en junio de 1982, nuestra promoción comprobó como en ninguno de los cincos años en que se impartieron las diferentes asignaturas que integraban el ciclo formativo no se nos había impartido ninguna clase práctica relativa a cómo presentar una demanda, el funcionamiento de un órgano judicial, las particularidades del procedimiento y su desarrollo hasta dictar sentencia, o qué papel desempeñaban el, entonces, Secretario Judicial, el Fiscal, el Abogado del Estado o el Procurador de los Tribunales, y aún menos de qué manera intervenían los funcionarios adscritos a la oficina judicial (auxilios, tramitadores y gestores), ni cuál era el funcionamiento normal de ésta.

De esta guisa, nos encontrábamos, en aquel lejano año de los Mundiales de fútbol celebrados en España y del cambio histórico-político liderado por el PSOE, orgullosos de mostrar nuestro título que acreditaba sobre el papel nuestra licenciatura en Derecho, pero sin la menor idea de cómo ni de qué manera debíamos encauzar nuestra profesión de abogado, salvo aquellos que, por una u otra razón, se decantaron por preparar oposiciones para la Administración del Estado, autonómica o local o, sencillamente, se incorporaron a un despacho colectivo de abogados donde, se supone, serían adecuadamente formados. Y lo anterior con el obligado paréntesis de nuestra forzosa incorporación al servicio militar que nos abría un paréntesis de, al menos, trece meses en dique seco.

Desde siempre, o al menos desde que tengo uso de razón, todos los inicios profesionales han resultado particularmente difíciles. En mi caso, el debut como letrado lo fue en una organización empresarial sustituyendo a un abo-

14. Publicado en *Economist & Jurist*, el 17.1.2023.

gado veterano y experto en Derecho del Trabajo y Seguridad Social, con lo que el reto era considerable.

Ni que decir tiene que los primeros días, sólo ante el peligro, rodeado de textos legales y de consulta y con aquel teléfono de aspecto amenazante que en cualquier momento podía ponerse a sonar, mi corazón palpitaba al mismo ritmo que los nervios me dominaban y atenazaban, pues era consciente de que mi preparación teórica se enfrentaba a la práctica diaria de poder dar solución eficaz a los problemas que cualquier empresario me plantease.

Tan solo la experiencia, basada en errores y aciertos, la confianza en uno mismo, la ilusión por bandera y la prudencia como consejera, lograron con el tiempo afianzarme en el ejercicio de mi profesión.

Pero dicho lo anterior, no creo ni por asomo que deba ser esta la forma adecuada y racional con que un recién licenciado salga a la arena del ruedo y se enfrente al mundo jurídico, sino que se imponen en la formación práctica dos fases, una endógena y la otra exógena.

En cuanto a la primera, lo lógico es que, para comenzar, acabados sus estudios, nuestro joven e ilusionado protagonista conozca la estructura, organización y funcionamiento del despacho profesional en que va a realizar su labor, los objetivos, retos, problemas y estrategias a emplear y, especialmente, cómo no desfallecer ante los insuperables que, a buen seguro se le irán presentando.

El siguiente paso debiera basarse en la redacción de demandas (incluyendo el modo de efectuar un adecuado relato fáctico, una fundamentación jurídica acorde a la acción planteada y una petición no sólo ajustada a derecho sino congruente con la acción ejercitada y la postura procesal mantenida), escritos de tramitación y recursos, proponiendo los medios de prueba pertinentes, conociendo las técnicas para un eficaz interrogatorio de las partes, testigos y peritos, controlando los tiempos procesales durante el acto de juicio, cuidando la oratoria y la gesticulación, estructurando la contestación, incluyendo las posibles excepciones de naturaleza procesal, adecuada en términos de oposición, y unas conclusiones que, respetando la brevedad y concisión, se limiten a la valoración de la prueba practicada y se orienten a poner en el sano convencimiento del juzgador las bondades de la acción ejercitada o de la oposición formulada.

Tan importante como lo anterior debe serlo la segunda fase de la formación, de carácter exógena. El conocimiento de la organización judicial, los criterios para establecer la competencia territorial y funcional, la estructura y dinámica de la oficina judicial y la labor encomendada a cada uno de sus integrantes, la diferencia entre diligencias de ordenación, providencias, decretos, autos y sentencias, sin olvidar el trato con los jueces y letrados de la administración de justicia, dejando de lado los formalismos innecesarios y potenciando el trato directo y personal, siempre con el respeto y la consideración debidos.

Dentro de esta fase, se impone conocer el terreno que se pisa, esto es, el escenario físico donde nuestros jóvenes licenciados deben demostrar sus conocimientos y habilidades: la sala de vistas.

Saber la disposición física de los distintos elementos mobiliarios que la componen dará confianza y desenvoltura. Dónde debe sentarse la actora, dónde la demandada, quién es la persona que se encuentra al lado del juez, cómo diferenciar un juez de un magistrado, dónde se ubica la cámara de grabación o de qué manera debo dirigirme al juez, son cuestiones que no por recurrentes son toda una novedad para quien se estrena en la profesión.

La manera de comenzar a hablar, de transmitir confianza, estilo, seguridad, convencimiento, la forma de gesticular, de poner el acento en determinadas afirmaciones, cómo mirar al juez o al letrado adverso, cuándo pararse en el discurso para lograr un adecuado clímax, de qué forma solicitar en el acto de juicio una suspensión o un allanamiento, de qué manera y cuándo protestar, cómo responder ante el ofrecimiento del juez para alcanzar un acuerdo.

Son todas ellas circunstancias que para los profesionales veteranos pueden resultar recurrentes, pero que para nuestro joven y recién licenciado se muestran tan necesarias como imprescindibles en orden a la adecuada celebración del juicio.

Pues bien, en mis tres destinos como Magistrado (Fuerteventura, Lleida y Barcelona) en contadas ocasiones he tenido la ocasión de que se me pidiera autorización para la asistencia a juicio de alumnos que cursaran los estudios de Derecho, un máster o un curso de práctica jurídica, salvo las comparecencias previamente organizadas a través de las escuelas de práctica jurídica.

Esta anomalía desconozco si parte de una deficiente organización y planificación académica que no incluye en los planes de estudio la formación práctica o, existiendo, es debida al escaso interés de los alumnos por adquirir la necesaria práctica procesal como complemento imprescindible de sus habilidades teóricas.

Lo cierto es que los alumnos, y cualquiera que muestre interés manifiesto por su formación, que asistan a los juicios que diariamente se celebran en cualquiera de los juzgados de nuestro país, podrán vivir sus experiencias en primera persona y perder el miedo escénico que tanto atenaza. Y es que una buena formación es el pasaporte hacia el futuro, puesto que el mañana pertenece a aquellos que se preparan para él en el día de hoy.

Una persona que conoce el ambiente, los medios y los protagonistas que intervendrán en el acto de juicio tiene mucho ganado y poco que perder. Un proverbio romano asevera que: *«Por la ignorancia nos equivocamos, y por las equivocaciones aprendemos»*.

Únicamente una recomendación a quienes se inician en la profesión: si es su primer juicio, no duden en advertirlo al juez. Muchos ante la duda o el temor no lo hacen y los nervios pueden acabar en un error que no pase inadvertido. El juez lo agradecerá y, sin duda, lo tendrá en cuenta y, desde luego, el profesional se verá arropado en su primer embiste.

Sólo falta que estas sugerencias no caigan en saco roto. Estoy plenamente convencido que el resto de mis compañeros son del mismo parecer y que, como yo, se ofrecen para mostrar a las jóvenes promesas del Derecho cómo actuar en juicio. Como dijo en cierta ocasión Albert Einstein: *«Nunca consideres el estudio como una obligación, sino como una oportunidad para penetrar en el bello y maravilloso mundo del saber»*.

9

EL ADECUADO Y DEBIDO RESPETO ENTRE JUECES Y LETRADOS[15]

Observo, no sin disimulada preocupación, la proliferación de comentarios en determinadas plataformas sociales y revistas jurídicas *on line* donde la cuestión central radica en el mal trato y desconsideración recibidas por algunos letrados en su relación profesional con los jueces, hasta el extremo de haber vivido experiencias desagradables en forma de desplantes, respuestas inadecuadas, posiciones de fuerza y primacía, conductas descorteses y, en general, otros agravios que desmerecen la función jurisdiccional y el respeto debido que debe presidir la relación entre ambos operadores jurídicos.

Y afirmo mi preocupación porque en tales opiniones pareciera, si no en todas, que una gran parte de los jueces de este país se alzan en una posición de privilegio, de respeto impuesto y de rigidez en su proceder y en sus manifestaciones que los convierten en el punto de mira y en el centro de atención, sin considerar las circunstancias, las excepciones ni menos la realidad imperante, porque, ni todo el campo es orégano ni todo pecador va derecho al purgatorio de las almas despiadadas.

En mi ya dilatada trayectoria jurídica he podido saborear las mieles y éxitos de la profesión de abogado —durante más de 25 años de ejercicio profesional— y la responsabilidad, unida a la importante carga de trabajo, en mi labor jurisdiccional como Magistrado en estos últimos 14 años.

Quizás por ello, parto con la ventaja de poder haber estado en ambas orillas, de experimentar las distintas sensaciones de estar en uno u otro lado en la sala de juicios, de ponderar los comentarios y ajustar mi proceder a los intereses parciales que merece cada cliente, o a resolver en justicia bajo estrictos criterios de objetividad e imparcialidad, sirviendo, siempre al bien general y común.

15. Publicado en *Economist & Jurist* el 7.5.2023.

Ni que decir tiene que ambas actividades, la de juez y la de letrado, se complementan, se necesitan, resultan imprescindibles para una recta y eficaz administración de la Justicia, de suerte que ni los unos ni los otros debieran transcurrir por caminos paralelos. Ya Miguel de Cervantes puso de relieve que el papel de los jueces y de los letrados y la justa aplicación de las leyes a la economía y a las relaciones sociales y contractuales por su parte y por los políticos y administradores públicos, servía para poner en su punto la justicia distributiva y dar a cada uno lo que es suyo.

Porque así como el correcto asesoramiento y defensa del cliente se impone junto con la armoniosa y convincente oratoria en juicio del abogado, al juez le corresponde dirigir y dirimir el debate, procurando que la igualdad de armas, la proposición y práctica de la prueba, y la creación de un ambiente propicio durante la vista facilite y ampare la adecuada seguridad, empatía y libertad de exposición como únicos criterios en la siempre difícil, comprometida y responsable adopción de la resolución a dictar, dando respuesta acertada a las diferencias fácticas y jurídicas sometidas a su decisión, siempre bajo el imperio de la ley.

Es, precisamente, ese ambiente propicio del que trataba, el que ha de presidir, en todo momento, la relación entre juez y abogado. Al primero por su conducta ejemplar, alejado de cualquier posicionamiento o comportamiento ajeno a la esencia y espíritu de la imparcialidad. Y al segundo, porque el ardor, el énfasis y la entrega a la justa causa no puede verse empañada ni confundida con el orgullo mal llevado, la ira o la falta de cortesía y de respeto, sino que su proceder debe transcurrir por el sendero de la serenidad y el temple, reforzado por la facultad de transmitir al juzgador la bonanza de sus pretensiones.

Curatti, en su *Arte Forense*, afirmó *«Dad a un hombre todas las dotes del espíritu, dadle todas las del carácter, haced que todo lo haya visto, que todo lo haya aprendido y retenido, que haya trabajado durante treinta años de su vida, que sea en junto un literato, un crítico, un moralista, que tenga la experiencia de un viejo y la infalible memoria de un niño, y tal vez con todo esto formaréis a un Abogado completo»*.

En contrapartida, el juez debe ser cortés, atento, mostrar interés, vigilar, encauzar y enderezar la marcha del procedimiento, ajustarse a las normas sustantivas y adjetivas, corregir con la moderación adecuada, pero con la seguridad y firmeza que le impone su cargo y responsabilidad y, en definitiva, resolver en justicia. En palabras de Baruch Spinoza, *«Quienes están encargados de dirimir los pleitos están obligados a tratar a todos por igual, sin acepción de personas, y a defender por igual el derecho de cada uno»*.

Claro es que el trato entre ambos operadores jurídicos debe basarse en el mutuo respeto, consideración y dignidad profesional, independientemente que cada uno de ellos asuma su correspondiente rol en lo más parecido a una obra de teatro en el que hay que seguir un guión, sin desnaturalizarlo, tergiversarlo o someterlo a condiciones tales que coarte o se vuelva en contra de quienes, en uso de su legítimo derecho formulen la oportuna protesta.

En tal sentido, todos los extremos son malos. Mi experiencia como Magistrado me ha enseñado que mi presencia debe pasar lo más inadvertida posible, limitada a la estricta intervención en conceder el turno de intervención de cada parte, acordar la prueba propuesta, declarar la pertinencia de las cuestiones sometidas a los interrogatorios de partes, peritos y testigos, a resolver las incidencias que se produzcan el curso de la vista, a velar por el respeto mutuo de todas las partes en el proceso y del derecho de defensa, prestando la adecuada atención a las conclusiones antes de dar por acabado el acto tras el protocolario *«Visto para Sentencia»*.

Estoy plenamente convencido que el razonamiento es el único instrumento que debe ser empleado de modo sistemático, porque implica el uso de la palabra como medio de comunicación. A través de la palabra podemos cambiar de opinión al incrédulo, convencer al indeciso, dar solución donde antes existía un problema, hacer valer la sinceridad de nuestra argumentación, denunciar la injusticia o la falacia de que lo expuesto no es más que un mero artificio, suscitar el interés, centrar la atención sobre algún aspecto destacado, distinguir la ficción de la realidad, materializar nuevas ideas, poner orden a nuestra exposición. Y si la palabra viene acompañada del gesto, reforzará nuestro poder de convicción, de igual manera que al juez le es debida su mínima intervención, encauzando aquellos sentimientos por medio de sus convicciones y razonamientos que permitan que los hechos se conviertan en derechos, reconocibles, amparables y ejecutables.

En estos catorce años de magistratura en pocas y contadas ocasiones he vivido el sinsabor y amargo trance del desencuentro verbal sin sentido, de la amenaza, aun cuando legal, pero desafortunada y fuera de tono por su forma e ímpetu, causándome la lógica e inevitable desazón de quien, como yo, se entrega apasionada y vocacionalmente a su profesión. Y ante esa posibilidad se abren, a mi parecer, tan solo dos posibles reacciones, la de la templanza y la llamada al orden de forma razonada, o bien la de caer en la errónea tentación de entrar en la confrontación.

Y es que como razonara Epicteto de Frigia, la solución era evidente: *«Cuando hayas de sentenciar procura olvidar a los litigantes y acordarte sólo de la causa»*.

La labor del juez, en cuanto vocacional, entregada y responsable, sólo debe orientarse al bien común, a la defensa del justiciable, al razonamiento de sus decisiones. Todo lo demás no tiene cabida en su proceder.

Del mismo modo, el abogado, como colaborador necesario de la justicia, debe empatizar con la difícil misión del juzgador, lo que no significa en modo alguno, ceder o renunciar a sus derechos, sino adecuarse en cada momento y circunstancia a las múltiples incidencias que la vida real y cotidiana nos ofrece.

En la medida que orillemos conductas, siempre minoritarias y excepcionales, que desmerezcan la labor desempeñada en cada una de nuestras respectivas profesiones, habremos contribuido de manera eficaz y satisfactoria a la noble causa de la Justicia.

10

EL USO OBLIGADO DE LA TOGA[16]

Como es sabido, el art. 17 de la Ley 3/2020, de 18 de septiembre, de medidas procesales y organizativas para hacer frente al COVID-19 en el ámbito de la Administración de Justicia, publicada con ocasión de la aprobación por el Consejo de Ministros el 14 de marzo de 2020 del Real Decreto 463/2020, por el que se declaró el estado de alarma para la gestión de la situación de crisis sanitaria ocasionada por la pandemia, contemplaba textualmente que *«Hasta el 20 de junio de 2021 inclusive, las partes que asistan a actuaciones orales estarán dispensadas del uso de togas en las audiencias públicas»*, si bien, a petición del Consejo General de la Abogacía, dicha dispensa se extendió hasta que desaparecieran todas las restricciones impuestas como consecuencia de la pandemia.

Pues bien, la posterior Orden SND/726/2023, de 4 de julio, por la que se publica el Acuerdo del Consejo de Ministros de 4 de julio de 2023, por el que se declara la finalización de la situación de crisis sanitaria ocasionada por la COVID-19 (BOE núm. 159, de 5 de julio de 2023), resuelve, en su apartado Primero, *«Declarar la finalización de la situación de crisis sanitaria ocasionada por la COVID-19»*, dando lugar a que el Consejo General del Poder Judicial acordase, el día 6 de julio de 2023, *«trasladar a los órganos gubernativos del Tribunal Supremo, Audiencia Nacional y Tribunales Superiores de Justicia que deberán abstenerse de adoptar las medidas organizativas y tecnológicas previstas en la ley para hacer frente a la crisis sanitaria causada por el COVID-19, así como dejar sin efecto las que se encuentren vigentes en este momento, lo que incluye, desde luego, la dispensa en el uso de las togas contempladas en el ya citado art. 17 de la Ley 3/2020»*.

De este modo, se retornaba a la normalidad perdida, con lo que abogados, graduados sociales, Letrados del Estado, del Instituto Nacional de la Seguridad Social, de la Tesorería General de la Seguridad Social, del Fondo de Garantía Salarial, del Servicio Público de Empleo y de las diversas Administraciones del Estado y comunidades autónomas deben celebrar los juicios

16. Publicado en *Linkedin* el 8.7.2023.

adecuadamente togados bajo advertencia del juez o magistrado que presida el acto, acabando con el desconcierto y variedad de imágenes, vestimentas y coloridos que durante este intervalo han venido protagonizando los profesionales del Derecho al vestir muchos de ellos de manera tan informal como impropia en un acto de la importancia y respeto de un juicio.

Y hablando de este tema, la dispensa de la toga trajo consigo la opinión vertida por algunos sectores profesionales acerca de la oportunidad de suprimir definitivamente el uso de la toga, al considerarla como una prenda desprovista de todo sentido, que obedece a tiempos pasados y que solo representa la superioridad e imposición autoritaria del juez ante los ciudadanos y profesionales.

He tenido oportunidad de pronunciarme al respecto en mi artículo *«El uso de la toga por los jueces como signo de respeto y autoridad a la Administración de justicia»*, recogido en mi último libro publicado por Editorial Colex *Comentarios de un Magistrado de lo Social sobre la justicia y otros aspectos*, por lo que remito al lector a lo allí comentado.

Sin embargo, no está de más conocer algunos aspectos históricos de la toga que han sido compendiados y publicados por el propio Consejo General del Poder Judicial, a los que expresamente me remito.

Las togas. Eso es lo que más impresiona a cualquiera la primera vez que pisa una sala de vistas. Su origen se remonta a la antigua Roma. Era el distintivo de cónsules, senadores, sacerdotes, y, por supuesto, de pretores, que era el nombre que entonces recibían los jueces.

Aquellas togas no eran negras, como las de ahora, sino blancas, con bandas de color carmesí tejidas en los bordes, y recibían el nombre de toga *praetexta*.

La función de la toga es la de proyectar respeto y autoridad tanto a las partes como a los espectadores presentes. Es una forma teatral de comunicar que lo que se está tratando en la sala tiene la máxima importancia.

En el año 1814 el recién creado Tribunal Supremo de España estableció reglamentariamente su uso para todos los jueces y magistrados, así como el del birrete, un gorro armado en forma hexagonal, de color negro y coronado por una borla —en España los jueces nunca han llevado peluca, como algunos erróneamente todavía creen—.

Sin embargo, no todas las togas del mundo son iguales ni son negras. El rojo es el segundo color más utilizado, sobre todo en el Reino Unido de la Gran Bretaña. De ese país proceden las togas más coloristas. Dependiendo de la jurisdicción, las togas son azules, verdes, rojiblancas (no a rayas rojas y blancas, sino de ambos colores), púrpura e, incluso, rosas. El tipo de peluca también varía según la importancia del tribunal.

¿Por qué esta tradición por la puesta en escena judicial, sobre todo en Gran Bretaña? Tiene una explicación.

Antiguamente la Justicia se administraba en nombre del Rey que, a su vez, *«había sido elegido por Dios»,* o eso se creía en aquel entonces. Para subrayar esa vinculación con la persona del monarca, los jueces se vestían como pequeños reyes, y lo rodeaban con un protocolo estricto de respeto dentro de la sala.

Cuando se produjo la Revolución estadounidense, allá por 1775, los primeros jueces estadounidenses llevaban togas rojas y negras. La tradición, la preferencia por la toga negra, arranca de 1801, cuando John Marshall, un hombre con una gran *«auctoritas»*, fue nombrado *«chief justice»,* presidente del Tribunal Supremo de los Estados Unidos de América.

En Francia, donde en 1789 tuvo lugar otra revolución, por el contrario, los jueces no siguieron la senda estadounidense de la simpleza. Guardaron el estilo de sus togas.

Togas negras, para tribunales inferiores, y rojas, para los superiores. Las de los magistrados del Tribunal de Casación llevan esclavinas de piel blanca o cuellos de piel de armiño, lo que denota una clara conexión monárquica en la vestimenta judicial.

En España, la garnacha, como también se denominaba antiguamente a la toga, quedó suprimida de facto en el lado republicano en los primeros meses de la guerra civil, cosa que se prolongó hasta el final de la guerra, de modo que los jueces y las partes celebraban los juicios *«de civil».*

El desenlace de la contienda, a favor del bando nacional, reinstauró nuevamente la tradición del uso de la toga como traje de trabajo en la Administración de Justicia,

Avanzados los años sesenta, el birrete cayó en desuso, permaneciendo el uso de la toga hasta la fecha.

Las togas negras que actualmente llevan los jueces y magistrados, al igual que los fiscales, abogados, secretarios y procuradores, tienen su precedente en el traje oficial que utilizaban los ministros del Consejo de Castilla. Esta institución, creada en el siglo XIV, cumplía las funciones de órgano asesor del Rey y de un primitivo Alto Tribunal.

La vigente Ley Orgánica 6/1985, de 1 de julio, del Poder Judicial, dispone en su art. 187, que *«En audiencia pública, reuniones del Tribunal y actos solemnes judiciales, los Jueces, Magistrados, Fiscales, Secretarios, Abogados y Procuradores usarán toga y, en su caso, placa y medalla de acuerdo con su rango».*

Debo indicar que en otros países de nuestro entorno cultural y dentro de la Unión Europea, pero también de EE. UU. y los países iberoamericanos, el uso de la toga resulta consustancial al ejercicio de las diversas profesiones vinculadas con el derecho, ya sean jueces o abogados, considerándose un signo de distinción, representatividad y de respeto institucional.

Pero quizá lo que ahora desearía poner de relieve es, sin duda alguna, el orgullo con que jueces y letrados debieran portar sus togas.

He tenido la oportunidad de estar en diversos Palacios de Justicia, como el de París, Londres, Bruselas o Roma, y, ciertamente, me ha producido una sana envidia el porte elegante y distinguido que hacen de sus relucientes y vistosas togas, que lejos de significar, como algunos creen, una diferencia de clase, de privilegio y de sometimiento, representa lo que los antiguos romanos ya calificaban de *auctoritas*.

Así es, en la Roma clásica, existían tres maneras distintas de interpretar el poder: el *«imperium»*, la *«potestas»* y la *«auctoritas»*.

El *«imperium»* era un poder absoluto propio de quienes tenían capacidad de mando, se trataba fundamentalmente, de los cónsules y los procónsules. En cuanto a la *«potestas»* era el poder político capaz de imponer decisiones mediante la coacción y la fuerza. Y, por último, existía la *«auctoritas»*, que era un poder moral, basado en el reconocimiento o prestigio de una persona.

Precisamente la toga representa, proyecta y escenifica en jueces y magistrados la autoridad moral de quien, por delegación del Estado, que es tanto como decir de la misma ciudadanía que lo integra, administra justicia de manera imparcial y objetiva.

Y no menos importante es su uso por los abogados, definidos por el diccionario de la Real Academia Española como el *«Licenciado en derecho que ofrece profesionalmente asesoramiento jurídico y que ejerce la defensa de las partes en los procesos judiciales o en los procedimientos administrativos»*.

Personalmente, cuando celebro juicios y visto mi toga siento un especial orgullo por la alta y elevada responsabilidad que el Estado deposita en mi persona, y por el sacrificio personal que me ha representado alcanzar el cargo. Pero de la misma manera, ver a ambos lados del estrado a los letrados y graduados sociales igualmente togados supone la máxima representación del Estado de Derecho en busca de la justicia y la defensa del justiciable.

11

EL PRIMER JUICIO[17]

Sonó fatídico y fiel el despertador a la hora programada e inmediatamente se levantó, sin señal alguna de pereza.

Acto seguido de afeitarse, cepillarse los dientes y darse una tonificante ducha de agua caliente, eligió una colonia de baño suave y el masaje *after shave* habitual.

Para vestirse, eligió una camisa blanca, una corbata a estrenar con tonos azules y un traje gris marengo.

Tras un frugal desayuno, dio sus últimos retoques a la corbata, se puso el reloj que había heredado de su padre, convencido de ser su fetiche personal, y cogió el maletín, no ni antes comprobar que no se olvidaba nada.

Decidió utilizar el transporte público para trasladarse, ecológico convencido como era, por su relativa comodidad, coste y ahorro de tiempo. En menos de treinta minutos llegó a su destino encontrándose con el Sr. Oriol, Albert para los amigos, lo que le permitía cierta confianza y amenidad en el trato personal. Después de un breve intercambio de impresiones y rechazar la invitación a tomar un café, entraron juntos en el edificio judicial.

Se encaminaron a los ascensores y subieron a la segunda planta. Al salir, se dirigieron al pasillo hasta llegar al vestíbulo, donde aguardaban en escrupuloso orden otros justiciables y profesionales a la espera de entrar en Sala.

No encontrando a nadie conocido con el que departir e intercambiar opiniones, no tuvo otro remedio que hacerlo con Albert, midiendo sus palabras y gestos, no fuera que hablara más de lo deseable y transmitiera el nerviosismo que disimulaba y que poco a poco le iba invadiendo.

Se sentaron. La luz de los ventanales proyectaba los primeros y gratificantes rayos de la primavera, sin impedirle poder escapar de sus pensamientos, a veces pesimistas, que centraban toda su atención, absorto en sus cábalas, en lo que podía pasar, en cómo transcurriría todo, si el timbre de voz sería el

17. Publicado en *Linkedin* el 8.2.2024.

respecto de esta fecha atrás, a razón de 45 días por año de servicio), pero no, como antes de la aprobación del Real decreto ley 3/2012, el importe de los salarios de tramitación devengados desde la fecha del despido hasta la notificación de la sentencia.

Sentado lo anterior, empecemos señalando que nuestro ordenamiento laboral, en su regulación sobre el despido, se aparta de lo establecido en los arts. 1106 y siguientes del Código Civil, consagrando un régimen específico de resarcimiento consistente en fijar el alcance del mismo de manera objetiva y tasada, sin que el juzgador, en principio, pueda valorar de otra manera diferente los daños y perjuicios causados (STS 23-10-1990. RJ 7709; y STS 3-4-1997. RJ3047).

Criterio que hay que poner en directa relación con los arts. 10 y 12.1.a) del Convenio OIT sobre la terminación de la relación de trabajo, de 22 de junio de 1982 (n.º 158), que se remite a la legislación y la práctica nacional en materia de indemnización por finalización de la relación laboral.

Dicha indemnización tasada opera bajo dos parámetros, la antigüedad y el salario, lo que indudablemente ofrece certeza al empresario acerca del coste indemnizatorio que le va a representar el despido, lo que puede representar un grave perjuicio para la estabilidad en el empleo en la medida que el coste que suponga la extinción contractual sea mucho menor que la pérdida irreparable para el trabajador y, desde luego, que el gasto que le ocasione al Estado en concepto de prestaciones por desempleo.

Pero dicho lo anterior, se han venido pronunciando nuestros juzgados de instancia y TSJ en el sentido de que, aplicando el oportuno juicio de convencionalidad, la actual regulación indemnizatoria podría ir en contra de lo establecido en el Convenio 158 OIT y en la Carta Social Europea.

En tal sentido, merece especial interés la STSJ de Cataluña de 30 de mayo de 2022, que cuenta con 2 votos particulares, y que, con cita de la STSJ de Cataluña de 23 de abril de 2021, indica su voto mayoritario que si

> «el magistrado del primer grado jurisdiccional alcanza la conclusión que, por razón de la antigüedad acreditada, la indemnización resultante por aplicación de los límites legales por su carácter prácticamente residual no tendría efecto disuasorio ni sería adecuada para las circunstancias concurrentes, lo que sería contrario al Convenio 158 OIT y a la Carta Social Europea ... (por lo que) ha de optar por hacer un juicio de convencionalidad, primando la norma internacional sobre la nacional».

Para la Sala, la normativa vigente

> «... determina en la práctica que en nuestra realidad sea posible el desistimiento empresarial (aunque así no conste formalmente), lo que entra en contradicción flagrante con los compromisos adquiridos por España con la suscripción del Convenio 158 OIT, que en su artículo 4 exige la concurrencia de causa justificativa. No ocurre así con el artículo 24 de la Carta Social Europea (revisada) de 1996,

que reclama la concurrencia de "razones válidas", en tanto que ésta no ha sido aún suscrita por el estado español (hallándose en los actuales momentos en fase de tramitación parlamentaria) y sin que la versión previa —sí ratificada— de 1961 contemple una similar tutela».

Y lo anterior, de modo que

«Ante esa anomia o legislación imperfecta en el terreno de lege data consideramos que es perfectamente posible y lícito acudir en determinados casos a efectuar un juicio de convencionalidad en los términos efectuados en el primer grado jurisdiccional. Ahora bien, ello no significa que se deje de aplicar la indemnización tasada que impone nuestro ordenamiento. Esa es la regla general que se deriva de la ley que los jueces debemos aplicar por mandato constitucional. Sin embargo, la aplicación de la legalidad no puede comportar la iniquidad, ni obviar la prevalencia de las normas Internacionales».

Y con similar tesis podemos citar la más reciente Sentencia de la misma Sala y Tribunal, número 469/2023, de 30 de enero.

Confirmando la plena aplicación del art. 24 CSE encontramos, igualmente, la Sentencia núm. 1040/2024, de 23 de abril, de la Sala de lo Social del TSJ del País Vasco, dictada en el recurso de suplicación núm. 502/2024, de la que hace un exhaustivo comentario María Emilia Casas Baamonde (Catedrática de Derecho del Trabajo y de la Seguridad Social. Universidad Complutense de Madrid. Presidenta Emérita del Tribunal Constitucional) en la Revista de Jurisprudencia laboral núm. 5/2024.

Dicha sentencia hace descansar su decisión a favor de la indemnización adicional o complementaria en la singularidad determinada por la radical ilegalidad del despido enjuiciado, su insignificante indemnización y la significante gravedad de los perjuicios para el trabajador ilegalmente despedido, decantándose por aplicar el oportuno control de convencionalidad y su separación y acogimiento de las decisiones del CEDS, así como la necesidad de fijar una indemnización que repare el daño sufrido por el trabajador despedido sin causa

No obstante, otras sentencias niegan la posibilidad de incrementar la indemnización tasada por despido, como los TSJ de Madrid, Castilla y León (Valladolid), Castilla-La Mancha, Asturias, Galicia, que rechazan el abono de una indemnización adicional, negando que el Convenio 158 OIT sea norma de aplicación directa en nuestro ordenamiento y que el art. 56.1 ET se oponga a su art. 10, como ha destacado el Auto del TC 43/2014, y que la Carta Social Europea no esté cumplida por dicho precepto estatutario.

Un ejemplo de esta interpretación negacionista lo tenemos en la reciente Sentencia del TSJ de Castilla la Mancha, de 10 de febrero de 2023, al considerar, entre otros razonamientos, que:

«... respecto de la constitucionalidad de fijar un sistema tasado de indemnizaciones por despido improcedente como es el que establece en la legislación española, en relación con el art. 10 del Convenio 158 de la OIT ya se pronunció el TCo en el Auto 43/2014 de 12-2-2.014 en los términos siguientes:"... tampoco esta fórmula legal se opone al Convenio núm. 158 de la Organización Internacional del Trabajo, cuyo art. 10 —que, pese a la adicional referencia del órgano promotor al art. 12, es el aplicable a los supuestos de extinción contractual injustificada— se limita a disponer, entre otras posibilidades, el pago de "una indemnización adecuada", sin precisar los elementos de determinación.

No se olvide, además, que el propio legislador valora específicamente las situaciones en que la ilícita decisión extintiva del empresario conlleva un daño cualificado por haberse producido con discriminación o violación de derechos fundamentales y libertades públicas, supuesto en que la ley ordena la calificación del despido como nulo, con derecho del trabajador a su preceptiva readmisión, abono de los salarios dejados de percibir, e indemnización derivada de dicha vulneración a determinar judicialmente (arts. 55.5 y 6 LET y 182 y 183 de la Ley reguladora de la jurisdicción social)».

Por su parte, la Sala Social del Tribunal Supremo en su Sentencia n.º 169/2023, de 2 de marzo de 2023, dictada en recurso de unificación de doctrina 3972/2020, ha puesto especial énfasis en afirmar que corresponde al legislador realizar las reformas sustantivas y adjetivas adecuadas en orden a modificar el derecho positivo, evitando el choque institucional entre los poderes legislativo y judicial, razón por la que deberemos estar expectantes a las reformas legislativas que se abran paso en el futuro, sin perjuicio de la doctrina que pueda establecer el Tribunal Supremo.

En este *totus revolutum,* el sindicato UGT formuló una Reclamación colectiva ante el Comité de Derechos Sociales de la Carta Social Europea revisada (CSER), hecha en Estrasburgo el 3 de mayo de 1996 y ratificada por España el 8 de junio de 2021 (BOE núm. 139 de 11 de junio de 2021, con entrada en vigor el 1 de julio de 2021) con objeto de adecuar la normativa española a las exigencias de su art. 24, que recordemos contempla que:

«Para garantizar el ejercicio efectivo del derecho de los trabajadores a protección en caso de despido, las Partes se comprometen a reconocer:

a) el derecho de todos los trabajadores a no ser despedidos sin que existan razones válidas para ello relacionadas con sus aptitudes o su conducta, o basadas en las necesidades de funcionamiento de la empresa, del establecimiento o del servicio;

b) el derecho de los trabajadores despedidos sin razón válida a una indemnización adecuada o a otra reparación apropiada.

A tal fin, las Partes se comprometen a garantizar que un trabajador que estime que se le ha despedido sin una razón válida tenga derecho a recurrir ante un organismo imparcial».

Pues bien, el Gobierno español, en las Observaciones de 31 de enero de 2023 a la citada reclamación colectiva alegó ante el CSER lo siguiente:

«(...) si a la hora de determinar el importe de la indemnización hubiera que tener en cuenta factores subjetivos relativos a las circunstancias personales y/o familiares de la persona despedida (como la edad, el sexo, la situación familiar o la (ausencia de) formación), por ser mayor el daño causado por el despido cuando el trabajador despedido pertenece a ciertos colectivos especialmente vulnerables en cuanto a su capacidad de encontrar un nuevo empleo —debiendo ser en consecuencia más caro el despido en tales casos—, ello sin duda afectaría a las decisiones de contratación de las empresas, que tratarían de minimizar el riesgo de afrontar una indemnización mayor, optando por contratar preferentemente a colectivos que no tuvieran asociados esos mayores costes".

Afirmando, además, que "... nuestro sistema se ajusta al art. 24 de la Carta porque los tribunales, vía control de convencionalidad, admiten la posibilidad de fijar importes indemnizatorios superiores al tasado en la ley cuando concurren circunstancias excepcionales debidamente acreditadas por el trabajador que hacen que la indemnización derivada del art. 56 del ET resulte manifiestamente inadecuada, lo que viene a ser un espaldarazo a los criterios de los tribunales" ... destacando que "... con la introducción de esta vía en el sistema español no podría considerarse contrario al art. 24 del CSER, ya que el hecho de que el propio sistema habilite a los jueces a aplicar directamente dicho precepto al enjuiciar un asunto, desplazando si es necesario la legislación nacional, es garantía de compatibilidad del sistema con dicho precepto y sus exigencias».

No obstante, el Comité Europeo de Derechos Sociales (CEDS) publicó el 20 de marzo de 204 sus conclusiones, estableciendo que:

«que el ordenamiento jurídico español es contrario a la CSEr porque no permite dar una indemnización más elevada en función de todas las circunstancias que puedan concurrir. En concreto, en el marco del Artículo 8 (Derecho de las mujeres empleadas a la protección de la maternidad) y, en concreto, de su Párrafo 2 (Ilegalidad del despido durante el permiso de maternidad) afirma (traduzco del inglés, p. 20):

"En su conclusión previa (2019), el Comité señaló en el informe que la legislación española no permitía a los trabajadores elegir libremente entre la reincorporación o la terminación del contrato de trabajo con la correspondiente compensación cuando el despido había sido declarado nulo. Cuando resulte imposible reintegrar al trabajador debido a la cesación o cierre de la empresa obligada u otra causa de imposibilidad material o legal, el juez o tribunal declarará que la relación laboral queda terminada a partir de la fecha de esta decisión y ordenará que el trabajador reciba una indemnización y los salarios impagados.

En este caso, el empleador debe pagar, además de los salarios no recibidos, la compensación establecida en el artículo 56.1 del Estatuto de los Trabajadores para el despido improcedente, es decir, una compensación "equivalente a 33 días de salario por año de servicio, con los períodos de menos de un año calculados de forma proporcional por los meses completados, hasta un máximo de 24 meses". Los tribunales pueden otorgar una compensación adicional equivalente a 15 días de salario por año de servicio (la suma se calcula de forma proporcional para períodos de menos de un año), hasta un máximo de 12 meses de salario "en función de circunstancias específicas y el daño causado por la no reincorporación o la reincorporación ilegal" (arts. 281.2 y 286.1 de la Ley de la Jurisdicción Social). El Comité señala que ambas compensaciones están sujetas a un límite.

El Comité señala que el límite en las escalas de compensación no permite otorgar a un empleado una cantidad mayor de compensación en función de todas las circunstancias, ya que los tribunales solo pueden ordenar una compensación dentro de los límites de la escala. A este respecto, en la Sociedad Finlandesa de Derechos Sociales c. Finlandia, Reclamación núm. 106/2014, op. cit., consideró que el tope de la compensación en 24 meses de salario, según lo dispuesto por la legislación finlandesa, era insuficiente ya que no permitía una compensación adecuada en el sentido del Artículo 24 de la Carta. También recuerda que en Confederazione Generale Italiana del Lavoro (CGIL) c. Italia, reclamación núm. 158/2017, op. cit., consideró que los montos preestablecidos de compensación (limitados a 12, 24 o 36 pagos mensuales según el caso, y a seis para pequeñas empresas) hacían que la compensación fuera inadecuada con el tiempo en relación con el daño sufrido. El Comité también recuerda que en Confédération générale du travail Force Ouvrière (CGT-FO) c. Francia, reclamación núm. 160/2018 y en Confédération générale du travail (CGT) c. Francia, reclamación núm. 171/2018, decisión sobre el fondo de 23 de marzo de 2022 y en Syndicat CFDT de la métallurgie de la Meuse c. Francia, Reclamación núm. 175/2019, op. cit., y Syndicat CFDT général des transports et de l'environnement de l'Aube c. Francia, reclamación núm. 181/2019, consideró que el límite de compensación establecido en 20 meses de salario era insuficiente.

El Comité considera que, incluso si la reincorporación es la regla general, en casos donde la reincorporación resulta imposible, el juez no puede otorgar una compensación que sea adecuada y compense todo el daño sufrido, dado que se establece un límite máximo en la compensación.

El Comité había solicitado ejemplos específicos de compensación otorgada en casos de despido ilegal de empleadas embarazadas o en permiso de maternidad.

El informe se refiere a tres casos diferentes en los que los tribunales ordenaron la reincorporación de la trabajadora embarazada despedida y declararon nulo el despido, otorgando una compensación para reparar los derechos fundamentales de los trabajadores».

Y, entre otras, alcanza la siguiente conclusión:

> «Si la reincorporación resulta imposible, un juez no puede otorgar una compensación adecuada para compensar todos los daños sufridos».

Llegados a este punto, se hace preciso que el gobierno español acometa una reforma tanto del vigente Estatuto de los Trabajadores como de la Ley Reguladora de la Jurisdicción Social en orden a trasladar la doctrina sentada por el Comité Europeo de Derechos Sociales que posibilite que en caso de despido declarado improcedente la indemnización que deba abonar el empresario al trabajador cubra la doble expectativa de resarcimiento justo y proporcional y tenga el adecuado efecto disuasorio.

Con todo, se ha abierto un nuevo frente interpretativo referente a si las resoluciones del Comité Europeo de Derechos Sociales resultan o no vinculantes y la respuesta debe ser que sí resultan vinculantes, atendido que:

a) La Comisión Permanente del Consejo de Estado, en sesión celebrada el día 8 de julio de 2021, emitió, por unanimidad, en fecha 8 de julio de 2021 un dictamen conforme al cual:

> «El informe de la Secretaría de Estado de Justicia, emitido por la Directora General de Cooperación Jurídica Internacional y Derechos Humanos, de 17 de diciembre de 2020, comienza por extractar los antecedentes normativos del asunto, señalando que España es parte en la Carta Social Europea; también ha firmado la Carta Social Europea (revisada) el 23 de octubre de 2000, y este instrumento está en proceso de ratificación. Tras recordar detalladamente el contenido del Protocolo Adicional por el que se establece un sistema de reclamaciones colectivas, señala los efectos que su ratificación implicaría para España, que son importantes, ya que el Tratado es jurídicamente vinculante y las decisiones del Comité de Expertos son de obligado cumplimiento.
>
> Añade el informe que el procedimiento de reclamaciones colectivas busca aumentar la eficacia de la Carta Social Europea, permitiendo una suerte de "litigación estratégica". Según el informe, ocasionará un aumento de las demandas ante los tribunales españoles; además, la laxitud de los requisitos animará a acudir al Comité de Expertos Independientes, incluso con preferencia a las autoridades nacionales, pudiendo con posterioridad ser utilizadas sus resoluciones favorables ante las autoridades administrativas y jurisdiccionales españolas. Algunas decisiones del Comité de Expertos ya han sido acogidas por órganos jurisdiccionales españoles. En el informe se añade que la ratificación de este Protocolo puede suponer extender al Consejo de Europa problemas que algunos Comités de Derechos Humanos de Naciones Unidas han señalado contra España, y que la interpretación extensiva de los derechos reconocidos en la Carta revisada en pro de los derechos humanos puede suponer una injerencia importante en temas políticamente muy sensibles para España, como la inmigración irregular, y se apunta la posibilidad de emitir una Declaración sobre el anexo a la Carta Social Europea revisada, haciendo constar que el compromiso de España se ciñe a la literalidad de dicho anexo».

b) Importante es lo regulado en la Ley 25/2014, de 27 de noviembre, de Tratados y otros Acuerdos Internacionales, que afecta de manera directa la aplicabilidad de la Carta Social Europea (revisada), y de la que cabe destacar los siguientes artículos:

- **Art.** 23:

> «1. Los tratados internacionales válidamente celebrados se publicarán íntegramente en el "Boletín Oficial del Estado". Dicha publicación habrá de producirse al tiempo de la entrada en vigor del tratado para España o antes, si se conociera fehacientemente la fecha de su entrada en vigor.

13

LA SÁTIRA, LA CRÍTICA Y SUS LÍMITES LEGALES[18]

Ha llamado mi atención una sentencia del Tribunal italiano de Casación Civil, Sección 3.ª, ordenanza n. 6960/2024, de 14 de marzo de 2024, afirmando que la sátira —expresión del derecho de crítica a través del énfasis y la deformación de la realidad— está exenta de la exigencia de verdad, ya que expresa un juicio irónico sobre un hecho con improbabilidad e hipérbole y también a través del uso de expresiones o imágenes perjudiciales para la reputación de otros, quedando sujetos al límite de continencia y funcionalidad para el fin perseguido de denuncia social o política, que se evaluará en relación con la relevancia del interés del público en la exposición del hecho en esta forma o a la dimensión pública del asunto o a la notoriedad de las personas afectadas.

En este caso, el Tribunal anuló la sentencia de fondo que, al considerar difamatoria la publicación de una fotografía de una persona acompañando un artículo satírico sobre la causa penal de un ex Presidente del Consejo de Ministros, conocido político y empresario, tras su absolución en apelación, había omitido cualquier análisis del contexto sociocultural en el que se insertaba el artículo satírico y de las reacciones de la opinión pública ante la noticia de la absolución.

Según el Diccionario de la Real Academia de la Lengua Española, la palabra sátira proviene del latín *satĭra*, esta de *satŭra* «sátira», «composición literaria arcaica en verso y prosa, acompañada de danza»; propiamente «plato de muchas viandas» y ésta de *satur, -a, -um* «repleto, recargado, abundante», con influencias griegas provenientes del grupo σατυρικός *satyrikós* «relativo a los sátiros».

Pero es su segunda acepción la que ahora más nos interesa: *«Discurso o dicho agudo, picante y mordaz, dirigido a censurar o ridiculizar»*, de la que se derivan los sinónimos: *«crítico, sarcástico, irónico, caustico, punzante, incisivo, mordaz, burlón, sardónico y picante»*.

---

18. Publicado en *Economist & Jurist* el 23.5.2024.

Antes de continuar, debe ponerse de manifiesto que la sátira nace como género literario en nuestro país, emergiendo con especial intensidad en los siglos XVI y XVII de la mano de dos de sus autores más célebres, Góngora y Quevedo, profusamente estudiados por los especialistas de dicho estilo.

De este modo, Henry Ettinghausen estudió *«La sátira antijudía de Quevedo»* desde su profundo conocimiento de la obra del autor, tanto en verso como en prosa. Su argumentación se basa preferentemente en la Execración contra los judíos, *El Buscón*, algunos cuadros de *La Fortuna con seso y la hora de todos*, y los *Sueños*. Ettinghausen adelanta que la sátira de Quevedo contra los judíos es puramente destructiva y fruto de la xenofobia del autor, y divide su análisis en dos partes: la primera dedicada a la caracterización de los judíos como «ingratos deicidas», y la segunda, más extensa, a la violenta caricatura de los mismos por ser usureros, avaros, sucios, y demás vituperios, incluido el insulto personal. El estudio permite apreciar la riqueza de las metáforas quevedianas, la amplitud de su particular bestiario de capacidad descalificadora y «potencia vitriólica»; pero, al mismo tiempo, sitúa la aversión de Quevedo en el contexto de su tiempo y de la coyuntura económica olivarista. Por último, plantea la pregunta, debatida en los últimos años por la crítica, de si puede hablarse o no de «antisemitismo», y de si la exclusión xenófoba de los judíos puede extenderse a otros pueblos también vituperados por el autor, en razón de su condición de enemigos o amenazas para el pueblo cristiano y la Monarquía Hispánica.

Por lo que se refiere a Góngora, la sátira se expresa en los romances con estribillo, las letrillas, las décimas y los sonetos, de forma aparentemente más sincera que la clásica, con un calado social muy hondo, pese a su aspecto chistoso. Por medio de tres apartados bien documentados —«la sátira como maledicencia», «un arte epigramático», y una «crisis irrisoria», en denominación de Gracián—, se demuestra la radical novedad de la sátira gongorina, que escapa de los imprecisos límites entre lo burlesco y lo satírico; y también su complejidad, que hace dudar entre una interpretación que privilegie el juego del ingenio o el propósito político y moral.

Como puede comprobarse, pues, los comentarios o expresiones satíricos contienen un componente crítico que intenta poner en evidencia y ridiculizar a la persona a quien se dirige, lo que, atendiendo a su contenido, forma de difusión y perjuicio causado pueden atentar el derecho al honor, a la imagen y a la persona del ofendido, exigiendo en cada supuesto un análisis pormenorizado de la expresión utilizada y de su finalidad o propósito.

Frente a tal posibilidad se alza el derecho a la libertad de expresión, proclamada por el art. 20.1 CE. En opinión de Uriel Sturze Juchnowicz, graduado en ADE-Derecho por la Universidad de Valencia, en su artículo *«El conflicto de la libertad de expresión en el marco de la sátira»*, dicho precepto establece que la libertad de expresión es un derecho fundamental en cualquier sistema democrático, un derecho considerado como un pilar en una sociedad desarrollada y avanzada, conforme al cual: *«Se reconocen y protegen los derechos a expresar y difundir libremente los pensamientos, ideas y opiniones mediante la palabra, el escrito o cualquier otro medio de reproducción»*.

Como se puede observar de su tenor literal, la constitución reconoce la facultad de expresar libremente nuestras creencias, dotándole de un amplio margen, pudiéndose realizar de forma oral, escrita o en cualquiera otra forma de reproducción. Por lo tanto, todo ciudadano tiene derecho a expresar sus ideas, creencias u opiniones a través de cualquier medio con las mismas garantías constitucionales. Además, el apartado segundo del art. 20 CE hace referencia a la imposibilidad de restringir este derecho, así como el de libertad de información, creación literaria y libertad de cátedra mediante la censura.

Pero, como todo derecho, está sujeto a unos límites, de manera que no puede considerarse el de libertad de expresión como un derecho absoluto sino relativo que, si colisiona con otros derechos como los del honor, la intimidad y la propia imagen, comporta una restricción en su ejercicio.

El propio art. 20.4 CE advierte que:

> «Estas libertades tienen su límite en el respeto a los derechos reconocidos en este Título, en los preceptos de las leyes que lo desarrollen y, especialmente, en el derecho al honor, a la intimidad, a la propia imagen y a la protección de la juventud y de la infancia».

Siguiendo al mismo autor, en el marco de la confrontación de la libertad de expresión y el derecho al honor es de relevante apreciación el papel que desempeña la sátira, en cuanto medio legítimo para llevar a cabo una crítica, al igual que la caricatura. Por de pronto, el art. 8.Dos de la Ley Orgánica 1/1982, de 5 de mayo, de protección civil del derecho al honor, a la intimidad personal y familiar y a la propia imagen, contempla que:

> «2. En particular, el derecho a la propia imagen no impedirá:
>
> a) Su captación, reproducción o publicación por cualquier medio, cuando se trate de personas que ejerzan un cargo público o una profesión de notoriedad o proyección pública y la imagen se capte durante un acto público o en lugares abiertos al público.
>
> b) La utilización de la caricatura de dichas personas, de acuerdo con el uso social.
>
> c) La información gráfica sobre un suceso o acaecimiento público cuando la imagen de una persona determinada aparezca como meramente accesoria.
>
> Las excepciones contempladas en los párrafos a) y b) no serán de aplicación respecto de las autoridades o personas que desempeñen funciones que por su naturaleza necesiten el anonimato de la persona que las ejerza».

En este contexto, la STEDH 25 enero 2007 (JUR 2007, 30037) se refiere a que la sátira no es más que:

> «una forma de expresión artística y crítica social que con su contenido inherente de exageración y distorsión de la realidad persigue naturalmente la provocación y la agitación».

Claro es que uno de los límites a la sátira se encuentra en la difamación que de ella se derive. Claro exponente de lo anterior es la Sentencia de la Audiencia Provincial de Madrid de 14 de diciembre de 2015:

«Sin embargo, el valor que para la formación de la opinión pública y la libre circulación de ideas puedan tener determinadas caricaturas, no implica que esta sea la única finalidad imaginable de tales creaciones. El artículo 8.2.b) de la LO 1/1982 condiciona precisamente la legitimidad del género a su adecuación al uso social, no dándose esa legitimidad cuando la publicación de la imagen no busca otro propósito que la ridiculización del personaje afectando a su honorabilidad. Por tanto, y como declara la STS de 24 de julio de 2012 (RJ 2013, 2264), rec. n.º 1919/2010 (con cita de la STS de 14 de abril de 2000 (RJ 2000, 2565), rec. n.º 2039/1995), por consustancial que sean al género satírico tanto la ridiculización del personaje y el tono jocoso o burlón como la brevedad y rotundidad del mensaje, acudir a ese género no borra ni elimina los límites que impone la protección del derecho fundamental al honor, a la intimidad personal y familiar y a la propia imagen. El art. 8.2 b) LO 1/1982 exige por ello que la utilización de la caricatura se adecue al uso social, y el Tribunal Constitucional aprecia intromisión ilegítima en un texto, historieta o cómic, pese a su tono jocoso o burlón, cuando el llamado animus iocandi o intención de bromear se utiliza 'precisamente como instrumento del escarnio' (STC 176/95 (RTC 1995, 176)».

Por su parte, la Sentencia de la Sala Civil del Tribunal Supremo núm. 670/2022, 17 de octubre de 2022 distingue entre libertad de expresión e insulto, frases y expresiones ultrajantes u ofensivas:

«Pero también es cierto, y así lo hemos declarado igualmente, entre otras, en las sentencias 397 y 400/2021, de 14 de junio; 471/2020, de 16 de septiembre; 429/2020, de 15 de julio; 290/2020, de 11 de junio; y todas las demás que estas citan: (i) que se sobrepasan los límites tolerables de la libertad de expresión cuando las opiniones o juicios de valor no versan sobre una cuestión de interés general, no tienen una base fáctica suficiente o emplean expresiones insultantes desvinculadas del mensaje que se desea transmitir; (ii) que ni la información ni la opinión o crítica pueden manifestarse a través de frases y expresiones ultrajantes u ofensivas, sin relación con las ideas u opiniones que se expongan, y por tanto, innecesarias a este propósito, dado que el artículo 20.1 a) de la Constitución no reconoce un pretendido derecho al insulto; (iii) que las expresiones han de ser objetivamente injuriosas, teniendo tal significación las expresiones de menosprecio o desdoro que en cualquier sector de la sociedad que las perciba o capte producirá una repulsa o desmerecimiento, es decir, las que suponen el desmerecimiento en la consideración ajena al ser tenidas en el concepto u opinión pública por afrentosas, con el consiguiente descrédito o menosprecio para el demandante; (iv) y que los periodistas no gozan de un derecho a insultar, humillar y escarnecer; que el estilo periodístico enfático, tremendista y demagógico no excluye la ilicitud; y que la reiteración de expresiones ofensivas no es una especie de patente de corso que las justifique pues convertiría la habitualidad en una autorización para ofender y solo supondría que la conducta injustificable no es puntual, fruto de una ofuscación momentánea, sino que constituiría una constante en el quehacer periodístico, lo cual sería aún más grave».

En el ámbito estrictamente laboral, cabe destacar las siguientes sentencias que abordan la problemática de los comentarios vertidos en redes sociales (citadas por García Pallarès en su comentario *«El despido por comentarios en las redes sociales»*):

- El Tribunal Superior de Justicia de Cataluña considera que las manifestaciones vertidas por un trabajador contra la Fundació del Gran Teatre del Liceu en su cuenta de Facebook no superan los límites de la libertad de expresión. En dichas manifestaciones el trabajador criticaba las elevadas retribuciones que percibían algunos directivos de la empresa, que no se justificaban a su modo de ver con la situación de crisis por la que estábamos pasando, como igualmente criticaba la supresión a la escuela de música de las becas, o la extinción de los contratos de trabajo de trabajadores del Liceu.

  Además, reclamaba a través de este mismo medio más transparencia, que se publicaran las retribuciones y se investigaran las contrataciones del Coro, dado que se habían hecho determinadas contrataciones de ciertos personajes públicos que de entrada carecían de cierta justificación. Junto a todo ello, el trabajador también llegó a calificar a ciertos directores de la Fundación de mafiosos y a proferir todo tipo de expresiones sacadas de contexto y mal sonantes. No obstante, el Tribunal también tiene en consideración la situación en la que se encontraba el trabajador, el momento y las circunstancias en las que realizó tales manifestaciones,

  > «pues una misma palabra, acto o gesto puede revestir la máxima gravedad en una determinada situación y carecer de esta en muchas otras. En definitiva, lo que se debe valorar es si las mismas tenían o no un ánimo de injuriar o por el contrario si se hicieron con el simple ánimo de crítica o denuncia».

  Para ello, el Tribunal ha tenido en cuenta que las manifestaciones realizadas por el trabajador se publicaron en su perfil personal de Facebook de acceso limitado, sin llegar a identificar a las personas a las que se imputaban una serie de conductas que a su juicio merecían los calificativos que señalaba. Asimismo, se tiene en cuenta que la Fundación para la que presta sus servicios el trabajador se nutre principalmente de fondos públicos, y que por ello debe soportar una mayor cuota de crítica que una empresa privada, y que no les ha producido ningún perjuicio, siendo además las irregularidades denunciadas sobre cierta contratación ciertas, sin que hayan sido desmentidas por parte de la empresa. Y todo ello, a pesar de que las manifestaciones y críticas, resultan exageradas, desagradables y sobre todo poco afortunadas y sin duda reprochables moralmente, lo cual no impide considerarlas realizadas en el ejercicio del legítimo derecho de libertad de expresión en el que queda incluido el derecho a criticar a quien le ha negado varias veces la reincorporación a su anterior puesto de trabajo desde su situación de excedencia, a quien contrata a otras personas sin aparente justificación, o quien según parece y a su juicio no cumple con los mínimos requisitos de transparencia e integridad que como empresa que se nutre de fondos públicos corresponde.

- En la Sentencia del Tribunal Superior de Justicia de Castilla-La Mancha núm. 443/2016, de 8 de abril, se considera procedente el despido disciplinario de un trabajador que el día 29/09/2014, efectuó una publicación en su cuenta de Facebook, en la que textualmente indicaba:

> «...amigos de facebook, hoy me gustaría comentar mi primer día en la élite...en el pulidor... yo le llamo el rincón de pensar...si amigos, la cuestión es que se piensa...en mi caso las dos primeras horas he dedicado mi atención a no clavarme un cuchillo en mis partes, que son todas las partes, soy un hombre sensible a la sangre... y el resto del día, lo he dedicado a ver a Amparo y Felicidad ...y a pensar cositas guarras, hasta que me ha dicho el compañero basauri, que sudaba mucho...y claro, el mono cada vez más apretado...en fin amigos, un día en el rincón de pensar mucho más suave de lo esperado».

Así pues, antes de criticar deberá medirse el alcance, finalidad y destinatario de las expresiones vertidas y su posible colisión con otros derechos relativos a la persona que merecen de igual manera la tutela legal y judicial, pues como ha manifestado el Tribunal Constitucional (STC 20/2022, de 28 de enero, FJ n.º 5, Ponente Sra. Casas Baamonde):

> «los derechos a la intimidad personal y a la propia imagen forman parte de los bienes de la personalidad que pertenecen al ámbito de la vida propia».

Sin que lo anterior limite el derecho a la libertad de expresión más que en lo estrictamente necesario, al no tratarse de un derecho ilimitado sino tener que adecuarse al respeto del honor de las personas y enmarcarse, al mismo tiempo en las exigencias de la buena fe (STC 120/1983, de 15 de diciembre, FJ n.º 1, Ponente Sr. Escudero del Corral).

14

LA POSIBLE IRRETROACTIVIDAD DE LA LEY 15/2022, DE 12 DE JULIO, INTEGRAL PARA LA IGUALDAD DE TRATO Y LA NO DISCRIMINACIÓN[19]

La aprobación de la Ley 15/2022, de 12 de julio, integral para la igualdad de trato y la no discriminación, ha supuesto un verdadero tsunami en el orden jurisdiccional social, en especial por lo que se refiere a la posible declaración de nulidad de aquellos despidos que acontezcan durante o posteriormente a una situación de baja médica, enfermedad o condición de salud, estado serológico y/o predisposición genética a sufrir patologías y trastornos del trabajador despedido, siempre y cuando opere como causa principal y sin perjuicio de valorar en derecho la causa formalmente alegada por el empresario.

Esta casuística ha originado una pluralidad de resoluciones judiciales en un sentido u otro, tanto en instancia como en suplicación, a la espera de que la Sala de lo Social del Tribunal Supremo unifique doctrina, despejando las grandes dudas que se ciernen actualmente sobre esta cuestión.

Cuestión que, ya adelanto, se hubiera podido evitar si el legislador, por medio de la expresada Ley, hubiera modificado en lo necesario el art. 53.4 del Estatuto de los Trabajadores, relativo a la extinción por causas objetivas —en consonancia con el art. 122.2 de la vigente LRJS— y el art. 55.5 de la misma norma sustantiva relativo al despido disciplinario —en conexión con el art. 108.2 de la LRJS—, introduciendo nuevas causas de nulidad en armonía con la nueva ley.

Ni que decir tiene que la importancia de la Ley 15/2022 ya se pone de manifiesto en su extenso y esclarecedor preámbulo cuando afirma en su apartado II que:

> «Son principios inspiradores de esta ley el establecimiento de un marco legal adecuado para la prevención, atención y eliminación de todas las formas de discriminación, el impulso de la aplicación transversal de la igualdad de trato en la

19. Publicado en *Economist & Jurist* el 4.11.2023.

formulación, ejecución y evaluación de las políticas públicas, la coordinación entre las diferentes administraciones públicas y la colaboración entre las mismas, los agentes sociales y la sociedad civil organizada, todo ello para favorecer la corresponsabilidad social ante la discriminación».

Para añadir lo siguiente:

«La ley persigue un doble objetivo: prevenir y erradicar cualquier forma de discriminación y proteger a las víctimas, intentando combinar el enfoque preventivo con el enfoque reparador, el cual tiene también un sentido formativo y de prevención general. Para ello, el texto articulado se caracteriza por tres notas: es una ley de garantías, una ley general y una ley integral».

Continuando en su apartado III indicando que:

«... la ley se caracteriza por ser integral respecto de los motivos de discriminación, tal y como se refleja en su Título Preliminar, que establece los ámbitos objetivo y subjetivo de aplicación. Por lo que respecta al ámbito subjetivo, toma como referencia el artículo 14 de la Constitución y, junto a los seis motivos de discriminación recogidos en la normativa comunitaria (sexo, origen racial o étnico, discapacidad, edad, religión o creencias y orientación sexual), **incorpora expresamente los de enfermedad o condición de salud, estado serológico y/o predisposición genética a sufrir patologías y trastornos**, identidad sexual, expresión de género, lengua y situación socioeconómica, **por su especial relevancia social** y mantiene la cláusula abierta que cierra el mencionado artículo. Este carácter integral se manifiesta también en los ámbitos de la vida política, económica, cultural y social a los que se aplica la ley; a saber, **el empleo, el trabajo**, la educación, la sanidad, servicios sociales, el acceso a bienes y servicios, incluida la vivienda, la participación social o política y la publicidad y medios de comunicación, estableciendo un conjunto de obligaciones que vinculan incondicionadamente a todas las administraciones públicas y en la forma que la propia Ley establece en el caso de las relaciones entre particulares».

Para finalitzar diciendo que:

«El Título II fija en su Capítulo I las garantías del derecho a la igualdad de trato y no discriminación definiendo qué medidas de protección comprende, ofreciendo como pretensiones posibles de la acción, la declaración de nulidad, cese, reparación, prevención, indemnización de daños materiales y morales, en este último caso, en línea con la jurisprudencia más reciente del Tribunal Supremo y Constitucional, ... También se regulan las reglas de la carga de la prueba, de especial importancia en este campo, por la dificultad de su obtención».

Llegamos así a su art. 2, sobre el ámbito subjetivo de la ley, destacando los apartados 1 i 3:

«1. Se reconoce el derecho de toda persona a la igualdad de trato y no discriminación con independencia de su nacionalidad, de si son menores o mayores de

> edad o de si disfrutan o no de residencia legal. Nadie podrá ser discriminado por razón de nacimiento, origen racial o étnico, sexo, religión, convicción u opinión, edad, discapacidad, orientación o identidad sexual, expresión de género, **enfermedad o condición de salud, estado serológico y/o predisposición genética a sufrir patologías y trastornos**, lengua, situación socioeconómica, o cualquier otra condición o circunstancia personal o social».
>
> .../...
>
> 3. **La enfermedad** no podrá amparar diferencias de trato distintas de las que deriven del propio proceso de tratamiento de la misma, de las limitaciones objetivas que imponga para el ejercicio de determinadas actividades o de las exigidas por razones de salud pública».

Previsiones legales que se aplican en el ámbito del despido (art. 3.1.a), de forma que el art. 4.1 es bien claro al disponer que:

> «1. El derecho protegido por la presente ley implica la ausencia de toda discriminación por razón de las causas previstas en el apartado 1 del artículo 2.
>
> En consecuencia, queda prohibida toda disposición, conducta, acto, criterio o práctica que atente contra el derecho a la igualdad. Se consideran vulneraciones de este derecho la discriminación, directa o indirecta, por asociación y por error, la discriminación múltiple o interseccional, la denegación de ajustes razonables, el acoso, la inducción, orden o instrucción de discriminar o de cometer una acción de intolerancia, las represalias o el incumplimiento de las medidas de acción positiva derivadas de obligaciones normativas o convencionales, la inacción, dejación de funciones, o incumplimiento de deberes».

Pero sentado lo anterior, resulta necesario analizar si la nueva norma resulta de aplicación a situaciones nacidas con anterioridad a su entrada en vigor, considerando que la Disposición final décima de la Ley 15/2002 contempla que entrará en vigor al día siguiente a su publicación en el BOE, es decir el día 14 de julio de 2022.

Como cuestión previa, la consagración en nuestro Derecho del principio general de irretroactividad de las disposiciones sancionadoras no favorables o restrictivas de derechos individuales está contemplada en el artículo 9.3 de la Constitución Española de 1978. Por lo tanto, las normas que establezcan sanciones desfavorables (ya sean civiles, administrativas o penales, tal como se pronuncian los artículos 25 de la Constitución Española y 2 del Código Penal) y las que restrinjan algún derecho, no podrán extender sus efectos a las situaciones existentes antes de su entrada en vigor. Aclarando la Jurisprudencia del Tribunal Constitucional que, interpretado el citado precepto en sentido contrario, sí que admitirían aplicación retroactiva las normas sancionadoras «favorables», entendidas como aquellas que establecen una sanción menor, cuantitativa o cualitativamente.

Tampoco las normas que vengan a reconocer un «derecho individual» se verán afectadas por la regla general de irretroactividad, reconociéndose retroactivamente los nuevos derechos.

Asimismo, ha matizado el Tribunal Constitucional que por derechos individuales tiene que entenderse los comprendidos en el Título I de la Constitución Española de 1978, es decir, los derechos fundamentales (Sentencias de 20 de julio de 1981, 4 de marzo de 1982 y de 4 de febrero de 1983); así como que lo prohibido por el artículo 9.3 es la incidencia de la ley nueva en los efectos jurídicos ya producidos de situaciones anteriores, pero no que se extienda esta ley nueva a los efectos no consumados (Sentencia 227/1988, de 29 de noviembre, recurso de inconstitucionalidad).

En definitiva, el margen establecido en esta materia a favor del legislador español es realmente amplio, bajo las prohibiciones y matizaciones del Tribunal Constitucional; admitiéndose la retroactividad bajo lógicas limitaciones para preservar el necesario principio de seguridad en las relaciones jurídicas, a salvo en cuanto a las normas sancionadoras y, en general, desfavorables.

En este mismo sentido, es doctrina jurisprudencial (Sentencias de 3 de mayo de 1963 y 7 de mayo de 1968) que nuestro ordenamiento positivo se inspira en el principio *«tempus regit actum»* o de irretroactividad, en la virtud del cual cada relación se disciplina por las normas rectoras al tiempo de su creación, sin que venga permitido alterarla por preceptos ulteriores salvo que ofrezcan inequívoco carácter, como también declara el Derecho histórico (STS Sala Primera, civil, de 25 Mayo 1995 recurso núm. 72/1992).

Más recientemente, la vulneración del principio constitucional de seguridad jurídica e irretroactividad ha sido interpretada de manera restrictiva por la doctrina del Tribunal Constitucional, que ha resuelto, en su sentencia 27/1981, de 20 de julio, que el artículo 9.3 de la Constitución Española *«alude a los derechos fundamentales del Título I»,* interpretación confirmada por otras sentencias posteriores (Sentencia del Tribunal Constitucional 6/1983, de 4 de febrero, 159/1990, de 4 de octubre y 173/1996, de 31 de octubre), doctrina que resume la Sentencia del Tribunal Constitucional 104/2000, de 13 de abril, en el sentido que en el artículo 9.3 de la Constitución Española *«la restricción de los derechos individuales tiene que equipararse a la idea de sanción, por lo cual el límite de este artículo hay que considerarlo cómo referido a las limitaciones introducidas en el ámbito de derechos fundamentales y de las libertades públicas».*

No obstante lo anterior, podría considerarse que, a pesar de que la causa en que se basa el despido fuera anterior a la fecha de puesta en vigor de la Ley 15/2022 pueda ser de aplicación sus previsiones, al tratarse de dilucidar si se ha vulnerado un derecho fundamental que debe ser amparado constitucional y legalmente por la vía del art. 24 CE, y que debe inspirar transversalmente nuestro derecho bajo los principios de prevención y eliminación de toda forma de discriminación, asumiendo el sentido integral de la ley, así como la forma de cese, reparación e indemnización de los daños materiales y morales.

Dicho de otro modo, de no aceptarse tal criterio, se haría de peor condición a un trabajador que, ante circunstancias similares o idénticas, recibiera un trato diferente respecto de otro en función exclusivamente del ámbito temporal de la norma.

Además, hay que tener en cuenta que la Ley 15/2022 no es que proceda a crear *ex novo* una nueva discriminación basada en la *«enfermedad o condición de salud, estado serológico y/o predisposición genética a sufrir patologías y trastornos»,* sino que lo que pretende es conceder y reconocer carta de naturaleza a la existencia, en estos supuestos, de una discriminación que, en caso de acreditarse, debe dar lugar a la declaración de nulidad del despido, pues entender lo contrario no se compadecería con el mandato de su art. 1.3, cuando advierte que *«La enfermedad no podrá amparar diferencias de trato distintas de las que derivan del propio proceso de tratamiento de la misma, de las limitaciones objetivas que imponga para el ejercicio de determinadas actividades o de las exigidas miedo razones de salud pública».*

Sin embargo, la Sala de lo Social del TSJ de Cataluña, en su sentencia núm. 2504/2023, de fecha 20 de abril de 2023, dictada en el recurso núm. 6079/2022 (ponente Sra. M. Macarena Martínez Miranda) ya ha tenido ocasión de pronunciarse a este respecto al afirmar en su FD Sexto que *«nos encontramos ante hechos anteriores a la publicación de la Ley 15/2022, integral para la igualdad de trato y no discriminación, que contempla como causa específica de discriminación la enfermedad o condición de salud (artículo 2), marco normativo no aplicable por razones de temporalidad».*

15

EL USO VISIBLE DE CUALQUIER SIGNO FILOSÓFICO O RELIGIOSO EN EL LUGAR DE TRABAJO. LA SENTENCIA DEL TRIBUNAL DE JUSTICIA DE LA UNIÓN EUROPEA DE 28 DE NOVIEMBRE DE 2023 Y OTROS PRONUNCIAMIENTOS JUDICIALES[20]

Sumario:

I. Breve comentario a la STJUE de 28 de noviembre de 2023

La Gran Sala del TJUE dio a conocer el día 28 de noviembre de 2023 una importante sentencia, en el asunto C 148/2022, que se suma a otras dictadas sobre la materia, en respuesta a la consulta de un tribunal de Bélgica para resolver un litigio en un ayuntamiento, y cuyo resumen es el siguiente:

«Procedimiento prejudicial - Política social - Directiva 2000/78/CE - Establecimiento de un marco general para la igualdad de trato en el empleo y la ocupación - Prohibición de discriminación por motivos de religión o convicciones - Sector público - Reglamento de trabajo de una administración pública que prohibe el uso

---

20. Publicado en Economist & Jurist el 3.12.2023.

visible de cualquier signo filosófico o religioso en el lugar de trabajo - Pañuelo islámico - Exigencia de neutralidad en los contactos con el público, los superiores jerárquicos y los compañeros de trabajo».

La citada sentencia tiene por objeto una petición de decisión prejudicial planteada, con arreglo al artículo 267 TFUE, por el *Tribunal du Travail de Liège* (Tribunal de lo Laboral de Lieja, Bélgica), mediante resolución de 24 de febrero de 2022, recibida en el Tribunal de Justicia el 2 de marzo de 2022, en el procedimiento entre OP y *Commune d' Ans*.

Para el TJUE las administraciones públicas pueden *prohibir «de manera general e indiferenciada el uso visible de cualquier signo que revele convicciones filosóficas o religiosas»*, atendido que *«Puede estar justificado por la voluntad de la administración de establecer, de acuerdo con el contexto que le es propio, un entorno administrativo totalmente neutro, siempre que la norma sea adecuada, necesaria y proporcionada»*.

El tribunal europeo da así respuesta al caso de la empleada de un ayuntamiento belga que quería llevar el velo islámico en el trabajo sin que se lo permitieran, motivo por el cual llevó el caso a los tribunales denunciando discriminación religiosa puesto que no trabajaba de cara al público, añadiendo que a posteriori el Ayuntamiento había creado una norma para exigir *«neutralidad exclusiva»* a los trabajadores.

De entrada, la resolución efectúa, las siguientes advertencias en sus apartados 25 a 28 y que seguidamente transcribo:

«25. A este respecto, es preciso recordar que una norma interna de una empresa que solo prohíbe llevar, en el lugar de trabajo, signos de convicciones, en particular filosóficas o religiosas, que sean vistosos y de gran tamaño puede constituir una discriminación directa basada en la religión o las convicciones, en el sentido del artículo 2, apartado 2, letra a), de la Directiva 2000/78, en los casos en que el criterio relativo al uso de tales signos esté indisociablemente ligado a una o varias religiones o convicciones determinadas [véanse, en este sentido, las sentencias de 15 de julio de 2021, WABE y MH Müller Handel, C 804/18 y C 341/19, EU:C:2021:594, apartados 72 a 78, y de 13 de octubre de 2022, S. C. R. L. (Prenda de vestir con connotaciones religiosas), C 344/20, EU:C:2022:774, apartado 31]. Sin embargo, de la resolución de remisión no se desprende que la norma controvertida en el litigio principal encaje en tal supuesto.

26. A la inversa, una norma interna adoptada por un empresario que prohíbe llevar cualquier signo visible de convicciones, en particular, filosóficas o religiosas, en el lugar de trabajo no constituye tal discriminación directa si atañe indistintamente a cualquier manifestación de esas convicciones y trata por igual a todos los trabajadores de la empresa, imponiéndoles, de manera general e indiferenciada, especialmente una neutralidad indumentaria que se opone al uso de tales signos (sentencias de 14 de marzo de 2017, G4S Secure Solutions, C 157/15, EU:C:2017:203, apartados 30 y 32, y de 15 de julio de 2021, WABE y MH Müller Handel, C 804/18 y C 341/19, EU:C:2021:594, apartado 52).

27. Efectivamente, habida cuenta de que toda persona puede profesar una religión o tener convicciones religiosas, filosóficas o espirituales, tal norma, siempre que se aplique de manera general e indiferenciada, no establece una diferencia de trato basada en un criterio indisociablemente ligado a la religión o a esas convicciones [sentencias de 15 de julio de 2021, WABE y MH Müller Handel, C 804/18 y C 341/19, EU:C:2021:594, apartado 52, y de 13 de octubre de 2022, S. C. R. L. (Prenda de vestir con connotaciones religiosas), C 344/20, EU:C:2022:774, apartados 33 y 34].

28. Por lo tanto, a menos que el órgano jurisdiccional remitente constate que, pese a la manera general e indiferenciada en que está redactado el artículo 9 del reglamento de trabajo controvertido en el litigio principal, la demandante en el litigio principal ha sido objeto de un trato diferente respecto de otros trabajadores a los que se autorizó a manifestar sus convicciones, en particular, religiosas o filosóficas, mediante el uso de un signo visible que revele tales convicciones o de otro modo y que, por ello, haya sufrido una discriminación directa por motivos de religión o convicciones, en el sentido del artículo 2, apartado 2, letra a), de la Directiva 2000/78, dicho órgano jurisdiccional deberá examinar si la norma que figura en el artículo 9 del reglamento de trabajo del Ayuntamiento puede ocasionar una desventaja particular a las personas que profesan una religión o tienen unas convicciones determinadas, efectivamente constitutiva de una discriminación indirecta basada en alguno de esos motivos, en el sentido del artículo 2, apartado 2, letra b), de dicha Directiva».

Para seguidamente afirmar en su apartado 39 que:

«(...) procede señalar que la finalidad legítima consistente en garantizar, mediante un régimen de "neutralidad exclusiva" como el establecido por el artículo 9 del reglamento de trabajo controvertido en el litigio principal, un entorno administrativo totalmente neutro solo puede perseguirse eficazmente si no se admite ninguna manifestación visible de convicciones, en particular, filosóficas o religiosas, cuando los trabajadores estén en contacto con los usuarios del servicio público o estén en contacto entre ellos, puesto que el hecho de llevar cualquier signo, incluso pequeño, pone en peligro la aptitud de la medida para alcanzar la finalidad supuestamente perseguida y pone en entredicho de ese modo la propia congruencia de ese régimen (véase, en este sentido, la sentencia de 15 de julio de 2021, WABE y MH Müller Handel, C 804/18 y C 341/19, EU:C:2021:594, apartado 77). Por lo tanto, tal norma es necesaria».

En base a todo lo anteriormente expuesto, la STJUE comentada resuelve, finalmente, que:

«El artículo 2, apartado 2, letra a), de la Directiva 2000/78/CE del Consejo, de 27 de noviembre de 2000, relativa al establecimiento de un marco general para la igualdad de trato en el empleo y la ocupación, debe interpretarse en el sentido de que una norma interna de una administración municipal que prohíbe, de manera general e indiferenciada, a los miembros del personal de dicha administración el uso visible, en el lugar de trabajo, de cualquier signo que revele, en particular, convicciones filosóficas o religiosas puede estar justificada por la voluntad de dicha administración de establecer, teniendo en cuenta el contexto que le es propio, un entorno administrativo totalmente neutro, siempre que dicha norma sea adecuada, necesaria y proporcionada, a la luz de ese contexto y habida cuenta de los diferentes derechos e intereses en juego».

II. Otras sentencias dictadas por el TJUE

No es la primera ocasión que el TJUE resuelve en materia de uso de vestimenta o símbolos religiosos.

Me refiero, concretamente, a dos cuestiones muy parecidas a iniciativa de los Tribunales de Casación de Bélgica y de Francia (Sentencias de 14 de marzo de 2017, asuntos C188-15 y C157-15), referidas a la posible existencia de discriminación, sea directa o indirecta, en la decisión de la empresa de prohibir que una trabajadora lleve un pañuelo islámico y si tal limitación puede comportar una discriminación vetada por la Directiva de la Unión 2000/78/CE, relativa a la igualdad de trato en el empleo y la ocupación. A la anterior siguió la sentencia de 13 de octubre de 2022.

Analicemos, siquiera sea someramente, los hechos:

1. En el primer supuesto, el 12 de febrero de 2003, Samira Achbita, de confesión musulmana, fue contratada como recepcionista por la empresa G4S, empresa privada que presta servicios de recepción y acogida a clientes tanto del sector público como del sector privado, en la que regía una norma no escrita de «neutralidad» que prohibía a los trabajadores llevar signos visibles de sus convicciones políticas, filosóficas o religiosas en el lugar de trabajo.

En abril de 2006, la Sra. Achbita comunicó a su empleador que tenía la intención de llevar un pañuelo islámico durante las horas de trabajo, siéndole prohibido por la empresa en razón de dicha norma. El 29 de mayo de 2006, el comité de empresa incorpora tal prohibición en el reglamento interno, que entró en vigor el 13 de junio de 2006, con el siguiente tenor: *«Se prohíbe a los trabajadores llevar signos visibles de sus convicciones políticas, filosóficas o religiosas u observar cualquier rito derivado de éstas en el lugar de trabajo».* El 12 de junio de 2006, con motivo de la persistente voluntad de la Sra. Achbita de llevar el pañuelo islámico en su lugar de trabajo, fue despedida, impugnando el despido ante los órganos jurisdiccionales belgas.

Para el TJUE, estando en juego el derecho de culto o de libertad religiosa en su vertiente laboral, debe interpretarse que el concepto de religión cubre tanto el hecho de tener convicciones religiosas como la libertad de las personas de manifestar públicamente dichas convicciones. Seguidamente, advierte que la norma interna de la empresa tiene por objeto el uso de signos visibles de convicciones políticas, filosóficas o religiosas y, por ende, atañe indistintamente a cualquier manifestación de tales convicciones, al imponer, de forma general e indiferenciada, una neutralidad indumentaria. De lo anterior no se desprende que esta norma interna se haya aplicado a la Sra. Achbita de forma diferente a los demás trabajadores de la empresa, por cuyo motivo tal norma interna no establece una diferencia de trato basada directamente en la religión o las convicciones religiosas.

El TJUE añade, sin embargo, que no puede descartarse que el juez nacional llegue a la conclusión de que la norma interna establece una diferencia de trato basada indirectamente en la religión o las convicciones si se acredita que la obligación aparentemente neutra que contiene dicha norma ocasiona, de hecho, una desventaja particular a aquellas personas que profesan una religión o tienen unas convicciones determinadas, salvo que pueda justificarse objetivamente con una finalidad legítima y si los medios para la consecución de esta finalidad resultan adecuados y necesarios. Y subraya que el juez nacional que conoce del litigio es el único competente para determinar si, y en qué medida, la norma interna es conforme con estos requisitos, contemplando el Tribunal de Justicia indicaciones al respecto.

En cualquier caso, el TJUE concluye que la prohibición de llevar un pañuelo islámico dimanante de una norma interna de una empresa privada que prohíbe el uso visible de cualquier signo político, filosófico o religioso en el lugar de trabajo no constituye una discriminación directa por motivos de religión o convicciones en el sentido de la Directiva.

2. La segunda de las sentencias dictadas por el TJUE, en la misma fecha que la anterior, se refiere a la Sra. Bougnaoui, que se presentó, el 4 de febrero de 2008, en la empresa Micropole para realizar un período de prácticas de fin de carrera en la misma, llevando anudado un simple pañuelo bandana. Posteriormente, usó un pañuelo islámico en su lugar de trabajo.

Al final del período de prácticas, la empresa la contrató por tiempo indefinido como ingeniero de proyectos, a partir del 15 de julio de 2008. Tras la queja de un cliente a cuyo centro de trabajo la empresa había enviado a la Sra. Bougnaoui, la patronal reiteró el principio de necesaria neutralidad ante los clientes y pidió a la Sra. Bougnaoui que dejara de llevar el velo. Ésta se negó y fue despedida posteriormente, impugnando el despido ante los órganos jurisdiccionales franceses.

En esta ocasión, el TJUE tuvo que resolver acerca de si la voluntad de un empresario de tener en cuenta los deseos de un cliente de que los servicios de dicho empresario no sigan siendo prestados por una trabajadora que lleva un pañuelo islámico puede considerarse un *«requisito profesional esencial y determinante»* en el sentido de la Directiva.

A este respecto, el TJUE recuerda que sólo en muy contadas circunstancias una característica vinculada en particular a la religión puede constituir un requisito profesional esencial y determinante, ya que este concepto implica un requisito objetivamente dictado por la naturaleza de una actividad profesional o por el contexto en que ésta se lleve a cabo y no cubre consideraciones subjetivas, como la voluntad del empresario de tener en cuenta los deseos particulares del cliente.

Por consiguiente, el Tribunal de Justicia responde que la voluntad de un empresario de tener en cuenta los deseos de un cliente de que los servicios de dicho empresario no sigan siendo prestados por una trabajadora que lleva un pañuelo islámico no puede considerarse un requisito profesional esencial y determinante en el sentido de la Directiva. Dicho de otro modo, resultará preciso comprobar si esa diferencia de trato prohibida por la Directiva no tenga carácter discriminatorio cuando, debido a la naturaleza de una actividad profesional o al contexto en que ésta se lleve a cabo, la característica de que se trate constituya un requisito profesional esencial y determinante, siempre y cuando el objetivo sea legítimo y el requisito proporcionado.

Como se comprueba, el TJUE deja un margen discrecional a la resolución por cada juez nacional, que deberá valorar, en función de la normativa aplicable en su país y conforme a las circunstancias concretas de cada caso, cuál haya de ser la respuesta adecuada en cuanto a la posible existencia de una discriminación directa o indirecta en la exigibilidad del velo o de cualquier otro signo visible que se identifique con una determinada orientación religiosa, personal, política o de cualquier otro alcance o significado.

3. Con posterioridad, destaca la Sentencia del Tribunal de Justicia Europeo (Sala Segunda), de 13 de octubre de 2022, en el asunto C-344/20, por la cual se declara que:

> «El artículo 2, apartado 2, letra a), de la Directiva 2000/78 debe interpretarse en el sentido de que una disposición de un reglamento laboral de una empresa que prohíbe a los trabajadores manifestar, verbalmente, a través de la forma de vestir o de cualquier otra forma, sus convicciones religiosas o filosóficas, del tipo que sean, no constituye, respecto de los trabajadores que pretendan ejercer su libertad de religión y de conciencia mediante el uso visible de un signo o de una prenda de vestir con connotaciones religiosas, una discriminación directa "por motivos de religión o convicciones" en el sentido de dicha Directiva, siempre que esa disposición se aplique de forma general e indiferenciada».

III. Sentencias del Tribunal Constitucional y de la Sala Social del Tribunal Supremo

Fuera ya del ámbito estrictamente religioso, nuestros tribunales nacionales han tenido ocasión, igualmente, de pronunciarse sobre diversos aspectos relativos a la forma de vestir o a la imagen personal de los trabajadores, destacando las siguientes tres sentencias:

1. Sentencia de la Sala Social del Tribunal Supremo de 23 de enero de 2001, que hace referencia a que la Dirección Comercial del AVE —Unidad

departamental perteneciente a RENFE— publicó, en fecha 30 de septiembre de 1992, el denominado Manual de Uniformidad del Personal de Atención al cliente del AVE (Alta Velocidad Española); Manual que, entre otras, contiene una disposición expresiva de que, en los actos de prestación de servicios laborales, el personal masculino use pantalón y calcetines y el femenino falda de 2 centímetros por encima de la rótula y medias.

Para la citada sentencia, la uniformidad litigiosa impuesta a las mujeres empleadas de RENFE en la actividad desarrollada, que exige contacto con la clientela, ni vulnera el principio de igualdad con carácter general o colectivo, ni tampoco son expresivas de un trato discriminatorio por razón de sexo, sino que tiene relación directa con la clientela, pues no obedece a un motivo sexista, siendo razonable en una empresa pública, que, con la instauración de un novedoso y moderno medio de comunicación, como es el AVE, trata de «uniformar» a quienes de manera constante y habitual proyectan sobre los clientes la imagen de la Compañía, en condiciones de igualdad con otras empresas dedicadas a idéntica o semejante actividad, por lo que existe una justificación objetiva y razonable que priva a la «uniformidad» de la empleada de carácter discriminatorio.

2. La misma sala y tribunal, en fecha 19 de abril de 2011, debatió sobre la obligación del personal de enfermería de un centro de salud andaluz de usar falda, delantal, cofia y medias, sin posibilidad de optar por el pijama sanitario, que sí era utilizado no sólo por el personal masculino sino también por el femenino de otros departamentos.

En este caso, el tribunal señala que la decisión adoptada por la empresa se fundamenta en consideraciones organizativas empresariales, de manera que, se señala, al igual que ocurre en otros sectores laborales, el centro sanitario pretende ofrecer a la clientela una buena imagen de la empresa mediante una adecuada uniformidad en el vestir. Una decisión que tiene su base en el convenio colectivo de referencia y que se venía aplicando desde hacía años en todos los centros sanitarios de la empresa sin que hubiera generado ningún tipo de conflictividad hasta ese momento.

Además, afirma que no se ha vulnerado el derecho a la intimidad y dignidad ya que la utilización de la falda en dimensiones normales no solo está considerada socialmente como algo corriente, sino que incluso se vincula en ocasiones con tradicionales o históricas ideas de elegancia femenina, además de no suponer una exhibición física inadecuada o excesiva que no sea total y absolutamente normal desde el punto de vista de nuestros usos sociales.

3. La tercera sentencia a comentar es la de la Sala Social del Tribunal Superior de Justicia de Madrid, de fecha 3 de junio de 2015, que declara la nulidad del despido de una empleada que fue contratada con carácter eventual como ayudante de dependienta, y que había sido requerida en varias ocasiones por la empresa a cumplir la *«normativa imagen personal»*, según documento que se les entregaba al tiempo de la contratación. En dicho documento se refle-

jaban 14 recomendaciones, y entre ellas, la de que el maquillaje debía ser *«lo más discreto posible, consiguiendo dar una imagen de limpieza y cuidada»*. Tras diversas sanciones con amonestación escrita por negarse a ir maquillada, la trabajadora fue despedida con carácter disciplinario.

Pues bien, la citada sentencia, que se aparta de las otras dos anteriores, no duda en afirmar que la imposición de tal exigencia constituye una clara lesión del derecho fundamental de la trabajadora a su propia imagen y una intromisión en su libertad para mostrar su imagen física personal, por lo que, no acreditado que la trabajadora acudiese a su puesto de trabajo de forma inadecuada en cuanto a su apariencia física, exigir que fuera maquillada incide en un aspecto relacionado claramente con la imagen más básica de la persona.

Para finalizar con esta breve exposición, merece destacarse una denuncia formulada por el sindicato de tripulantes de cabina Stavla, frente a la compañía aérea Vueling, que decidió no recurrir una sanción por la que la Inspección de Trabajo proponía la comisión de una infracción muy grave y multa de 30.000 euros, por exigir a las auxiliares de vuelo el uso de maquillaje y de zapatos con talones, informando que deseaba hacer una guía de estilo inclusiva que se adapte a las necesidades actuales.

4. La última sentencia es la de Tribunal Constitucional, núm. 67/2022, de 2 de junio de 2022, que enlaza con una denuncia de discriminación laboral por razón de la identidad de género del trabajador que, despedido, recurre en amparo, obligándole a definir si este elemento característico de las personas se integra o no dentro de las categorías sospechosas de ser discriminatorias que recoge el art. 14 CE, con cuál de ellas se identifica adecuadamente, en caso de hacerlo con alguna, y cómo esa identificación puede, eventualmente, tener impacto en la prueba de la discriminación, con especial atención a esa prueba en el marco de las relaciones laborales.

Debe ponerse de manifiesto que Pleno del Tribunal Constitucional acordó admitir a trámite y recabar para sí el conocimiento de este recurso, al apreciar que éste planteaba un problema sobre el que no hay doctrina del tribunal, aunque sí sobre el derecho fundamental afectado en la situación fáctica que da origen al recurso de amparo, esto es, sobre el derecho a no padecer discriminación alguna que se derive de las previsiones del art. 14 CE.

Antes de continuar con lo resuelto por esta trascendental STC, veamos los antecedentes de hecho:

a) La persona recurrente en amparo, Serge Christian M. Scevenels, titulada en ingeniería aéreo-espacial, y la empresa belga Rhea System, S.A., suscribieron un contrato de trabajo en España, para prestación de servicios por cuenta de la empresa a partir del 7 de enero de 2013. El contrato de trabajo establecía que este se regiría por la legislación laboral española y que estaría sujeto a un período de prueba de seis meses. También se acordó que la empresa podría requerir, dentro de los límites razonables, que los servicios objeto de contratación se prestasen en diferentes localizaciones, según las necesidades de la empresa. Inicialmente el domicilio del centro de trabajo se fijó en las oficinas de la empresa situadas en Wavre (Bélgica), durante el período de prueba de seis meses (del 7 de enero de 2013 hasta el 30 de junio de 2013), y fue en esta sede en la que se prestaron enteramente los servicios profesionales el tiempo en que se mantuvo el contrato. El salario pactado fue de 60.000 euros brutos al año, se atribuyó un presupuesto de hasta 5.000 euros para la mudanza a Wavre, llevándose a cabo el alta en la Seguridad Social española por parte de la empleadora.

b) A lo largo de los algo más de cuatro meses en que se mantuvo la relación laboral, Serge C. M. Scevenels acudía a su centro de trabajo vistiendo unos días pantalón y otros días falda. En una determinada ocasión, a principios de 2013, había acudido a trabajar con una ropa (un pantalón corto o una falda corta) que la directora de recursos humanos consideró inapropiada, razón por la que le pidió que regresara a su casa y se vistiera correctamente. A raíz de ello, se ausentó y no regresó al lugar de trabajo ese día.

c) En el mes de febrero de 2013, Serge C. M. Scevenels mantuvo una entrevista con el director general de la empresa y con la directora de recursos humanos. En dicha reunión se trataron cuestiones de corrección en las relaciones con los clientes y, en el curso de la misma, el director general le pidió al trabajador que vistiera de forma más correcta, pero sin exigirle que llevase falda o pantalón, sin que fuera probado que en ninguna ocasión se le prohibiese vestir con falda.

d) El 16 de mayo de 2013, y con efectos a partir de ese mismo día, la empresa contratante dio por finalizada la relación laboral, alegando la «no superación del período de prueba pactado en el punto tercero del contrato de trabajo suscrito en fecha 7 enero 2013, de conformidad con lo establecido en el artículo 14.1 del Estatuto de los trabajadores». Se añadía que la empresa había decidido como medida graciable abonarle, dentro de su liquidación, una gratificación correspondiente a siete días de salario bruto.

En el tiempo transcurrido entre la reunión acaecida en febrero de 2013 y el cese de Serge C. M. Scevenels no consta se produjese incidencia ni reproche alguno por su forma de vestir, a pesar de que continuó yendo a trabajar vistiendo falda ocasionalmente.

Una vez fijados los hechos, adentrémonos en la *ratio decidendi* de la sentencia, que pone de relieve los siguientes criterios:

1.º Hasta el momento, la jurisprudencia constitucional no ha realizado una construcción jurídica específica sobre las nociones de sexo y de género, sino que se refiere indistintamente a uno y otro concepto sin dotarlos de un contenido específico, teniéndolos por sinónimos, como por otro lado, ha venido haciendo tanto el legislador estatal, como el legislador autonómico, en la normativa sobre igualdad entre hombres y mujeres desarrollada con amplitud, desde mediados de la primera década del siglo XXI, tras la aprobación de la Ley Orgánica 1/2004, de 28 de diciembre, de medidas de protección integral contra la violencia de género. La STC 159/2016, de 22 de septiembre, da cuenta de esta tradicional intercambiabilidad de los términos.

2.º La evolución de la teoría sobre la igualdad entre hombres y mujeres y sobre las discriminaciones interseccionales, y el reconocimiento de los derechos al desarrollo de la propia orientación sexual y de la identidad de género como dimensión del pleno desarrollo de la personalidad, han puesto de manifiesto la necesidad de precisar la definición de los conceptos de sexo y de género, para distinguirlos.

3.º Resulta obligado identificar, en primer término, qué situación o condición personal está en la base del denunciado como trato discriminatorio, y para formular esta identificación es necesario partir de una aclaración conceptual previa que distinga entre discriminación por razón de sexo, discriminación por razón de identidad de género y discriminación vinculada a la expresión de género.

A partir de esa identificación es preciso definir si queda cubierta o no la realidad en cuestión por la cláusula antidiscriminatoria del art. 14 CE, para proceder, sucesivamente, a examinar si alcanzan a esta categoría las garantías asociadas a la preservación del principio de igualdad en el seno de las relaciones privadas, siendo clave en este punto de la reflexión la aplicación del principio de inversión de la carga probatoria.

4.º Conforme lo anterior, para definir adecuadamente en presencia de qué causa de discriminación estamos, es necesario partir de la distinción clara entre las nociones de sexo y género, entrando a definirlos de la siguiente manera:

a) El *sexo*, que permite identificar a las personas como seres vivos femeninos, masculinos o intersexuales, viene dado por una serie compleja de características morfológicas, hormonales y genéticas, a las que se asocian determinadas características y potencialidades físicas que nos definen. Características como, por ejemplo y sin ánimo de formular una descripción exhaustiva, los genitales internos y externos, la estructura hormonal y la estructura cromosómica (características primarias) o la masa muscular, la distribución del vello y la estatura (características secundarias). Estos caracteres biológicos, que pueden no ser mutuamente excluyentes en situaciones estadísticamente excepcionales, como las que se dan en las personas intersexuales, tienden a formular una clasificación binaria, y solo excepcionalmente terciaria, de los seres vivos de la especie humana.

b) Por su parte, aunque el género se conecta a las realidades o características biológicas, no se identifica plenamente con estas, sino que define la identidad social de una persona basada en las construcciones sociales, educativas y culturales de los roles, los rasgos de la personalidad, las actitudes, los comportamientos y los valores que se asocian o atribuyen, de forma diferencial, a hombres y mujeres, y que incluyen normas, comportamientos, roles, apariencia externa, imagen y expectativas sociales asociadas a uno u otro género. Mientras que el sexo se vincula a la concurrencia de una serie de caracteres físicos objetivamente identificables o medibles, *los caracteres asociados al género* son relativos y coyunturales y pueden variar de una sociedad a otra y de uno a otro tiempo histórico.

Viene a constatar la distinción entre ambas nociones, desde el punto de vista jurídico, la mención diferenciada al sexo y al género, como características diversas del ser humano, contenida en el art. 4.3 del Convenio del Consejo de Europa sobre prevención y lucha contra la violencia contra las mujeres y la violencia doméstica (Convenio de Estambul, de 2011), cuando establece que la *«aplicación por las partes de las disposiciones del presente convenio, en particular las medidas para proteger los derechos de las víctimas, deberá asegurarse sin discriminación alguna, basada en particular en el sexo, el género [...] la orientación sexual, la identidad de género, [...] o cualquier otra situación»*.

5.° Ni sexo ni género pueden ser definidos en sentido estricto como derechos, sino como condiciones o estados que tienen incidencia en el ejercicio de los derechos fundamentales y que conforman uno de los muchos elementos identitarios que pueden llegar a definir el derecho a la autodeterminación personal o a desarrollar, con pleno respeto a la dignidad humana (art. 10 CE), la propia identidad personal.

Aunque también son condiciones personales la *orientación sexual y la identidad de género*, refiriéndose la primera a la preferencia por establecer relaciones afectivas con personas de uno u otro sexo, y la segunda a la identificación de una persona con caracteres definitorios del género que pueden coincidir o no hacerlo con el sexo que se le atribuye, en virtud de los caracteres biológicos predominantes que presenta desde su nacimiento.

Pero además de ser condiciones personales, son elementos vinculados fundamentalmente con el derecho a desarrollar una determinada vida privada y familiar (art. 8 CEDH), tal y como se deriva de una consolidada jurisprudencia del Tribunal Europeo de Derechos Humanos que atribuye al concepto de *«vida privada» una definición amplia, que abarca «el derecho a la integridad física y psicológica de una persona, incluyendo en esa noción de integridad su vida sexual y su orientación sexual»*.

6.° Tras exponer la sentencia las definiciones de sexo y de género, se adentra en la conceptuación de *persona trans* y lo hace de la siguiente manera:

a) Dentro de la diversidad de identificaciones personales que engloba la noción de identidad de género, se acude, en esta resolución, a la expresión trans como denominación omnicomprensiva de todas aquellas identidades de género que ponen de manifiesto una discrepancia entre esta y el sexo de la persona.

Esta denominación genérica engloba las situaciones en que se produce una modificación del aspecto del cuerpo o de funciones fisiológicas por medios médicos o quirúrgicos; las situaciones en que se produce una modificación registral o un reconocimiento público de esa identidad; e incluso las situaciones en que, sin que exista transición física o jurídica en sentido estricto, se manifiesten otras expresiones de género como una adopción de vestimenta, habla, gestos o comportamiento propios del género con el que se identifica la persona, independientemente del sexo biológico identificado en esa persona.

b) Acudir al término trans asume un cierto riesgo de imprecisión técnica, porque puede incluir una amplia diversidad de situaciones *(transexuales hombres y mujeres, personas no binarias, travestis, queer, personas de género fluido, asexuales, polisexuales, quienes definen su género como «otro»).*

Pero dado el estado de indefinición actual de muchos de los conceptos asociado al estudio de la identidad de género, a la falta de consenso técnico y jurídico se ha considerado pertinente seleccionar y definir los conceptos que van a servir para dar solución al problema jurídico planteado, sabiendo que esa conceptualización no coincide plenamente con la contenida en las SSTC 176/2008, de 22 de diciembre, y 99/2019, de 18 de julio, que abordaron en su momento diversas cuestiones relacionadas con personas trans.

c) Por tanto, la persona recurrente en amparo, según su propia identificación, es una persona trans, de modo que la discriminación que denuncia es una discriminación por razón de su identidad de género, circunstancia personal alegada para invocar la interdicción de discriminación y la demanda de trato igual. Más concretamente se trataría de una hipotética discriminación basada en su expresión de género, entendida esta, según se define en la Directiva 2012/29/UE del Parlamento Europeo y del Consejo de 25 de octubre de 2012, como el modo en que una persona expresa su género, en el contexto de las expectativas sociales, por ejemplo, en relación con el modo de vestir, el uso de uno u otro nombre o pronombre, el comportamiento, la voz o la estética.

d) La expresión de género, en los términos descritos, se vincula estrechamente al derecho a la propia imagen (art. 18.1 CE), como lo hacen la imagen física en términos generales, la voz o el nombre de las personas, definidos en la STC 117/1994, de 25 de abril, FJ 3, como atributos característicos, propios e inmediatos de una persona, y como cualidades *«definitorias del ser propio y atribuidas como posesión inherente e irreductible a toda persona».*

7.º Llegados a este punto de la cuestión, el TC entra a resolver la identidad de género como causa de discriminación prohibida por el art. 14 CE y si el cese contractual supone o no un trato discriminatorio por alguna de las circunstancias prohibidas en el art. 14 CE, precepto ampliamente interpretado por la jurisprudencia constitucional, que distingue dos dimensiones básicas del derecho de igualdad:

a) Por un lado, se identifica *«"la cláusula general de igualdad del primer inciso del art. 14 CE, por la que se confiere un derecho subjetivo a todos los ciudadanos a obtener un trato igualitario de los poderes públicos, siempre que concurran supuestos idénticos y no existan razones que objetivamente justifiquen la diferenciación" (STC 176/2008, de 22 de diciembre, FJ 4). Esta cláusula reconoce "un derecho subjetivo de los ciudadanos a obtener un trato igual, que obliga y limita a los poderes públicos a respetarlo y que exige que los supuestos de hecho iguales sean tratados idénticamente en sus consecuencias jurídicas y que, para introducir diferencias entre ellos, tenga que existir una suficiente justificación de tal diferencia, que aparezca al mismo tiempo como fundada y razonable, de acuerdo con criterios y juicios de valor generalmente aceptados, y cuyas consecuencias no resulten, en todo caso, desproporcionadas"»* (STC 63/2011, de 16 de mayo, FJ 3).

b) Por otro, se identifica en el inciso segundo del mismo art. 14 CE la interdicción de *«"comportamientos discriminatorios basados en alguno de los factores que allí se mencionan a modo de listado enunciativo y no cerrado" (STC 176/2008, de 22 de diciembre, FJ 4). Es decir, la referencia a los motivos o razones de discriminación que contiene el art. 14 CE "no implica el establecimiento de una lista cerrada de supuestos de discriminación (STC 75/1983, de 3 de agosto, FJ 6), pero sí representa una explícita interdicción de determinadas diferencias históricamente muy arraigadas y que han situado, tanto por la acción de los poderes públicos como por la práctica social, a sectores de la población en posiciones, no solo desventajosas, sino contrarias a la dignidad de la persona que reconoce el art. 10.1 CE (SSTC 128/1987, de 16 de julio, FJ 5; 166/1988, de 26 de septiembre, FJ 2; 145/1991, de 1 de julio, FJ 2)"»* [STC 63/2011, de 16 de mayo, FJ 3 b)].

8.° La sentencia comentada llega a la conclusión, con invocación del art. 19 del Tratado de funcionamiento de la Unión Europea, y el art. 21 de la Carta de derechos fundamentales de la Unión Europea y de distintas Directivas de igualdad de sexo aprobadas hasta la fecha (con mención de las SSTJUE de 27 de abril de 2006, *Sarah Margaret Richards c. Secretary of State for Work and Pensions*, asunto C-423/04, respecto de la Directiva 79/7; y de 7 de enero de 2004, *K.B. c. National Health Service Pensions Agency y Secretary of State for Health*, asunto C-117/01, en relación con la Directiva 75/117/CEE del Consejo), que también debe declararse la ilegitimidad constitucional de los tratamientos discriminatorios cuyo factor determinante aparece fundado en la identidad de género.

Y continúa afirmando que en el marco normativo del Derecho de la Unión, que sirve de referencia obligada cuando se examinan cuestiones de igualdad de trato en el ámbito laboral (en este sentido, STC 108/2009, de 30 de septiembre, FJ 2), se considera que la Directiva 2006/54/CE, del Parlamento Europeo y del Consejo, de 5 de julio de 2006, relativa a la aplicación del principio de igualdad de oportunidades e igualdad de trato entre hombres y mujeres en asuntos de empleo y ocupación, se aplica también la discriminación por motivos de identidad de género. Sin embargo, la transposición parcial de esta norma, que se concreta en la Ley Orgánica 3/2007, de 22 de marzo, para la igualdad efectiva de mujeres y hombres, no proyecta expresamente el derecho a no sufrir discriminación por razón de identidad de género en el ámbito laboral, ni lo hacen las normas nacionales que transponen la normativa europea, a la identidad de género, en concreto, la Directiva 2000/78/CE del Consejo, de 27 de noviembre de 2000, relativa al establecimiento de un marco general para la igualdad de trato en el empleo y la ocupación, transpuesta por la Ley 62/2003, de 30 de diciembre, de medidas fiscales, administrativas y del orden social (que modifica varios preceptos del texto refundido de la Ley del estatuto de los trabajadores, aprobado por el Real Decreto Legislativo 1/1995, de 24 de marzo).

9.º Entrando de lleno en la forma y causa de la extinción del contrato de trabajo de la recurrente, el TC recuerda que para que opere la inversión de la carga de la prueba, cuando se trata de invocar la vulneración de derecho fundamentales y aun cuando se refiera al cese en periodo de prueba, *«incumbe al empresario acreditar que su decisión obedece a motivos razonables y ajenos a todo propósito atentatorio del derecho de que se trate. Para ello, es preciso que el trabajador aporte un indicio razonable de que el acto empresarial lesiona su derecho fundamental, principio de prueba o prueba verosímil dirigido a poner de manifiesto el motivo oculto que se denuncia y que debe permitir deducir la posibilidad de que ha podido producirse...»*.

10.º Partiendo de la anterior consideración, la sentencia comentada se refiere a que el cese de la persona recurrente no puede calificarse de nulo por discriminatorio dado que, habiendo aportado indicios racionales de discriminación por motivo de identidad de género, la empresa demandada los ha rebatido adecuadamente, y el acervo probatorio del que se han servido los juzgadores de instancia, y que este tribunal no debe revisar para modificarlos, a riesgo de exceder los márgenes de actuación determinados por el art. 44.1 b) LOTC (véase el fundamento jurídico 2 de la STC 17/2003, de 30 de enero, y la síntesis jurisprudencial allí formulada), pone de manifiesto que la causa del despido no fue la identidad de género de la persona recurrente en amparo, ni la expresión externa de esa identidad de género.

Para reforzar su criterio, el TC se remite a la sentencia del Juzgado de lo Social núm. 2 de Madrid, cuando se refiere a que *«no se ha puesto de manifiesto de ningún modo la existencia, en el seno de la empresa, de un escenario o panorama general discriminatorio por razones de género, ni de identidad sexual, ni otras análogas»*, y ello en la medida en que no se ha constatado la existencia de prohibiciones expresas en relación con la indumentaria, ni la adopción de un código de vestimenta a resultas del conflicto surgido con la parte demandante, o con carácter previo. Y, tras las pruebas testificales de Magdalena Mathilda Jennes, directora de recursos humanos al momento del cese, y de Nicola Mann, directora de recursos humanos en fase de contratación y durante buena parte de la duración del contrato de Serge C. M. Scevenels, se declara probado igualmente que se ha admitido la existencia de otras causas que podrían haber justificado el cese del contrato en periodo de prueba: de un lado se evocan razones de reorganización interna que, según la instancia, no son incompatibles con las razones, que también se evocan, de falta de satisfacción de la contratante con la prestación de actividad laboral de Serge C. M. Scevenels.

Por lo que, en definitiva, se rechaza de plano que hayan concurrido en este caso la lesión tanto del art. 14 CE, en su vertiente de la interdicción de discriminación de las personas por razón de su identidad de género, como del derecho a la propia imagen del art. 18.1 CE, en su vertiente del derecho a la expresión de género en condiciones de igualdad y sin posibilidad de sufrir discriminación por las causas contenidas en el art. 14 CE.

IV. A modo de conclusión. Normativa de aplicación en la materia

En torno a este siempre delicado y polémico asunto, repasemos las normas esenciales que a nivel de derecho interno deban tenerse en cuenta:

a) Art. 4.2.e) del Real Decreto Legislativo 2/2015, de 23 de octubre, por el que se aprueba el texto refundido de la Ley del Estatuto de los Trabajadores, cuando se refiere a que:

> «En la relación de trabajo, los trabajadores tienen derecho al respeto de su intimidad y a la consideración debida a su dignidad, comprendida la protección frente al acoso por razón de origen racial o étnico, religión o convicciones, discapacidad, edad u orientación sexual, y frente al acoso sexual y al acoso por razón de sexo».

b) Art. 45.1 de la Ley Orgánica 3/2007, de 22 de marzo, para la igualdad efectiva de mujeres y hombres se refiere a que:

> «Las empresas están obligadas a respetar la igualdad de trato y de oportunidades en el ámbito laboral y, con esta finalidad, deberán adoptar medidas dirigidas a evitar cualquier tipo de discriminación laboral entre mujeres y hombres, medidas que deberán negociar, y en su caso acordar, con los representantes legales de los trabajadores en la forma que se determine en la legislación laboral».

c) A tales efectos, su art. 46 contempla los denominados planes de igualdad (desarrollados por el Real Decreto 901/2020, de 13 de octubre, por el que se regulan los planes de igualdad y su registro y se modifica el Real Decreto 713/2010, de 28 de mayo, sobre registro y depósito de convenios y acuerdos colectivos de trabajo), entendidos como el:

> «... conjunto ordenado de medidas adoptadas después de realizar un diagnóstico de situación, tendentes a alcanzar en la empresa la igualdad de trato y de oportunidades entre mujeres y hombres y a eliminar la discriminación por razón de sexo. Los planes de igualdad fijarán los concretos objetivos de igualdad a alcanzar, las estrategias y prácticas a adoptar para su consecución, así como el establecimiento de sistemas eficaces de seguimiento y evaluación de los objetivos fijados».

d) Finalmente, la reciente Ley 15/2022, de 12 de julio, integral para la igualdad de trato y la no discriminación, reconoce el derecho de toda persona a la igualdad de trato y no discriminación, orillando toda situación o manifestación de discriminación en el ámbito de las relaciones laborales, de modo que su art. 91.1 advierte que:

> «No podrán establecerse limitaciones, segregaciones o exclusiones por razón de las causas previstas en esta ley para el acceso al empleo por cuenta ajena, público o privado, incluidos los criterios de selección, en la formación para el empleo, en la promoción profesional, en la retribución, en la jornada y demás condiciones de trabajo, así como en la suspensión, el despido u otras causas de extinción del contrato de trabajo.
>
> Con tal finalidad, se faculta a la Autoridad laboral, por medio del apartado 4 de dicho precepto, a ejercer una labor de control: "La Inspección de Trabajo y Seguridad Social, en los términos previstos en la normativa aplicable, deberá velar particularmente por el respeto del derecho a la igualdad de trato y no discriminación en el acceso al empleo y en las condiciones de trabajo.
>
> Para ello, en el ejercicio de su función de vigilancia y exigencia del cumplimiento de las normas de orden social, la Inspección de Trabajo y Seguridad Social incluirá en su plan anual integrado de actuación con carácter de objetivo de alcance general, el desarrollo de planes específicos sobre igualdad de trato y no discriminación en el acceso al empleo y en las condiciones de trabajo"».

16

CÓMO SE COMPUTA EL PLAZO DE CADUCIDAD DE LA ACCIÓN DE DESPIDO: CRITERIOS JURISPRUDENCIALES[21]

Sumario:

I. Normativa de aplicación.

II. Criterio sostenido por la Sala Social del Tribunal Supremo.

III. El cómputo del plazo para demandar cuando el empresario es la Administración Pública.

I. Normativa de aplicación

Debemos recordar con carácter previo que la presentación de la demanda de despido está sujeta a un plazo de caducidad de 20 días hábiles, que arranca desde el preciso instante en que se registra la papeleta de conciliación ante los órganos administrativos habilitados al efecto y como paso previo para la posterior presentación de la demanda en los juzgados territorial y funcionalmente competentes de la jurisdicción social.

De este modo, los preceptos sustantivos y adjetivos a tener cuenta para dicho plazo de caducidad son los siguientes:

1. Real Decreto Legislativo 2/2015, de 23 de octubre, por el que se aprueba el texto refundido de la Ley del Estatuto de los Trabajadores.

- **Art.** 59.3:

«El ejercicio de la acción contra el despido o resolución de contratos temporales caducará a los veinte días siguientes de aquel en que se hubiera producido. Los días serán hábiles y el plazo de caducidad a todos los efectos.

21. Publicado en el *Boletín informativo* núm. 92 de *Juezas y Jueces para la Democracia*. Octubre de 2023.

El plazo de caducidad quedará interrumpido por la presentación de la solicitud de conciliación ante el órgano público de mediación, arbitraje y conciliación competente».

2. Ley 1/2000, de 7 de enero, de Enjuiciamiento Civil.

- Artículo 133:

«1. Los plazos comenzarán a correr desde el día siguiente a aquel en que se hubiere efectuado el acto de comunicación del que la Ley haga depender el inicio del plazo, y se contará en ellos el día del vencimiento, que expirará a las veinticuatro horas.

No obstante, cuando la Ley señale un plazo que comience a correr desde la finalización de otro, aquél se computará, sin necesidad de nueva notificación, desde el día siguiente al del vencimiento de éste.

2. En el cómputo de los plazos señalados por días se excluirán los inhábiles.

Para los plazos que se hubiesen señalado en las actuaciones urgentes a que se refiere el apartado 2 del artículo 131 no se considerarán inhábiles los días del mes de agosto y sólo se excluirán del cómputo los sábados, domingos y festivos».

- Art. 135.5:

«La presentación de escritos y documentos, cualquiera que fuera la forma, si estuviere sujeta a plazo, podrá efectuarse hasta las quince horas del día hábil siguiente al del vencimiento del plazo.

En las actuaciones ante los tribunales civiles, no se admitirá la presentación de escritos en el juzgado que preste el servicio de guardia».

3. Ley 36/2011, de 10 de octubre, reguladora de la jurisdicción social.

- Art. 44:

«1. Las partes habrán de presentar todos los escritos y documentos en los Registros de la oficina judicial adscrita a los Juzgados y Salas de lo Social.

2. Cuando las oficinas judiciales y los sujetos intervinientes en un proceso dispongan de medios técnicos que permitan el envío y la normal recepción de escritos iniciadores y demás escritos y documentos, de forma tal que esté garantizada la autenticidad de la comunicación y quede constancia fehaciente de la remisión y recepción íntegras y de su fecha, los escritos y documentos podrán enviarse y recibirse por aquellos medios, con plenos efectos procesales, con el resguardo acreditativo que proceda de conformidad con lo dispuesto en el apartado 5 del artículo 135 de la Ley de Enjuiciamiento Civil».

- Art. 45.

«1. Cuando la presentación de un escrito esté sujeta a plazo, podrá efectuarse hasta las quince horas del día hábil siguiente al del vencimiento del plazo en el servicio común procesal creado a tal efecto o, de no existir éste, en la sede del órgano judicial.

"2. En ningún caso se admitirá la presentación de escritos dirigidos al orden social en el juzgado que preste el servicio de guardia».

- **Art. 63:**

«Será requisito previo para la tramitación del proceso el intento de conciliación o, en su caso, de mediación ante el servicio administrativo correspondiente o ante el órgano que asuma estas funciones que podrá constituirse mediante los acuerdos interprofesionales o los convenios colectivos a los que se refiere el artículo 83 del Texto Refundido de la Ley del Estatuto de los Trabajadores, así como mediante los acuerdos de interés profesional a los que se refieren el artículo 13 y el apartado 1 del artículo 18 de la Ley del Estatuto del trabajo autónomo».

- **Art. 65, apartados 1, 2 y 3:**

«1. La presentación de la solicitud de conciliación o de mediación suspenderá los plazos de caducidad e interrumpirá los de prescripción. El cómputo de la caducidad se reanudará al día siguiente de intentada la conciliación o mediación o transcurridos quince días hábiles, excluyendo del cómputo los sábados, desde su presentación sin que se haya celebrado.

2. En todo caso, transcurridos treinta días, computados en la forma indicada en el número anterior, sin haberse celebrado el acto de conciliación o sin haberse iniciado mediación o alcanzado acuerdo en la misma se tendrá por terminado el procedimiento y cumplido el trámite.

3. También se suspenderán los plazos de caducidad y se interrumpirán los de prescripción por la suscripción de un compromiso arbitral, celebrado en virtud de los acuerdos interprofesionales y los convenios colectivos a que se refiere el artículo 83 del Texto Refundido de la Ley del Estatuto de los Trabajadores o de los derivados de los acuerdos de interés profesional conforme al apartado 4 del artículo 18 de la Ley del Estatuto del trabajo autónomo.

En estos casos el cómputo de la caducidad se reanudará al día siguiente de que adquiera firmeza el laudo arbitral; de interponerse un recurso judicial de anulación del laudo, la reanudación tendrá lugar desde el día siguiente a la firmeza de la sentencia que se dicte.

Igual efecto se producirá aun cuando en el procedimiento arbitral se apreciase la incompetencia, reanudándose el cómputo de la caducidad desde la firmeza de la resolución que pusiera fin al arbitraje».

- **Art. 80.3:**

«A la demanda se acompañará la documentación justificativa de haber intentado la previa conciliación o mediación, o de haber transcurrido el plazo exigible para su realización sin que se hubiesen celebrado, o del agotamiento de la vía administrativa, cuando proceda, o alegación de no ser necesarias éstas, así como los restantes documentos de aportación preceptiva con la demanda según la modalidad procesal aplicable».

- **Art. 81.3:**

«Si a la demanda no se acompañara certificación del acto de conciliación o mediación previa, o de la papeleta de conciliación o de la solicitud de mediación, de no haberse celebrado en plazo legal, el secretario judicial, sin perjuicio de resolver sobre la admisión y proceder al señalamiento, advertirá al demandante que ha de acreditar la celebración o el intento del expresado acto en el plazo de quince días, contados a partir del día siguiente a la recepción de la notificación, con apercibimiento de archivo de las actuaciones en caso contrario, quedando sin efecto el señalamiento efectuado».

II. Criterio sostenido por la Sala Social del Tribunal Supremo

La Sala Social del Tribunal Supremo ha tenido ocasión de pronunciarse en diversas sentencias sobre el cómputo del plazo de caducidad en materia de despido.

Concretamente, la STS 27 de octubre 2016 (rec. 3754/2015) [siguiendo las SSTS 3 de junio 2013 (rec. 2301/2012); 26 de mayo 2015 (rec. 1784/2014; y 26 de enero 2016 (rec. 2227/2014)] estableció los siguientes parámetros de actuación:

«Primero: "la conciliación previa (...) no es realmente un procedimiento administrativo incrustado en el laboral (...), de perfiles y características típicamente administrativas (...), sino que realmente se trata de una actuación exigible para acceder a la jurisdicción, un trámite profundamente impregnado de principios y valores procesales de características propias".

Segundo. "El término de caducidad previsto en el artículo 59.3 ET para el ejercicio de la acción de despido queda gráficamente 'congelado' durante la sustanciación de la conciliación, esto es, desde el día en que se interpone la papeleta de conciliación".

Tercero. "Por ministerio de la ley, la suspensión del cómputo de la caducidad tiene una duración limitada en el tiempo, sometida a dos diferentes parámetros, de tal manera que se tomará como referencia el que primero acontezca de los dos".

Así, (resumiendo la parte final de la fundamentación) de acuerdo con el arte. 65.1 LRJS el cómputo de la caducidad se retoma:

– bien el día siguiente a intentada la conciliación. Se trata de un plazo indeterminado, en la medida en que no es posible conocer a priori el día en que la conciliación será intentada.

– bien transcurridos quince días hábiles —concretamente, el día siguiente hábil de estos quince días hábiles— desde la presentación de la solicitud de conciliación si esta no se hubiera intentado con anterioridad.

Se trata, por lo tanto, de un plazo absoluto e inamovible, porque este plazo de quince días no se ampliará ni siquiera en el supuesto de que la solicitud de conciliación requiera de enmienda, para el que se le habrá concedido un plazo al solicitante que, de este modo, se solapa con el de la suspensión de la caducidad de la acción.

Este plazo de quince días hábiles desde la presentación de la papeleta de conciliación, sin que esta se haya celebrado, implica que el cómputo de la caducidad se retoma a partir del siguiente día sin esperar que se celebre el acto conciliatorio y sin que una celebración posterior de este implique la suspensión retroactiva del plazo que ya se retomó».

Fruto del interés que sigue suscitando esta materia, recientemente se ha vuelto a pronunciar el Tribunal Supremo por medio de su Sentencia núm. 350/2022, de 19 de abril de 2022, dictada por la Sala Social, en el recurso de unificación para la unificación de doctrina núm. 460/2020, de la que es ponente la Sra. Concepción Rosario Ureste García.

Especial mención merece su Fundamento de Derecho Tercero, que reza del siguiente tenor:

«TERCERO.- 1. Las infracciones jurídicas que denuncia el recurso alcanzan a los arts. 59.3 ET en relación con los arts. 63 y 65 LRJS y de la doctrina contenida en la sentencia referencial invocada (de 3 de junio de 2013, rcud 2301/2012).

Esta Sala IV en la referida resolución se hace eco de la especial naturaleza de ese requisito previo al proceso por despido y en relación con la caducidad, y citando la dictada el 6 de febrero de 1970 (en interés de Ley y recordada en la STS de 17 de septiembre de 1992, recurso 1778/1991), reitera que **no cabe computar para determinar ese plazo ni el día en que se interpone la conciliación, ni aquél en que se lleva a cabo.** Correlativamente argumenta que**: "el plazo de caducidad previsto en el artículo 59.3 ET para el ejercicio de la acción de despido queda gráficamente 'congelado' durante la sustanciación de la conciliación, esto es, desde el día en que se interpone la papeleta de conciliación hasta aquél en que se lleva a cabo la misma. Por tanto, teniendo cuenta esa naturaleza de la conciliación, tal y como hemos razonado, en absoluto desvinculada del proceso, no hay motivo para la no aplicación del artículo 135.1 de la LEC y, por el contrario, cabe en consecuencia entender que si la conciliación no ha 'consumido' ningún día del plazo de caducidad, deberá hacerse un paréntesis con ese tiempo, de manera que cuando el día 20 es el inmediatamente anterior a la demanda de conciliación,** ésta **podría interponerse -como podría haberse hecho con la demanda por despido hasta las 15 horas del día siguiente a la finalización de tal plazo, esto es, hasta las quince horas del día número 21, puesto que en la fase final, la demanda procesal realmente se interpuso el mismo día de la conciliación celebrada sin avenencia, por lo que ningún día se consumió con ello del repetido plazo.**

Que el plazo de caducidad previsto en el artículo 59.3 ET para el ejercicio de la acción de despido queda gráficamente 'congelado' durante la sustanciación de la conciliación, esto es, desde el día en que se interpone la papeleta de conciliación hasta aquél en que se lleva a cabo la misma. Por tanto, teniendo cuenta esa naturaleza de la conciliación, tal y como hemos razonado, en absoluto desvinculada del proceso, no hay motivo para la no aplicación del artículo 135.1 de la LEC y, por el contrario, cabe en consecuencia entender que si la conciliación no ha 'consumid' ningún día del plazo de caducidad, deberá hacerse un paréntesis con ese tiempo, de manera que cuando el día 20 es el inmediatamente anterior a la demanda de conciliación, ésta podría interponerse —como podría haberse hecho con la demanda por despido— hasta las 15 horas del día siguiente a la finalización de tal plazo, esto es, hasta las quince horas del día número 21, puesto que en la fase final, la demanda procesal realmente se interpuso el mismo día de la conciliación celebrada sin avenencia, por lo que ningún día se consumió con ello del repetido plazo".

2. La doctrina transcrita la hemos aplicado en posteriores litigios, así los enjuiciados en SSTS de 26 de mayo de 2015, rec. 1784/2014, de 26 de enero de 2016, rec. 2227/2014 o 27 de octubre de 2016, rcud 3754/2015, adicionando en esta última que por ministerio de la ley la suspensión del cómputo de la caducidad "tiene una duración limitada en el tiempo, sometida a dos diferentes parámetros, de tal manera que se tomará como referencia el que primero acontezca de los dos. Así, **de acuerdo con el art. 65.1 LRJS el cómputo de la caducidad se reanuda bien al día siguiente de intentada la conciliación, bien transcurridos quince días hábiles —concretamente, al día siguiente hábil de esos quince días hábiles— desde la presentación de la solicitud de conciliación si ésta no se hubiera intentado con anterioridad. El primero constituye un plazo indeterminado, en la medida en que no es posible conocer a priori el día en que la conciliación será intentada, mientras que el segundo es un plazo absoluto e inamovible, pues este plazo de quince días no se ampliará ni siquiera en el caso de que la solicitud de conciliación requiera de subsanación, para lo que se le habrá concedido un plazo al solicitante que, de esta manera, se solapa con el de la suspensión de la caducidad de la acción.". Afirmamos que, en ambos casos, no habrá de computarse en el plazo el mismo día de la presentación de la demanda. "Este plazo de quince días hábiles desde la presentación de la papeleta de conciliación, sin que ésta se haya celebrado, implica que el cómputo de la caducidad se reanuda a partir del siguiente día sin esperar a que se celebre el acto conciliatorio y sin que una celebración posterior de éste implique la suspensión retroactiva del plazo que ya se reanudó".**

Y, en sentido similar se aplica por las SSTS de 19 de septiembre de 2017, rcud 1223/2015 -"No solo operan respecto de la conciliación los efectos específicamente previstos para ella en las leyes procesales, como la limitación del tiempo durante el cual queda suspendido el plazo de caducidad en la acción de despido, sino que su naturaleza preprocesal inclina a extenderle algunas de las garantías propias del acceso a la jurisdicción, puesto que también está en juego la tutela judicial. Así, cuando nuestra doctrina proyecta la garantía del art. 135 LEC sobre la conciliación no lo hace porque entienda que el trámite ha perdido su carácter administrativo, sino porque, manteniéndolo, estamos ante una cuestión afectante al acceso a la jurisdicción y debe operar la regla específica que lo facilita.

D) Especificidad del trámite.

Por más que ello pueda comportar ciertas dudas (como las resueltas a través de las sentencias de unificación de doctrina examinadas, o la presente) nos encontramos ante una institución híbrida, que obliga a armonizar reglas propias del procedimiento administrativo con previsiones de carácter procesal. Como hemos afirmado, este trámite preprocesal se presenta al intérprete jurídico "profundamente impregnado de principios y valores procesales de características propias", y de 11 de enero de 2022, rcud 1597/2019, si bien en esta última se examinaba el dies a quo para el plazo de veinte días del ejercicio de la acción de despido, así como su suspensión, dando noticia de los precedentes relatados.

3. Su traslación al caso de autos va a determinar la casación de la sentencia recurrida, pues es la de contraste la que contiene la doctrina correcta.

Recordemos que en actual supuesto, frente a la decisión de instancia que no entendió caducada la acción, la resolución dictada en suplicación adopta la solución contraria y partiendo de las fechas que desglosa —despido comunicado el 14 de Enero de 2019 y papeleta de conciliación presentada el 7 de Febrero de 2019; el intento de conciliación de 25 de Febrero de 2019 y presentación de la demanda el 1 de Marzo de 2019— computa 18 días (15,16,17,18,21,22,23,24,25,28,29,30 y 31 de Enero; 1,4,5,6 y 7 de Febrero, siendo este último día aquel en el que el trabajador interpone papeleta de conciliación, según el ordinal sexto) más otros cuatro (26,27 y 28 de Febrero y el 1 de Marzo), afirma la caducidad referida, cuando, por el contrario, no cabía computar el día en que se presentó aquella papeleta, atendido el criterio jurisprudencial ya cristalizado, que procede aplicar también en este litigio por mor de los principios de igualdad y seguridad jurídica y no concurrir elementos diferentes que lo enerven».

Para finalizar esta exposición, la anterior sentencia debe complementarse, necesariamente, con lo resuelto por tres importantes resoluciones, todas ellas de la Sala Social del Tribunal Supremo:

1. La Sentencia TS núm. 220/2022 de 10 Mar. 2022, Recurso de Casación para la Unificación de Doctrina, núm. 289/2021, Ponente Sr. Ignacio García Perrote, al afirmar que el cómputo de los 20 días da inicio con la presentación de la demanda judicial, aun cuando la papeleta de conciliación administrativa se haya presentado posteriormente, resolviendo al respecto su FD Tercero que:

«Debemos reiterar, en consecuencia, el criterio de que, a los efectos que ahora importan, lo relevante es que la demanda por despido se presente dentro del plazo legal y no necesariamente que la conciliación administrativa se intente dentro de dicho plazo.

De conformidad con el artículo 81.3 LRJS (LA LEY 19110/2011), en el caso de que la demanda no se acompañara de certificación del acto de conciliación, o de la papeleta de conciliación de no haberse celebrado el acto, sin perjuicio de resolver sobre la admisión y proceder al señalamiento, se ha de advertir al demandante que ha de acreditar la celebración o el intento del expresado acto en el plazo de quince días, con apercibimiento de archivo de las actuaciones en caso contrario, quedando sin efecto el señalamiento efectuado.

Estando en juego el derecho de acceso al proceso, que es esencia del derecho fundamental a la tutela judicial efectiva proclamado en el artículo 24.1 CE (LA LEY 2500/1978), resulta particularmente imprescindible partir de la jurisprudencia del Tribunal Constitucional (artículo 123.1 CE (LA LEY 2500/1978)), intérprete supremo de la Constitución (artículo 1 de la Ley Orgánica 2/1979, de 3 de octubre, del Tribunal Constitucional (LA LEY 2383/1979)).

La STC 185/2013, de 4 de noviembre (LA LEY 182524/2013), resume la jurisprudencia constitucional en un supuesto en que se inadmitió la demanda por entender el órgano jurisdiccional del orden social que no se había celebrado con anterioridad a dicha demanda el preceptivo acto de conciliación preprocesal con la empresa demandada y en el que se denunciaba que aquél órgano jurisdiccional había realizado una interpretación rigorista y desproporcionada del trámite de subsanación previsto entonces en el artículo 81.2 de la Ley de procedimiento laboral (LA LEY 1444/1995) (LPL), y que se regula en la actualidad, con el mismo tratamiento procesal -afirma la STS 185/2013- por el artículo 81.3 LRJS (LA LEY 19110/2011).

Reiterando un "consolidado" criterio jurisprudencial (SSTC 69/1997 (LA LEY 5002/1997), de 10 de abril, 199/2001, de 4 de octubre (LA LEY 8259/2001) y 119/2007, de 21 de mayo (LA LEY 26920/2007)), la STC 185/2013 (LA LEY 182524/2013) interpreta, a la luz del artículo 24.1 CE (LA LEY 2500/1978) y del principio pro actione, que el plazo habilitado para la subsanación (en la actualidad, por el artículo 81.3 LRJS (LA LEY 19110/2011)) no lo es tan solo para la simple acreditación formal de que temporáneamente fue cumplido el requisito procesal exigible, sino también para la realización en dicho plazo del acto omitido o la rectificación del defectuosamente practicado, sin que tal conclusión —dice expresamente— quede enervada por el argumento de que la conciliación ha de ser previa a la demanda, pues el plazo legal de quince días del (en la actualidad) artículo 81.3 LRJS (LA LEY 19110/2011) no se constriñe a la acreditación formal consistente en la simple aportación de la certificación del acta de conciliación, sino a que se acredite "la celebración o el intento del expresado acto (de conciliación) en el plazo de quince días".

En suma, de conformidad con la STC 185/2013 (LA LEY 182524/2013), el plazo de subsanación del artículo 81.3 LRJS (LA LEY 19110/2011) "es material, de manera que acoge no sólo la celebración misma del acto de conciliación, sino incluso su intento acreditado mediante la presentación de la correspondiente papeleta ante el órgano de conciliación y ello con independencia del momento en que el acto de conciliación se celebre, ya que esta circunstancia es ajena a la voluntad del demandante", de manera que aquel plazo es hábil, no solo para acreditar que el acto de conciliación se celebró aunque no se haya acompañado a la demanda la certificación correspondiente, sino también para la realización en dicho plazo del acto omitido o la rectificación del defectuosamente practicado».

2. La Sentencia del TS núm. 499/2023, de 11 de julio, Recurso de Casación para la Unificación de Doctrina, núm. 3255/2020, Ponente Sr. Ángel Antonio Blasco Pellicer, que se opone al archivo de la demanda de des-

pido para el supuesto de que no se haya aportado hasta el día del juicio la acreditación del intento de conciliación administrativa, razonándolo en los siguientes términos:

> «La papeleta de conciliación se presentó antes de la demanda, acompañando ésta de la cédula de citación del órgano administrativo que indicaba que el acto se iba a celebrar con posterioridad.
>
> Celebrado el acto de conciliación administrativo, es cierto que la parte actora no aportó al proceso judicial el certificado de haberse celebrado, pese a haber sido requerida a tal efecto en el plazo establecido, tal como figuraba en la providencia de admisión de la demanda; pero lo cierto es que el proceso siguió su curso con citación al acto del juicio para un año después, sin que durante ese tiempo nada se le volviera a requerir ni nadie, el Juzgado o cualquiera de las partes manifestase nada sobre la omisión aludida. Cosa que sí hicieron las demandadas ya en el acto del juicio oral que se suspendió para reclamar la aportación de la conciliación o su intento, lo que se efectuó de inmediato. En esas condiciones ni se entiende que hubiera existido ningún perjuicio para los demandados, ni tampoco para el "normal" funcionamiento de la administración de justicia. La demandante había acompañado con la demanda la papeleta y la citación a la conciliación (de lo que tenían conocimiento las demandadas).
>
> Es evidente que tal proceder estaba vinculado a los plazos de caducidad y a la fecha tardía que se había dado para la celebración del acto de conciliación».

3. La Sentencia TS núm. 40/2020, de 21 de enero, Recurso de Casación para la Unificación de Doctrina, núm. 2435/2017, Ponente Sra. María Luisa Segoviano Astaburuaga, relativa a cuándo comienza el cómputo de la caducidad si se trata de un despido individual derivado de un previo despido colectivo, advirtiendo al efecto su FD VI lo siguiente:

> «El plazo para realizar los despidos individuales derivados de un despido colectivo empieza tras la firmeza de la sentencia que los declara ajustados a derecho, revocando la de instancia que los había declarado nulos; y ello aunque haya transcurrido más de un año desde que terminara el plazo para realizar los despidos establecido por la empresa».

Resumiendo, debemos poner de relieve dos cuestiones básicas, una previa y otra derivada.

a) La primera se refiere a que el plazo de caducidad resulta fatal para ejercitar la acción de despido por cuanto que su cómputo arranca necesariamente de la presentación de la previa papeleta o demanda de conciliación administrativa, aunque no necesariamente si antes se ha presentado la demanda judicial, como ha podido comprobarse.

b) La segunda alude a que debe advertirse por el órgano judicial la falta de acompañamiento con la demanda judicial de la certificación del acto de conciliación o mediación previa, o de la papeleta de conciliación o de la solicitud de mediación, lo que debe advertirse por el LAJ concediendo al efecto a la parte actora un plazo de 15 días para su subsanación, de modo que de no efectuarse no comporta *per se* y automáticamente el archivo de la demanda, preservándose el derecho de tutela judicial proclamado por el art. 24 CE, sino que se podrá aportar aquella papeleta o certificación hasta la fecha de celebración del acto de juicio, de suerte que de no comprobarse tal extremo no cabría más que la desestimación de la demanda.

III. El cómputo del plazo para demandar cuando el empresario es la Administración Pública

Otra reciente sentencia de la Sala Social del Tribunal Supremo aborda la cuestión de las particularidades que ofrece el cómputo del plazo para demandar por despido de quien presta servicios laborales a favor de la Administración Pública, cuando esta actúa como empleadora y lleva a cabo la notificación extintiva sin indicar vía y plazo de impugnación.

Se trata de la STS núm. 529/2023, de 19 de julio, dictada en el Recurso de Casación para la Unificación de Doctrina, núm. 1769/2022, ponente Sr. Antonio V. Sempere Navarro.

La cuestión debatida se contiene en su FD Tercero, letra a) cuando se remite a la peculiar regulación en los supuestos en que la empleadora es la Administración Pública:

> «Ante todo queremos poner de manifiesto que aquí no se está analizando si la comunicación de despido reúnelos requisitos de forma y contenido que impone la legislación (art. 55 del ET). Lo que se está examinando es si la notificación del acto extintivo se debía realizar con unos determinados requisitos y, en caso afirmativo, determinar el alcance de tal defecto, todo ello cuando estamos ante un empleador que es Administración Pública.
>
> [...] Pues bien y a la vista de la actual regulación, en orden a si la notificación de la comunicación de despido emitida por una Administración Pública está bajo las previsiones del art. 69.1 párrafo segundo de la LRJS, esta Sala entiende que aquel acto está sometido a dicho régimen de notificaciones y debe contener su condición de decisión impugnable directamente ante la vía judicial laboral en el plazo de veinte días, o la que pudiera proceder, órgano y plazo que esté establecido a tal efecto.
>
> Por un lado, no debemos olvidar que el precepto en cuestión se inicia con el siguiente párrafo "Para poder demandar al Estado, Comunidades Autónomas, entidades locales o entidades de Derecho público con personalidad jurídica propia vinculadas o dependientes de los mismos será requisito necesario haber agotado la vía administrativa, cuando así proceda, de acuerdo con lo establecido en la normativa de procedimiento administrativo aplicable". Esto es, está imponiendo una regla general de agotamiento de la vía previa administrativa —en los casos que proceda— sin distinción alguna en orden la acción que se formula frente a aquellos

y, por tanto no podríamos entender excluidas las acciones por despido u otras que se someta a plazo de caducidad, y menos cuando el art. 69.3 se refiere a dichas acciones y a la hora de fijar el plazo de interponerla demanda indica, entre otras situaciones, que comenzará a computar el plazo desde que se entienda agotada la vía administrativa. Por tanto, podría decirse que este primer párrafo del art. 69.1 no está excluyendo acciones judiciales, sino delimitando el ámbito en el que debe acudirse a una vía previa a la judicial.

El párrafo segundo del art. 69.1 de la LRJS es más rotundo cuando indica que "en todo caso", las notificaciones deben realizarse en la forma que en él se indica, ya sea exigible o no agotar la vía previa administrativa. Dicho mandato, "en todo caso", existía antes y después de la reforma de 2015, ya que en este aspecto no hay nada que se haya alterado por la reforma de la Ley 39/2015, que tan solo ha eliminado la reclamación previa administrativa. Por tanto, el régimen de notificaciones de dicho párrafo no se limita a determinados actos o decisiones de la Administración Pública».

Seguidamente, en la letra b) del mismo FD, se refiere a la suspensión del plazo del plazo de caducidad del art. 69.1 3.º de la LRJS cuando la notificación extintiva adolece de ciertas omisiones:

«(...) según el párrafo tercero del art. 69.1 de la LRJS el plazo de caducidad queda suspendido ante notificaciones defectuosas u omisivas.

Partiendo de ese efecto suspensivo y siguiendo lo decidido en las sentencias comparadas, el siguiente razonamiento que nos queda es el de determinar hasta donde debemos entender que se mantiene esa suspensión y, en consecuencia, cuándo se reanuda el cómputo del plazo de caducidad si, como aquí sucede —tanto en la recurrida como en la de contraste— el trabajador ha dado el paso de interponer una reclamación previa al no haberse indicado nada en la notificación del despido.

(...) El art. 69.1 párrafo segundo indica que la notificación omisiva "solo surtirá efecto a partir de la fecha en que el interesado realice actuaciones que supongan conocimiento del contenido y alcance de la resolución o acto objeto de notificación o resolución o interponga cualquier recurso que proceda". Y esta previsión debe relacionarse con el art. 69.3 de la LRJS en el que se identifica el día inicial del plazo de caducidad diciendo que es "contado a partir del día siguiente a aquel en que se hubiera producido el acto o notificación de la resolución impugnado".

Por tanto, en principio, ante una notificación defectuosa, **el plazo de caducidad no se inicia hasta que el trabajador actúa mediante actos que vengan a poner de manifiesto que conoce no solo el contenido de la decisión sino cómo actuar frente a ella** que es lo que ha entendido la sentencia de contraste. Pero ello debe matizarse porque, sin ignorar que al no existir reclamación previa, el efecto suspensivo de la caducidad que llevaba aparejada la reclamación previa ha desaparecido a partir de la Ley 39/2015, a la vista de los preceptos que aquí se están analizando y la doctrina constitucional y jurisprudencial que los ha inspirado el momento final de esa suspensión no se cierra en el momento que indica la sentencia de contraste.

Esto es y en relación con lo que ha sucedido en las presentes actuaciones, el mero hecho de haberse interpuesto una reclamación previa administrativa en modo alguno permite entender que con ella se reanuda el plazo de caducidad. Se trata de una figura ya desaparecida, alegal, y, por eso mismo, inhábil para reanudar el plazo de caducidad, tal y como se desprende del juego concordado de aquellos dos preceptos recién citados. Al no haberse indicado el modo de combatir la decisión de despedir se mantiene suspendido el plazo de caducidad hasta que la persona afectada "interponga cualquier recurso que proceda" y la desaparecida vía de reclamación previa ya no cumple ese requisito».

La citada resolución, finalmente, se refiere a cuál sea el plazo a tener en cuenta para accionar por despido cuando acontezca defectos de forma en su notificación, afirmando lo siguiente en su FD Cuarto, apartado 3, letra E):

«El artículo 59.1 ET dispone que "las acciones derivadas del contrato de trabajo que no tengan señalado plazo especial prescribirán al año de su terminación".

Aunque sería posible remitir a la prudencia judicial la precisión sobre si en cada caso concurre la razonabilidad o proximidad temporal que la sentencia recurrida considera inexistentes, tratándose de accionar frente al despido consideramos que resulta preferible permitir el juego de la regla supletoria contenida en el artículo 59 ET.

De este modo, el transcurso de ese plazo permitirá excepcionar la prescripción a la entidad empleadora. Se trata de una solución flexible, que concede amplio margen de respuesta frente al despido deficientemente notificado por el ente público pero que, a la vez, en tanto el legislador afronta de manera expresa el problema, establece una cláusula de cierre."

Y lo anterior de modo que como se recoge en su FD Quinto:

"Aplicando el mismo criterio que en ocasiones precedentes (apartado 2 del Fundamento Cuarto) afirmamos que, **en el ordenamiento actual, siendo empleadora una Administración Pública, la notificación del acto de despido sin indicar vía y plazo de impugnación, mantiene suspendido el plazo de caducidad hasta que el trabajador lo impugne por la vía procedente con la interposición de la demanda**.

Completando y matizando esa doctrina, ya unificada, añadimos ahora que **sí opera, sin embargo, el plazo de prescripción supletoriamente fijado por el artículo 59.1 ET (un año)**».

17

EFECTOS DERIVADOS DE LA DECLARACIÓN DE NULIDAD DEL DESPIDO DE LA TRABAJADORA EMBARAZADA. A PROPÓSITO DE LA SENTENCIA DEL TRIBUNAL SUPREMO DE 12 DE DICIEMBRE DE 2023[22]

Sumario:

I. La situación de embarazo de la trabajadora comporta la nulidad del despido con carácter objetivo y automático.

II. El despido de la trabajadora embarazada estando vigente el período de prueba pactado.

III. El despido de la trabajadora sometida a fecundación *in vitro*.

IV. La denominada discriminación refleja o por asociación. Conexión causal entre el embarazo de la mujer del actor y el despido.

V. La necesaria acreditación de la lesión de un derecho fundamental que anude la nulidad objetiva del despido nulo por embarazo al pago de una indemnización por daños morales. Comentario a la STS de 12 de diciembre de 2023.

I. La situación de embarazo de la trabajadora comporta la nulidad del despido con carácter objetivo y automático

Contempla el art. 55.1 del Real Decreto Legislativo 2/2015, de 23 de octubre, por el que se aprueba el texto refundido de la Ley del Estatuto de los Tra-

22. Publicado en el *Diario La ley* el 19.1.2024.

bajadores (ET) que *«El despido deberá ser notificado por escrito al trabajador, haciendo figurar los hechos que lo motivan y la fecha en que tendrá efectos»*, para indicar luego, en su apartado 5 que[23]:

> «Será nulo el despido que tenga por móvil alguna de las causas de discriminación prohibidas en la Constitución Española o en la ley, o bien se produzca con violación de derechos fundamentales y libertades públicas de la persona trabajadora».

Concretando aún más al afirmar lo siguiente:

> «Será también nulo el despido, en los siguientes supuestos:
>
> a) El de las personas trabajadoras durante los periodos de suspensión del contrato de trabajo por nacimiento, adopción, guarda con fines de adopción, acogimiento, riesgo durante el embarazo, riesgo durante la lactancia natural a que se refiere el artículo 45.1.d) y e), disfrute del permiso parental a que se refiere el artículo 48 bis, o por enfermedades causadas por embarazo, parto o lactancia natural, o cuando se notifique la decisión en una fecha tal que el plazo de preaviso concedido finalice dentro de dichos periodos.
>
> b) El de las trabajadoras embarazadas, desde la fecha de inicio del embarazo hasta el comienzo del periodo de suspensión a que se refiere la letra a); el de las personas trabajadoras que hayan solicitado uno de los permisos a los que se refiere el artículo 37, apartados 3.b), 4, 5 y 6, o estén disfrutando de ellos, o hayan solicitado o estén disfrutando de las adaptaciones de jornada previstas en el artículo 34.8 o la excedencia prevista en el artículo 46.3; y el de las trabajadoras víctimas de violencia de género por el ejercicio de su derecho a la tutela judicial efectiva o de los derechos reconocidos en esta ley para hacer efectiva su protección o su derecho a la asistencia social integral».

Despido nulo que atendiendo al apartado 6 del precepto comentado *«... tendrá el efecto de la readmisión inmediata del trabajador, con abono de los salarios dejados de percibir»*[24].

La calificación del despido como nulo por embarazo de la mujer trabajadora se extiende en similares presupuestos a los despidos por causas objetivas (art. 52.1 ET) significando el art. 53.4 ET que[25]:

23. En similar sentido, art. 108.2 de la Ley 36/2011, de 10 de octubre, reguladora de la jurisdicción social (LRJS).

24. Por su parte, el art. 113 LRJS manifiesta que: «Si el despido fuera declarado nulo se condenará a la inmediata readmisión del trabajador con abono de los salarios dejados de percibir. La sentencia será ejecutada de forma provisional en los términos establecidos por el artículo 297, tanto si fuera recurrida por el empresario como si lo fuera por el trabajador».

25. Precepto que debe relacionarse con el art. 122.2 LRJS: «La decisión extintiva será nula en los supuestos señalados en el artículo 53.4 del Estatuto de los Trabajadores, así como cuando se haya efectuado en fraude de ley, eludiendo las normas establecidas para los despidos colectivos, en los casos a que se refiere el último párrafo del artículo 51.1 del Estatuto de los Trabajadores».

«4. Cuando la decisión extintiva del empresario tuviera como móvil algunas de las causas de discriminación prohibidas en la Constitución o en la ley o bien se hubiera producido con violación de derechos fundamentales y libertades públicas del trabajador, la decisión extintiva será nula, debiendo la autoridad judicial hacer tal declaración de oficio.

Será también nula la decisión extintiva en los siguientes supuestos:

a) El de las personas trabajadoras durante los periodos de suspensión del contrato de trabajo por nacimiento, adopción, guarda con fines de adopción, acogimiento, riesgo durante el embarazo, riesgo durante la lactancia natural, a que se refiere el artículo 45.1.d) y e), disfrute del permiso parental a que se refiere el artículo 48 bis, o por enfermedades causadas por embarazo, parto o lactancia natural, o cuando se notifique la decisión en una fecha tal que el plazo de preaviso concedido finalice dentro de dichos periodos.

b) El de las trabajadoras embarazadas, desde la fecha de inicio del embarazo hasta el comienzo del periodo de suspensión a que se refiere la letra a); el de las personas trabajadoras que hayan solicitado uno de los permisos a los que se refiere el artículo 37, apartados 3.b), 4, 5 y 6, o estén disfrutando de ellos, o hayan solicitado o estén disfrutando de las adaptaciones de jornada previstas en el artículo 34.8 o la excedencia prevista en el artículo 46.3; y el de las trabajadoras víctimas de violencia de género por el ejercicio de su derecho a la tutela judicial efectiva o de los derechos reconocidos en esta ley para hacer efectiva su protección o su derecho a la asistencia social integral.

c) El de las personas trabajadoras después de haberse reintegrado al trabajo al finalizar los periodos de suspensión del contrato por nacimiento, adopción, guarda con fines de adopción o acogimiento, a que se refiere el artículo 45.1.d), siempre que no hubieran transcurrido más de doce meses desde la fecha del nacimiento, la adopción, la guarda con fines de adopción o el acogimiento».

Y en cuanto a los efectos de tal nulidad se refiere el art. 53.5 ET[26]:

«5. La calificación por la autoridad judicial de la nulidad, procedencia o improcedencia de la decisión extintiva producirá iguales efectos que los indicados para el despido disciplinario, con las siguientes modificaciones:

a) En caso de procedencia, el trabajador tendrá derecho a la indemnización prevista en el apartado 1, consolidándola de haberla recibido, y se entenderá en situación de desempleo por causa a él no imputable.

b) Si la extinción se declara improcedente y el empresario procede a la readmisión, el trabajador habrá de reintegrarle la indemnización percibida. En caso de sustitución de la readmisión por compensación económica, se deducirá de esta el importe de dicha indemnización».

---

26. Previsión que debe complementarse con el art. 123, apartados 2 y 3 LRJS: «La decisión extintiva será nula en los supuestos señalados en el artículo 53.4 del Estatuto de los Trabajadores, así como cuando se haya efectuado en fraude de ley, eludiendo las normas establecidas para los despidos colectivos, en los casos a que se refiere el último párrafo del artículo 51.1 del Estatuto de los Trabajadores».

Adviértase, de entrada, que así como el art. 55.5 ET, en su primer párrafo, se refiere a la nulidad del despido que tenga por móvil alguna de las causas de discriminación prohibidas en la Constitución Española o en la ley, o bien se produzca con violación de derechos fundamentales y libertades públicas de la persona trabajadora, su segundo párrafo desvincula dicha nulidad de cualquier vulneración de derecho fundamental o libertad pública que no sea la estrictamente referida a la situación de embarazo de la trabajadora o por las demás causas citadas referidas al post parto.

Hechas las anteriores observaciones, en su momento se debatió si para calificar la nulidad del despido es preciso que el empresario conozca o no del estado de embarazo de la trabajadora.

Pues bien, ya la STS, Sala 4a, de 31 de octubre de 2013. Rec. 3279/2012 (Ponente Sr. Gilolmo López, José Luis), resolvió sobre este particular al afirmar que:

> «... la doctrina ya fue unificada en previa sentencia de 17 oct. 2008 y reiterada en otras posteriores en el sentido de que la nulidad es la calificación aplicable a los despidos de las trabajadoras embarazadas que no sean considerados procedentes. **Es una garantía que opera con carácter objetivo y automático, vinculado exclusivamente a la acreditación de situación de gestante de la empleada y a la no consideración del cese como procedente (no se contempla el requisito de comunicación del embarazo al empresario ni del conocimiento previo por éste de dicha situación).** Es una garantía reforzada —indica— para lograr una protección efectiva de las trabajadoras embarazadas. Esta nulidad, concluye, es distinta de la nulidad por causa de discriminación y actúa al margen de que existan o no indicios de tratamiento discriminatorio».

Así pues, al ser una causa que opera de manera objetiva, fuera pues de cualquier consideración personal, por el simple hecho de que la trabajadora esté embarazada en la fecha de efectos del despido, no se exige ni la previa comunicación por la trabajadora ni el previo conocimiento por el empresario, de modo que queda reforzada legalmente la protección de las trabajadoras en tales circunstancias. Nulidad, hay que decirlo, que opera por imperativo conforme con lo establecido en los ya expresados art. 55.5, 2.º párrafo ET y en los arts. 108.2. i 113 LRJS.

Pero dicho lo anterior, dicha nulidad y por la expresada causa de embarazo ¿comporta asociado el derecho de la trabajadora a ser indemnizada por la vulneración de sus derechos fundamentales?; o dicho de otra manera, ¿la automaticidad que opera en la nulidad se extiende a la obligación patronal de indemnizar por daños morales a la trabajadora?

La Sentencia núm. 3381/2021, de 21 de junio del TSJ Cataluña, Sala de lo Social, dictada en el recurso núm. 1926/2021, resuelve un supuesto en que la trabajadora no comunicó su estado de gestación a la empresa y ésta lo desconocía. La baja médica en que se encontraba cuando fue despedida lo fue por ciática, sin que todavía hubiera empezado el subsidio por maternidad, sin que existiese ningún dato que permitiera afirmar que la empresa tuviera conocimiento de la situación de embarazo de la trabajadora[27].

Tras poner de relieve que es reiterada la doctrina que sostiene la nulidad del despido de trabajadoras embarazadas y que se trata de una nulidad objetiva, operando «ope legis», añade que, sin embargo, en caso de que la empresa no conociera el embarazo, el despido no se convierte en improcedente, sino que continúa siendo nulo, aunque con diferentes efectos.

En el caso enjuiciado, en la carta de despido solo se exponían motivos genéricos con alusión a una indebida prolongación de la situación de incapacidad y la realización de actividades que demostraban su aptitud, llegando a la conclusión de que el despido nulo de una trabajadora embarazada en el cual se pruebe la falta de conocimiento del embarazo por la empresa impide afirmar que ésta haya vulnerado el derecho fundamental a la no discriminación por razón de sexo y, por lo tanto, impide reconocer una indemnización por daños morales derivados de tal vulneración.

Así pues, la declaración de la nulidad del despido en los supuestos de trabajadoras embarazadas no tiene que comportar necesariamente el reconocimiento de una indemnización de daños y perjuicios cuando no conste vulnerado el derecho fundamental a la no discriminación por razón de genero, ante su falta de acreditación.

27. La Sentencia de la misma sala y Tribunal, núm. 5504/2021, der 2 de noviembre, dictada en el recurso núm. 20808/2021, cuya ponente es la Sra. Nuria Bono Romera, se refiere en su FD Quinto a que:
«No pueden ser atendidos esos argumentos del recurrente sobre los que retorna una y otra vez y construye su censura jurídica a la sentencia de instancia cuando, y en lo que a lo anterior interesa, ya hemos señalado que tras la reforma operada en el artículo 14.2 2.° párrafo del Estatuto de los Trabajadores (RCL 2015, 1654) se trata de una declaración de nulidad automática que opera aunque el empleador no tenga conocimiento del embarazo, que ahora se establece en el supuesto de que el despido se produzca durante el periodo de prueba, y en la línea entonces de la doctrina del Tribunal Constitucional ha tenido ocasión de señalar que la maternidad, el embarazo y el parto son realidades biológicas diferenciadas de obligatoria protección, derivada directamente del artículo 39.2 CE, que se refiere a la protección integral de las madres, y del Tribunal Supremo cuando señala que los despidos de trabajadoras (mujeres) que tengan lugar durante el período comprendido entre la fecha de inicio del embarazo hasta el comienzo del período de suspensión por maternidad, son considerados nulos, salvo que se declare la procedencia del despido por motivos ajenos al embarazo (STS 31-10-13 (RJ 2013, 7751), 23-12-14, 20-1-15). La doctrina de la garantía reforzada a través de la nulidad objetiva (TCo 92/2008; TS 17-10-08 (RJ 2008, 7167), EDJ 234704; 16-1-09, EDJ 15985; 17-3-09, EDJ 42698) tiene como finalidad la de proporcionar a la trabajadora embarazada una tutela más enérgica que la ordinaria frente a la discriminación, dispensándola de la carga de acreditar indicio alguno sobre la conculcación del derecho fundamental y eximiéndola de probar que el empresario tenía conocimiento del embarazo; cuestión ésta que pertenece a la esfera más íntima de la persona y que la trabajadora puede desear mantener —legítimamente— preservado del conocimiento ajeno».

Sobre este particular, debe tenerse en cuenta que, como ha venido declarando el Tribunal Constitucional (por todas, la Sentencia de 25 de noviembre de 1995, que realiza un estudio detallado de la doctrina del propio Tribunal),:

> «cuando se invoque por el trabajador que un despido es discriminatorio o lesivo de cualquier derecho fundamental, aportando para ello indicios que generan una razonable sospecha, apariencia o presunción en favor del alegato discriminatorio, incumbe al empresario la prueba de la existencia de un motivo razonable de despido (SSTC 38/1981 (RTC 1981, 38), 55/1983 (RTC 1983, 55), 104/1987 (RTC 1987, 104), 114/1989, 135/1990 (RTC 1990, 135) y 42/1992 (RTC 1992, 42))».

En la Sentencia del Tribunal Constitucional núm. 136/96 (RTC 1996, 136) de 23 de julio de 1996, se precisa que:

> «para que opere este desplazamiento al empresario del onus probandi no basta simplemente con que el trabajador tilde el despido de discriminatorio, sino que tiene que acreditar la existencia de indicios que generen una razonable sospecha, apariencia o presunción en favor de semejante alegato y, presentada esta prueba indiciaria, el empresario asume la carga de probar que los hechos motivadores de la decisión extintiva constituyen una legítima causa de despido y se presentan razonablemente como ajenos a todo móvil atentatorio de derechos fundamentales».

En similar sentido, la Sentencia del Tribunal Supremo de 25 de marzo de 1998 (RJ 1998, 3012), con cita de la de la propia Sala de 7 de marzo de 1997.

Para acabar esta exposición, la anterior normativa referida a la nulidad del despido será de aplicación, salvo que se declare, claro es, la procedencia del despido por motivos no relacionados o ajenos con el embarazo o el ejercicio del derecho a los permisos y excedencia señalados legalmente[28].

II. El despido de la trabajadora embarazada estando vigente el período de prueba pactado

En cuanto al despido de trabajadora embarazada vigente el período de prueba pactado resulta preciso efectuar dos precisiones previas:

1. El artículo 14, en sus apartados 1 y 2, del ET contempla que:

> «1. Podrá concertarse por escrito un período de prueba, cono sujeción a los límites de duración que, en su caso, se establezcan en los Convenios Colectivos. En defecto de pacto en Convenio, la duración del período de prueba no podrá exceder de seis meses para los técnicos titulados, ni de dos meses para los demás trabajadores. En las empresas de menos de veinticinco trabajadores el período de prueba no podrá exceder de tres meses para los trabajadores que no sean técnicos titulados.

28. Arts. 53.4 y 55.5 ET.

El empresario y el trabajador están, respectivamente, obligados a realizar las experiencias que constituyan el objeto de la prueba.

Será nulo el pacto que establezca un período de prueba cuando el trabajador haya ya desempeñado las mismas funciones con anterioridad en la empresa, bajo cualquier modalidad de contratación.

2. Durante el período de prueba, el trabajador tendrá los derechos y obligaciones correspondientes al puesto de trabajo que desempeñe como si fuera de plantilla, excepto los derivados de la resolución de la relación laboral, que podrá producirse a instancia de cualquiera de las partes durante su transcurso».

2. El período de prueba debe estar concertado en el contrato de trabajo por escrito con fijación de su duración, so pena de considerarse nulo en otro caso.

Así lo ha resuelto la Sentencia del Tribunal Supremo núm. 270/2023, de 12 de abril de 2023, Sala de lo Social, en el rec. núm. 1269/2022, cuando en sus FD Tercero, apartado 3, y Cuarto afirma que:

«3.- La mentada sentencia del TS 1246/2021, de 9 diciembre (rcud 3340/2019), niega eficacia al periodo de prueba con los argumentos siguientes:

a) El art. 14.1 del ET impone un requisito formal: el periodo de prueba debe concertarse por escrito.

b) Deberá consignarse su duración porque el periodo de prueba tiene unos límites de duración que han de respetarse y que son los establecidos en los convenios colectivos y, en su defecto, en el propio artículo 14 del ET.

c) El trabajador tiene derecho a la fijación por escrito de la duración exacta del periodo de prueba. La razón es que, durante el mismo, cualquiera de los contratantes está facultado para desistir del contrato, sin derecho a indemnización alguna, consecuencia particularmente grave para el trabajador.

d) La remisión contractual al periodo de prueba previsto en el convenio colectivo no cumple esas exigencias porque ni la norma colectiva ni el art. 14 del ET establecen una duración concreta del periodo de prueba, sino que lo que establecen es la duración máxima del periodo de prueba.

e) Ello crea una grave inseguridad para el trabajador porque desconoce en qué momento, dentro de la horquilla de seis meses que fijan dichos preceptos, ha finalizado el periodo de prueba. No hay razón alguna para entender que la duración pactada sea de seis meses, ya que se ha hecho una remisión genérica a las citadas normas, pero sin establecer que la duración a la que la remisión se refería era la duración máxima.

Se establece una salvedad: "Cuestión distinta sería si el Convenio Colectivo fijará una duración concreta al periodo de prueba, —no una duración máxima— en cuyo caso si sería válido el periodo de prueba pactado remitiendo al fijado en Convenio Colectivo".

Cuarto.

1.- La aplicación de la citada doctrina a la presente litis, por unos elementales principios de seguridad jurídica e igualdad en la aplicación de la ley y ante la inexistencia de razones para llegar a la conclusión contraria, obliga a negar validez al periodo de prueba.

El presente contrato de trabajo establece el periodo de prueba según convenio. Y el convenio colectivo estatuye varios periodos de prueba con duraciones máximas que varían entre 15 días y 6 meses en función de la categoría profesional del trabajador. La norma colectiva no fija unas duraciones concretas de cada uno de los periodos de prueba.

Se ha vulnerado el derecho de la trabajadora a la fijación por escrito de la duración exacta del periodo de prueba, lo que le creó una grave inseguridad jurídica en relación con el alcance de una cláusula contractual que permitía la extinción ad nutum (a voluntad) del contrato de trabajo, sin indemnización alguna. Por ello, al carecer de validez el periodo de prueba, la extinción del contrato de trabajo constituye un despido improcedente».

Por lo que se refiere a la validez de la extinción del contrato de trabajo cuando la trabajadora está embarazada existen numerosas sentencias en suplicación y, entre ellas, las siguientes:

- Sentencia núm. 407/2011 de 7 junio —AS 2011\2431— del Tribunal Superior de Justicia de Canarias, Santa Cruz de Tenerife (Sala de lo Social, Sección 1a):

«... la jurisprudencia (STS 17-10-08 (RJ 2008, 7167) ha indicado tal objetivación de la calificación del despido, en términos rígidos de suerte que queda totalmente independizada del móvil o aspecto subjetivo de la decisión patronal, incluso de su mero conocimiento e incluso del propio conocimiento de la misma trabajadora, cuyo despido, se insiste y resume, sólo puede ser calificado de procedente o de nulo si en ese momento está ya embarazada ...».

- Sentencia núm. 8133/2009 de 10 noviembre —AS 2009\2684— del Tribunal Superior de Justicia de Cataluña (Sala de lo Social, Secció1a):

«... el despido es nulo, con nulidad radical, por violación del art. 14 CE (RCL 1978, 2836) sobre no discriminación de la mujer, en su proyección sobre el embarazo de la misma, en la medida en que se ha producido con violación de su desarrollo legal en el art. 55.5 ET, que declara nulo el despido efectuado desde el momento del embarazo hasta el comienzo de los permisos maternales, como protección objetiva reforzada a la nulidad del despido discriminatorio, en el que se exige, además del requisito previo del conocimiento del embarazo, la aportación de indicios de la discriminación, no desvirtuados por la prueba de la empresa de que el despido era procedente. Conforme ha declarado el tribunal Constitucional en su STC 92/2008 (RTC 2008, 92), de 21/7/2008 "como ha señalado este Tribunal en diversas ocasiones, para ponderar las exigencias que el art. 14 CE despliega en orden a hacer efectiva la igualdad de las mujeres en el mercado de trabajo es preciso atender a circunstancias tales como la peculiar incidencia que respecto de la situación laboral de aquéllas tiene el hecho de la maternidad, y la lactancia, en cuanto se trata de compensar las desventajas reales que para la conservación de su empleo soporta la mujer a diferencia del hombre (SSTC 109/1993 (RTC 1993, 109), de 25 de marzo, F. 6; y 3/2007 (RTC 2007, 3), de 15 de enero, F. 2). De hecho, el riesgo de pérdida del empleo como consecuencia de la maternidad de las mujeres trabajadoras constituye probablemente el problema más importante —junto a la desigualdad retributiva— con el que se enfrenta la efectividad del principio de no discriminación por razón de sexo en el ámbito de las relaciones laborales, problema de cuya trascendencia y gravedad dan cuenta los datos revelados por las estadísticas (referidos al número de mujeres que se ven obligadas a dejar el trabajo por esta circunstancia, a diferencia de los varones) e, incluso, la propia reiteración con que problemas de esta naturaleza han debido de ser abordados por la jurisprudencia de este Tribunal. Invariablemente, como antes recordábamos, el Tribunal ha declarado que un despido motivado por el embarazo de la trabajadora debe considerarse nulo, por discriminatorio, lo que en la regulación legal precedente a la que ahora se analiza recibió cobertura mediante la declaración como nulos en el art. 55.5 LET de los despidos que tuvieran por móvil alguna de las causas de discriminación prohibidas en la Constitución o en la Ley, o que se produjeran con violación de derechos fundamentales y libertades públicas del trabajador. En aplicación de la doctrina de la prueba indiciaria establecida por este Tribunal, los Tribunales de Justicia y este Tribunal Constitucional en amparo han venido declarando la nulidad de aquellos despidos en los que, tras haberse aportado por la trabajadora un indicio razonable de vulneración de su derecho fundamental, no se hubiera acreditado por el empresario la existencia de una causa real suficiente y seria de extinción que acreditara que el despido era ajeno a un motivo discriminatorio, habiéndose exigido, para entender aportado por la trabajadora el referido panorama indiciario, que se acreditara el conocimiento por la empresa del estado de embarazo, pues, como anteriormente señalábamos, difícilmente puede considerarse que posee un móvil discriminatorio aquel despido en el que quien despide desconoce la concurrencia del factor de diferenciación en que consiste la discriminación.

Pues bien, es sobre este panorama legislativo y jurisprudencial consolidado sobre el que actuó la reforma del legislador de la Ley 39/1999 (RCL 1999, 2800), denominada "de conciliación de la vida familiar y laboral de las personas trabajadoras". Y lo hizo, añadiendo al supuesto de nulidad ya contemplado en el art. 55.5 LET para el caso de despidos discriminatorios o con vulneración de derechos fundamentales, un nuevo supuesto que, en lo que aquí interesa, declara también la nulidad ("será también nulo" dice la Ley) del despido de las trabajadoras embarazadas, desde la fecha de inicio del embarazo hasta la del comienzo del período de suspensión, salvo que se declare la procedencia del despido por motivos no relacionados con el embarazo. Y lo hace sin contemplar requisito específico alguno ni de comunicación previa del embarazo al empresario (a diferencia de lo que contempla la Directiva comunitaria), ni de conocimiento previo por parte de éste, por cualquier otra vía, del hecho del embarazo. Tanto el sentido propio de las palabras, al enunciar un nuevo supuesto de nulidad adicional al previsto en el párrafo primero, al no contemplar otra excepción o condición a la declaración de nulidad que la procedencia del despido (ni siquiera la acreditación de una causa real, suficiente y seria, no discriminatoria, aún improcedente) y al delimitar el ámbito temporal de la garantía por referencia a "la fecha de inicio del embarazo" (ni siquiera a la fecha en que el embarazo sea conocido por la propia trabajadora, menos aún por el empresario), como la interpretación contextual del precepto en su relación con el párrafo primero —inmodificado— del mismo y la referida a la necesaria finalidad de innovación del ordenamiento jurídico que debe perseguir toda reforma legal, conducen a una interpretación del precepto como configurador de una nulidad objetiva, distinta de la nulidad por causa de discriminación contemplada en el párrafo primero y que actúa en toda situación de embarazo, al margen de que exista o no indicios de tratamiento discriminatorio o, incluso, de que concurra o no un móvil de discriminación.

Frente a esta claridad interpretativa no puede oponerse el hecho de que la Directiva comunitaria prevea expresamente la necesidad de comunicación del estado de embarazo; antes al contrario, es manifiesto el apartamiento por el legislador nacional del texto de la Directiva en este aspecto concreto, cuya transposición omite íntegramente, advirtiéndose en la propia exposición de motivos que la transposición se efectúa "superando los niveles mínimos de protección" previstos en la Directiva. Es cierto que la propia exposición de motivos, al explicar la medida, hace referencia al "despido motivado" por razón de embarazo, pero dichos términos no imponen necesariamente una conclusión contraria a la obtenida. Es evidente que la finalidad esencial de la norma es la de combatir los despidos discriminatorios, los despidos "motivados" por razón de embarazo, lo que constituye, como decíamos, uno de los principales desafíos a los que ha de hacer frente el derecho a la no discriminación por razón de sexo en las relaciones laborales, y es lógico que así lo resalte el texto en el que se exponen los motivos de la norma. Pero que sea ésa la finalidad última no implica que el instrumento elegido por el legislador para su articulación no pueda consistir en una garantía objetiva y automática, que otorgue la protección al margen de cualquier necesidad de prueba del móvil discriminatorio, como en el presente caso ocurre.

Se configura así por el legislador un mecanismo de garantía reforzada en la tutela de las trabajadoras embarazadas, reforzamiento que posee, además, una clara relevancia constitucional. En primer lugar desde la perspectiva prioritaria del derecho a la no discriminación por razón de sexo, que se ve reforzado al dispensar a la trabajadora de una prueba que en ocasiones puede ser enormemente complicada y cuya exigencia limitaría la eficacia del derecho fundamental, como lo ponen de manifiesto no sólo los diferentes recursos analizados por este Tribunal en los que, de una u otra forma, ha sido ésta la cuestión controvertida, sino la propia Sentencia de instancia dictada en este procedimiento, suficientemente expresiva de la dificultad probatoria al considerar finalmente no acreditado que la empresa tuviera conocimiento del embarazo de la trabajadora en la fecha del despido pese a afirmar que "es lógico suponer" que sí lo tuviera. Se exime con ello, además, de la necesidad de demostrar el conocimiento por un tercero de un hecho que pertenece a la esfera más íntima de la persona y que la trabajadora puede desear mantener, legítimamente, fuera del conocimiento de los demás y, en particular, de la empresa, por múltiples razones, incluida la del deseo de preservar un puesto de trabajo que puede entender amenazado como consecuencia del embarazo. Exonerar de esta prueba del conocimiento del embarazo y, con ella, de toda obligación de declaración previa, sustituyéndola por la prueba en caso de despido de un hecho físico objetivo como es el embarazo en sí, constituye, sin duda, una medida de fortalecimiento de las garantías frente al despido de la trabajadora embarazada, al tiempo que plenamente coherente con el reconocimiento de su derecho a la intimidad personal y familiar (art. 18.1 CE). Del mismo modo que, por definición, constituye también un reforzamiento de las restantes finalidades constitucionales a las que sirve la medida no directamente relacionadas con la tutela antidiscriminatoria, ya sean éstas las relacionadas con la protección de su salud y seguridad a las que alude la Directiva comunitaria, ya sean las referidas a la protección de la familia y de los hijos, amparando la libre determinación de la trabajadora en favor de su maternidad con una "garantía de indemnidad" reforzada.

La garantía frente al despido del derecho a la no discriminación por razón de sexo de las trabajadoras embarazadas no exige necesariamente un sistema de tutela objetiva como el previsto por el legislador en la Ley 39/1999. Serían posibles, desde esta perspectiva, otros sistemas de protección igualmente respetuosos con el art. 14 CE como, en particular, el que estaba en vigor en el momento de la reforma legal. Sin embargo, una vez que el legislador ha optado por un desarrollo concreto del art. 14 CE, que incrementa las garantías precedentes conectándolas con una tutela también reforzada de otros derechos y bienes constitucionalmente protegidos, no puede el órgano judicial efectuar una interpretación restrictiva y ajena a las reglas hermenéuticas en vigor que prive al precepto legal de aquellas garantías establecidas por el legislador y con las que la trabajadora podía razonablemente entenderse amparada en su determinación personal, pues con ello se estaría impidiendo la efectividad del derecho fundamental de acuerdo con su contenido previamente definido (STC 229/2002 (RTC 2002, 229), de 9 de diciembre, F. 4). Tal decisión no satisface las exigencias del canon de razonabilidad y motivación reforzadas y de efectividad del derecho fundamental que impone la afectación —particularmente intensa, en el presente caso— del derecho a la no discriminación por razón de sexo de la trabajadora y de los restantes derechos y bienes constitucionalmente relevantes implicados".

Conforme expresamente indica el último párrafo del art. 55.5 ET la nulidad objetiva reforzada será de aplicación "salvo que, en estos casos, se declare la procedencia del despido por motivos no relacionados con el embarazo". Tal prueba ni siquiera se intentó en el presente caso, dado que la empresa ni siquiera compareció a los actos de conciliación y juicio, de modo que no hay duda alguna de que el despido debe de calificarse radicalmente nulo por violación del derecho a la no discriminación por razón de sexo en su aplicación a la maternidad de la mujer trabajadora».

- Sentencia núm. 361/2012 de 14 mayo —JUR 2012\180077— del Tribunal Superior de Justicia de Murcia (Sala de lo Social, Sección 1a):

«De los términos en que se encuentra redactado el artículo 14 del ET se desprende que el pacto sobre un periodo de prueba no es obligatorio, que no se puede entender como sobreentendido o implícito por el hecho de que el convenio colectivo establezca su posibilidad, de modo que hay que estimar que la forma escrita constituye un requisito constitutivo para su validez, habiéndolo así establecido la jurisprudencia del TS que ha interpretado tal precepto (Sentencia del TS de fecha 5 de octubre del 2001 (RJ 2001, 9590), rec. 4438/2000, con cita de las de 16 de noviembre de 1978 y 12 de enero de 1981)».

- Sentencia núm. 1955/2009 de 23 diciembre —AS 2010\101— del Tribunal Superior de Justicia de Castilla y León, Valladolid (Sala de lo Social, Sección 1a):

«Por tanto, se considera por esta Sala que, habiendo desempeñado el demandante las mismas funciones para las que después se celebró contrato por escrito sin que al comienzo de la relación laboral se hubiera fijado período de prueba por escrito, no estaba autorizada la empresa a establecer posteriormente un período de prueba para realizar las mismas labores que venía realizando desde agosto de 2008.

En este sentido se pronuncia la sentencia del TSJ de Galicia de 13 de octubre de 1998 (AS 1998, 6336), aludida por el recurrente, en la que se dice concretamente:

"A) El art. 14-1 E.T. prevé que podrá concertarse por escrito un periodo de prueba... y que "será nulo el pacto que establezca un periodo de prueba cuando el trabajador haya ya desempeñado las mismas funciones con anterioridad en la empresa. De ello se deriva que el periodo de prueba surge si las partes así lo quieren y exige pacto escrito y pacto desde el inicio del desempeño de las funciones contratadas. De este modo, como ha dejado puntualizado la S. del T.S.J. de Andalucía-Sevilla de fecha 13-6-97 (AS 1997, 4544) (A.S. 4544), si bien a los sumo puede sostenerse la validez del inicial pacto verbal de prueba cuando subyazca meramente un retraso en documentar lo pactado verbalmente, la norma legal impone la invalidez del pacto si con anterioridad al mismo ya se desempeñaban —sin él— las funciones aludidas en dicho pacto o en el contrato en que el pacto se incluya, de forma que la necesidad de pacto "ab initio" es elemento esencial y su ausencia determinante de la nulidad del posterior.

B) Si como se dejó dicho, resulta elemento esencial del periodo de prueba la necesidad de pacto "ab initio", determinando la nulidad del posterior, en el caso presente la empresa en modo alguno podía disponer válidamente el cese del actor "por no superar el periodo de prueba establecido en el contrato de 30-1-98, no siendo procedente la alegación que formula el recurso a partir de la previsión de Fijeza del art. 15-2 E.T. y de la existencia de un periodo de prueba. Al venir el actor trabajando para la empresa desde fecha anterior a la suscripción del contrato de trabajo en que se insertó un periodo de prueba de dos meses. Y sin pacto que conste al efecto, falta el imprescindible acuerdo sobre periodo de prueba al iniciar la relación, provocando la nulidad del insertado posteriormente en aquel referido contrato. Y esto propicia la inexistencia de periodo de prueba válido alguno y la existencia de un despido improcedente en la decisión empresarial de fecha 16-2-98».

La anterior doctrina choca frontalmente con la del Tribunal Constitucional en su Sentencia de 10 de octubre de 2013, rec. 3773/201, ponente Sr. Pedro González-Trevijano, al resolver que la prohibición de despedir a una mujer desde el inicio del embarazo hasta que da a luz, establecida en el Estatuto de los Trabajadores no es aplicable si esta se encuentra en periodo de prueba, sosteniendo que el embarazo, aunque no sea conocido por la empresa, es causa objetiva de nulidad sólo en caso de que se dé la figura jurídica del despido y no en el caso de la extinción de contrato en periodo de prueba, pues considerando el diferente tenor literal de los preceptos estrictamente aplicables (arts. 14 y 55.5 ET) esta oportuna disquisición semántica permite que, en algunos casos de extinción del contrato, aun cuando pudieran ser sospechosos de discriminación por razón de sexo, no sea invocable la protección establecida legalmente para las trabajadoras embarazadas.

No obstante, la reciente Sentencia de la Sala de lo Social del TSJ de Madrid, de 30 de junio de 2023, núm. 663/2023 (recurso 253/2023), ponente Sra. Ángela Mostajo Veiga, resuelve sobre el particular vinculando la nulidad del despido por embarazo, tras la comunicación de la extinción del contrato de trabajo por no haberse superado el periodo de prueba pactado, a la existencia de un panorama indicativo de la posible restricción en un derecho fundamental constitucionalmente protegido, afirmándose al efecto en su FD Primero lo siguiente:

> «Para poder entender que existe una vulneración del derecho fundamental, será preciso que el trabajador demandante presente indicios de una actuación de la empresa vulneradora de sus derechos y que la empresa no pruebe la racionabilidad y la proporcionalidad de la medida supuestamente ha infringido el derecho cuya tutela se solicita.
>
> Los indicios no son sospechas sino auténticos hechos que dan permiten realizar un relato fáctico razonable y con un mínimo de sustrato. Sólo entonces procederá exigir a la empresa que pruebe que su conducta ha sido correcta y ajena a cualquier tipo de intención vulneradora. En definitiva, la parte actora debe aportar unos hechos a partir de los cuales surja razonablemente un panorama indicativo de la posible restricción en el derecho fundamental constitucionalmente protegido (artículo 179.2 de la LPL). Dicho con la palabras del propio Tribunal Supremo en su Sentencia de 25 de marzo de 1.998: El art. 179.2 LPL —definidor de la carga de la prueba en la modalidad procesal laboral de tutela de libertad sindical y otros derechos fundamentales— establece que una vez constatado, en el acto del juicio, la concurrencia de indicios de que se ha producido la violación del derecho fundamental, corresponde al demandado la aportación de una justificación objetiva y razonable, suficientemente probada, de las medidas adoptadas y su proporcionalidad. El precepto, según constante doctrina jurisprudencial (entre otras STS 7 marzo 1997), lo que viene a exigir del demandante, no es la mera alegación formal de hechos, de los que se deduzca la violación, sino la acreditación, al menos, de indicios racionales de que la conducta imputada a la parte demandada puede ser tachada de ilegalidad o discriminatoria, sin que baste, al efecto indicado probatorio, la afirmación de la existencia o apariencia de violación.
>
> Como también han afirmado esta Sala (entre otras, SSTS 9 febrero, 15 abril y 23 septiembre de 1996), los indicios son señales o acciones que manifiestan de

forma inequívoca algo oculto, lo que es diferente al significado del término "sospechoso", que no es sino imaginar o aprehender algo por conjeturas fundadas en apariencia.

Los datos que aporta la parte actora y que se reflejan como hechos probados son un indicio rotundo de una posible vulneración de derechos fundamentales, lo que obliga a la empresa a probar que su decisión ha sido razonable y proporcional.

En los hechos probados de la Sentencia no consta ni un solo dato que permita entender que, más allá del hecho objetivo del embarazo, la empresa tenía razones fundadas para extinguir el contrato por no superación del período de prueba. Esa es la carga probatoria que debe soportar y cumplir la empresa cuando se alega vulneración de derechos fundamentales y lo cierto es que esos hechos han quedado huérfanos de prueba.

La conclusión que resulta es que el despido debe ser declarado nulo pero no por el hecho objetivo del embarazo sino por vulneración de derechos fundamentales».

III. El despido de la trabajadora sometida a fecundación *in vitro*

¿Qué sucede cuando la trabajadora despedida estaba sometida a un tratamiento de fertilidad?: ¿Cómo debe calificarse el despido en tal supuesto de acreditarse el carácter discriminatorio del despido?

Pues bien, la Sentencia de la Sala de lo Social del Tribunal Supremo núm. 286/2017, de 4 de abril de 2017, dictada en el rcud núm. 3466/2015, ponente Sr. Ángel Blasco Pellicer, declaró la nulidad del despido, poniendo de manifiesto lo siguiente en sus FD Tercero y Cuarto:

«Lo que el recurso plantea, en coherencia con el segundo de los asertos de la sentencia referencial, es que habiéndose acreditado indicios suficientes de que el despido de la trabajadora podría estar relacionado con su sometimiento a un tratamiento de fertilidad corresponde al demandado aportar una justificación objetiva y razonable, suficientemente probada, de las medidas adoptadas y de su proporcionalidad.

3.- En ese sentido, el dato del que hay que partir ineludiblemente es que la sentencia de instancia, en decisión ratificada expresamente en los fundamentos jurídicos de la sentencia de suplicación, aquí recurrida, considera que "existen los indicios necesarios para trasladar a la empresa la obligación probatoria, a la cual le corresponderá demostrar que su decisión de poner fin a la relación laboral se debe a causas ajenas a la lesión de un derecho fundamental de la trabajadora, en concreto que no corresponde a discriminación por razón de sexo". Dicho en palabras de la norma (artículos 96.1 y 181.2 LRJS) le corresponderá al demandado "la aportación de una justificación objetiva y razonable, suficientemente probada, de las medidas adoptadas y de su proporcionalidad", lo que sitúa al demandado frente a una doble posibilidad: o bien trata de probar que su comportamiento no ha provocado la violación de ningún derecho fundamental del trabajador o, por el contrario, tratar de demostrar que concurre algún tipo de circunstancia de entidad suficiente para justificar el acto empresarial que excluya cualquier sospecha de trato discriminatorio. Si adopta la primera de las posibilidades se enfrentará a una cuestión meramente probatoria; en cambio, si la actitud adoptada por el demandado es la segunda, esto es la justificativa, se encontrará en el plano de la calificación jurídica de la conducta, de modo que, aunque habrá de aportar hechos que demuestren la verdad de sus afirmaciones y la concurrencia de determinadas circunstancias, en ningún caso se deberán confundir dichas pruebas con las alegaciones jurídicas —necesarias en todo caso— de las razones atendibles que justifiquen la existencia de la desigualdad. Así, en relación a lo dispuesto en los preceptos mencionados hemos señalado que han establecido dos principios básicos: en primer lugar, dispone que la carga de la prueba de los hechos en que se fundamente la demanda o la causa de pedir incumbe al actor; sin embargo, el texto procesal no exige una prueba cumplida y concluyente de haberse producido la violación del derecho fundamental, conformándose con la constatación de indicios de tal violación. Al demandado le incumbe probar, una vez que se hayan constatado los indicios de la violación denunciada, bien que la vulneración del derecho no guarda relación alguna con su propio comportamiento, o bien que concurren circunstancias de entidad suficiente para disipar cualquier sospecha de trato discriminatorio, o también que los hechos denunciados carecen de la eficacia suficiente para ser calificados como atentatorios al derecho fundamental en cuestión. (STS de 5de diciembre de 2000, rec. 4374/1999).

4.- No resulta baladí que al referirse a la actividad del demandado, el tenor literal de la ley califique la justificación objetiva y razonable de las medidas adoptadas y de su proporcionalidad de "suficientemente probada". Con ello se quiere poner de relieve que al demandado no le basta con suscitar en el juez dudas en torno al carácter justificado de la medida, sino que éste ha de declararla justificada cuando esté convencido, en grado de certeza de tal justificación. Así lo exige el propio Tribunal Constitucional que en una acción sobre despido ha declarado que "la pretensión del demandante en favor del despido discriminatorio debe quedar invalidada si el juzgador laboral, a la vista de la actividad probatoria del empresario demandado, aprecia de forma inequívoca la existencia de hechos ciertos, que aún sin constituir causa legal de justificación del despido, fueron los que le indujeron a tal decisión, hechos que el Magistrado debe reconocer como únicos causantes del despido y como ajenos a todo propósito discriminatorio" (STC 114/89, de 22 de junio). El mismo Tribunal Constitucional (STC 101/2000) ha señalado, refiriéndose a la normativa que nos ocupa, que la disposición legal supone en este punto la transposición de nuestra reiterada jurisprudencia, según la cual y una vez alegados por el trabajador indicios razonables de la lesión invocada, corresponde al empresario probar que el despido "respondía a causas reales absolutamente extrañas a la pretendida vulneración de derechos fundamentales, así como que aquéllas tuvieron entidad suficiente como para adoptar la decisión, único medio de destruir la apariencia lesiva creada por los indicios. Se trata de una auténtica carga probatoria y no de un mero intento de negar la vulneración de derechos fundamentales —lo que claramente dejaría inoperante la finalidad de la prueba indiciaria (STC 114/1989)—, que debe llevar a la convicción del juzgador que tales causas han sido las únicas que han motivado la decisión empresarial, de forma que ésta se hubiera producido verosímilmente en cualquier caso y al margen de todo propósito vulnerador de derechos fundamentales. Se trata, en definitiva, de que el empleador acredite que tales causas explican objetiva, razonable y proporcionadamente por sí mismas su decisión, eliminando toda sospecha de que aquélla ocultó la lesión de un derecho fundamental del trabajador" (STC 90/1997, de 6 de mayo, FJ 5, sintetizando los criterios sentados por la jurisprudencia constitucional sobre la prueba indiciaria y recogiendo abundantes decisiones de este Tribunal en el mismo sentido).

CUARTO.- 1.- La aplicación de la anterior doctrina al caso que nos ocupa revela claramente que la demandada no acreditó que las causas del cese fueron completamente extrañas a la vulneración alegada por la trabajadora. Así, la empresa en ningún momento intentó justificar la procedencia del despido lo que podría haber eliminado cualquier sospecha de comportamiento discriminatorio; antes bien al contrario, ya en la instancia reconoció expresamente la improcedencia del despido que había efectuado a la trabajadora. Tal reconocimiento cuyos efectos procesales en el plano de un despido ordinario podrían ser perfectamente entendibles, no lo eran cuando de lo que se trataba era de dejar patente que en la actuación empresarial existía una justificación objetiva y razonable de la decisión extintiva adoptada; justificación que necesariamente tenía que estar "suficientemente probada" por mandato de la propia ley, lo que resulta objetivamente imposible en un supuesto, como el de autos, en el que la empresa reconoce paladinamente la improcedencia del despido, esto es, reconoce que su decisión extintiva no era ajustada a derecho. Mal puede sostenerse que una actuación no ajustada a derecho —reconocida así por su propio autor— constituya una justificación razonable y objetiva de la cuestionada decisión extintiva que, además, resulte proporcionada en función de las circunstancias concurrentes. Antes bien, el despido producido, precisamente por su carácter ilícito, no cumple con la exigencia legal que excluya el móvil discriminatorio ante un claro panorama indiciario de vulneración del principio de igualdad denunciado por la trabajadora.

2.- Ocurre, además, que ninguna de las circunstancias que se ponen de relieve en la sentencia recurrida y en el escrito de impugnación del recurso pueden considerarse como justificaciones excluyentes del carácter discriminatorio del despido que dejen patente que la medida extintiva adoptada era —según exige la ley— objetiva, razonable y proporcional, ante la incuestionable evidencia de la ilegalidad de la decisión extintiva reconocida por la empresa y declarada por la sentencia recurrida».

IV. La denominada discriminación refleja o por asociación. Conexión causal entre el embarazo de la mujer del actor y el despido

La interesante, por lo que se verá, Sentencia de la Sala Social del TSJ de Cataluña, núm. 2763/2023, de 3 de mayo de 2023, dictada en el recurso de suplicación núm. 7578/2022, de la que fue ponente la Sra. M. Macarena Martínez Miranda, analiza el siguiente supuesto fáctico:

- En fecha de 27 de septiembre de 2021 se notificó la extinción del contrato de trabajo con efectos de la misma fecha, por fin de contrato. La parte demandante se encontraba en las agendas de todo el 2021. En el box de emergencias 10 constaba el nombre de la parte demandante como enfermera.
- El Comité de Empresa pidió explicación por el cese y la empresa respondió que le dieron los motivos, le dejaron escoger quince días y que no tenía perfil primarista, de atención primaria.
- La parte demandante solicitó en fecha de 21 de septiembre de 2021 un día de asuntos propios. Su cónyuge estaba embarazada de ocho meses en esa fecha.
- En la solicitud del permiso solo consta petición de día libre pero los compañeros de la empresa sabían que estaba esperando un bebé que su cónyuge estaba embarazada y que iba a hacer una prueba prenatal. El 29 de septiembre de 2021 la parte actora acompañó a su cónyuge al médico. La parte actora tenía un hijo nacido en 2018 y el NUM002 de 2021 (sic) fue madre de nuevo.
- La parte demandada tiene numeroso personal con medidas de conciliación por guarda legal, reducción de jornada, excedencias. La empresa nunca niega los permisos de conciliación.
- En el box de urgencias prestan servicios diariamente dos enfermeras y tras el fin de contrato continuó con dos enfermeras. En los cuadrantes siguen apareciendo dos enfermeras. En el WhatsApp del grupo de enfermeras del centro de 27 de septiembre de 2021 la administrativa encargada de la agenda comunica la denominada rueda de los viernes donde sí incluye a la actora hasta el 4 de febrero de 2022.

Conforme el anterior relato factico y tras recordar la Sala la necesidad de establecer y acreditar una conexión indiciaria, de la existencia de una vulneración en materia de derechos fundamentales, y de acuerdo con una jurisprudencia constitucional reiterada y constante que asevera la imposición a la empresa de la carga probatoria de desvincular su acto del indicio de lesión aportado, sin que, en el presente supuesto, el panorama indiciario conduzca, por tanto, indefectiblemente, a la declaración de la vulneración constitucional aducida, resuelve en su FD Tercero, apartado III lo siguiente:

> «No habiendo sido desvirtuado el panorama indiciario anteriormente expuesto, concluimos sobre la afectación por afectación por la medida extintiva del derecho a la igualdad por razón de sexo por discriminación refleja o por asociación, al considerarse que a la trabajadora le fue otorgado un trato desfavorable (despido) por su relación —en este caso, conyugal— con la persona en quien concurre la condición personal amparada, cual es el embarazo.

En este sentido, cabe citar la STS/4.ª de 29 de enero de 2020 (recurso 3097/2017), al considerar que la aplicación del principio de igualdad de trato y la interdicción de la discriminación no queda limitada únicamente a las personas en las que concurre la condición personal amparada (en este caso, embarazo), sino que la protección que del mismo se desprende debe ser aplicable también a quien sufra un trato desfavorable por el mismo motivo pese a no ser la persona sobre la que concurría la situación de discriminación, con cita de las SSTJUE de 17 julio 2008 Coleman -C-303/06- y 16 julio 2015, CHEZ Razpredelenie Bulgaria AD - C-83/14-,y refiriéndose a su recepción en nuestro Derecho positivo en el art. 63 del RDLeg. 1/2013, de 29 noviembre, por el que se aprueba el TR de la Ley General de derechos de las personas con discapacidad y de su inclusión social, y también seguido, por ejemplo, en la Circular 7/2019 de la Fiscalía General del Estado, sobre Pautas para interpretar los delitos de odio tipificados en el art. 510 del Código Penal (CP), que contempla la figura de la discriminación por asociación en relación con la interpretación de la agravante del art. 22.4 CP.

Asimismo, la doctrina constitucional ha contemplado la discriminación por asociación en la STC 71/2020, al considerar que "tanto el Tribunal de Justicia de la Unión Europea como el Tribunal Europeo de Derechos Humanos, han admitido que se incurre en discriminación refleja cuando una persona es tratada de forma menos favorable por causa de su vinculación o asociación con otra que posee uno de los rasgos o características protegidas (o las causas de discriminación prohibidas), pese a no poseer dicha característica en quien alega el trato discriminatorio. En este sentido se ha pronunciado el Tribunal de Justicia de la Unión Europea, que en su sentencia de 17 de julio de 2008 (asunto C-303/06, Coleman) ha procedido a una interpretación amplia del alcance de los supuestos protegidos por la Directiva 2000/78/CE del Consejo, de 27 de noviembre de 2000,relativa al establecimiento de un marco general para la igualdad de trato en el empleo y la ocupación, al declarar que se incurre en discriminación directa cuando una persona es tratada de forma menos favorable por razón de uno de los rasgos o características protegidos, aunque no concurran en ella misma, si el motivo del trato menos favorable se fundamenta en dicha característica.

En el mencionado asunto Coleman, en el que la Gran Sala aborda en concreto un supuesto de discriminación por razón de discapacidad, se declara que los objetivos y el efecto útil de esta Directiva "se verían comprometidos si un trabajador que se encuentre en una situación como la de la demandante en el litigio principal no pudiera invocar la prohibición de discriminación directa establecida en el artículo 2, apartado 2, letra a), de la misma Directiva cuando se haya probado que ha recibido un trato menos favorable que el que recibe, ha recibido o podría recibir otro trabajador en situación análoga, a causa de la discapacidad de un hijo suyo, y ello aunque el propio trabajador no sea discapacitado" (párrafo 48).

De igual forma, el Tribunal Europeo de Derechos Humanos ha declarado en su sentencia de 22 de marzo de 2016 (asunto Guberina contra Croacia, parágrafo 79) que el trato menos favorable recibido por el recurrente por causa de la discapacidad del hijo a su cuidado es una forma de discriminación por razón de discapacidad, prohibida por el art. 14 del Convenio europeo de derechos humanos, aunque el propio recurrente no sufra de discapacidad alguna".

En aplicación de esta doctrina, **en el supuesto que nos ocupa, tal como ha sido expuesto, no ha sido desvirtuado el panorama indiciario de que la trabajadora fue despedida debido al embarazo de su mujer, lo que podría subsumirse en una discriminación por asociación o refleja ligada a la citada condición de embarazada de su cónyuge.** Así, resultando del artículo 8 de la Ley Orgánica 3/2007 que constituye discriminación directa por razón de sexo todo trato desfavorable a las mujeres relacionado con el embarazo o la maternidad, el acto reactivo al embarazo de la mujer de la actora resulta discriminatorio por razón de sexo de manera directa o refleja, al implicar que el trato desfavorable hacia la trabajadora (al acordar la medida extintiva) trae causa (indiciariamente) de aquella situación de embarazo».

En su consecuencia, se desestima el recurso de suplicación confirmando la nulidad del despido decretada por el juez *a quo*.

V. La necesaria acreditación de la lesión de un derecho fundamental que anude la nulidad objetiva del despido nulo por embarazo al pago de una indemnización por daños morales. Comentario a la STS de 12 de diciembre de 2023

Tras este previo y necesario recorrido, llegamos a la importante Sentencia de la Sala Social del Tribunal Supremo núm. 1148/2023, de 12 de diciembre de 2023, dictada en el recurso de casación para la unificación de doctrina núm. 5556/2022, cuyo ponente es el Sr. Ángel Blasco Pellicer.

Con carácter previo tengamos en cuenta algunos de los hechos declarados probados:

- La trabajadora se encontraba embarazada el 26 de septiembre de 2021.
- El 8 de octubre de 2021 se procedió a despedir a la trabajadora de forma disciplinaria alegando «***disminución continuada y voluntaria del rendimiento normal en su puesto de trabajo***». En el momento del despido, y una vez entregada la carta, la trabajadora manifestó a la empresa que estaba embarazada.
- Fue comunicado al Comité de Empresa el 8 de octubre, el despido por parte de la demandada de 5 trabajadores.

La sentencia de instancia, dictada por el Juzgado de lo Social núm. 9 de Madrid, estimó parcialmente la demanda declarando nulo el despido con efectos del día 8 de octubre de 2021, condenando a la empresa a la inmediata readmisión de la trabajadora con las mismas condiciones que regían al momento de producirse el despido y el abono de los salarios dejados de percibir desde el despido hasta la notificación de la sentencia.

La citada sentencia fue recurrida en suplicación por la representación letrada de la trabajadora ante la Sala de lo Social del Tribunal Superior de Justicia de Madrid, dictándose sentencia en fecha 23 de septiembre de 2022 por la que se procede a desestimar el recurso de suplicación interpuesto y a confirmar la sentencia de instancia.

Formalizado por la trabajadora el oportuno recurso de casación para la unificación de doctrina, la Sala Social del Tribunal Supremo dictó la sentencia objeto de comentario y, como cuestión previa, se refiere a que son dos las cuestiones que se plantean en dicho recurso que, aunque se formulan en motivos distintos, están íntimamente relacionadas.

Se trata de determinar si, en el caso de que se haya producido un despido disciplinario de una mujer embarazada en el que no ha quedado acreditada la causa del despido, la declaración de nulidad que se anuda ineludiblemente a la vulneración del derecho fundamental a la igualdad y no discriminación debe ir acompañada siempre de una indemnización reparadora del daño moral derivado de la infracción del derecho a no ser discriminada; o, por el contrario, la nulidad tiene carácter objetivo y, únicamente, cabría la indemnización cuando se acreditase una específica vulneración del derecho a la igualdad y no discriminación o de cualquier otro derecho fundamental o libertad pública.

Pues bien, para la Sala:

1. La calificación de un despido nulo por encontrarse la trabajadora embarazada, no comporta automáticamente se lesione el derecho fundamental a la no discriminación por razón de sexo a efectos de una indemnización, pues para ello es necesario aportar indicios que permitan conectar causalmente la adopción de la medida extintiva con el embarazo. Y dado que no queda acreditada la existencia de una conducta de la empresa que haga patente que se la despide por el hecho de estar embarazada, debe mantenerse la nulidad objetiva.

2. El segundo motivo relativo a una indemnización por vulneración de derechos fundamentales también se desestima puesto que no se ha acreditado la intencionalidad discriminatoria ni la vulneración de derechos fundamentales al no apreciar ni siquiera la existencia de un panorama indiciario de discriminación que permita la aplicación de dicha norma.

3. Para reforzar el anterior criterio, la sentencia se remite a la STC 92/2008, de 21 de julio, que explicitó claramente el sentido de la regulación legal de la nulidad del despido de las trabajadoras embarazadas.

Parte el TC de que tal normativa constituye una institución directamente vinculada con el derecho a la no discriminación por razón de sexo proclamado en el art. 14 CE, por más que puedan igualmente hallarse vínculos de la misma con otros derechos y bienes constitucionalmente protegidos (derecho a la seguridad y la salud de las trabajadoras embarazadas, aseguramiento de la protección de la familia y de los hijos al que se refieren los apartados

1 y 2 del art. 39 CE). Insiste el Tribunal en que esa vinculación deriva de las exigencias que el art. 14 CE despliega en orden a hacer efectiva la igualdad de las mujeres en el mercado de trabajo, para lo que es preciso atender a circunstancias tales como la peculiar incidencia que respecto de la situación laboral de aquéllas tiene el hecho de la maternidad, y la lactancia, en cuanto se trata de compensar las desventajas reales que para la conservación de su empleo soporta la mujer a diferencia del hombre (SSTC 109/1993, de 25 de marzo; y 3/2007, de 15 de enero).

De hecho, advierte el TC, el riesgo de pérdida del empleo como consecuencia de la maternidad de las mujeres trabajadoras constituye probablemente el problema más importante —junto a la desigualdad retributiva— con el que se enfrenta la efectividad del principio de no discriminación por razón de sexo en el ámbito de las relaciones laborales, problema de cuya trascendencia y gravedad dan cuenta los datos revelados por las estadísticas (referidos al número de mujeres que se ven obligadas a dejar el trabajo por esta circunstancia, a diferencia de los varones) e, incluso, la propia reiteración con que problemas de esta naturaleza han debido de ser abordados por la jurisprudencia del propio TC.

4. Concluye la STC 92/2008 que es sobre este panorama legislativo y jurisprudencial consolidado sobre el que actuó la reforma del legislador de la Ley 39/1999, denominada ***«de conciliación de la vida familiar y laboral de las personas trabajadoras»***. Y lo hizo, añadiendo al supuesto de nulidad ya contemplado en el art. 55.5 ET para el caso de despidos discriminatorios o con vulneración de derechos fundamentales, un nuevo supuesto que, en lo que aquí interesa, declara también la nulidad (***«será también nulo»*** dice la Ley) del despido de las trabajadoras embarazadas, desde la fecha de inicio del embarazo hasta la del comienzo del período de suspensión, salvo que se declare la procedencia del despido por motivos no relacionados con el embarazo. Y lo hace sin contemplar requisito específico alguno ni de comunicación previa del embarazo al empresario (a diferencia de lo que contempla la Directiva comunitaria 92/1985, de 19 de octubre de 1992), ni de conocimiento previo por parte de éste, por cualquier otra vía, del hecho del embarazo.

Y ello conduce a una interpretación del precepto como configurador de una nulidad objetiva, distinta de la nulidad por causa de discriminación contemplada en el párrafo primero y que actúa en toda situación de embarazo, al margen de que existan o no indicios de tratamiento discriminatorio o, incluso, de que concurra o no un móvil de discriminación.

5. Y añade la citada STC que es evidente que la finalidad esencial de la norma es la de combatir los despidos discriminatorios, los despidos ***«motivados»*** por razón de embarazo, lo que constituye uno de los principales desafíos a los que ha de hacer frente el derecho a la no discriminación por razón de sexo en las relaciones aborales, y es lógico que así lo resalte el texto en el que se exponen los motivos de la norma. Pero que sea esa la finalidad última no implica que el instrumento elegido por el legislador para

su articulación no pueda consistir en una garantía objetiva y automática, que otorgue la protección al margen de cualquier necesidad de prueba del móvil discriminatorio.

Se configura así por el legislador un mecanismo de garantía reforzada en la tutela de las trabajadoras embarazadas, reforzamiento que posee, además, una clara relevancia constitucional.

6. A continuación, se remite a la STS 942/2017, de 28 de noviembre (Rcud. 3657/2015) cuya doctrina puede resumirse en los siguientes términos:

a) La regulación legal de la nulidad del despido de las trabajadoras embarazadas constituye una institución directamente vinculada con el derecho a la no discriminación por razón de sexo (art. 14 CE) por más que puedan igualmente estar vinculados otros derechos y bienes constitucionalmente protegidos.

b) Para ponderar las exigencias que el art. 14 CE despliega en orden a hacer efectiva la igualdad de las mujeres en el mercado de trabajo es preciso atender a la peculiar incidencia que sobre su situación laboral tienen la maternidad y la lactancia, hasta el punto de que —de hecho— el riesgo de pérdida del empleo como consecuencia de la maternidad constituye el problema más importante —junto a la desigualdad retributiva— con el que se enfrenta la efectividad del principio de no discriminación por razón de sexo en el ámbito de las relaciones laborales.

c) La protección de la mujer embarazada que instaura la Ley 39/1999, de 5 de noviembre, para promover la conciliación de la vida familiar y laboral de las personas trabajadoras (modificando el art. 55.5 ET) se lleva a cabo sin establecer requisito alguno sobre la necesidad de comunicar el embarazo al empresario o de que éste deba tener conocimiento de la gestación por cualquier otra vía; es más, el ámbito temporal de la garantía, referida a ***«la fecha de inicio del embarazo»*** por fuerza excluye aquellos requisitos, pues en aquella fecha —a la que se retrotrae la protección— ni tan siquiera la propia trabajadora podía tener noticia de su embarazo.

d) La finalidad de la norma es proporcionar a la trabajadora embarazada una tutela más enérgica que la ordinaria frente a la discriminación, dispensándola de la carga de acreditar indicio alguno sobre la conculcación del derecho fundamental y eximiéndola de probar que el empresario tenía conocimiento del embarazo; cuestión ésta que pertenece a la esfera más íntima de la persona y que la trabajadora puede desear mantener —legítimamente— preservado del conocimiento ajeno; aparte de que con ello también se corrige la dificultad probatoria de acreditar la citada circunstancia (conocimiento empresarial), que incluso se presenta atentatoria contra la dignidad de la mujer.

e) Todo ello lleva a entender que el precepto es ***«configurador de una nulidad objetiva, distinta de la nulidad por causa de discriminación contemplada en el párrafo primero y que actúa en toda situación de embarazo, al margen de que existan o no indicios de tratamiento discriminatorio o, incluso, de que concurra o no un móvil de discriminación»***.

7. Finalmente y como colofón a lo razonado, la Sala del TS afirma lo siguiente en su FD Cuarto, apartado 2:

«... lo expuesto no excluye que a la trabajadora embarazada despedida se le pueda aplicar la previsión de nulidad establecida en el párrafo inicial del artículo 55.5 ET según el que será nulo el despido que tenga por móvil alguna de las causas de discriminación prohibidas en la Constitución Española o en la ley, o bien se produzca con violación de derechos fundamentales y libertades públicas. En efecto, tal como explicamos en nuestra sentencia 286/2017, de 4 de abril, Rcud. 3466/2015 —referida a un supuesto de sometimiento a tratamientos de fecundación in vitro— y hemos reiterado recientemente en nuestra STS954/2023, de 8 de noviembre, Rcud. 2524/2021 —referida a una trabajadora en reducción de jornada por cuidado de hijo a quien se le vulnera la garantía de indemnidad— **es posible la declaración de nulidad por la vía del apartado primero del artículo 55.5 ET cuando el despido tenga por móvil alguna de las causas de discriminación prohibidas en la Constitución Española o en la ley, o bien se produzca con violación de derechos fundamentales y libertades públicas; en este caso, de la trabajadora embarazada. Para ello, la trabajadora deberá alegar los indicios necesarios para trasladar a la empresa la obligación probatoria, a la cual le corresponderá demostrar que su decisión de poner fin a la relación laboral se debe a causas ajenas a la lesión de un derecho fundamental de la trabajadora, en concreto en este caso, que no corresponde a discriminación por razón de sexo.** Dicho en palabras de la norma (artículos 96.1 y 181.2 LRJS) le corresponderá al demandado "la aportación de una justificación objetiva y razonable, suficientemente probada, de las medidas adoptadas y de su proporcionalidad", lo que sitúa al demandado frente a una doble posibilidad: o bien trata de probar que su comportamiento no ha provocado la violación de ningún derecho fundamental del trabajador o, por el contrario, tratar de demostrar que concurre algún tipo de circunstancia de entidad suficiente para justificar el acto empresarial que excluya cualquier sospecha de trato discriminatorio.

Lo contrario abocará a la nulidad del despido que no sólo conllevará los efectos previstos en el apartado 6 del artículo 55 ET (readmisión y salarios dejados de percibir), sino que además, en este caso, por mandato del artículo 183.1 LRJS, el juez deberá pronunciarse sobre la cuantía de la indemnización que, en su caso, le corresponda a la parte demandante por haber sufrido discriminación u otra lesión de sus derechos fundamentales y libertades públicas, en función tanto del daño moral unido a la vulneración del derecho fundamental, como de los daños y perjuicios adicionales derivados, previa declaración de la existencia de vulneración».

En coherencia con todo lo anterior, y confirmando la sentencia recurrida, se afirma que:

> «... existen factores que apuntan en sentido distinto ya que consta como probado que la empresa se enteró del embarazo de la trabajadora en el momento de la entrega de la carta de despido y que su despido coincidió con el de otros cinco trabajadores. Por tanto, la sentencia recurrida, tras descartar que existiese un móvil discriminatorio en el despido, declaró su nulidad en aplicación del artículo 55.5 b) ET lo que implicó descartar la condena a una indemnización por daño moral derivado de una inexistente discriminación, aplicando los efectos típicos de toda declaración de nulidad: readmisión y condena a los salarios dejados de percibir».

En resumen, una cosa es la objetividad y automaticidad con que opera la nulidad del despido de la trabajadora embarazada, con o sin conocimiento del empresario, y otra distinta que se anude a dicha calificación la condena de una indemnización por daños morales por vulneración de derechos fundamentales, lo que exige, de una parte, que la trabajadora aporte indicios de su existencia y, por otra, que el empresario acredite que su comportamiento ha sido ajeno a cualquier propósito vulnerador, de suerte que de no acreditarse subyace el móvil discriminatorio del despido que da origen y derecho a la condena de la indemnización por daños morales.

A modo de resumen, puede afirmarse que en los supuestos de despido de trabajadoras embarazadas podemos encontrarnos ante tres posibles tutelas diferentes:

1) La tutela prohibitiva establecida en el art. 10 de la Directiva 92/85 (consistente en la prohibición de su despido, ***«excepto en los casos excepcionales no inherentes en su estado admitidos por las legislaciones y/o prácticas nacionales y, en su caso, siempre que la autoridad competente haya dado su acuerdo»***.

La operatividad de esta tutela exige, según el art. 2 de la expresada directiva, que la trabajadora haya comunicado previamente al empresario su estado de embarazo, aunque ya hemos comprobado que la doctrina de nuestros tribunales no exige tal condición[29].

2) La tutela anti-discriminatoria establecida al arte. 55.5.b) ET, primer párrafo, en el caso de trabajadoras embarazadas, desde la fecha de inicio del embarazo hasta el comienzo del periodo de suspensión referido en la letra a).

29. Directiva 92/85/CEE del Consejo, de 19 de octubre de 1992, relativa a la aplicación de medidas para promover la mejora de la seguridad y de la salud en el trabajo de la trabajadora embarazada, que haya dado a luz o en período de lactancia (décima Directiva específica con arreglo al apartado 1 del artículo 16 de la Directiva 89/391/CEE). Publicado en el DOCE núm. 348, de 28 de noviembre de 1992, páginas 1 a 8.
Su art. 2.a) define a la trabajadora embarazada como aquella «... que comunique su estado al empresario, con arreglo a las legislaciones y/o prácticas nacionales».

3) La tutela «automática» u «objetiva», establecida también en el art. 55.5.b) ET, pero en el segundo párrafo, desvinculada de la tutela anti-discriminatoria (a pesar de que muchas veces se confunde con la misma), en razón de la cual la mera concurrencia de alguna de las situaciones protegidas determina la calificación del despido como nulo, salvo que sea declarado procedente por motivos ajenos a aquellas circunstancias.

De ahí que podamos igualmente concluir, de igual modo, con tres posibles pronunciamientos judiciales:

a) La calificación de procedencia del despido al acreditarse las causas alegadas por el empresario sin hallarse relacionadas con el embarazo de la trabajadora (art. 53.4 y 55, apartados 4 y 5 in fine ET).

b) La calificación de nulidad del despido con carácter objetivo y automático, sin necesidad de acreditarse la vulneración de derecho fundamental alguno (art. 55.5.a, segundo párrafo, ET).

c) La calificación de nulidad del despido tras acreditarse la existencia de un móvil discriminatorio que comporte, de manera asociada, la condena a una indemnización por daño moral derivado de la vulneración de un derecho fundamental o libertad pública, por lo general vinculado con la no discriminación por razón de sexo y del derecho a la igualdad (art. 55.5.a, primer párrafo, ET).

18

EL DERECHO DE LIBERTAD DE EXPRESIÓN DEL EMPRESARIO ANTE LA CONVOCATORIA DE HUELGA[30]

Sumario:

I. El derecho de libertad de expresión y sus límites constitucionales.

II. La huelga en su vertiente individual y colectiva.

III. La amplitud de los derechos reconocidos en el art. 20 CE sobre libertad de expresión y libertad de información cuando su ejercicio corresponde al empresario.

I. El derecho de libertad de expresión y sus límites constitucionales

La relación laboral no es un compartimento estanco desvinculado de la realidad social, cultural y económica en la que se desenvuelve, ni puede pretenderse que sus protagonistas, empresario y trabajador, en el complejo de derechos y obligaciones recíprocas que nacen del contrato de trabajo, no puedan ejercer en igualdad de condiciones sus legítimos derechos de libertad de expresión, opinión e información. Aunque, claro es, no tratándose de derechos absolutos, que escapen al control social sobre la igualdad, el respeto, o la dignidad, se encuentran sometidos a una serie de límites que quedan a la decisión ponderada de jueces y tribunales.

Efectuado el anterior preámbulo, la libertad de expresión puede proyectarse sobre el ejercicio del derecho de huelga, tanto en su vertiente individual como colectiva, debatiéndose hasta dónde llega la facultad empresarial de opinión, criticando su convocatoria, los fines perseguidos o los perjuicios organizativos y productivos que puede comportar sin que ello constituya un ilícito del que deba responder.

30. Publicado en *Linkedin* el 17.11.2023.

Ilustrativa al respecto es la Sentencia de 12 febrero 2013. RJ 2013\2866, del Tribunal Supremo (Sala Social, Sección 1a) al definir la libertad de expresión vinculada al respeto de los derechos fundamentales y, concretamente a los de libertad sindical y, huelga, cuando afirma que:

«- En cuando a las infracciones legales denunciadas por las entidades empresariales recurrentes, debe, en primer lugar, recordarse que, desde sus primeras sentencias, —en especial las SSTC 11/1981 de 8 de abril (RTC 1981, 11) y 120/1983 de 15 diciembre (RTC 1983, 120)—, el Tribunal Constitucional ha coordinado los derechos fundamentales en litigio, entre otros y en el ámbito de las relaciones de trabajo, los de libertad sindical, huelga y libertad de expresión. En esta línea, en síntesis, se ha declarado en la STC 120/1983 en relación con un comunicado emitido por un Comité de Huelga en el ámbito de una situación conflicto en el que se descalificaba a la empresa, que:

A) "La libertad de expresión no es un derecho ilimitado, pues claramente se encuentra sometido a los límites que el artículo 20.4 de la propia Constitución (RCL 1978, 2836) establece, y en concreto a la necesidad de respetar el honor de las personas, que también como derecho fundamental consagra el artículo 18.1, ...; pero el mismo tiempo, dicho ejercicio debe enmarcarse, en cualquier supuesto, en unas determinadas pautas de comportamiento, que el artículo 7 del Código Civil (LEG 1889, 27) expresa con carácter general al precisar que 'los derechos deberán ejercitarse conforme a las exigencias de la buena fe' y que en el supuesto de examen tienen una específica manifestación dentro de la singular relación jurídica laboral que vincula a las partes, no siendo discutible que la existencia de una relación contractual entre trabajador y empresario general un complejo de derechos y obligaciones recíprocas que condiciona, junto a otros, también el ejercicio del derechos la libertad de expresión, de modo que manifestaciones del mismo que en otro contexto pudieran ser legítimas no tienen por qué serlo necesariamente dentro del ámbito de dicha relación ".

B) "Los condicionamientos impuestos por tal relación han de ser matizados cuidadosamente, ya que resulta cierto que no cabe defender la existencia de un genérico deber de lealtad, con su significado omnicomprensivo de sujeción del trabajador al interés empresarial, pues ello no es acorde al sistema constitucional de relaciones laborales y aparece contradicho por la propia existencia del conflicto, cuya legitimidad general ampara el texto constitucional; pero ello no exime de la necesidad de un comportamiento mutuo ajustado a las exigencias de la buena fe, como necesidad general derivada del desenvolvimiento de todos los derechos y específica de la relación contractual, que matiza el cumplimiento de las respectivas obligaciones, y cuya vulneración convierte en ilícito o abusivo el ejercicio de los derechos quedando margen de su protección ".

C) "En la legislación laboral aparece reconocido un específico derecho de expresión y difusión dirigido al ejercicio de la función representativa o instrumento para fomentaba la acción sindical, cuyas manifestaciones serían tanto la contemplada en el artículo 68, apartado d), del Estatuto de los Trabajadores (RCL 1995, 997), que autoriza a los representantes a expresar con libertad sus opiniones en las materias concernientes a la esfera de la representación, pudiendo publicar y distribuir, sin perturbar el normal desenvolvimiento del trabajo, las publicaciones de interés laboral o social, como la prevista en el artículo 6.6 del citado Real Decreto-Ley 17/1977 (RCL 1977, 490), conforme a la cual los trabajadores en huelga podrán efectuar publicidad de la misma; pero la consideración de estos preceptos tampoco modifica la situación, porque si es cierto que aquél no puede merecer una interpretación restringida que le reduzca a extremos y materias inocuas, y que éste abarca no sólo la publicidad del hecho mismo de la huelga, sino también de sus circunstancias o de los obstáculos que se oponen a su desarrollo, o a los efectos de exponer la propia postura, recabar la solidaridad de terceros o superar la oposición también lo es que dicha actuación no puede realizarse, como se dijo, vertiendo información a personas receptoras del servicio de enseñanza y a sus padres, que tendía a desprestigiar al Colegio y a mermar la credibilidad del alumnado y de sus familiares responsables sobre la validez de las pruebas de examen y sobre la propia trayectoria del Centro de enseñanza en fechas de renovación de matrícula "; y

D) "Lo anteriormente expuesto no se ve alterado porque el comunicado en cuestión pueda ser considerado como un específico instrumento para el ejercicio de la acción representativa de los demandantes, en su doble condición de delegados de personal y miembros del Comité de Huelga, y cuya finalidad última no era sino la de obtener unos determinados resultados en relación al conflicto que se estaba desarrollando, puesto que en realidad en el supuesto concreto ni tal finalidad resultaba bastante por sí misma para modificar la sustancia del acto enjuiciado, ni cabe alegar que dicho acto fuera necesario o adecuado, en los estrictos términos en que se produjo, para la defensa de los derechos o intereses que se debatían en el conflicto, pues indudablemente la desbordan».

Para continuar añadiendo en su apartado segundo que:

«Con carácter general, como recuerda y reitera la STC 125/2007 de 21 mayo (RTC 2007, 125), debe destacarse que:

A) "El derecho fundamental a la libertad de expresión tiene por objeto la libre expresión de pensamientos, ideas y opiniones, concepto amplio dentro del cual deben incluirse las creencias y juicios de valor. Según hemos dicho con reiteración, este derecho comprende la crítica de la conducta de otro, aun cuando la misma sea desabrida y pueda molestar, inquietar o disgustar a quien se dirige (por todas, SSTC 6/2000, de 17 de enero (RTC 2000, 6) ...; 49/2001, de 26 de febrero (RTC 2001, 49) ...; 204/2001, de 15 de octubre (RTC 2001, 204) ...; y 181/2006, de 19 de junio (RTC 2006, 181) ...) .

B) "También hemos declarado que la celebración de un contrato de trabajo no implica la privación para una de las partes, el trabajador, de los derechos que la Constitución le reconoce como ciudadano, así como también que la libertad de empresa (art. 38 CE (RCL 1978, 2836)) no legitima que los trabajadores hayan de soportar limitaciones injustificadas de sus derechos fundamentales y libertades públicas (por todas, STC 196/2004, de 15 de noviembre (RTC 2004, 19)...). En este sentido, nuestra doctrina (sintetizada recientemente en la STC 41/2006, de 13 de febrero (RTC 2006, 41)...), sostiene que el ejercicio de las facultades organizativas del empleador no puede traducirse en la producción de resultados inconstitucionales, lesivos de los derechos fundamentales del trabajador, ni en la sanción del ejercicio legítimo de tales derechos por parte de aquél, de manera que no neutraliza el panorama indiciario la genérica invocación de facultades legales o convencionales. Por ello, venimos reiterando desde la STC 38/1981, de 23 de noviembre (RTC 1981, 38), que cuando se prueba indiciariamente que una decisión empresarial puede enmascarar una lesión de derechos fundamentales incumbe al empresario acreditar que su decisión obedece a motivos razonables y ajenos a todo propósito atentatorio del derecho de que se trate y que es preciso garantizar en tales supuestos que los derechos fundamentales del trabajador no sean desconocidos por el empresario bajo la cobertura formal del ejercicio por parte de éste de los derechos y facultades reconocidos por las normas laborales (entre las más recientes, recogiendo esa doctrina, SSTC 41/2006, de 13 de febrero ...; y 342/2006, de 11 de diciembre (RTC 2006, 342) ...)».

Y acaba afirmando, en el apartado 1 de su FD Cuarto, lo que sigue:

«En conclusión, entiende la Sala, de manera acorde con la jurisprudencia constitucional, que el derecho fundamental a la libertad de expresión no es ilimitado, debe respetar los derechos fundamentales de los demás, ejercitarse conforme a las exigencias de la buena fe y matizado con los condicionamientos mutuos impuestos por la relación de trabajo, lo que afecta tanto a los trabajadores como a la empresa. El ejercicio de los derechos de libertad sindical y de huelga, en especial este último de más intensa protección, puede comportar la exigencia de una publicidad especial dirigirse a las propias partes del conflicto o a terceros afectados, pero debe ajustarse, de forma necesaria y adecuada, a los estrictos términos de los derechos e intereses que se debatan en el concreto conflicto, y aunque encajen en ella actos de crítica en sentido amplio, no pueden ampararse los contenidos tendentes a desprestigiar a la empresa; y sin que, a la inversa, quepa justificar actos empresariales desproporcionados que puedan limitar el ejercicio de los derechos de huelga o el de libertad sindical bajo el pretendido amparo del ejercicio de las facultades organizativas del empleador o de la libertad de expresión».

Veamos, seguidamente cómo se traslada esta doctrina al respeto empresarial de los derechos fundamentales vinculados con el derecho sindical y de convocatoria de huelga.

II. La huelga en su vertiente individual y colectiva

Tratándose de ahondar en el ejercicio del derecho de libertad de expresión del empresario vinculado al ejercicio, individual o colectivo del derecho de huelga, deberá definirse el mismo en ambas vertientes de su ejercicio.

Pues bien, como expone la STC 332/1994, de 19 de diciembre (RTC 1994, 332), el art. 28, 2 CE introduce en nuestro ordenamiento la proclamación de la huelga como un derecho subjetivo y de carácter fundamental cuyo contenido esencial consiste en la cesación del trabajo, en cualquiera de las manifestaciones o modalidades que puede revestir. Derecho éste coherente con la idea del Estado Social y Democrático de Derecho establecido en el art. 1, 1 CE que, entre otras significaciones, tiene la de legitimar medios de defensa a los intereses de grupos de la población socialmente dependientes.

Lo anterior ha llevado al Tribunal Supremo a señalar en sus Sentencias de 22 de noviembre de 2000 (RJ 2001, 1430) y 9 de junio de 2005 (recurso 126/2004 (RJ 2005, 5851) que:

> «.. por su condición de derecho fundamental, las únicas huelgas que en principio tienen la condición de ilícitas y abusivas por presunción legal —salvando la existencia de huelgas ilegales por su finalidad expresa o por no haberse respetado en ellas las exigencias de la convocatoria y desarrollo previstas en el art. 11 del Real Decreto-Ley 17/1977, de 4 de marzo (RCL 1977, 490), sobre relaciones de trabajo, ...—son las huelgas rotatorias, las efectuadas por los trabajadores que prestan servicios en sectores estratégicos con la finalidad de interrumpir el proceso productivo, y las de celo o reglamento, conforme se concreta claramente en las SSTC 11/1981, de 8 de abril (RTC 1981, 11), 72/1982, de 2 de diciembre (RTC 1982, 72), o la 41/1984, de 21 de marzo (RTC 1984, 41), con la consecuencia de que en todas las demás "debe de presumirse su validez y, sin que pueda excluirse que las circunstancias concurrentes la conviertan en **abusiva, corresponde la prueba del abuso de derecho a quien interese**».

Ahora bien, la jurisprudencia considera que a su través puede producirse también un ejercicio abusivo, y por tanto no amparable por los tribunales, del derecho de huelga. Y que este abuso lo determina una desproporción jurídica, un plus sobre el perjuicio que todo ejercicio de la huelga busca del lado empresarial, de valoración ineludiblemente empírica, al suponer que los trabajadores causen daños innecesarios o incoherentes con su acción, utilizando pues la intermitencia bien para conseguir de hecho una paralización que comprometa a trabajadores que quieran ejercitar su derecho al trabajo, bien un daño a la estructura productiva que conlleve también, reflejamente, una incidencia coactiva superior a la ordinaria, completándose la presión económica con la presión de terceros que resultan gravemente afectados por tales sucesos.

Ahora bien, resulta preciso diferenciar la huelga ilegal de la huelga abusiva.

Una huelga de celo o una huelga rotatoria son huelgas ilegales, actos ajenos al derecho fundamental, por así considerarlo la Ley, de modo constitucionalmente justificado como tuvo ocasión de proclamar el Tribunal Constitucional. La justificación arranca precisamente de su carácter de actos abusivos, al suponer una desproporción entre los sacrificios jurídicos de ambos contendientes, de hecho en ambos supuestos identificamos una jactancia subrepticia, al devenir opaca la situación jurídica en la huelga de reglamento o al resultar contradictoria en la rotatoria donde se solapan los períodos de actividad e inactividad, pero el abuso no es más que la fundamentación constitucional de la censura legislativa de un fenómeno huelguista, que debe considerarse nulo, radicalmente excluido de la tutela jurídica, al no suponer el ejercicio de un derecho constitucional.

Sin embargo, la huelga propiamente abusiva, el acto huelguístico abusivo en general, presupone la existencia del derecho, es decir gravita no sobre el derecho, sino sobre su ejercicio. No se trata entonces de deslindar el contenido fisiológico, el límite interno del derecho de huelga, sino por el contrario el límite externo de su tolerancia, el inicio de su patología, pues en esos supuestos no valoramos un acto huelguístico ineficaz, que debe expulsarse del derecho, sino un abuso de derecho que demanda precisamente medidas de contracción, de reconducción, al ejercicio no excesivo. La ineficacia por periférica es parcial, de tal suerte que no tendría justificación desconocer el núcleo, asimilando el ejercicio abusivo, a un caso de inexistencia, transformando las medidas de subsanación, en instrumentos de negación.

Por ello, declarar ilegal una huelga intermitente por la desproporción de sus efectos, exige la aportación de elementos persuasivos que lo hagan evidente y además acotar los efectos de la ilegalidad. El ejercicio de un derecho fundamental no puede quedar jurídicamente desautorizado por la interpretación más o menos rigurosa de quien como el empresario tiene un deber específico de soportarlo. Y es que el derecho de huelga no supone sólo ampliar el campo jurídico del trabajador, sino simultáneamente, restringir el del empresario con la idea de compensar, al menos en parte, la desigualdad que ineludiblemente origina una relación de subordinación.

Por su propia naturaleza, el derecho de huelga en España es de titularidad individual y de ejercicio colectivo. Ahora bien, sostener que el derecho de huelga corresponde a los trabajadores considerados individualmente no deja de ser una visión parcial del problema, dado que la huelga no se agota en su esfera individual. Igual como pasa con la libertad sindical, se puede distinguir en el derecho de huelga dos ámbitos, facetas o dimensiones: la dimensión individual y la dimensión colectiva. A esto se refiere, precisamente, la doctrina constitucional cuando traza la separación entre la titularidad del derecho de huelga y las facultades que integran el contenido complejo de este derecho (STC 11/1981, 8-4-1981 [RTC 1981,11]); facultades que están distribuidas entre el trabajador individual y sus representantes, de modo que mientras la dimensión individual se identifica con las facultades individuales del ejercicio del derecho, que comprenden el derecho del trabajador singular de sumarse o no a las huelgas declaradas, así como el derecho de abandonar la huelga a que se adhirió, la dimensión colectiva se identifica con las facultados colectivas que ha señalado el TC, esto es, con el derecho de convocatoria, planteamiento reivindicativo, publicidad, proyección exterior, negociación y terminación de una huelga —diferente de la reincorporación individual al trabajo—.

No obstante, las facultades que integran el ejercicio colectivo del derecho de huelga corresponden, según los casos, tanto a los trabajadores (reunidos en asamblea, por ejemplo) como en sus representantes y a las organizaciones sindicales.

III. La amplitud de los derechos reconocidos en el art. 20 CE sobre libertad de expresión y libertad de información cuando su ejercicio corresponde al empresario

Efectuadas las anteriores apreciaciones, la Sentencia número 4874/2019, de 11 de octubre de 2019, dictada en unificación de doctrina por la Sala Social del TSJ de Cataluña, de 11 de octubre de 2019 (recurso número 3811/2019, ponente Sra. María Pilar Martín Abella) —en adelante, la Sentencia—, aborda y resuelve el conflicto surgido en el seno de una empresa como consecuencia de la convocatoria de una huelga y de las posteriores manifestaciones vertidas por la dirección de empresa que desembocaron en la interposición de una demanda en vulneración de derechos fundamentales por el sindicato convocante.

Analicemos los hechos.

En la convocatoria de huelga se hace constar que afectará a toda la plantilla y se iniciará el 11 de diciembre de 2018, en turnos de mañana, tarde y noche, y con una duración de 4 horas por turno.

El motivo de la huelga, según el propio escrito de la convocatoria, es *«La readmisión de los compañeros despedidos, así como facilitar el acceso a las instalaciones de la empresa para poder ejercer sus funcionas y derechos como RLT, en cumplimiento del requerimiento de la Inspección de trabajo y Seguridad social, en contra de la vulneración del derecho fundamental a la libertad sindical».*

Como antecedente de la huelga convocada, tres miembros del comité de empresa afiliados a CC. OO. y otro trabajador afiliado al mismo sindicato fueron despedidos por motivos disciplinarios, interponiéndose las correspondientes demandas de despido nulo.

Los trabajadores presentaron una denuncia a la Inspección de Trabajo, puesto que entendían que podían ejercer sus funciones de representación legal mientras se tramitaba el despido. Ante el requerimiento de la Inspección, la empresa comunicó por escrito que se negaba a la entrada de los trabajadores y a su condición de representantes, hecho por el que también se presentó una demanda por vulneración de derechos fundamentales.

La Inspección de Trabajo emitió un informe el 22-10-2018 en el que afirmaba que la empresa demandada presta servicios de logística integral dentro de las dependencias de su único cliente (SEAT), en concreto dentro del llamado Taller 12, y que la empresa AB SERVICIOS SELECTA ESPAÑA S.L. cuenta con un servicio de vending en el citado taller, que desde principios del año 2018 detectaron que se estaban manipulando, forzando y haciendo daños en las máquinas que se encuentran en el comedor de la sección de VACÍOS, iniciándose una investigación, cuyo resultado fue la identificación de un grupo de trabajadores como los responsables de los daños, desperfectos y substracciones en las máquinas de vending, por lo cual AB SERVICIOS SELECTA ESPAÑA S.L presentó una denuncia ante los Mossos de Esquadra de Martorell el 11-7-2018, identificándose las personas que causaron los daños, decidiendo SERVICIOS LOGISTICOS MARTORELL SIGLO XXI SL despedir 5 trabajadores, de los que 3 eran representantes legales de los trabajadores, y 2 suspensiones de empleo y de sueldo. Por esta razón, el comité de empresa convocó una huelga el 25-7-2018 motivada por la externalización del servicio de vending, que posteriormente fue desconvocada por una mediación. El citado informe de la Inspección de Trabajo concluye que los 3 representantes legales de los trabajadores despedidos por SERVICIOS LOGÍSTICOS MARTORELL SIGLO XXI SL tienen que ver garantizados sus derechos sindicales en los términos de la vigente Ley Orgánica de Libertad Sindical y conforme la doctrina de la STC 44/2001.

Así las cosas, la empresa demandada, en fecha 5 diciembre de 2018, emitió un comunicado interno a toda la plantilla, donde expresaba su opinión respeto la convocatoria de huelga con una finalidad coercitiva, amenazante y de intento de desprestigiar al sindicato CCOO y evitar que la plantilla secunde la huelga. Dicho escrito contenía expresiones como:

> «"... a pesar de su obcecación (la de CCOO) miedo lo sectarismo increíblemente marcado"
>
> "...Que han jugado con los tiempos para intentar coaccionar a esta dirección"
>
> "..Los tiempos de extorsión a los que han estado acostumbrado ya han pasado, y su comportamiento fraudulento..."
>
> "... ES DEL TODO LAMENTABLE la actitud de este Sindicato".
>
> "... Esta forma de proceder va totalmente en contra del beneficio de las trabajadoras y trabajadores de SLM, y una representación sindical, así como sus responsables, a nuestro entender, debe trabajar para el beneficio de sus representantes y no lo suyo propio".
>
> "... Dejen de mentir miedo favor, [...] su falta de sentido común cono lo objetivo".
>
> "... Intentando amenazar y coaccionar no solo a esta Dirección y a sus trabajadores y trabajadoras, sino también a nuestros clientes".
>
> "...Invitamos a las trabajadoras y trabajadores a que saquen sus propias conclusiones y que, miedo supuesto sepan que esta dirección velará miedo sus derechos y decisiones, sin que deban sentir la presión de aquellos que las están forzando a una situación que seguro prometen hacerles pagar a futuro".
>
> "... Miedo sus actos vandálicos e indebidos".
>
> **"... Y solo nos atrevemos a sugerirles que entiendan que significa "piquete informativo"**».

El expresado comunicado interno fue entregado a todos los mandos intermedios que se encargaron de ponerlo, junto con otros trabajadores del departamento de RR. HH., en un total de 9 tablones de anuncios. También se distribuyó mediante correos electrónicos. La redacción del comunicado fue autoría exclusiva del director de RR. HH.

En fecha del 12-12-2018 la empresa demandada entregó a todos los mandos intermedios que se encargaron de ponerlo, junto con otros trabajadores del departamento de RR. HH., en un total de 9 tablones de anuncios, un nuevo comunicado interno en el que, entre otras afirmaciones, señala que:

> «Pedimos disculpas sin ningún tipo de mal pudor si alguien ha podido sentir ofendido, pues más allá de que esta empresa la dirigen personas que también se sienten insultadas en más de una ocasión por según que comentarios y/o publicaciones en diferentes formatos, no existe por nuestra parte la más mínima intención de ofensa hacia ningún sindicato ni agente social, los cuales reconocemos como pieza indispensable de tantos avanzas en materia laboral en este país durante décadas de incansable trabajo, independientemente de sus siglas o tendencias».

La sentencia de instancia resolvió:

> «1.° La existencia de una vulneración del derecho a la huelga y a la libertad sindical del sindicato demandante en relación con el comunicado emitido por la empresa de 5 de diciembre de 2018, declarante la nulidad radical de la citada actuación del empleador y ordenando el cese inmediato de todo comportamiento relacionado con el mismo.
>
> 2.° Condenar la empresa demandada a remitir a todos sus trabajadores, de manera individualizada y por correo electrónico, el texto íntegro de la presente sentencia, así como de hacerla pública en los tablones de anuncios del centro o centros de trabajo existentes.
>
> 3.° Condenar la empresa demandada a pagar al sindicato demandante, en concepto de indemnización por daños y perjuicios, la cantidad de 50.000 euros».

La resolución del juez a quo fue recurrida en suplicación, dictándose la Sentencia que es objeto del presente comentario, revocando parcialmente la sentencia de instancia en el sentido de proceder a rebajar el importe de la indemnización en concepto de daños y perjuicios a la cuantía de 25.001 euros, sin costas.

Anunciado y formalizado por la empresa recurso de casación para la unificación de doctrina contra la sentencia de la Sala Social antes citada, la Sala Social del Tribunal Supremo resolvió, mediante Auto de 13 de octubre de 2020 (recurso número 464/2020, ponente Sra. Rosa María Virolés Piñol), declarar su inadmisión y la firmeza de la sentencia recurrida, al no existir contradicción entre la sentencia objeto de recurso y la aportada de contraste.

Para la Sentencia de la Sala Social del TSJ de Cataluña, considerando el contexto de conflictividad laboral existente en la empresa, motivado por la existencia del diversos despidos, entre ellos tres integrantes del comité de empresa y afiliados a CCOO y atendida la comunicación empresarial vinculada al objeto del conflicto, debe diferenciarse entre el derecho de libertad de expresión y el derecho de libertad de información, debiéndose establecer límites a la crítica, como manifestación de la libertad de expresión y opinión, para llegar a la conclusión, fijados los hechos probados con las modificaciones fácticas acordadas por la Sala, que el comunicado de la empresa excedió el derecho de libertad de expresión, pasando de ser meras opiniones o críticas a conseguir verdaderas faltas de respeto e injurias hacia el sindicato CCOO con la finalidad de que la plantilla secunde la huelga, lo que es merecedor de una indemnización por daños morales que el tribunal rebaja de los 50.000 euros impuestos por la sentencia de instancia a la de 25.001 euros, en aplicación de los arts. 8.12 y 40.1.c del Real decreto legislativo 5/2000, de 4 de agosto, de Infracciones y sanciones en el Orden Social, atendiendo a que la empresa emitió un comunicado pidiendo disculpas.

De esta forma, el Fundamento de Derecho Segundo aborda la diferencia entre libertad de expresión, en su vertiente de libertad sindical y de huelga, en los siguientes términos:

> «... debemos señalar de manera acorde con la jurisprudencia constitucional, que el derecho fundamental a la libertad de expresión no es ilimitado, debe respetar los derechos fundamentales de los demás, ejercitarse conforme a las exigencias de la buena fe y matizado con los condicionamientos mutuos impuestos por la relación de trabajo, lo que afecta tanto a los trabajadores como a la empresa. El ejercicio de los derechos de libertad sindical y de huelga, en especial este último de más intensa protección, puede comportar la exigencia de una publicidad especial dirigirse a las propias partes del conflicto o a terceros afectados, pero debe ajustarse, de forma necesaria y adecuada, a los estrictos términos de los derechos e intereses que se debatan en el concreto conflicto, y aunque encajen en ella actos de crítica en sentido amplio, no pueden ampararse los contenidos tendentes a desprestigiar a la empresa; y sin que, a la inversa, quepa justificar actos empresariales desproporcionados que puedan limitar el ejercicio de los derechos de huelga o el de libertad sindical bajo el pretendido amparo del ejercicio de las facultades organizativas del empleador o de la libertad de expresión. (TS 12-2-13, EDJ 18827)».

Para, acto seguido, referirse a la reiterada doctrina acerca de la relatividad de los derechos y libertades constitucionales al encontrarse sujetos a determinados límites que tendrá que ponderar, en todo caso, el órgano judicial, sin perjuicio de su posible revisión por el Tribunal Constitucional:

> «En la sentencia del TC de 25/11/97: " Según reiterada doctrina del Tribunal Constitucional, en el conflicto entre las libertades reconocidas en el art. 20 CE (EDL 1978/3879) y otros derechos y bienes jurídicamente protegidos, no cabe considerar que sean absolutos los derechos y libertades contenidos en la Constitución, pero tampoco puede atribuirse ese carácter absoluto a las limitaciones a que han de someterse esos derechos y libertades (por todas, STC 179/1986), si bien ha de considerarse que las libertades del art. 20 CE (EDL 1978/3879) no sólo son derechos fundamentales de cada ciudadano, sino también condición de existencia de la opinión pública libre, indisolublemente unida al pluralismo político, que es su valor fundamental y requisito de funcionamiento del Estado democrático, que, por lo mismo, trascienden el significado común y propio de los demás derechos fundamentales.

En consecuencia, cuando del ejercicio de los derechos a la libertad de expresión e información reconocidos en el art. 20,1 CE (EDL 1978/3879) resulten afectados otros derechos, el órgano jurisdiccional está obligado a realizar un juicio ponderativo de las circunstancias concurrentes en el caso concreto, con el fin de determinar si la conducta del agente está justificada por hallarse dentro del ámbito de las libertades de expresión e información, de suerte que si tal ponderación falta o resulta manifiestamente carente de fundamento, se ha de entender vulnerado el citado precepto constitucional (SSTC 104/1986 (EDJ 1986/104); 107/1988 (EDJ 1988/423) y 51/1989 (EDJ 1989/1958), entre otras). No obstante lo dicho, el valor preponderante de las libertades del art. 20 CE (EDL 1978/3879) sólo puede ser apreciado y protegido cuando aquellas se ejerciten en conexión con asuntos que son de interés general, por las materias a que se refieren y por las personas que en ellos intervienen, y contribuyan, en consecuencia, a la formación de la opinión pública, alcanzando entonces un máximo nivel de eficacia justificada frente a los derechos garantizados por el art. 18,1 CE (EDL 1978/3879) en los que no concurre esa dimensión de garantía de la opinión pública libre y del principio de legitimidad democrática. (Así, por ejemplo, SSTC 107/1988; 51/1989; 172/1990; 3/1997).

Aunque tal ponderación debe hacerla en principio el órgano jurisdiccional, corresponde a este Tribunal Constitucional revisarla con el objeto de determinar si el ejercicio de libertad reconocido en el art. 20 se manifiesta o no constitucionalmente legítimo (por todas, STC 107/1988; antes citada, y 105/1990)».

Ponderación en que se detiene la sentencia enfocándola desde la óptica constitucional:

«A tal fin, en la jurisprudencia constitucional se han ido perfilando varios criterios para llevar a cabo esa ponderación. Y por lo que respecta al presente recurso, conviene subrayar los siguientes:

a) El Tribunal ha diferenciado la amplitud de ejercicio de los derechos reconocidos en el art. 20 CE (EDL 1978/3879) según se trate de libertad de expresión (en el sentido de la emisión de juicios y opiniones) y libertad de información (en cuanto a la manifestación de hechos). Con relación a la primera, al tratarse de la formulación de opiniones y creencias personales, sin pretensión de sentar hechos o afirmar datos objetivos, dispone de un campo de acción que viene delimitado por la ausencia de expresiones indudablemente injuriosas y que resulten innecesarias para la exposición de las mismas y que no contravengan otros valores constitucionales o derechos fundamentales, tales como la igualdad, dignidad (STC 14/1991) o el derecho a la intimidad. En este sentido, los pensamientos, ideas, opiniones o juicios de valor, a diferencia de lo que ocurre con los hechos, no se prestan, por su naturaleza abstracta, a una demostración de su exactitud y ello hace que al que ejercita la libertad de expresión no le sea exigible la prueba de la verdad o diligencia en su averiguación, y, por tanto, respecto del ejercicio de la libertad de expresión no opera el límite interno de veracidad (por todas, STC 107/1988).

En concreto, por lo que se refiere a los límites de la crítica, como manifestación de la libertad de expresión y opinión, es doctrina reiterada la de que el ejercicio de la libertad de expresión —también el del derecho a la información— no puede justificar sin más el empleo de expresiones o apelativos insultantes, injuriosos o vejatorios que exceden del derecho de crítica y son claramente atentatorias para la honorabilidad de aquel cuyo comportamiento o manifestaciones se critican, incluso si se trata de persona con relevancia pública, pues la Constitución no reconoce el derecho al insulto (entre otras, SSTC 105/1990 (EDJ 1990/5991), 85/1992 (EDJ 1992/5974), 336/1993 (EDJ 1993/10281), 42/1995, 76/1995, 78/1995 y 176/1995).

b) En relación con el ejercicio de la libertad de expresión en el marco de las relaciones laborales, () no significa que el ejercicio del derecho a la libertad de expresión del art. 20 CE (EDL 1978/3879) no esté sometido a límites derivados de la propia relación laboral, pues el contrato entre trabajador y empresario genera un complejo de derechos y obligaciones recíprocas que condiciona, junto a otros, el ejercicio del derecho, de modo que manifestaciones del mismo que en otro contexto pudieran ser legítimas, no tienen por qué serlo necesariamente en el ámbito de dicha relación, dado que todo derecho ha de ejercitarse conforme a las exigencias de la buena fe (SSTC 120/1985 (EDJ 1985/11745); 6/1988 (EDJ 1988/322); 126/1990 (EDJ 1990/7268); y 4/1996 (EDJ 1996/12)).

Como señala la sentencia del Tribunal Constitucional 125/07 STC Sala 1.ª de 21 mayo de 2007, "El derecho fundamental a la libertad de expresión tiene por objeto la libre expresión de pensamientos, ideas y opiniones, concepto amplio dentro del cual deben incluirse las creencias y juicios de valor. Según hemos dicho con reiteración, este derecho comprende la crítica de la conducta de otro, aun cuando la misma sea desabrida y pueda molestar, inquietar o disgustar a quien se dirige (por todas, SSTC 6/2000, de 17 de enero, FJ 5 STC Sala 2.ª de 17 enero de 2000; 49/2001, de 26 de febrero, FJ 4 STC Sala 2ª de 26 febrero de 2001; 204/2001, de 15 de octubre, FJ 4 STC Sala 2.ª de 15 octubre de 2001; y 181/2006, de 19 de junio, FFJJ 4 y 5 STC Sala 1.ª de 19 junio de 2006)».

Finalmente, el TSJ de Cataluña, en la Sentencia objeto de comentario, concluye afirmando que:

«Aplicando dicha doctrina al caso de autos, y conforme a los hechos probados, aun teniendo en cuenta las modificaciones fácticas introducidas por la recurrente, no podemos considerar que el contexto de conflictividad laboral existente en la empresa, motivado por la existencia de despidos de tres miembros del comité de empresa afiliados a CCOO, otro trabajador afiliado a UGT, un trabajador no afiliado y 2 sancionados, y la convocatoria previa de una vaga que se iba a iniciar 6 días más tarde, justifican las expresiones que la empresa manifestó en su comunicado interno de 5 de diciembre de 2018 a toda la plantilla, pues exceden el derecho de libertad de expresión y pasan de ser meras opiniones o críticas, a constituir verdaderas faltas de respeto e injurias hacia el sindicato CCOO con la finalidad de que la plantilla secunde la vaga. En efecto consta en el hecho probado tercero que la empresa expresó su opinión respecto a la convocatoria de vaga con una finalidad coercitiva, amenazadora y de intento de desprestigiar al sindicato CCOO y evitar que la plantilla secunde la vaga...».

En definitiva, para la Sentencia, aun cuando la recurrente intenta justificar cada una de las expresiones empleadas, tratando de minimizar la gravedad de los calificativos empleados, a criterio de la Sala las mismas no pueden justificarse por el contexto existente, como tampoco en cuanto meras opiniones o expresiones, excediendo el marco permitido de la mera crítica u opinión.

E incluso, el posterior escrito de disculpas, viene a dejar entrever que la empresa se dio cuenta de que su escrito sobrepasaba el simple marco de la libertad de expresión, aunque tan solo fuera considerado como un elemento ponderativo para cuantificar el importe de la indemnización por daños morales.

19

EL PRINCIPIO DE LA BUENA FE EN LA RELACIÓN LABORAL. CRITERIOS JURISPRUDENCIALES[31]

Respecto a lo que deba entenderse como buena fe, la Sentencia del Tribunal Supremo de 25 de mayo de 1990, la define en sentido objetivo, como un modelo de tipicidad de conducta exigible, o, desde otra perspectiva, un principio general de derecho que impone un comportamiento arreglado a valoraciones éticas que condiciona y limita el ejercicio de los derechos subjetivos (arts. 7.1 y 1258 Código Civil —CC—), convirtiéndose en un criterio de valoración de conducta por medio del cual deben cumplirse las obligaciones, traduciéndose en directivas equivalentes a la lealtad, honorabilidad, probidad y confianza en el ordenamiento laboral, donde existen mandatos legales que imponen el cumplimiento contractual de acuerdo con la regla de la buena fe (arts. 5 y 20 Estatuto de los Trabajadores —ET—).

Resumiendo, la doctrina judicial sobre dicho instituto, la expresada sentencia sienta los siguientes criterios:

1.º La buena fe es consustancial al contrato de trabajo. El deber de mutua fidelidad entre empresarios y trabajadores es una exigencia de comportamiento ético, implicando la deslealtad una conducta totalmente contraria a la que debe observar habitualmente el trabajador en su relación con la empresa.

2.º La buena fe, como moral social, ha transcendido a diferentes campos del ordenamiento jurídico, tales como los relacionados en los arts. 6 y 7 del CC y 20 y 50 ET.

3.º Una forma de romper con la buena fe contractual consiste en la deslealtad mostrada frente a la empresa.

Para configurar la deslealtad resulta un requisito básico que el trabajador cometa el acto con plena conciencia de que su conducta afecta al elemento espiritual del contrato, consistiendo esta deslealtad en la eliminación volun-

31. Publicado en *Linkedin* el 5.7.2023.

taria de los valores éticos que deben inspirar al trabajador en el cumplimiento de los deberes básicos que el nexo laboral le impone.

También consiste en que el empleado se exceda, más allá de lo permisible, tolerable o razonable, en la confianza recibida de la empresa, en razón del cargo ejercido y de la responsabilidad encomendada, con los límites que le imponga su naturaleza.

4.º Es reiterada la jurisprudencia que señala que la falta se entiende cometida aunque no se acredite la existencia de un lucro personal, ni haber causado daños a la empresa, y ello con independencia de la mayor o menor cuantía de lo defraudado, siendo suficiente la ruptura de los deberes de fidelidad, lealtad, probidad y confianza, implícitos en toda relación laboral, valores que han de presidir en todo momento el comportamiento derivado del contrato de trabajo, es decir el cumplimiento de las obligaciones laborales.

Es más, la jurisprudencia entiende que la pérdida de confianza, por su especialidad y esencial naturaleza, no admite grados de valoración y una vez producida se rompe el equilibrio de las relaciones empresario-trabajador impidiendo el restablecimiento posterior. Por lo tanto, constatada la pérdida de confianza y la transgresión de la buena fe contractual el incumplimiento es *«per se»* grave, sin que quepa la aplicación de la doctrina gradualista.

5.º No exonera de responsabilidad ni la autoinculpación del actor, ni el hecho del reintegro posterior de la cantidad o bienes sustraída, puesto que la obligación de resarcir los perjuicios causados a la empresa es compatible con la rescisión del vínculo laboral.

En todo caso, es conocida la interpretación jurisprudencial sobre la graduación de las faltas y las sanciones, explicitada en el art. 58 ET, que exige un incumplimiento grave para llevar a cabo el despido disciplinario conforme al art. 54 del citado texto legal.

Proyectando este principio de proporcionalidad en el de buena fe, modelo de comportamiento recogido en el art. 5.a) en relación con el art. 20, ambos del ET, se concluye que se precisa no cualquier transgresión sino una violación trascendente de la buena fe contractual, de carácter grave y culpable.

20

LA CARGA DE LA PRUEBA EN LA ACREDITACIÓN DEL PAGO DEL SALARIO, SEA DOCUMENTADO O EN METÁLICO[32]

Respecto a quién corresponde la carga de probar el pago del salario, cuando no se discute la efectiva existencia de la prestación de servicios laborales durante el periodo reclamado, la Sentencia de la Sala de lo Social del Tribunal Supremo n.º 474/2023, de 4 de julio de 2023, dictada en el rcud n.º 3304/2020, de la que es ponente el Sr. Sebastián Moralo Gallego, entra a considerar las reglas a aplicar en cuanto a la carga de la prueba en el impago de los salarios o retribuciones objeto de reclamación judicial.

Concretamente, su FD Tercero se refiere a las siguientes cuestiones que paso a exponer, incluyendo tanto el pago documentado de la retribución como el efectuado en metálico o negro:

1. El art. 217 LEC, bajo el título «Carga de la prueba», establece lo siguiente:

> «2. Corresponde al actor y al demandado reconviniente la carga de probar la certeza de los hechos de los cuales ordinariamente se desprenda, según las normas jurídicas a ellos aplicables, el efecto jurídico correspondiendo a las pretensiones de la demanda y de la reconvención.
>
> 3. Incumbe el demandado y al actor reconvenido la carga de probar los hechos que, conforme a las normas que los sean aplicables, impidan, extingan o enerven la eficacia jurídica de los hechos a que se refiere el apartado anterior.
>
> (...) 7. Para la aplicación del que se dispone en los apartados anteriores de este artículo el Tribunal deberá tener presente la disponibilidad y facilidad probatoria que corresponde a cada una de las partes del litigio».

2. Si lo que el trabajador reclama en su demanda es el pago de unas determinadas retribuciones que niega haber percibido, dicho precepto legal le impone la carga de probar la certeza de los hechos de los cuales de ordinario se desprende la correlativa obligación de la empresa de abonarle su importe.

32. Publicado en *Linkedin* el 3.5.2024.

Esto supone que tenga que acreditar la existencia de la relación laboral, la prestación de servicios, o la imposibilidad de llevarla a cabo por impedimentos imputables al empresario en los términos del art. 30 ET.

3. Una vez probada, o resultando indiscutida esta circunstancia, le incumbe a la empresa la carga de probar los hechos impeditivos o extintivos que pudieran enervar la obligación de abonarlas cantidades reclamadas.

Si no se discutiera que el trabajador hubiera prestado servicios laborales para la empresa demandada durante el periodo reclamado, a la empresa le corresponde la carga de probar el pago de las cantidades reclamadas, o bien, de cualquier otro elemento extintivo o impeditivo que pudiera neutralizar, en todo o en parte, esta reclamación.

4. Las sumas reclamadas en el caso enjuiciado se corresponden con el trabajo ordinario, sin afectar a complementos salariales u otros conceptos especiales que obligaran el trabajador a demostrar los hechos que pudieran generar el derecho a su percepción, no cuestionándose tampoco su ajuste a las previsiones del convenio colectivo aplicable.

5. Como ya recuerda desde antiguo la STS 12/7/1994, rcud. 4192/1992, respecto a la prueba del pago del salario, al trabajador le corresponde acreditar los hechos constitutivos del derecho que reclama y a la empresa la de los cuales sean extintivos o impeditivos, por lo cual habiendo probado el actor la vigencia del vínculo laboral y la efectiva prestación de servicios, debe condenarse a la empleadora al pago de las cantidades reclamadas al no haber aportado elementos de juicio en contra.

6. Conclusión en la cual abunda el art. 217.7 LEC, al señalar que los órganos judiciales deben tener presente en la aplicación de estas reglas *«la disponibilidad y facilidad probatoria que corresponde a cada una de las partes del litigio»*.

7. El art. 29 ET dispone que la liquidación y el pago del salario se documentará mediante la entrega al trabajador de un recibo individual y justificativo de este.

La empresa cuenta con los registros y asientos contables que acreditan el pago del salario, así como de los documentos que pueden evidenciar la existencia de transferencias dinerarias a las cuentas del trabajador. Dispone por lo tanto de todas las facilidades probatorias para demostrar el pago de las sumas reclamadas.

Por el contrario, no puede exigirse al trabajador la prueba de un hecho negativo, cuál sería el de la no percepción del salario reclamado.

8. Incluso en el hipotético supuesto que el pago se hubiera realizado en metálico, la empresa puede aportar el preceptivo recibo de cobro firmado por el trabajador que tiene que obrar en su poder.

Podría especularse sobre la ilícita posibilidad que la empresa hubiera abonado el salario en dinero negro y de manera oculta. Pero, al margen de otras responsabilidades, esta circunstancia irregular tampoco la eximiría en ningún caso de la carga de probar el pago, por los medios que fuera.

21

LA CELEBRACIÓN DE LA CONCILIACIÓN ADMINISTRATIVA PREVIA EN EL ÁMBITO DE LA JURISDICCIÓN SOCIAL

Índice:

I. Normativa de aplicación

El intento de conciliación, requisito indispensable en la tramitación del proceso laboral, viene regulado en los artículos 63 a 68 de la Ley 36/2011, de 10 de octubre, reguladora de la jurisdicción social (LRJS).

Por su parte, los artículos 83 y 85.3.e) del Real Decreto Legislativo 2/2015, de 23 de octubre, por el que se aprueba el texto refundido de la Ley del Estatuto de los Trabajadores (ET) se refieren a los acuerdos interprofesionales y a los convenios colectivos como unidades de negociación donde acordar la creación de órganos de conciliación.

Finalmente, hemos de remitirnos al Real Decreto 2756/1979, de 23 de noviembre (B.O.E. de 5 de diciembre de 1.979; corrección de errores en B.O.E. de 22 de diciembre) por el que el Instituto de Mediación, Arbitraje y

III. Modalidades de conciliación administrativa. Forma de solicitarla y contenido de la papeleta de conciliación

Siguiendo a la doctrina científica[33] y en palabras de la STS de 31 de enero de 2003, existen tres modalidades de conciliación previa:

a) En primer lugar, la conciliación «ante el servicio administrativo correspondiente» (art. 63 LRJS).

b) En segundo lugar, la conciliación ante el órgano que asuma funciones conciliadoras establecidos por los «acuerdos interprofesionales o los convenios, a los que se refiere el art. 83 ET»[34].

c) Y en tercer lugar y con relación a los trabajadores autónomos dependientes, la conciliación ante los órganos establecidos en los acuerdos de interés profesional[35].

El acto de conciliación previo se inicia mediante solicitud escrita ante los órganos administrativos competentes de la Administración central o de cada comunidad autónoma pertenecientes al lugar de la prestación de los servicios o del domicilio de los interesados, a elección del solicitante. Sobre este particular, la STC 58/2002, de 11 de marzo (R.° de amparo 4177/1998, I.L. J 603) afirma que la presentación de la papeleta de conciliación ante órgano de Mediación, Arbitraje y Conciliación incompetente por razón del territorio no puede justificar el tener por incumplido el intento de conciliación previo. Lo contrario supondría, según dicha sentencia, una interpretación excesivamente rigurosa, contraria al principio *pro actione* y vulneradora del derecho a la tutela judicial efectiva reconocido en el art. 24.1 CE.

---

33. Regulado por el art. 122 de la CE y por la Ley Orgánica 6/1985, de 1 de julio, del Poder Judicial.
El art. 122.3 de la CE se refiere a que «El Consejo General del Poder Judicial estará integrado por el Presidente del Tribunal Supremo, que lo presidirá, y por veinte miembros nombrados por el Rey por un período de cinco años. De éstos, doce entre Jueces y Magistrados de todas las categorías judiciales, en los términos que establezca la ley orgánica; cuatro a propuesta del Congreso de los Diputados, y cuatro a propuesta del Senado, elegidos en ambos casos por mayoría de tres quintos de sus miembros, entre abogados y otros juristas, todos ellos de reconocida competencia y con más de quince años de ejercicio en su profesión».
Véanse igualmente los arts. 566 a 578 de la LOPJ por lo que respecta a la designación y sustitución de los vocales del CGPJ.

34. Art. Tercero, 14 de la Ley 50/1981, de 30 de diciembre, por la que se regula el Estatuto Orgánico del Ministerio Fiscal.

35. Martínez Moya, Juan. «Las partes en el proceso laboral», incluido en la obra *Derecho del Trabajo, Seguridad Social y Proceso Laboral. Una visión global para especialistas*, Tomo II, Editorial La Ley, año 2010, págs. 1005 a 1007.

Compartiendo este criterio, las SSTSJ de Andalucía (Sevilla) de 30 de marzo de 2001 (I.L. J 1229) y 4 de julio de 2002 (I.L. J 2281) han advertido que *«(...) las solicitudes, escritos y comunicaciones que los ciudadanos dirijan a los órganos de las Administraciones Públicas pueden presentarse (...) en los registros de cualquier órgano administrativo que pertenezca a la Administración General del Estado (...) de las Comunidades Autónomas (...) o Local (...)»*. Consecuentemente, la presentación de la papeleta en cualquier centro administrativo (incluido Correos, STSJ de Aragón de 30 de septiembre de 2000. I.L. J 2128) distinto del conciliador tiene plena validez y, por tanto, efectos suspensivos de la caducidad e interruptivos de la prescripción desde la fecha de la presentación en el organismo administrativo o postal (STSJ de Madrid de 19 de junio de 2000. I.L. J 1585).

Es más, el error en la presentación de la solicitud de conciliación ante servicio administrativo que no fuera el territorialmente competente y la posterior presentación de la demanda ante órgano jurisdiccional igualmente incompetente, dando lugar a la estimación de una cuestión declinatoria, no da lugar a la caducidad de la acción, de presentarse la demanda ante el Juzgado de lo Social territorialmente competente, pues una interpretación literal de los preceptos en juego (arts. 14.a y 63 de la LRJS) se alejaría del espíritu y finalidad de la norma y de sus antecedentes históricos.

El registro de la papeleta o demanda de conciliación, de ordinario, se suele llevar a cabo por medio de dos vías:

a) La ordinaria, que es el procedimiento previsto para la tramitación de las solicitudes de conciliación con carácter general, bien de manera telemática o presencial.

b) La rápida, que es el procedimiento previsto para los despidos individuales con previsión cierta de acuerdo, y que se inicia exclusivamente por el canal telemático mediante firma electrónica, teniendo lugar el acto de conciliación a partir de las 24 horas siguientes de su presentación. Si llegado el día de la conciliación una de las partes no comparece o las partes no llegan a un acuerdo, el expediente se tramitará por el procedimiento ordinario y se citará a las partes para comparecer nuevamente.

En la papeleta de conciliación deberán constar los siguientes extremos:

a) Los datos personales de la persona que la presente y de los demás interesados y sus domicilios respectivos.

b) Lugar y clase de trabajo, categoría profesional u oficio, antigüedad, salario y demás remuneraciones, con especial referencia a la que, en su caso, sea objeto de reclamación.

c) Enumeración clara y concreta de los hechos sobre los que verse su pretensión y cuantía económica, si fuere de esta naturaleza. La fijación de los hechos vincula al solicitante en su posterior demanda jurisdiccional puesto que el art. 80.1c) LRJS al tratar del contenido de la demanda advierte que en ningún caso podrá alegarse hechos distintos de los aducidos en conciliación o en la reclamación administrativa previa, salvo los hechos nuevos o que no hubieran podido conocerse con anterioridad.

d) Si se trata de reclamación de despido, se hará constar la fecha de éste y los motivos alegados por la Empresa.

e) Fecha y firma.

En cuanto a la capacidad de los interesados para la celebración del acto de conciliación, es la exigida a los litigantes en el proceso laboral (art. 16 LRJS).

Tratándose de personas físicas se requerirá, pues, que: se encuentren en el pleno ejercicio de sus derechos civiles, en caso contrario, comparecerán sus representantes legítimos o los que deban suplir su incapacidad conforme a Derecho; ser mayor de dieciséis años y menor de dieciocho o, en los casos legalmente previstos, contar con la debida autorización de sus padres, tutores o de la persona o institución que los tenga a su cargo.

Por las personas jurídicas (corporaciones, asociaciones de interés particular, sean civiles, mercantiles, industriales, de interés público, fundaciones y cualesquiera otras a las que la ley conceda personalidad propia e independiente de cada uno de los asociados) comparecerán quienes legalmente las representen, otorgándose esta representación mediante poder notarial, o mediante poder otorgado por comparecencia ante el Letrado de la Administración de la Justicia (art. 18.1 LRJS), o ante las oficinas del órgano administrativo conciliador. Por las comunidades de bienes y grupos comparecerán quienes aparezcan como organizadores, directores o gestores de los mismos.

Por su parte, el art. 9 del Real Decreto 2756/1979, de 23 de noviembre que regula las funciones de conciliación del Instituto de Mediación, Arbitraje y Conciliación, indica que los interesados pueden comparecer al acto de conciliación por sí mismos o por medio de cualquier persona que se encuentre en el pleno ejercicio de sus derechos civiles, otorgándose esta representación mediante pode notarial, por comparecencia ante los órganos judiciales a que se refiere el art. 18 LRJS, o ante las oficinas del mismo Instituto de Mediación, Arbitraje y Conciliación, debiendo recaer necesariamente dicha representación en abogado, procurador, graduado social colegiado, uno de los demandantes o un sindicato, cuando el número de los que demanden de forma conjunta sea superior a diez actores.

Fuera de esta formas habituales de representación, se admite la representación mediante aportación de escrito del interesado designando específicamente al que comparece como representante, facultándole para obligarse en dicho acto, o por simple comparecencia y manifestación del representante siempre que en estos supuestos sea reconocido como tal por la otra parte y se considere suficiente a juicio del conciliador, quien advertirá al representante de las responsabilidades en que pueda incurrir en caso de no existir tal representación e incumpliese las obligaciones contraídas por tal motivo.

IV. El acto de la celebración. Efectos

De celebrarse la conciliación por la vía ordinaria, el día señalado, el conciliador, que habrá de reunir la condición de licenciado en derecho, tras comprobar la identidad, capacidad y representación de las partes y previa ratificación del solicitante, concederá la palabra a las partes para que expongan sus pretensiones, invitándoles a alcanzar un acuerdo, con el auxilio, en su caso, de los «hombres buenos de los que puedan acompañarse», levantando, seguidamente, acta de la sesión celebrada que podrá ser con avenencia, en cuyo caso se recogerán con la máxima claridad y concreción los acuerdos adoptados por los interesados, o sin avenencia, para el supuesto de haberse intentado llegar a un acuerdo, firmándose seguidamente por todos los presentes y el Letrado conciliador, y si alguno de aquéllos no sabe o no puede firmar, se hará así constar, o bien se hará constar la negativa a firmar, con expresión de los motivos, si fuesen conocidos.

Debe traerse aquí a comentario que las partes demandadas en acto de conciliación deberán, si a su derecho conviniera, anunciar en este preciso instante reconvención, expresando en esencia los hechos en que se funda y la petición en que se concreta, puesto que en el acto del juicio el demandado no podrá reconvenir si previamente no lo ha anunciado en la conciliación previa al proceso (art. 85.3 LRJS).

Para el supuesto que no compareciese el solicitante de la conciliación ni alegase justa causa, se tendrá por no presentada la papeleta, archivándose todo lo actuado. Si compareciendo la parte solicitante quien no lo hiciese fuera la otra parte, se tendrá la conciliación intentada sin efecto.

La conciliación no sólo es preceptiva para quien desee accionar ante la jurisdicción social, sino que la obligación de comparecer se extiende, de igual suerte, a la parte interesada frente a la cual se dirige aquélla. La incomparecencia de la parte demandada al acto previo de conciliación, habiendo sido citada en forma, dará lugar a que el Juez o Tribunal deba apreciar temeridad o mala fe si aquélla fuera injustificada, imponiendo una multa que no excederá de 600 euros, si la sentencia que en su día dicte coincidiera esencialmente con la pretensión contenida en la papeleta de conciliación —art. 66.3 LRJS—. En tales casos, y cuando el condenado fuera el empresario deberá abonar, además, los honorarios de los abogados y graduados sociales de la parte contraria que hubieren intervenido, hasta el límite de 600 euros (art. 97.3 RJS). Este supuesto impone a quien pretenda hacer valer dicha temeridad o mala fe, invocarlo en el acto del juicio correspondiendo al empresario la carga de justificar su ausencia al acto conciliatorio.

Al respecto, la incomparecencia de la parte demandada al acto previo de conciliación administrativa, reflejada en la certificación expedida al efecto como «intentada sin efecto», no solo supone un actitud omisiva sino un manifiesto desinterés en cumplir una obligación estrictamente procesal, ideada y pensada para lograr acuerdos en el marco de la citada conciliación, con la loable finalidad de evitar el posterior juicio ante los tribunales competentes, descargándolos —en la medida de lo posible y admisible— de la actual carga de trabajo que soportan nuestros tribunales, evidenciando un comportamiento temerario por la parte demandada.

De este modo, la Sala Social (Sección 1.ª) del Tribunal Supremo, en su Sentencia de 7 de mayo de 2010 (JUR 2010\236661), afirma que:

> «Esta Sala ya tuvo ocasión de recordar que "la conciliación regulada en los artículos 63 y siguientes de la Ley de Procedimiento Laboral es susceptible de una triple consideración, a) como una actividad ordenada a una solución del conflicto con evitación del litigio, b) como un contrato-transacción cuando la conciliación llega a término y c) como un presupuesto procesal (...); la ley exige...la celebración de la conciliación[,] propiciando que las partes acudan al acto de celebración. A esta finalidad va orientado el artículo 66 de la ley de Procedimiento Laboral que en su número 1.º establece la obligación de los litigantes de asistir al acto de conciliación y los números 2 y 3 previenen las consecuencias adversas para el solicitante y para la otra parte de una inasistencia injustificada" (TS 17-2-1999 (RJ 1999, 2597), R. 1457/98).
>
> Y aunque con respecto al solicitante no cabe una interpretación desproporcionada de los motivos que puedan dar lugar a rechazar una justa causa como razón de la incomparecencia, puesto que, para él, a diferencia de lo que normalmente sucede con el demandado, la consecuencia legalmente prevista ("se tendrá por no presentada la papeleta, archivándose todo lo actuado": art. 66.2 LPL) puede llegar a afectar a su derecho a la tutela judicial efectiva (puede verse al respecto la STC 350/93, de 22 de noviembre (RTC 1993, 350), y tal trascendental afectación no tiene porqué darse, como con acierto sostiene la sentencia de contraste, en el caso de incomparecencia de la parte demandada (la empresarial en este supuesto) al acto de conciliación, lo cierto es que ha sido el propio legislador quién, en el art. 63.3 de la LPL, ha establecido de forma expresa y clara (sin duda para dar mayor eficacia a la declaración de obligatoriedad de asistencia a la conciliación que proclama el n.º 1 del mismo precepto) la mencionada consecuencia sancionatoria.
>
> La consecuencia, pues, ha de ser prácticamente automática; pero tal efecto, que, como vimos, se produce por mandato legal expreso ("deberá", dice el precepto y dicho término significa, según el DRAE, estar obligado a algo por ley), no es la mera secuela o el simple resultado de la incomparecencia del demandado al acto de conciliación, al que, por supuesto, hubo de ser debidamente citado, sino que, además, y sobre todo, es el producto o consecuencia de la falta de justificación de dicha ausencia. Esa justificación podrá hacerse valer ante el órgano administrativo conciliador y éste habrá de tomar las medidas que considere necesarias o convenientes al respecto, pero el lugar adecuado para hacerlo será, desde luego, ante el órgano jurisdiccional y mediante cualquier prueba válida y eficaz en

derecho. Será, pues, el órgano judicial (primero el de instancia y luego el competente para atender las eventuales impugnaciones planteadas) el que deberá pronunciarse sobre la concreta justificación de aquella ausencia y, en función de su resultado, apreciar o no la temeridad o mala fe para, en definitiva, imponer o no la correspondiente sanción. Se trata, en fin, de una automaticidad relativa, no absoluta, porque siempre cabe la intervención y la ponderación judicial sobre las causas que, de existir, podrían justificar la ausencia. "Justa causa" y "justificación" son términos sinónimos, es decir, también según el DRAE, vocablos o expresiones con una misma o muy parecida significación.

Llegados a este punto, pese a lo razonado más arriba, podría ser dudosa la contradicción entre las resoluciones comparadas porque tal vez la sentencia de contraste encuentre justificada la ausenta de la empresa por la falta de gravamen que esa conducta produce en el actor. Pero, a nuestro entender, el bien jurídico que el legislador ha querido proteger con la medida sancionadora no se encuentra sólo en la esfera de los derechos individuales de quien interpone una papeleta de conciliación, sino en el interés público de dotar de eficacia al mecanismo administrativo de conciliación. Desde esta perspectiva luce con claridad, no sólo la contradicción de las soluciones otorgadas por las sentencias sometidas al juicio de identidad, sino también que la doctrina que mejor se compadece con la norma aplicable es la adoptada por la resolución aquí impugnada porque en ella, analizando la hipotética justificación en la ausencia de la empresa, se llega a la conclusión de que carecía de motivo alguno que la justificara.

La única consecuencia negativa querida por el legislador no es sino la apreciación de temeridad y la consiguiente condena pecuniaria (que no afecta al derecho fundamental a la tutela judicial del art. 24.1 CE (RCL 1978, 2836) porque ésta siempre puede obtenerse en este extremo si se justifica adecuadamente la ausencia), y con ello se trata de lograr, entre otras cosas, el razonable objetivo de evitar en lo posible la excesiva proliferación de procesos judiciales. No obstante, aun teniendo muy presente esta loable finalidad (la evitación del pleito), parece claro que, aun así, la parte demandada ante el órgano administrativo conciliador, en algunas ocasiones, puede tener razones que motiven y justifiquen su incomparecencia en ese trámite. La ponderación o valoración de esa extraordinaria justificación, en la medida que la conciliación constituye un presupuesto procesal, "corresponde siempre decidirlo al órgano judicial" (TS 17-2-1999, R. 1457/98). Por todo ello, partiendo por supuesto de que había sido legalmente citada a aquella conciliación y que su asistencia a la misma era obligatoria, la sentencia aquí impugnada impone acertadamente a la empresa condenada (ponderando su cuantía) la multa previstas a tales efectos en el art. 62.3 de la LPL».

En la práctica, sin embargo, y salvo que exista la firme decisión previa de conciliar, el acto de conciliación administrativa suele convertirse en una mera y obligatoria formalidad, al punto que ambas demandas, la de conciliación y la judicial, se suelen registrar por la parte interesada en la misma fecha, sin que demandante ni demandado se esfuercen en acercar posturas, limar asperezas, hacer concesiones y, en definitiva, hacer todo lo posible por lograr una avenencia, sin considerar los efectos derivados de una eventual estimación de la demanda, en particular cuando se declara la nulidad del despido o, incluso su improcedencia si el derecho de opción corresponde al trabajador (al continuar devengándose los salarios de tramitación debidos) o cuando se trata de reclamaciones salariales (al seguir devengándose los intereses moratorios y legales).

Claro es que, por otra parte, puede convenir al empresario demandado no comparecer o, compareciendo, oponerse a cualquier acuerdo conciliatorio, si está convencido que el despido resultara improcedente o las cantidades reclamadas (aun cuando no tengan naturaleza salarial) resulten realmente debidas (demorando con ello la fecha efectiva de pago ante el evidente retraso con que se resuelven los expedientes judiciales por sentencia).

Esta situación se agrava cuando, desde la fecha del acto conciliatorio hasta la del juicio, demandante y demandado no se han reunido para tratar de alcanzar un acuerdo satisfactorio a sus respectivos intereses que dé por finalizado el conflicto, lo que por otra parte suele ser bastante usual en la jurisdicción social.

Lo anterior puede conducir a reflexionar sobre la necesidad de este trámite conciliatorio previo o preprocesal, a excepción de la ya analizada vía rápida, y la oportunidad de canalizar las posibles conciliaciones directamente ante el tribunal competente[36].

En este sentido, se han alzado voces críticas propugnando como fórmulas alternativas a la conciliación administrativa el arbitraje y la mediación en el ámbito laboral, basada esta última en cuatro principios básicos: buena fe, transparencia, neutralidad y flexibilidad, si bien goza de mayor predilección ésta última habida cuenta de la voluntariedad en el cumplimiento de lo acordado, frente al arbitraje cuyo laudo se impone a la voluntad de las partes. Resulta preciso recordar que el artículo 2 de la Ley 5/2012, de 6 de julio, de mediación en asuntos civiles y mercantiles, advierte que será «de aplicación a las mediaciones en asuntos civiles o mercantiles». Así mismo y en el punto siguiente, la ley deja claras las mediaciones excluidas de la regulación de esta ley, tales como la mediación penal, la mediación con las Administraciones públicas, la mediación laboral y la mediación en materia de consumo.

Y ello independientemente de las funciones de conciliación, mediación y/o arbitraje que las partes negociadoras de un convenio colectivo pueden atribuir a la comisión paritaria de un Convenio Colectivo para el conocimiento y resolución de los conflictos derivados de la aplicación e interpretación del mismo (art. 85.3.e ET). Un ejemplo de mediación laboral es la Fundación SIMA (Servicio Interconfederal de Mediación y Arbitraje), perteneciente al

36. Conforme al art. 184 LRJS, tales demandas se tramitarán inexcusablemente, con arreglo a la modalidad procesal correspondiente a cada una de ellas, dando carácter preferente a dichos procesos y acumulando en ellos, según lo dispuesto en el apartado 2 del artículo 26, las pretensiones de tutela de derechos fundamentales y libertades públicas con las propias de la modalidad procesal respectiva.

sector público y tutelada por el Ministerio de Empleo y Seguridad Social, dotada con recursos públicos y constituida por las Organizaciones Sindicales y Empresariales más representativas en el ámbito estatal (CEOE, CEPYME, CCOO y UGT), que tiene por finalidad primordial la solución extrajudicial de los conflictos colectivos laborales surgidos entre empresarios y trabajadores o sus respectivas organizaciones representativas, a través de los procedimientos de mediación y arbitraje[37].

Según la memoria de actividades del SIMA de marzo de 2017, durante 2016 los servicios de mediación y arbitraje intermediaron en 398 conflictos de carácter laboral, que afectaron a 3,27 millones de trabajadores. De todos estos casos, el 75,5 % de los procedimientos terminaron las negociaciones sin acuerdo, con lo que 2,47 millones de trabajadores salieron del SIMA con su conflicto laboral sin resolver. En el 14,6 % de los casos restantes sí se produjo acuerdo y en el 8 % se archivó el procedimiento sin ningún resultado.

No obstante, una vez que las partes en conflicto salen del SIMA sin acuerdo y trasladan su caso a los juzgados de lo social, el pacto se produce en otro buen número de casos de forma previa al juicio, hasta rebajar al entorno del 60 % los casos en los que sigue siendo imposible llegar a una solución.

La gran mayoría de expedientes tramitados (el 78 %) correspondieron a conflictos por la interpretación y aplicación de una norma estatal, convenio colectivo, acuerdo o pacto de distinta eficacia, o por una decisión o práctica empresarial. A gran distancia, se situaron las mediaciones previas a la convocatoria de una huelga, que fueron el 18 % del total. Dentro de los primeros, los conflictos por cuestiones salariales fueron mayoría, al representar un tercio del total (36 %); mientras que después se situaron las polémicas por el tiempo de trabajo (17 %).

A un nivel territorial inferior, Cataluña cuenta con un sistema de solución extrajudicial de conflictos laborales creado por acuerdos colectivos autonómicos: el Tribunal Laboral de Conciliación, Mediación y Arbitraje de Cataluña (TLC). El TLC ha sido constituido de acuerdo con el artículo 83.3 del TRET y en virtud del Acuerdo Interprofesional de Cataluña suscrito por Fomento del Trabajo Nacional y los sindicatos Unión General de Trabajadores de Cataluña y Comisión Obrera Nacional de Catalunya, el día 7 de noviembre de 1990, y

37. Así, en cuestiones de competencia; acumulación de recursos; inadmisión, procedencia o improcedencia de recursos de casación; inadmisiones o admisiones de recursos de suplicación; preparación, admisión o inadmisión del recurso de casación para unificación de doctrina; o cuando se produzca una transacción en la ejecución (véanse al respecto los arts. 197.1 y 2; 201; 205.2.b; 211.1; 213.3 y 5; 214; 219.3; 220.2; 225.3; 226.3 y 246 de la LRJS, así como la Instrucción 4/2012, de 3 de diciembre, sobre la intervención del Ministerio Fiscal en la Jurisdicción Social).
En fase de ejecución, el art. 240.4 de la LRJS contempla que «El Ministerio Fiscal será siempre parte en los procesos de ejecución derivados de títulos ejecutivos en que se haya declarado la vulneración de derechos fundamentales y de libertades públicas, velando especialmente por la integridad de la reparación de las víctimas».

el suscrito por las mismas organizaciones en fecha de 17 de junio de 2005. Actualmente, también forman parte del TLC tanto la Unión Sindical Obrera de Catalunya (USOC) como la Pequeña y Mediana Empresa de Cataluña (PIMEC). A pesar de tener un origen convencional, estos sistemas autonómicos y estatal requieren para su desarrollo práctico del apoyo y financiación públicos.

El Acuerdo Interprofesional de Catalunya se completa a nivel estatal con el VI Acuerdo sobre Solución Autónoma de Conflictos Laborales (Sistema Extrajudicial), aprobado por una Resolución de 10 de diciembre de 2020, de la Dirección General de Trabajo (B.O.E. núm. 334, de 23 de diciembre de 2020), que instaura el Servicio Interconfederal de Mediación y Arbitraje (SIMA), diseñado por conflictos de ámbito estatal o de ámbito superior al de una comunidad autónoma[38].

Sea como fuere, existe coincidencia en afirmar que el camino por recorrer en esta materia es aún largo, más del deseable, probablemente porque se interponen intereses económicos, personales y de preservación de ciertos principios programáticos que dificultan la entente. Pero como siempre ocurre, es necesaria la perseverancia en implementar un cambio de cultura en el ámbito de las relaciones laborales que abone el campo del acuerdo *inter partes*, soslayando como única vía posible la intervención judicial.

V. Acciones exceptuadas de conciliación previa

Conforme establece el ar. 64 LRJS, se exceptúan del requisito del intento de conciliación o, en su caso, de mediación los procesos que exijan el agotamiento de la vía administrativa, en su caso, los que versen sobre Seguridad Social, los relativos a la impugnación del despido colectivo por los representantes de los trabajadores, disfrute de vacaciones y a materia electoral, movilidad geográfica, modificación sustancial de las condiciones de trabajo, suspensión del contrato y reducción de jornada por causas económicas, técnicas, organizativas o de producción o derivadas de fuerza mayor, derechos de conciliación de la vida personal, familiar y laboral a los que se refiere el artículo 139, los iniciados de oficio, los de impugnación de convenios colectivos, los de impugnación de los estatutos de los sindicatos o de su modificación, los de tutela de los derechos fundamentales y libertades públicas, los procesos de anulación de laudos arbitrales, los de impugnación de acuerdos de conciliaciones, de mediaciones y de transacciones, así como aquellos en que se ejerciten acciones laborales de protección contra la violencia de género.

38. En línea con lo manifestado por el FD Primero de la Sentencia de la Sala Social del Tribunal Supremo núm. 860/2019 de 12 diciembre. RJ 2020\188, debe distinguirse entre la falta de citación del Fiscal como parte y su ausencia en el acto del juicio, que, afirma, es de naturaleza potestativa.

Igualmente, quedan exceptuados de la conciliación previa:

a) Aquellos procesos en los que siendo parte demandada el Estado u otro ente público también lo fueren personas privadas, siempre que la pretensión hubiera de someterse al agotamiento de la vía administrativa y en ésta pudiera decidirse el asunto litigioso.

b) Los supuestos en que, en cualquier momento del proceso, después de haber dirigido la papeleta o la demanda contra personas determinadas, fuera necesario dirigir o ampliar la misma frente a personas distintas de las inicialmente demandadas.

Cuando por la naturaleza de la pretensión ejercitada pudiera tener eficacia jurídica el acuerdo de conciliación o de mediación que pudiera alcanzarse, aun estando exceptuado el proceso del referido requisito del intento previo, si las partes acuden en tiempo oportuno voluntariamente y de común acuerdo a tales vías previas, se suspenderán los plazos de caducidad o se interrumpirán los de prescripción en la forma establecida en el artículo 65 LRJS.

VI. Plazos de caducidad e interrupción de la prescripción. Suspensión de los plazos

La presentación de la solicitud de conciliación suspende los plazos de caducidad e interrumpe los de prescripción previstos en el art. 59 del ET según la acción ejercitada[39]. Suspensión que mantiene su virtualidad aun cuando el trabajador no compareciera al acto conciliatorio y posteriormente (dentro del plazo que le reste de los veinte días hábiles) accionara nuevamente por despido (así parece desprenderse, en un sentido finalístico, de la STS dictada en unificación de doctrina, de 12 de mayo de 2003. TS-623).

El cómputo de la caducidad se reanudará al día siguiente de intentada la conciliación (sea sin avenencia o habiéndose intentado sin efecto) o, bien, transcurridos quince días sin que se haya celebrado.

En todo caso, transcurridos treinta días sin haberse celebrado el acto de conciliación se tendrá por terminado el procedimiento y cumplido el trámite, reanudándose el cómputo interrumpido del plazo.

En este último supuesto y siendo imprescindible acreditar la celebración o intento de conciliación mediante la certificación del acta extendida que deberá acompañarse a la demanda (art. 80.3 LRJS), se presentan dos posibilidades:

a) Aportar junto con el escrito rector de demanda, copia de la papeleta de conciliación debidamente sellada y fechada ante el órgano conciliador y de la correspondiente diligencia extendida señalando lugar,

39. Art. 180.5 LRJS.

día y hora de su celebración, sin perjuicio de solicitar del órgano judicial que requiera del órgano administrativo competente la constatación a que se refiere el art. 65.2 LRJS.

b) En su defecto, y de acuerdo con el art. 44 de la Ley 30/1992, de 26 de noviembre sobre Régimen Jurídico de las Administraciones Públicas y del Procedimiento Administrativo Común, que el propio interesado solicite directamente del órgano conciliador, certificación comprensiva de dicho extremo, acompañándose a la demanda jurisdiccional.

VII. Acción de impugnación del acuerdo conciliatorio. La falta de celebración de la conciliación previa. Efectos

Es posible que aun cuando la conciliación haya finalizado con avenencia, la declaración de voluntad manifestada en su celebración pueda ser defectuosa por diversas causas, esto es, se encuentre viciada de tal manera que invalide el compromiso contraído.

Por tal razón, la LRJS garantiza que las partes puedan, en tales circunstancias, impugnar el acuerdo mediante el ejercicio de la acción de nulidad por las causas que invalidan los contratos contenidas en los artículos 7 del ET y 1262 a 1270 del Código Civil.

Tales causas invalidantes distinguen entre quienes no pueden prestar consentimiento, esto es:

a) Los menores no emancipados. El art. 7 del ET se refiere a que podrán contratar los menores de dieciocho años y mayores de dieciséis, que vivan de forma independiente, con consentimiento de sus padres o tutores, o con autorización de la persona o institución que les tenga a su cargo.

b) Quienes no tengan plena capacidad de obrar conforme conforme lo dispuesto en los arts. 162 y 319 del Código Civil.

c) Los extranjeros, de acuerdo con lo dispuesto en la legislación específica en materia de contratación.

d) Quienes hayan prestado su consentimiento mediando:

e) Error; debiendo recaer sobre la sustancia de la acción planteada, o sobre aquellas condiciones de la misma que principalmente hubiesen dado motivo a instar la conciliación.

f) Violencia; esto es, cuando parar arrancar el consentimiento se emplea una fuerza irresistible.

g) Intimidación; al inspirar al solicitante el temor racional y fundado de sufrir un mal inminente y grave en su persona o bienes, o en la persona o bienes de su cónyuge, descendientes o ascendientes, y atendiendo, además, a la edad y condición del solicitante intimidado.

h) Dolo; o sea, cuando con palabras o maquinaciones insidiosas, es inducido el solicitante de la conciliación a alcanzar un acuerdo que, sin ellas, no se hubiera producido.

En cualquier supuesto, la acción de nulidad caduca a los treinta días de aquel en que se adoptó el acuerdo. No obstante, para los posibles perjudicados no intervinientes, el plazo contará desde que lo conocieran.

Otro aspecto de enorme interés práctico es ¿qué sucede cuando el demandante ha omitido la presentación de la previa demanda de conciliación administrativa?, ¿qué efectos de orden procesal se desencadenan ante tal situación?

Ya he advertido anteriormente que el intento de conciliación previa administrativa tiene la consideración de requisito preprocesal que condiciona la admisión a trámite de la demanda jurisdiccional. Sin embargo, la STC 69/1997, de 8 de abril flexibilizó la exigencia del acto de conciliación previa en el proceso laboral, atendido que el legislador ordinario ha derogado el carácter de presupuesto procesal que se atribuía al acto de conciliación, transformándolo en un acto intraprocesal en algunos procesos laborales, a partir de la LPL de 1990.

En esta línea, la STSJ de Cataluña de 16 de junio de 1996 sostiene que el intento de celebración del acto de conciliación no es un requisito de orden público procesal, de manera que, si el juicio se celebra sin intento de conciliación, porque el juez no advirtió dicho defecto al momento de proveer la demanda, ni requirió la subsanación de esta circunstancia, siempre que el demandado no se hubiera opuesto, el juez no puede abstenerse de resolver sobre el fondo del asunto. Para el caso que hubiera habido protesta de la parte demandada, esta irregularidad procesal podría constituir un defecto de forma de los actos procesales (art. 240 LOPJ) que sirviera de fundamento a un recurso de suplicación contra la sentencia que se dicte en instancia, siempre que se den los requisitos de indefensión. No obstante lo anterior, la STS de 13 de julio de 1993 afirma que la indefensión no se produce por la falta de la conciliación previa, dado que las partes tienen la oportunidad de realizar sus alegaciones y conseguir ante el magistrado el mismo resultado que en la conciliación administrativa o extraprocesal.

Dentro de esta línea interpretativa y por lo que respecta a la posibilidad de que el demandante haya inducido a error demandando al empresario en domicilio distinto al habitual, la STSJ de Cataluña de 13 de julio de 2001 (I.L. J 1927), no aprecia una falta de agotamiento de la conciliación administrativa previa a la demanda judicial de despido, por haberse proporcionado un domicilio incorrecto de la empresa que impidió su asistencia al acto de conciliación. Según la mencionada resolución, considerar lo contrario produciría un efecto excesivo y desproporcionado, pues no se llegó a ocasionar indefensión a la demandada que *«(...) llegó a tener conocimiento de la celebración del juicio, asistió al mismo y pudo efectuar las alegaciones y practicar las pruebas pertinentes en defensa de sus intereses (...)»*.

A modo de resumen, el FD Tercero de la más reciente Sentencia núm. 1728/2020 de 22 junio. AS 2021\117, del Tribunal Superior de Justicia de Andalucía, Sevilla (Sala de lo Social, Sección 1.ª), resuelve con lo siguiente:

> «(...) la falta de conciliación previa no justifica por sí sola la nulidad de actuaciones, por las siguientes razones:
>
> 1.º) Es un requisito subsanable, y así el artículo 81.3 de la Ley reguladora de la Jurisdicción Social dispone que cuando no se acompañe a la demanda certificación que acredite la celebración del acto del conciliación previo, "el secretario judicial, sin perjuicio de resolver sobre la admisión y proceder al señalamiento, advertirá al demandante que ha de acreditar la celebración o el intento del expresado acto en el plazo de 15 días", estableciendo la obligación de requerir al demandante para que subsane el defecto, subsanabilidad que es ratificada por el Tribunal Constitucional en su sentencia n.º 76/1996 (RTC 1996, 76), por lo que la admisión del motivo de impugnación no conduciría más que a la nulidad de actuaciones para que se cumpliera dicho trámite.
>
> 2.º) Por otra parte la conciliación no exige su efectiva celebración, no sólo porque puede terminar sin avenencia, incluso puede ser declarada intentada sin efecto si no comparece la parte demandada a su celebración, sino que puede no celebrarse como así admite el artículo 65.2 de la Ley reguladora de la Jurisdicción Social, que dispone que "en todo caso, transcurridos treinta días, computados en la forma indicada en el número anterior, sin haberse celebrado el acto de conciliación o sin haberse iniciado mediación o alcanzado acuerdo en la mismas se tendrá por terminado el procedimiento y cumplido el trámite", por lo que la celebración de este acto preprocesal o intraprocesal como se le ha calificado recientemente, no es un requisito esencial para conocer del fondo de la cuestión planteada en el procedimiento.
>
> 3.º) Únicamente justifica la nulidad de actuaciones en el recurso de suplicación cuando cause indefensión a la parte que alega este defecto procesal y así el artículo 181.3 d) de la Ley reguladora de la Jurisdicción Social, permite el recurso de suplicación "contra las sentencias dictadas en reclamaciones que tengan por objeto subsanar ... la omisión de intento de conciliación o de mediación obligatoria previa, siempre que se haya formulado la protesta en tiempo y forma y hayan producido indefensión ", situación que se caracteriza por suponer una privación o minoración sustancial del derecho de defensa, un menoscabo sensible de los principios de contradicción y de igualdad de partes en el acto del juicio y que impide o dificulta gravemente a una de ellas la posibilidad de alegar y acreditar en el proceso los hechos constitutivos de su derecho, o de replicar y desvirtuar las alegaciones de la parte contraria, creando una situación de desigualdad muy perjudicial para la estimación de sus pretensiones.
>
> En este caso no debemos olvidar que la conciliación previa regulada en el artículo 63 de la Ley reguladora de la Jurisdicción Social tiene como finalidad evitar el litigio y favorecer la rápida y pacífica solución de los conflictos, por ello el objetivo

de la conciliación es obtener un acuerdo transaccional entre las partes que evite el pleito, y así la sentencia del Tribunal Constitucional n.° 119/2.007, de 21 de mayo (RTC 2007, 119), que aunque referida a la legislación anterior contiene doctrina aplicable al caso, declara que "la finalidad que inspira la conciliación previa es la de evitación del proceso. De ahí que el artículo 63 Ley de Procedimiento Laboral (RCL 1995, 1144, 1563) no la considere en rigor como requisito previo a la demanda sino como requisito "previo para la tramitación del proceso" (sentencias del Tribunal Constitucional n.° 69/1.997, de 8 de abril (RTC 1997, 69) y 199/2.001 de 4 de octubre (RTC 2001, 199), F. 6, y, F. 3), cuya finalidad es asegurar que las partes hayan tenido oportunidad de, antes de tramitarse aquél, someter la controversia a solución extrajudicial intentando un acuerdo, garantía que está en la base del citado artículo 81.2 Ley de Procedimiento Laboral ", finalidad que se ha conseguido en el presente caso en el que aunque las partes si bien no han comparecido ante al CMAC, por una defectuosa citación que maliciosamente la empresa Securitas trató de ocultar previamente al acto del juicio, para así dilatar el procedimiento, sí han comparecido ante el Juzgado y celebrado la conciliación previa al acto del juicio sin lograr acuerdo alguno, por lo que la finalidad del acto conciliatorio hemos de entenderla satisfecha con la conciliación judicial.

4.°) Por último, la doctrina del Tribunal Constitucional contenida en las sentencias 10/2001 (RTC 2001, 10) y 58/2002 (RTC 2002, 58), consideran que la exigencia de conciliación previa debe interpretarse de una forma flexible, pues aunque la aplicación e interpretación del artículo 24 de la Constitución Española (RCL 1978, 2836) " no supone prescindir de los requisitos que se establecen en las Leyes que ordenan el proceso en garantía de los derechos de todas las partes (sentencia del Tribunal Constitucional n.° 64/1.992, de 24 de abril (RTC 1992, 64), F. 3), ni tampoco debe entenderse como forzosa la selección de la interpretación más favorable a la admisión de entre todas las posibles, pues esta exigencia llevaría al Tribunal Constitucional a entrar en cuestiones de legalidad procesal que corresponden a los Tribunales ordinarios (sentencias del Tribunal Constitucional n.° 195/1.999, de 25 de octubre (RTC 1999, 195), F. 2; 3/2.001, de 15 de enero (RTC 2001, 3), F. 5)", sin embargo "el derecho a la tutela judicial efectiva que se reconoce en el artículo 24.1 Constitución Española comprende, primordialmente, el derecho de acceso a la jurisdicción, es decir, a provocar la actividad jurisdiccional que desemboque en una decisión judicial", ya que "el principio "pro actione" proscribe las interpretaciones y aplicaciones que eliminen u obstaculicen injustificadamente el derecho a que un órgano judicial conozca y resuelva en Derecho sobre la pretensión a él sometida" (sentencias del Tribunal Constitucional n.° 63/1.999, de 26 de abril (RTC 1999, 63), y 108/2.000, de 5 de mayo (RTC 2000, 108)).

5.°) Por último, no hay que olvidar que la ausencia de la falta de conciliación previa que ahora se denuncia es también imputable al órgano judicial, que omitió su deber de requerir a la empresa para que subsanara el defecto, ya que el artículo 81.3 de la Ley reguladora de la Jurisdicción Social confiere al Letrado/a de la Administración de Justicia en fase de admisión de la demanda la vigilancia ex officio de la corrección jurídica de aquel escrito, con la finalidad que el proceso no se frustre por el incumplimiento de requisitos susceptibles de posterior realización por la parte y que no se configuran como presupuestos procesales de indeclinable cumplimiento en tiempo y forma».

También se ocupa de este particular la STSJ de Galicia de 24 de julio de 2001 (I.L. J 1766) para quien la no consignación del domicilio de la demandada en la demanda de conciliación constituye un error que debe ser subsanado bien por el propio servicio de conciliación o bien por el demandante, previa concesión del correspondiente plazo para ello, pero sin que en ningún caso pueda generar caducidad del derecho.

Para finalizar esta exposición, conviene advertir que resulta constante y pacífica la doctrina de la Sala Social del Tribunal Supremo acerca de que lo relevante es que la demanda por despido se presente dentro del plazo legal y no necesariamente que la conciliación administrativa se intente dentro de dicho plazo (STS 22 de diciembre de 2008 (rcud 2880/2007).

De manera diáfana, el FD Tercero, apartado 3, de la STS núm. 220/2022, de 10 marzo de 2022 (Rec. 289/2021), se refiere a que:

«De conformidad con el artículo 81.3 LRJS, en el caso de que la demanda no se acompañara de certificación del acto de conciliación, o de la papeleta de conciliación de no haberse celebrado el acto, sin perjuicio de resolver sobre la admisión y proceder al señalamiento, se ha de advertir al demandante que ha de acreditar la celebración o el intento del expresado acto en el plazo de quince días, con apercibimiento de archivo de las actuaciones en caso contrario, quedando sin efecto el señalamiento efectuado.

Estando en juego el derecho de acceso al proceso, que es esencia del derecho fundamental a la tutela judicial efectiva proclamado en el artículo 24.1 CE, resulta particularmente imprescindible partir de la jurisprudencia del Tribunal Constitucional (artículo 123.1 CE), intérprete supremo de la Constitución (artículo 1 de la Ley Orgánica 2/1979, de 3 de octubre, del Tribunal Constitucional).

La STC 185/2013, de 4 de noviembre, resume la jurisprudencia constitucional en un supuesto en que se inadmitió la demanda por entender el órgano jurisdiccional del orden social que no se había celebrado con anterioridad a dicha demanda el preceptivo acto de conciliación preprocesal con la empresa demandada y en el que se denunciaba que aquél órgano jurisdiccional había realizado una interpretación rigorista y desproporcionada del trámite de subsanación previsto entonces en el artículo 81.2 de la Ley de procedimiento laboral (LPL), y que se regula en la actualidad, con el mismo tratamiento procesal —afirma la STS 185/2013— por el artículo 81.3 LRJS.

Reiterando un "consolidado" criterio jurisprudencial SSTC 69/1997, de 10 de abril, 199/2001, de 4 de octubre y 119/2007, de 21 de mayo, la STC 185/2013 interpreta, a la luz del artículo 24.1 CE y del principio pro actione, que el plazo habilitado para la subsanación (en la actualidad, por el artículo 81.3 LRJS) no lo es tan solo para la simple acreditación formal de que temporáneamente fue cumplido el requisito procesal exigible, sino también para la realización en dicho plazo del acto omitido o la rectificación del defectuosamente practicado, sin que tal conclusión —dice expresamente— quede enervada por el argumento de que la conciliación ha de ser previa a la demanda, pues el plazo legal de quince días del (en la actualidad) artículo 81.3 LRJS no se constriñe a la acreditación formal consistente en la simple aportación de la certificación del acta de conciliación, sino a que se acredite "la celebración o el intento del expresado acto (de conciliación) en el plazo de quince días".

En suma, de conformidad con la STC 185/2013, el plazo de subsanación del artículo 81.3 LRJS "es material, de manera que acoge no sólo la celebración misma del acto de conciliación, sino incluso su intento acreditado mediante la presentación de la correspondiente papeleta ante el órgano de conciliación y ello con independencia del momento en que el acto de conciliación se celebre, ya que esta circunstancia es ajena a la voluntad del demandante", de manera que aquel plazo es hábil, no solo para acreditar que el acto de conciliación se celebró aunque no se haya acompañado a la demanda la certificación correspondiente, sino también para la realización en dicho plazo del acto omitido o la rectificación del defectuosamente practicado».

22

LA RECLAMACIÓN PREVIA EN EL ORDEN JURISDICCIONAL SOCIAL. REGULACIÓN LEGAL Y CRITERIOS INTERPRETATIVOS[40]

Sumario:

I. Regulación jurídica

El Capítulo II del Título V del Libro I de la vigente Ley Reguladora de la Jurisdicción Social lleva por rúbrica *«Del agotamiento de la vía administrativa previa a la vía judicial»*, trámite de obligado cumplimiento, junto con la ya comentada conciliación previa, para poder demandar contra las Administraciones Públicas en las materias competencia del orden jurisdiccional social. Su regulación se contiene en sus arts. 69 a 73.

Tratándose de Entidades Públicas, la anterior y ya derogada Ley 30/1992, de 26 de noviembre sobre Régimen Jurídico de las Administraciones Públicas y del Procedimiento Común (LPA), eleva a la categoría de requisito pre-

40. Publicado en *Economist & Jurist* el 24.3.2024.

vio a la acción judicial laboral la presentación de reclamación previa. Deben tenerse cuenta sus arts. 120 y 121, así como también los arts. 125 y 126.

Por su parte, la Ley 39/2015, de 1 de octubre, del Procedimiento Administrativo Común de las Administraciones Públicas —LPA— (en vigor desde el 2 de octubre de 2016) no regula la reclamación previa si bien procede a modificar por medio de su disposición final tercera determinados preceptos de la LRJS y, entre ellos, los arts. 64, 69, 70, 72 y 73.

II. Naturaleza de la reclamación previa

Advierte el art. 69 LRJS que para poder demandar al Estado, comunidades autónomas, entidades locales o entidades de Derecho público con personalidad jurídica propia vinculadas o dependientes de los mismos será requisito necesario haber agotado la vía administrativa, cuando así proceda, de acuerdo con lo establecido en la normativa de procedimiento administrativo aplicable.

Se trata de una norma de remisión, debiendo estarse a lo contemplado en la normativa propia de cada Entidad en cuanto al modo y circunstancias en que deba llevarse a cabo la reclamación previa. La complejidad de las normas reguladoras de cada una de ellas aconseja que me remita a las previsiones generales contempladas en la LPA y LRJS.

Tratándose de formular demanda en materia de prestaciones de Seguridad Social, la interposición de la reclamación previa debe serlo ante el órgano competente que haya dictado la resolución sobre la solicitud inicial del interesado, en el plazo de treinta días desde la notificación de la misma, si es expresa, o desde la fecha en que, conforme a la normativa reguladora del procedimiento de que se trate, deba entenderse producido el silencio administrativo. Al respecto, la Sentencia del Tribunal Supremo n.º 609/2016, Sala 4.ª, de lo Social, 5 de julio de 2016 [j 2] determina que el defectuoso agotamiento de la vía administrativa previa en materia de prestaciones de Seguridad Social, por inobservancia del plazo de treinta días no afecta al derecho material controvertido y no supone prescripción alguna, sino que únicamente comporta la caducidad en la instancia y la correlativa pérdida del trámite, por lo que tal defecto no resulta obstáculo para el nuevo ejercicio de la acción, siempre que la misma no estuviese ya afectada por el instituto de las referidas prescripción o caducidad.

Se ha dicho de la reclamación previa que tiene la finalidad de poner en conocimiento del organismo correspondiente el contenido y fundamentos de la pretensión y darle la oportunidad de resolverla evitando el uso de mecanismos judiciales, a modo de lo que acontece con la conciliación previa, sin perjuicio de la diferencia de que las entidades públicas no pueden transaccionar, objetivo primordial de la conciliación (STC 60/89, de 16 de marzo, FJ 2). No obstante, algunas voces críticas han propugnado su desaparición como obligación procesal, para su conversión en un instrumento meramente facultativo.

El Tribunal Constitucional ha tenido ocasión de pronunciarse sobre este particular, señalando que aun cuando la reclamación previa aparece como un obstáculo para acceder a la prestación jurisdiccional, está razonablemente justificado en atención a las funciones constitucionales que la Administración tiene asignadas, ya que cumple con unos objetivos beneficiosos para el desenvolvimiento de los mecanismos jurisdiccionales en su conjunto (SSTC 21/86, de 14 de febrero, FJ 2.° y 60/89, de 16 de marzo, FJ 5.°).

Sin embargo, diversas resoluciones cuestionan esta realidad. Así, la STSJ de Cantabria de 28 de febrero de 2000 (I.L. J 355) entiende que la interposición de la reclamación previa fuera de plazo por parte del actor no constituye un vicio que invalide las actuaciones judiciales seguidas posteriormente, al no haberse causado indefensión a la Administración demandada. Incluso para la STSJ de Murcia de 2 de marzo de 1999 (I.L. J 358), la reclamación previa puede ser sustituida por el intento de conciliación administrativa, al considerar que la presentación de la papeleta de conciliación, en lugar de la reclamación previa, interrumpe el plazo de caducidad de la acción de despido; pronunciándose en el mismo sentido la STSJ de Valencia de 26 de octubre de 2000 (I.L. J 2884), al afirmar que el intento de conciliación extrajudicial cumplió los fines de la reclamación previa, aunque no fuera una vía adecuada por ser de carácter público la entidad demandada. Por el contrario, la STSJ del País Vasco de 7 de noviembre de 2000 (I.L. J 2943), declara la nulidad de actuaciones en un proceso en el que se amplió la demanda contra determinados organismos públicos sin haber interpuesto la correspondiente reclamación previa, al ser éste un requisito obligatorio que el juez a quo debió advertir para su subsanación antes de celebrar el acto de la vista.

Ahondando en esta materia, como pone de manifiesto la Sentencia núm. 339/2006 de 30 junio —JUR 2007\17533— del Tribunal Superior de Justicia de Madrid, (Sala de lo Social), el artículo 71.1 de la Ley de procedimiento laboral —LPL— (y de la vigente Ley reguladora de la jurisdicción social, aprobada por Ley 36/2011, de 10 de octubre —LRJS—) dice que será requisito necesario para formular demanda en materia de Seguridad Social que los interesados interpongan reclamación previa ante la Entidad Gestora o Tesorería General de la Seguridad Social correspondiente. Por otro lado, el artículo 139 de la LPL, (actualmente art. 140.2 LRJS) dispone que, en caso de omitirse la presentación de la reclamación previa, el Juez dispondrán que se enmiende el defecto en el plazo de cuatro días, con prevención que, de no hacerlo, se ordenará el archivo de la demanda, sin más trámite.

Sobre los defectos procesales observados en las demandas, a todos los efectos, la jurisprudencia ha señalado que *«El punto de arranque ha sido la doctrina proclamada por el Tribunal Constitucional (SS. 335/1994, 19-12 [RTC 1994, 225] y 22-2-1999 [RTC 1999, 16]), que ha entendido el artículo 81.1 de la Ley de Procedimiento Laboral como "un claro mandato dirigido al juzgador para advertir de oficio de los defectos en qué pueda haber incurrido la demanda y que puedan ser enmendados", precisando la sentencia 335/1994*

(RTC 1994, 335) que "se trata, no de una mera facultad sino de una auténtica obligación legal del órgano judicial dirigida a garantizar que los importantes derechos de fondos deducidos en una demanda laboral no resulten ineficaces por el juego riguroso y formalista de la falta o defecto de los requisitos formales que pudiera imputársele a aquella"».

La sentencia del mismo Tribunal 25/1991 (RTC 1991, 25) apuntó en esta misma dirección al declarar que si bien *«es en la fase de admisión de la demanda cuando tiene que tener lugar el requerimiento, también propugna la jurisprudencia que la inadvertencia inicial no impide la obligación del órgano judicial de poner de manifiesto en un momento procesal posterior los defectos observados»*; esta misma idea late en algunas resoluciones de esta Sala, como la de 20 de noviembre de 1996 (RJ 1996, 8667).

Además de la sentencia citada últimamente, en las de 14 de octubre de 1988 (RJ 1988, 7812), 22 de diciembre de 1988 (RJ 1988, 9892) y 27 de diciembre de 1988 (RJ 1988, 9921) optó esta Sala por anular las actuaciones en supuestos como el presente, pero donde en realidad se abordó de pleno la cuestión fue en la sentencia de 15 de diciembre de 1987 (RJ 1987, 8942), declarando que una correcta interpretación del artículo 72 de la Ley de Procedimiento Laboral (texto de 1980*) «impone solamente al Magistrado de instancia el examen de oficio de la concurrencia de todos los requisitos generales que en los diferentes escritos de demanda exige el precedente artículo 71, para advertir a la parte de los defectos u omisiones en qué haya incurrido aquel, a fin de que los enmiende dentro del plazo de cuatro días, bajo prevención de archivo de las actuaciones»* (STS 5 de mayo de 2000 [RJ 2000, 2772]).

En todo caso, la STC108/2000 parece inclinarse por conceder de oficio al juzgador la posibilidad de dar a la parte la posibilidad de que subsane la omisión de la reclamación previa. En todo caso, si el órgano jurisdiccional no aprecia de oficio la omisión y la Administración nada alega, nada impedirá entrar en el fondo del asunto, sin que puede alegarse la omisión en vía de recurso (SSTS de 27 de febrero y 24 de marzo de 1984, 27 de febrero de 1990 y 15 de junio de 1999). Cuestión distinta es si alegada la omisión por la parte demandada debe permitirse la subsanación o dictarse una sentencia absolutoria en la instancia.

La STC 65/1993, en doctrina reiterada en sus sentencias 11/1988 y 16/1999, sostiene que:

> «"no es constitucionalmente justificable no dar a la parte interesada la posibilidad de subsanar el error, permitiéndole formular previamente la reclamación administrativa", sin "perjuicio ajeno o de la parte contraria" y "sin afectar a la regularidad del procedimiento", el cual no pierde su finalidad por permitir la subsanación, pues "el art. 24.1 CE impone al juez un deber de favorecer la defensa de los derechos e intereses cuya tutela ante él se reclaman sin denegar dicha protección mediante la aplicación desproporcionada de las normas procesales que prevén una resolución de inadmisión o de eficacia equiparable, favor actionis que, en todo

caso, habrá de tener en cuenta la entidad del defecto advertido, la posibilidad de cumplir, a pesar de todo, los fines que la regla incumplida persigue, los datos ofrecidos en la ley o en la resolución judicial de instancia y, por último, la actitud adoptada a lo largo del proceso por el recurrente el orden a la defensa de sus derechos". Sosteniendo el TC que "ante la existencia de una irregularidad formal o vicio de escasa importancia por cumplimiento defectuoso debido a error o equivocación disculpable y no malicioso, que no genere consecuencias defintivas, debe otorgarse la técnica de la subsanación de las irregularidades que permita atender a la vountad de cumplimiento"».

Por su parte, la STC 108/2000 advierte que el requisito exigido por la Ley de formular reclamación previa *«es susceptible de subsanación, y ello incluso con carácter ex post, es decir, aunque la demanda ante la jurisdicción civil o social no hubiera sido precedida de reclamación dirigida a la Administración demandada»*. Añadiendo que *«en la vía judicial laboral, la posibilidad de subsanación se instrumenta a través del examen de oficio por el juez del requisito incumplido ...»* (*Derecho del Trabajo, Seguridad Social y Proceso Laboral. Una visión global para especialistas*. Ed. La Ley, Tomo II, págs. 1124 a 1125).

En otro orden de cosas, la jurisprudencia ha dicho que la finalidad de la reclamación previa *«es conciliable en el proceso laboral con el derecho del litigante al hecho que se le conceda un plazo para la enmienda de su falta o de su defectuosa formulación, de forma que, de una parte, el obstáculo del acceso a la jurisdicción que su implantación supone "tendrá que guardar una notoria proporcionalidad con la carga de diligencia exigible a los justiciables"; y de otra, el privilegio se justifica cuando la administrativa trata, con la diligencia exigible, "de evitar el planteamiento litigioso o conflictos entre los Tribunales"»* (STS de 24 de marzo de 2004 [RJ 2004, 2046]).

Más recientemente, la STS de 16 de septiembre de 20215 (rec. núm. 1779/2014, ponente Sr. Jordi Agustí Julià), afirma que:

> « ... debe tenerse en cuenta fundamentalmente la concreta finalidad del requisito de la reclamación previa, como tuvimos ocasión de destacar en la sentencia de 18 de marzo de 1997 (rcud. 2885/1996), razonando que: "En este aspecto la jurisprudencia constitucional ha establecido:
>
> a) La compatibilidad con el derecho a la tutela judicial efectiva de la exigencia de trámites previos al proceso, como son los de conciliación o de reclamación administrativa previa (entre otras, SSTC 60/1989, 162/1989 y 217/1991 de 14-XI). Lo que se fundamenta "de un lado, porque en ningún caso excluyen el conocimiento jurisdiccional de la cuestión controvertida, ya que únicamente suponen un aplazamiento de la intervención de los órganos judiciales; y, de otro, porque son trámites proporcionados y justificados, ya que su fin no es otro que procurar una solución extraprocesal de la controversia, lo cual resulta beneficioso tanto para las partes, que pueden resolver así de forma más rápida y acomodada a sus intereses el problema, como para el desenvolvimiento del sistema judicial en su conjunto que ve aliviada su carga de trabajo" (STC 217/1991).

b) En concreto, con relación a la exigencia de reclamación previa en la vía administrativa se afirma que "es, sin duda, un legítimo requisito exigido por el legislador, no contrario al art. 24 CE" (entre otras, SSTC 21/1986, 60/1989, 162/1989, 217/1991 y 120/1993 de 19-IV), pero añadiendo que "su finalidad es poner en conocimiento del órgano administrativo el contenido y fundamento de la pretensión formulada y darle ocasión de resolver directamente el litigio, evitando así la necesidad de acudir a la jurisdicción" (entre otras, SSTC 60/1989, 120/1993, 122/1993 de 19-IV, 144/1993 de 26-IV y 191/1993 de 14-VI), o, en otros términos, que la reclamación administrativa previa "encuentra su justificación en la conveniencia de dar a la Administración las oportunidad de conocer las pretensiones de sus trabajadores antes de que acudan a la jurisdicción y de evitar así el planteamiento de litigios o conflictos ante los Tribunales" (STC 122/1993).

Por esta Sala de lo Social también se ha venido sustentando, en concordancia con la referida doctrina constitucional, como recuerda la STS/IV 30-V-1991 (recurso 1169/90), que "la reclamación previa, evidente privilegio de la Administración que obstaculiza el libre acceso jurisdiccional, responde a la finalidad de ofrecer a aquélla un anticipado conocimiento de la pretensión que un particular tenga decidido interponer frente a la misma, facilitándole así la emisión de una declaración de voluntad que evite el proceso o que marque para éste su línea de defensa" (STS/Social 5-XII-1988) y que "la función asignada a la reclamación previa administrativa, lo mismo que la atribuida a la conciliación, es la de proporcionar a la parte frente a la que se dirija, la oportunidad de una mayor reflexión sobre los hechos que originan la acción, evitando tal vez así posibles procesos, y también dar posibilidad de preparar adecuadamente la oposición" (STS/Social 9-VI-1988).

De la doctrina y jurisprudencia expuesta, es dable deducir que la reclamación administrativa previa, privilegio procesal de la Administración demandada, tiene dos finalidades. Una primera, esencial y prioritaria, la de poner en conocimiento del órgano administrativo el contenido y fundamento de la pretensión formulada y darle ocasión de resolver directamente el litigio, evitando así la necesidad de acudir a la jurisdicción. Una segunda, accesoria, subordinada y de más escaso relieve, la de dar a la Administración demandada la posibilidad de preparar adecuadamente la oposición».

Las materias sobre las que debe versar la reclamación previa son las determinadas en el art. 2 LRJS (y, entre ellas, las relativas a las cuestiones litigiosas que se promuevan entre empresarios y trabajadores como consecuencia del contrato de trabajo), con exclusión de las contenidas en su art. 3, regulándose de manera específica las relativas en materia de Seguridad Social, incluida la protección por desempleo, si bien excluyendo los procedimientos de impugnación de las resoluciones administrativas expresas en las que se acuerda el alta médica emitidas por los órganos competentes de las Entidades gestoras de la Seguridad Social al agotarse el plazo de duración de trescientos sesenta y cinco días de la prestación de incapacidad temporal, en otro caso la reclamación previa se interpondrá en el plazo de once días desde la notificación de la resolución (art. 71.1 y 2 LRJS).

Tampoco será necesario agotar la vía administrativa para interponer demanda de tutela de derechos fundamentales y libertades públicas frente a actos de las Administraciones públicas en el ejercicio de sus potestades en materia laboral y sindical, si bien el plazo para la interposición de la demanda será de veinte días desde el día siguiente a la notificación del acto o al transcurso del plazo fijado para la resolución, sin más trámites; cuando la lesión del derecho fundamental tuviera su origen en la inactividad administrativa o en actuación en vías de hecho, o se hubiera interpuesto potestativamente un recurso administrativo, el plazo de veinte días se iniciará transcurridos veinte días desde la reclamación contra la inactividad o vía de hecho, o desde la presentación del recurso, respectivamente (art. 70 LRJS).

III. Las demandas dirigidas frente a una Administración Pública en su condición de empleadora pueden instarse directamente, sin tener que cumplir ningún trámite previo en vía de evitación del proceso

No obstante, y como he puesto de manifiesto, la Ley 39/2015, de 1 de octubre, del Procedimiento Administrativo Común de las Administraciones Públicas —LPA— (en vigor desde el 2 de octubre de 2016), aunque no regula la reclamación previa, procede a modificar por medio de su disposición final tercera determinados preceptos de la LRJS y, entre ellos, sus arts. 64, 69, 70, 72 y 73.

Así es, según la exposición de motivos de la norma se deben *«suprimir trámites que, lejos de constituir una ventaja para los administrados, suponían una carga que dificultaba el ejercicio de sus derechos (...) debido a la escasa utilidad práctica que ha demostrado»*.

Dicho lo anterior, para un importante sector de la doctrina especializada, a partir de la aprobación de la nueva LPA, en los supuestos en que se ejerciten acciones de naturaleza laboral contra el Estado, comunidades autónomas, entidades locales o entidades de Derecho público con personalidad jurídica propia vinculadas o dependientes de los mismos, no resulta ya preceptivo haber agotado la vía administrativa mediante la interposición de la reclamación previa a la vía judicial social, pudiéndose interponer directamente la demanda ante el tribunal competente.

Y es que, como se ha venido sosteniendo, hay que distinguir entre los actos administrativos, que exigen agotar la vía administrativa con los recursos que sean precisos, y por otro lado, actos en los que la administración pública actúa como empresario, y en los que por tanto queda sujeta al derecho privado laboral, sin que lo anterior implique tener que presentar, en sustitución de aquella reclamación previa, una demanda para intentar la conciliación previa ante el órgano administrativo competente en cada comunidad autónoma, y en esa línea cabe mencionar la comunicación laboral 67/2016 de la Abogacía del Estado —departamento social—, manifestando que no cabe demanda de conciliación previa ante el servicio administrativo, cuando se demanda a las administraciones públicas, tomando en cuenta los límites legales a la transacción previstos, en caso del Estado, en el artículo 7.3 de la Ley General Presupuestaria 47/2003 de 26 de noviembre, que dispone que:

> «Sin perjuicio de lo establecido en el apartado 2 del artículo 10 de esta ley, no se podrá transigir judicial ni extrajudicialmente sobre los derechos de la Hacienda Pública estatal, ni someter a arbitraje las contiendas que se susciten respecto de los mismos, sino mediante real decreto acordado en Consejo de Ministros, previa audiencia del de Estado en pleno».

Igualmente resulta clarificadora la sentencia de 20 de junio de 2017 del Tribunal Superior de Justicia del País Vasco, Recurso 1166/2017, analizando un supuesto de reclamación laboral frente a una administración que actuaba como empleadora, en la cual manifiesta:

> «(...) En este sentido, gran parte de la doctrina científica ha entendido que el agotamiento de la vía previa administrativa ha de ser exigible únicamente en los supuestos de impugnación de actos administrativos, argumentando, en esencia, como sigue:
>
> .- que, aunque la Exposición de Motivos de una Ley carece de contenido normativo, lo cierto es que el legislador aclara por este medio la finalidad de la norma, contribuyendo así a despejar las dudas interpretativas que pudieran suscitarse;
>
> .- que la Exposición de Motivos de la Ley 39/2015 razona que "De acuerdo con la voluntad de suprimir trámites que, lejos de constituir una ventaja para los administrados, suponían una carga que dificultaba el ejercicio de sus derechos, la Ley no contempla ya las reclamaciones previas en vía civil y laboral, debido a la escasa utilidad práctica que han demostrado hasta la fecha y que, de este modo, quedan suprimidas".
>
> .- que el agotamiento de la vía administrativa previa se mantiene en los mismos términos de la regulación anterior, o sea, tal como se ha dicho más arriba, en relación con la impugnación de actos de la Administración sujetos a Derecho administrativo, es decir, dictados en el ejercicio de una potestad administrativa;
>
> .- que las demandas dirigidas frente a una Administración Pública en su condición de empleadora pueden instarse directamente, sin tener que cumplir ningún trámite previo en vía de evitación del proceso;
>
> .- que el Tribunal Supremo ya había razonado —por todas, la STS de 8 de octubre de 2009, Rcud. 3604/2008— que "(...) los actos de la Administración cuando actúa como empresario no están sujetos al derecho administrativo, sino al derecho laboral, como los de cualquier otro empresario. Y al no estar sujetos al derecho administrativo, es claro que no le son de aplicación las previsiones que para la revisión de los actos administrativos en sentido estricto establece el Título Vil de la Ley

30/1992 LRJPAC, y más concretamente, su art. 103 sobre declaración de lesividad de los actos anulables. La Administración, cuando actúa como empresario laboral puede, como cualquier otro, modificar sus decisiones por sí mismo, sin perjuicio de su posterior control judicial y el trabajador con relación laboral a su servicio, tampoco está obligado a agotar los recursos que los arts. 107 y siguientes de la LRJPAC prevén para la revisión de los actos administrativos sujetos al derecho administrativo. La propia Ley en el art. 125 de su Título VIII establece una vía más rápida y sencilla como es la simple reclamación previa, para que el trabajador que esté en desacuerdo con la decisión de su empresario, pueda obtener en vía judicial el reconocimiento del derecho que éste le niega (...)";

.- que, en consecuencia, ha de concluirse que las demandas dirigidas frente a una Administración Pública en su condición de empleadora pueden interponerse directamente, sin que sea exigible el cumplimiento de ningún requisito preprocesal de evitación del proceso;

.- que, además, a esta posición abunda la modificación operada en el artículo 70 LRJS, al haberse eliminado su anterior apartado 1, en el que se preveían las excepciones a la reclamación administrativa previa por razón de demanda directa o de agotamiento de la vía previa, manteniéndose únicamente el anterior apartado 2 de dicho precepto en relación con la modalidad procesal de tutela de derechos fundamentales y libertades públicas(...).

(...) Esta conclusión viene, además, sostenida por la Comunicación Laboral 67/2016, de 18 de octubre, de la Abogacía General del Estado, que ha interpretado que las demandas fundadas en Derecho laboral planteadas frente a la Administración Pública deben interponerse directamente ante los órganos de la jurisdicción social, sin necesidad de cumplimentar ningún requisito preprocesal —reclamación previa, agotamiento de la vía administrativa o intento de conciliación administrativa—, con la sola excepción de las demandas sobre prestaciones de Seguridad Social y las reclamaciones al Estado del pago de los salarios de tramitación en juicios por despido, supuestos en los que se mantiene la obligación de plantear reclamación previa en vía administrativa, así como la impugnación de actos administrativos en materia laboral y de Seguridad Social en que se exige el agotamiento de la vía administrativa. Concluye, pues, dicha Comunicación que el agotamiento de la vía administrativa exigido por el art. 69 LRJS solo es aplicable a la impugnación de "actos administrativos", esencialmente los contemplados en las letras n) y s) del art. 2 LRJS, a través del procedimiento especial previsto en el art. 151 de la misma.(...)

(...) En definitiva y como decisión interpretativa de esta Sala, entendemos que el requisito preprocesal del agotamiento de la vía administrativa previa a la judicial es exigible en relación con los litigios en materia de Derecho Administrativo del Trabajo, en los que la Administración Pública ha intervenido realizando un acto administrativo en materia laboral, esto es, como poder público, ejercitando potestades en materia laboral que tiene atribuidas. Pero este requisito no es exigible cuando la Administración Pública actúa en su condición de empleadora».

Participando de este criterio de la no necesidad de agotar la vía administrativa previa, la Sentencia de 5 de junio de 2020 de la Sala Social de la

Audiencia Nacional (recurso núm. 113/202, ponente Sra. Emilia Ruiz-Jarabo Quemada) afirma en su Fundamento de Derecho Cuarto que:

«... el agotamiento de la vía administrativa a la que ahora se refiere el artículo 69.1 de la LRJS ha de entenderse limitado a los supuestos en los que se impugnen actos de la administración propiamente administrativos, es decir los actos de contenido laboral que son realizados por la Administración en el ejercicio de las potestades que como tal tiene en materia laboral, y no en los procedimientos de conflicto colectivo que además están exceptuados del preceptivo trámite de mediación previa por así disponerlo el artículo 64.1 LRJS que establece la excepción en la aplicación de este requisito procesal en los procesos relativos a la suspensión del contrato reducción de jornada por causas económicas, técnicas, organizativas o de producción o derivadas de fuerza mayor. Avala tal consideración el dato de que fue con la Ley Reguladora de la Jurisdicción Social (Ley 36/2011) cuando junto a la reclamación administrativa previa y la conciliación previa se pasó a incluir un tercer medio de evitación del proceso social, el trámite del agotamiento de la vía administrativa y ello por causa de las competencias que pasaban al orden jurisdiccional social sobre materias que hasta entonces estaban atribuidas al orden contencioso-administrativo (así, los referidos en los apartados n) y s) del artículo 2 LRJS). Este es el criterio contenido en las sentencias, entre otras, de las Salas de lo Social del TSJ de Asturias 11/7/2017, rec. 1408/2017; País Vasco 20/6/2017, rec.1166/2017 y de Madrid de 5/5/2017, rec.169/2017 y 18/07/2018, ref. 338/2018.

La Exposición de Motivos de la Ley 39/2015 que, aun careciendo de contenido normativo, viene a aclarar la finalidad de la norma contribuyendo así a despejar las dudas interpretativas que pudieran suscitarse al recoger que "De acuerdo con la voluntad de suprimir trámites que, lejos de constituir una ventaja para los administrados, suponían una carga que dificultaba el ejercicio de sus derechos, la Ley no contempla ya las reclamaciones previas en vía civil y laboral, debido a la escasa utilidad práctica que han demostrado hasta la fecha y que, de este modo, quedan suprimidas".

Esta conclusión viene, además, corroborada por la Comunicación Laboral 67/2016, de 18 de octubre, de la Abogacía General del Estado, que ha interpretado que las demandas fundadas en Derecho laboral planteadas frente a la Administración Pública deben interponerse directamente ante los órganos de la jurisdicción social, sin necesidad de cumplimentar ningún requisito preprocesal —reclamación previa, agotamiento de la vía administrativa o intento de conciliación administrativa—, con la sola excepción de las demandas sobre prestaciones de Seguridad Social y las reclamaciones al Estado del pago de los salarios de tramitación en juicios por despido, supuestos en los que se mantiene la obligación de plantear reclamación previa en vía administrativa, así como la impugnación de actos administrativos en materia laboral y de Seguridad Social en que se exige el agotamiento de la vía administrativa . Concluye, pues, dicha Comunicación que el agotamiento de la vía administrativa exigido por el art. 69 LRJS solo es aplicable a la impugnación de "actos administrativos ", esencialmente los contemplados en las letras n) y s) del art.2 LRJS (EDL 2011/222121), a través del procedimiento especial previsto en el art. 151 de la misma».

Finalmente, resulta de gran interés al respecto lo manifestado por la Magistrada de la Sala Social del Tribunal Supremo, María Lourdes Arastey Sahún, en el curso de las 28.ª Jornadas de Derecho Social de Cataluña, al afirmar que *«El agotamiento de la vía administrativa previa subsiste en los mismos términos de la regulación anterior; esto es, únicamente frente a los actos de la Administración sujetos al Derecho Administrativo. Y por acto administrativo solo cabe comprender el realizado por un órgano de la Administración pública en el ejercicio de una potestad administrativa. Las demandas dirigidas contra una Administración pública como empleadora pueden instarse directamente, sin necesidad de acudir a ninguna vía de evitación del proceso»*.

IV. Obligación de resolver las peticiones administrativas y los efectos derivados del silencio administrativo. Plazo para la interposición de la demanda

Establece el art. 21 de la Ley 39/2015, de 1 de octubre, del Procedimiento Común de las Administraciones Públicas (LPA) que *«La Administración está obligada a dictar resolución expresa y a notificarla en todos los procedimientos cualquiera que sea su forma de iniciación»*.

En el ámbito del proceso laboral, la Administración pública deberá notificar a los interesados las resoluciones y actos administrativos que afecten a sus derechos e intereses, conteniendo la notificación el texto íntegro de la resolución, con indicación de si es o no definitivo en la vía administrativa, la expresión de los recursos que procedan, órgano ante el que hubieran de presentarse y plazo para interponerlos, sin perjuicio de que los interesados puedan ejercitar, en su caso, cualquier otro que estimen procedente.

Las notificaciones que conteniendo el texto íntegro del acto omitiesen alguno de los demás requisitos previstos en el párrafo anterior mantendrán suspendidos los plazos de caducidad e interrumpidos los de prescripción y únicamente surtirán efecto a partir de la fecha en que el interesado realice actuaciones que supongan el conocimiento del contenido y alcance de la resolución o acto objeto de la notificación o resolución, o interponga cualquier recurso que proceda (art. 69.1 de LRJS).

Como norma general, el plazo máximo en el que debe notificarse la resolución expresa será el fijado por la norma reguladora del correspondiente procedimiento. Este plazo no podrá exceder de seis meses salvo que una norma con rango de Ley establezca uno mayor o así venga previsto en el Derecho de la Unión Europea. En todo caso, cuando las normas reguladoras de los procedimientos no fijen el plazo máximo, éste será de tres meses (art. 21.2 y 3 LPA).

Ahora bien, ¿qué sucede cuando en el plazo legalmente establecido la Administración no resuelve en plazo y de manera expresa? El art. 24.1 LPA advierte expresamente que:

> «En los procedimientos iniciados a solicitud del interesado, sin perjuicio de la resolución que la Administración debe dictar en la forma prevista en el apartado 3 de este artículo, el vencimiento del plazo máximo sin haberse notificado resolución expresa, legitima al interesado o interesados para entenderla estimada por silencio administrativo, excepto en los supuestos en los que una norma con rango de ley o una norma de Derecho de la Unión Europea o de Derecho internacional aplicable en España establezcan lo contrario. Cuando el procedimiento tenga por objeto el acceso a actividades o su ejercicio, la ley que disponga el carácter desestimatorio del silencio deberá fundarse en la concurrencia de razones imperiosas de interés general.
>
> El silencio tendrá efecto desestimatorio en los procedimientos relativos al ejercicio del derecho de petición, a que se refiere el artículo 29 de la Constitución, aquellos cuya estimación tuviera como consecuencia que se transfirieran al solicitante o a terceros facultades relativas al dominio público o al servicio público, impliquen el ejercicio de actividades que puedan dañar el medio ambiente y en los procedimientos de responsabilidad patrimonial de las Administraciones Públicas».

Bajando al terreno de lo práctico, un ejemplo de lo anterior lo tenemos en las reclamaciones formuladas al Fondo de Garantía Salarial (Fogasa) respecto de las prestaciones a su cargo previstas en el art. 33 ET. Pues bien, el art. 28.7 del Real Decreto 505/1985, de 6 de marzo, sobre organización y funcionamiento del Fondo de Garantía Salarial, contempla que:

> «El plazo máximo para dictar resolución en primera instancia será de tres meses, contados a partir de la presentación en forma de la solicitud».

Superado dicho plazo legal debe entenderse concedida la prestación solicitada por silencio administrativo, tal como lo ha resuelto la Sala Social del Tribunal Supremo en su Sentencia de 16 de marzo de 2015 (Ponente Sr. Jesús Souto Prieto, rec. núm. 802/2014), cuando en su fundamento jurídico segundo afirma lo siguiente:

> «El recurrente denuncia la infracción del art. 43.1.2 y 3 a) de la Ley del Régimen Jurídico de las Administraciones Públicas y del Procedimiento Administrativo Común y del art. 28.7 del Real Decreto 505/1985.
>
> El citado art. 28.7 dispone que el plazo máximo para que el FOGASA dicte resolución "será de tres meses, contados a partir de la presentación en forma de la solicitud". Dicha disposición no establece ninguna excepción, por lo que se aplica a la totalidad de los expedientes cuya tramitación corresponde al Fondo.
>
> La referida normativa no regula los efectos que para el administrado pudiera tener el incumplimiento del referido plazo, razón por la que ha de acudirse a la Ley 30/92 (LRJS de AP y PAC) que en su artículo 2.2 comprende al FOGASA en su ámbito de aplicación. El artículo 43.1 de esta Ley (redacción dada por Ley 25/09,

sobre Libre Acceso a Actividades y Servicios) dispone que, en los procedimientos iniciados a solicitud del interesado, sin perjuicio de la resolución que la Administración debe dictar en la forma prevista...," el vencimiento del plazo máximo sin haberse notificado resolución expresa legitima al interesado... para entenderla estimada por silencio administrativo, excepto en los supuestos en que una norma con rango de ley.... o una norma de Derecho Comunitario establezcan lo contrario", excepción que no se da en el caso de autos, donde sí se dictó, en cambio, resolución expresa extemporánea. El n.º 2 de este artículo establece, a su vez, que "la estimación por silencio administrativo tiene a todos los efectos la consideración de acto administrativo finalizador del procedimiento". Y el n.º 3 del mismo precepto condiciona el sentido de la resolución expresa, al disponer que "en los casos de estimación por silencio administrativo, la resolución expresa posterior a la producción del acto sólo podrá dictarse de ser confirmatoria del mismo".

Podemos adelantar, por tanto, que entendemos como doctrina correcta la de la sentencia de contraste, que se apoya en la sentencia de la Sala 3.ª de este Tribunal Supremo de 25 de septiembre de 2012, doctrina coincidente con la sentencia de la misma Sala de 15 de marzo de 2011, que interpretan y aplican la legislación vigente, al contrario que la sentencia en que se apoyó la recurrida, anterior a las leyes administrativas y reglamentos vigentes.

No podemos aceptar la argumentación del Abogado del Estado de que no resulta posible obtener por silencio administrativo licencias o autorizaciones contra legem o en contra del ordenamiento jurídico, ya que tal argumentación se refiere a supuestos distintos y, como hemos visto, lo único que puede impedir el juego del silencio positivo por el transcurso del plazo máximo en resolver, en los procedimientos iniciados de instancia o de parte, es que exista norma con rango de Ley o norma de Derecho Comunitario que prevea para el caso el efecto negativo del silencio, lo cual no ocurre en el caso de autos.

Como señala con acierto el Ministerio Fiscal, la exposición de motivos de la ley 30/92 anuncia que el silencio administrativo, positivo o negativo, no debe ser un instituto jurídico formal, sino la garantía que impida que los derechos de particulares se vacíen de contenido cuando Administración no atiende eficazmente y con la celeridad debida las funciones para las que se ha organizado. Esta garantía, exponente de una Administración en la que de primar la eficacia sobre el formalismo, solo cederá cuando exista un interés general prevalente o, cuando realmente, el derecho cuyo reconocimiento se postula no exista. Así, la sentencia de la Sala Tercera de 2-2-2012 precisa que el silencio administrativo pueda tener lugar ante cualquier clase de solicitud, siempre que su contenido sea real y posible desde el punto de vista material y jurídico.

En el caso examinado, sobre rechazo del FOGASA al abono del 40 % de la indemnización derivada de la extinción del contrato, podemos traer a colación nuestra sentencia de 26-12-2013, expresiva de que la responsabilidad del FOGASA por el 40 % de la indemnización legal de despido ex art. 33.8 del Estatuto de los Trabajadores es una responsabilidad directa, que constituye un beneficio legal a favor de las empresas que cuentan con una plantilla inferior a 25 trabajadores independientemente de la situación económica empresarial.

Por otra parte como señala la sentencia de la Sala Tercera de 17-7-2012, citada en la de la misma Sala Tercera de 25-9-12 (R. 4332/11) —a su vez traída a colación por la parte recurrente en nuestro recurso y por el Ministerio Fiscal—: "una vez operado el silencio positivo, no es dable efectuar un examen sobre la legalidad intrínseca del acto presunto, pues, si bien es cierto, que según el art. 62.1 f) de la Ley 30/92 son nulos de pleno derecho los actos presuntos "contrarios" al Ordenamiento Jurídico por los que se adquieren facultades o derechos cuando se carezca de los requisitos esenciales para su adquisición, no es menos cierto que para revisar y dejar sin efecto un acto presunto (nulo) o anulable la Administración debe seguir los procedimientos de revisión establecidos por el art. 102, o instar la declaración de lesividad».

En idéntico sentido se pronuncian las Sentencias de la Sala Social del TSJ de Cataluña de 10-6-2016 y 18-7-2016, precedidas de su Sentencia de 9-4-2013, núm. 2532/2013 (Rollo 4057/2012).

Por su parte, la Sentencia de la Sala Social del Tribunal Supremo de 11 de junio de 2018, advierte que la anterior doctrina no significa que la Sala entienda que, como regla general, pueden obtenerse prestaciones del Fogasa superiores o no previstas en la normativa vigente en cada momento. Antes al contrario: resulta evidente el carácter imperativo del artículo 33 ET. Ocurre, sin embargo, que el citado organismo está obligado a resolver en el plazo previsto en su propia norma de funcionamiento. Si no lo hace, es la propia ley (LPA) la que establece que la solicitud del interesado haya de ser estimada por silencio administrativo —resolución tácita equiparada legalmente a resolución expresa— siendo la propia norma la que prevé que, posteriormente, tal resolución presunta no puede dejarse sin efecto por la propia Administración al establecer que:

«en los casos de estimación por silencio administrativo, la resolución expresa posterior a la producción del acto sólo podrá dictarse de ser confirmatoria del mismo».

No obstante, el hecho de que se hayan otorgado derechos superiores o no previstos legalmente no significa que no puedan dejarse sin efecto;

«pero, para ello, la propia ley ha previsto que tal operación únicamente puede efectuarse a través de los procedimientos revisorios previstos en las normas legales. El FOGASA, con fundamento en el entonces vigente artículo 62.1.f) LRJPAC (en la actualidad: artículo 47.1 f) LPAC): "serán nulos de pleno derecho:... los actos expresos o presuntos contrarios al ordenamiento jurídico por los que se adquieren facultades o derechos cuando se carezca de los requisitos esenciales para su adquisición", podrá iniciar el correspondiente procedimiento de revisión del acto presunto a través, en este caso, del artículo 146 LRJS en el que, además de las medidas cautelares que estime oportuno, deberá solicitar la nulidad del referido acto presunto».

Criterio que ha sido confirmado, en recurso de casación para la unificación de doctrina, por la Sentencia de la Sala Social del Tribunal Supremo, núm.

139/2020, de 13-2-2020 (Ponente Sr. Ricardo Bodas Martín, rec. 3365/2017), al incidir en su Fundamento de Derecho Cuarto, letra e), que:

> «Esta doctrina no significa que la Sala entienda que, como regla general, pueden obtenerse prestaciones del FOGASA superiores o no previstas en la normativa vigente en cada momento. - Por el contrario: resulta evidente el carácter imperativo del artículo 33 ET. Ocurre, sin embargo, que el citado organismo está obligado a resolver en el plazo previsto en su propia norma de funcionamiento (Real Decreto 505/1985). Si no lo hace, es la propia ley (LRJPAC) la que establece que la solicitud del interesado ha sido estimada por silencio administrativo -resolución tácita equiparada legalmente a resolución expresa y es la propia ley la que prevé que, posteriormente, tal resolución presunta no puede dejarse sin efecto por la propia Administración al establecer que 'en los casos de estimación por silencio administrativo, la resolución expresa posterior a la producción del acto sólo podrá dictarse de ser confirmatoria del mismo».

Así pues, una vez operado el silencio positivo, no resulta posible efectuar un examen sobre la legalidad intrínseca del acto presunto, pues, aunque según el art. 62.1 f) de la LPA son nulos de pleno derecho los actos presuntos contrarios al Ordenamiento Jurídico por los que se adquieren facultades o derechos cuando se carezca de los requisitos esenciales para su adquisición, no es menos cierto que para revisar y dejar sin efecto un acto presunto (nulo) o anulable la Administración debe seguir los procedimientos de revisión o instar la declaración de lesividad.

No obstante, intentando clarificar dicha situación, el BOE núm. 150, de 27 de mayo de 2020, publicó el Real Decreto-ley 19/2020, de 26 de mayo, por el que se adoptaban medidas complementarias en materia agraria, científica, económica, de empleo y Seguridad Social y tributarias para paliar los efectos del COVID-19, cuya entrada en vigor lo fue el día 28 de mayo de 2020 (Disposición final decimoséptima).

En el preámbulo de la norma se advierte, en la letra D), sobre *«Medidas en el ámbito de empleo y Seguridad Social»,* inserta en el apartado I, sobre *«Antecedentes, motivación y medidas»*, que:

> «Se llevan a cabo mediante este real decreto ajustes técnicos a las medidas urgentes adoptadas en materia de Seguridad Social para mitigar el impacto del COVID-19, a la luz de los problemas de interpretación que se están identificando en su aplicación. Estos ajustes son necesarios y urgentes, teniendo en cuenta la inseguridad jurídica que la redacción actual está generando en los interesados».

Entre tales ajustes:

> «... se incluye una regulación específica sobre el silencio administrativo en los procedimientos de garantía salarial previstos en el artículo 33 del texto refundido del Estatuto de los Trabajadores, de modo que, señalándose que el plazo de tramitación sea de tres meses, se dispone el silencio administrativo estimativo para

> el caso de que no se hubiera resuelto en plazo, bien que constreñido al reconocimiento de las obligaciones en favor de personas que puedan ser legalmente beneficiarias de esa prestación y por la cuantía que resulte por aplicación de los límites previstos en dicho artículo. Y ello para evitar que personas que en ningún caso puedan ser beneficiarias obtengan este tipo de prestaciones y también evitar que los solicitantes puedan percibir cantidades por encima de los límites máximos previstos en la ley».

Consecuentemente, la Disposición final quinta del Real Decreto-ley 19/2020 procede a la modificación del texto refundido de la Ley del Estatuto de los Trabajadores, aprobado por Real Decreto Legislativo 2/2015, de 23 de octubre (ET), añadiendo un nuevo apartado 11 al artículo 33, con la siguiente redacción:

> «El Fondo procederá a la instrucción de un expediente para la comprobación de la procedencia de los salarios e indemnizaciones reclamados, respetando en todo caso los límites previstos en los apartados anteriores.
>
> Concluida la instrucción del expediente, el órgano competente dictará resolución en el plazo máximo de tres meses contados desde la presentación en forma de la solicitud. La notificación al interesado deberá ser cursada dentro del plazo de 10 días a partir de la fecha en que el acto haya sido dictado.
>
> Transcurrido dicho plazo sin que haya recaído resolución expresa, el solicitante podrá entender estimada por silencio administrativo la solicitud de reconocimiento de las obligaciones con cargo al Fondo, sin que en ningún caso pueda obtenerse por silencio el reconocimiento de obligaciones en favor de personas que no puedan ser legalmente beneficiarias o por cuantía superior a la que resulte por aplicación de los límites previstos en los apartados anteriores. La resolución expresa posterior al vencimiento del plazo solo podrá dictarse de ser confirmatoria del reconocimiento de la obligación, en favor de personas que puedan ser legalmente beneficiarias y dentro de los límites previstos en los apartados anteriores. En todo caso, a efectos probatorios, se podrá solicitar un certificado acreditativo del silencio producido, en el que se incluirán las obligaciones con cargo al Fondo que, dentro de los límites previstos en los apartados anteriores, deben entenderse reconocidas.
>
> Contra dicha resolución podrá interponerse demanda ante el órgano jurisdiccional del orden social competente en el plazo de dos meses contados desde el día siguiente al de la notificación si el acto fuera expreso; si no lo fuera, dicho plazo se contará a partir del día siguiente a aquel en que deba entenderse estimada la solicitud conforme a lo establecido en el apartado anterior por silencio».

La reforma, pues, se adaptó a lo regulado en los ya citados arts. 21, apartados 2 y 3, y 24.1 LPA, en correspondencia con el art. 28.7 del Real Decreto 505/1985, de 6 de marzo, sobre organización y funcionamiento del Fondo de Garantía Salarial, conforme al cual:

> «El plazo máximo para dictar resolución en primera instancia será de tres meses, contados a partir de la presentación en forma de la solicitud».

Ahora bien, para evitar que la resolución administrativa estimatoria por silencio positivo reconozca derechos a favor de personas que no puedan ser legalmente beneficiarias de las prestaciones reclamadas o éstas sean de cuantía superior a la que resulte en aplicación de los límites previstos en el art. art. 33 del ET, obligando a la Administración a acudir en procedimiento de revisión administrativa (art. 102 LPA), en procedimiento de declaración de lesividad de actos anulables (art. 103 LPA) o, en su caso, por medio de la revisión de actos declarativos de derechos, a través del cauce procesal regulado en el art. 146 LRJS, el nuevo apartado 11 del art. 33 del ET establece que serán nulos de pleno derecho los actos presuntos contrarios al ordenamiento jurídico por los que se adquieren facultades o derechos por carecer de los requisitos esenciales para su adquisición, lo que vinculará al juzgador en su sentencia, haya o no certificado acreditativo del silencio producido y de su alcance legal.

No obstante lo anterior, la Sala Social del Tribunal Supremo ha dado una nueva vuelta de tuerca a toda esta cuestión resolviendo con la desestimación de la demanda presentada por el Fogasa, en reclamación de prestaciones indebidas por medio de revisar, en perjuicio del beneficiario, un acto administrativo declarativo de derechos al amparo del art 146 LRJS, cuando dichas prestaciones hayan sido reconocidas previamente por sentencia firme que haya estimado su pertinencia, en virtud del efecto del silencio positivo, al no haber resuelto el citado organismo, en el plazo reglamentario de tres meses, y acudiendo al principio de cosa juzgada.

Así, es, la Sentencia de la Sala Social del Tribunal Supremo, núm. 985/2021, de 6 de octubre de 2021 (recud 3734/2018, ponente Sra. Rosa María Virolés Piñol), razona que:

> «1. El silencio positivo opera cuando el FOGASA no ha dictado resolución expresa dentro del plazo de que dispone para resolver las solicitudes en reclamación de las prestaciones que debe garantizar a los trabajadores que han tenido reconocidos unos créditos frente al empleador y éste ha resultado insolvente, sin que la resolución denegatoria expresa emitida cuando ya se ha sobrepasado ese plazo tenga eficacia para enervar el derecho del trabajador ganado anteriormente por silencio.
>
> Esta doctrina no significa que la Sala entienda que, como regla general, pueden obtenerse prestaciones del FOGASA superiores o no previstas en la normativa vigente en cada momento. Antes al contrario: resulta evidente el carácter imperativo del artículo 33 ET. Ocurre, sin embargo, que el citado organismo está obligado a resolver en el plazo previsto en su propia norma de funcionamiento (Real Decreto 505/1985). Si no lo hace, es la propia ley (LRJPAC) la que establece que la solicitud del interesado ha sido estimada por silencio administrativo —resolución tácita equiparada legalmente a resolución expresa— y es la propia ley la que prevé que, posteriormente, tal resolución presunta no puede dejarse sin efecto por la propia Administración al establecer que "en los casos de estimación por silencio administrativo, la resolución expresa posterior a la producción del acto sólo podrá dictarse de ser confirmatoria del mismo".

2. Obtención de prestaciones por encima de los topes legales.

El hecho de que se hayan otorgado derechos superiores o no previstos legalmente, no significa que no puedan dejarse sin efecto. No obstante, para ello, la propia ley ha previsto que tal operación únicamente puede efectuarse a través de los procedimientos revisorios previstos en las normas legales. El FOGASA, con fundamento en el entonces vigente artículo 62.1.f) LRJPAC (en la actualidad: artículo 47.1 f) LPAC): "seran nulos de pleno derecho:... los actos expresos o presuntos contrarios al ordenamiento jurídico por los que se adquieren facultades o derechos cuando se carezca de los requisitos esenciales para su adquisición", podrá iniciar el correspondiente procedimiento de revisión del acto presunto a través, en este caso, del artículo 146 LRJS en el que, además de las medidas cautelares que estime oportuno, deberá solicitar la nulidad del referido acto presunto.

3. Virtualidad de la cosa jugada

La eficacia de la cosa juzgada aboca a que no sea ajustada a Derecho la demanda presentada por el FOGASA, en reclamación de prestaciones indebidas, cuando dichas prestaciones han sido reconocidas previamente por sentencia firme que estimó su pertinencia, en virtud del efecto del silencio positivo, al no haber resuelto el citado organismo, en el plazo de tres meses, la petición de prestaciones que le formuló la trabajadora.

De admitirse en tales casos la pretensión del FOGASA se vulneraría el derecho fundamental a la tutela judicial efectiva y seguridad jurídica, que exige que las resoluciones judiciales tengan la eficacia que supone la ejecución en sus propios términos y el respeto a la firmeza de las situaciones jurídicas declaradas, entre otras SSTC 190/1999, de 25 de Octubre; 58/2000, de 28 Febrero; 135/2002, de 3 de Junio; 200/2003, de 10 de noviembre y 15/2006, de 16 de enero.

El artículo 222.4 de la LEC regula el efecto positivo o prejudicial de la cosa juzgada en el sentido de que "Lo resuelto con fuerza de cosa juzgada en la sentencia firme que haya puesto fin a un proceso vinculará al tribunal de un proceso posterior cuando en este aparezca como antecedente lógico de lo que sea su objeto, siempre que los litigantes de ambos procesos sean los mismos o la cosa juzgada se extienda a ellos por disposición legal".

En el presente caso, al igual que en la sentencia referida, nadie discute que las partes eran las mismas en este proceso y en el precedente que dio lugar a la sentencia firme que estimó la demanda del trabajador contra el Fondo y le condenó a abonar al trabajador la cantidad de 12.978,71 euros.<< Por ello, aunque acierta la sentencia recurrida al afirmar que no resulta aplicable el art. 222.1 LEC en relación con el efecto negativo de la cosa juzgada, resulta insoslayable decir que ese precedente judicial firme se configura por imperativo de lo previsto en el art. 222.4 LEC como antecedente lógico del proceso posterior y del objeto del que ahora resolvemos, puesto que el reconocimiento firme y por ello con fuerza de cosa jugada que puso fin al pleito de reclamación de prestaciones con cargo al FOGASA con la estimación de la cantidad reclamada, ha de ser por fuerza el punto de partida para cualquier decisión judicial posterior que incida en el derecho al percibo de esa prestación.

Además, debemos decir que lo que pretende el FOGASA con su demanda no es realmente revisar en perjuicio del beneficiario un acto administrativo declarativo de derechos al amparo del art 146 LRJS, puesto que el presupuesto para esa estimación de sus pretensiones sería preciso dejar sin efecto la sentencia firme, susceptible de ejecución, en la que se reconoció definitivamente de manera parcial el derecho del administrado mismo. Como hemos dicho en ocasiones precedentes, "de admitirse la pretensión del FOGASA se vulneraría el derecho fundamental a la tutela judicial efectiva y seguridad jurídica, que exige que las resoluciones judiciales tengan la eficacia que supone la ejecución en sus propios términos y el respeto a la firmeza de las situacions jurídicas declaradas, entre otras SSTC 190/1999, de 25/Octubre, FJ 4; 58/2000, de 28/Febrero, FJ 5; 135/2002,de 3/Junio, FJ 6; 200/2003, de 10/Noviembre, FJ y 15/2006, de 16/Enero, FJ 4)".

Hay que traer a colación asimismo la STC 22/2009, de 26 de enero, con arreglo a la que "... el derecho a la ejecución de sentencias y demás resoluciones judiciales firmes constituye una manifestación del derecho a la tutela judicial efectiva, en tanto que garantía del cumplimiento de los mandatos que estas resoluciones-judiciales contienen, lo que determina que este derecho tenga como presupuesto lógico y aun constitucional la intangibilidad de las resoluciones judiciales firmes y de las situaciones jurídicas por ellas declaradas. El derecho a que la ejecución de lo juzgado se lleve a cabo en sus propios términos, es decir, con sujeción al principio de inmodificabilidad de lo juzgado, se traduce, así, en un derecho que actúa como límite y fundamento que impide que los Jueces y Tribunales puedan revisar las sentencias y demás resoluciones al margen de los supuestos taxativamente previstos en la Ley (por todas, STC 86/2006, de 27 de marzo, F. 2».

Doctrina la expuesta reiterada por las SSTS de 27 de febrero de 2019, recurso 3597/2017 (Pleno); 16 de marzo de 2020, recurso 3937/2017; 16 septiembre de 2020, recurso 4428/2017; 13 de octubre de 2020, recurso 2038/2018; y 27 de enero de 2021, recurso 4144/2019.

V. Criterios a tener en cuenta en la interposición de la reclamación previa

En todo caso y advertido lo anterior, considerando que el art. 80.3 LRJS exige que a la demanda se acompañará la documentación justificativa del agotamiento de la vía administrativa, cuando proceda, o alegación de no ser necesarias éstas, en el ámbito de aplicación de la LRJS deberán tenerse en cuenta los siguientes criterios:

a) Desde que se deba entender agotada la vía administrativa el interesado podrá formalizar la demanda en el plazo de dos meses ante el juzgado o la Sala competente. A la demanda se acompañará copia de la resolución denegatoria o documento acreditativo de la interposición o resolución del recurso administrativo, según proceda, uniendo copia de todo ello para la entidad demandada.

b) En las acciones derivadas de despido y demás acciones sujetas a plazo de caducidad, el plazo de interposición de la demanda será de veinte días hábiles o el especial que sea aplicable, contados a partir del día siguiente a aquél en que se hubiera producido el acto o la notificación de la resolución impugnada, o desde que se deba entender agotada la vía administrativa en los demás casos.

c) Tratándose de prestaciones de Seguridad Social:

- La Entidad deberá contestar expresamente a la misma en el plazo de cuarenta y cinco días. En caso contrario se entenderá denegada la reclamación por silencio administrativo.
- La falta de agotamiento de la vía administrativa previa implica la caducidad de la vía administrativa, pero no de la acción, cuyo ejercicio pervive mientras no prescriba el derecho material del que deriva, aunque sólo es aplicable a la acción de reconocimiento o denegación de prestaciones interpuesta por los beneficiarios sin que se beneficien de ello las Mutuas Patronales y sus reclamaciones por imputación de responsabilidades (Sentencia núm. 723/2017 de 27 septiembre, de la Sala Social del Tribunal Supremo (Sección 1.ª), que confirma otras anteriores como la núm. 413/2017, de 11 de mayo, la núm. 188/17, de 7 de marzo o la núm. 157/17, de 23 de febrero, entre otras).
- En los procedimientos de impugnación de altas médicas en los que deba interponerse reclamación previa, el plazo para la contestación de la misma será de siete días, entendiéndose desestimada una vez transcurrido dicho plazo.
- La demanda habrá de formularse en el plazo de treinta días, a contar desde la fecha en que se notifique la denegación de la reclamación previa o desde el día en que se entienda denegada por silencio administrativo.
- En los procesos de impugnación de altas médicas el plazo anterior será de veinte días, que cuando no sea exigible reclamación previa se computará desde la adquisición de plenos efectos del alta médica o desde la notificación del alta definitiva acordada por la Entidad gestora.
- Las entidades u organismos gestores de la Seguridad Social expedirán recibo de presentación o sellarán debidamente, con indicación de la fecha, las copias de las reclamaciones que se dirijan en cumplimiento de lo dispuesto en la presente Ley. Este recibo o copia sellada, o el justificante de presentación por los procedimientos y registros alternativos que estén establecidos por la normativa administrativa aplicable, deberán acompañarse inexcusablemente con la demanda.

d) En ningún supuesto las partes podrán introducir en el proceso judicial variaciones sustanciales respecto de los hechos contenidos en la reclamación previa, salvo cuando los hechos fueran nuevos o no hubieran podido conocerse con anterioridad (art. 72 LRJS).

23

¿VIENEN OBLIGADOS LOS TRABAJADORES A SOMETERSE A REVISIONES MÉDICAS?

De forma periódica las empresas programan, a través de las entidades mutuales a las que están asociadas o por medio de los servicios contratados de prevención ajenos, los habituales reconocimientos médicos de sus trabajadores, dentro de una política generalmente aceptada de prevención de riesgos y de protección de la salud.

Al respecto, el Estatuto de los Trabajadores establece que, en la relación de trabajo, los trabajadores tienen derecho a la integridad física y a una política adecuada y de protección eficaz en materia de seguridad e higiene[41].

---

41. Art. 4.2.d) del Real Decreto Legislativo 2/2015, de 23 de octubre, por el que se aprueba el texto refundido de la Ley del Estatuto de los Trabajadores (ET) contempla que:
«En la relación de trabajo, los trabajadores tienen derecho: d) A su integridad física y a una adecuada política de prevención de riesgos laborales».
Debe tenerse en cuenta igualmente su art. 19, relativo a la Seguridad y salud en el trabajo, conforme al cual:
«1. El trabajador, en la prestación de sus servicios, tendrá derecho a una protección eficaz en materia de seguridad y salud en el trabajo.
2. El trabajador está obligado a observar en su trabajo las medidas legales y reglamentarias de seguridad y salud en el trabajo.
3. En la inspección y control de dichas medidas que sean de observancia obligada por el empresario, el trabajador tiene derecho a participar por medio de sus representantes legales en el centro de trabajo, si no se cuenta con órganos o centros especializados competentes en la materia a tenor de la legislación vigente.
4. El empresario está obligado a garantizar que cada trabajador reciba una formación teórica y práctica, suficiente y adecuada, en materia preventiva tanto en el momento de su contratación, cualquiera que sea la modalidad o duración de esta, como cuando se produzcan cambios en las funciones que desempeñe o se introduzcan nuevas tecnologías o cambios en los equipos de trabajo. El trabajador está obligado a seguir la formación y a realizar las prácticas. Todo ello en los términos señalados en la Ley 31/1995, de 8 de noviembre, de Prevención de Riesgos Laborales, y en sus normas de desarrollo, en cuanto les sean de aplicación.

En aplicación de dicha previsión legal, nuestros tribunales han resaltado el principio de que el deber de protección del empresario es incondicionado y, prácticamente ilimitado, debiéndose adoptar las medidas de protección que sean necesarias, cualesquiera que ellas fueran, aún en los supuestos de imprudencia no temeraria del trabajador[42].

La importancia de la salud laboral es tal que el marco estratégico de la UE en materia de salud y seguridad en el trabajo, contenida en la Comunicación al Parlamento Europeo, al Comité Económico y Social Europeo y al Comité de las Regiones, de 6 de junio de 2014, la prevención del riesgo y el fomento de unas condiciones más seguras y saludables en el lugar de trabajo, son factores fundamentales no sólo para mejorar la calidad del empleo y las condiciones laborales, sino también para promover la competitividad, razón por la cual la buena salud de los trabajadores tiene un efecto positivo directo y mensurable en la productividad y contribuye a mejorar la sostenibilidad de los sistemas de seguridad social, de modo que evitar que los trabajadores sufran accidentes graves o padezcan enfermedades profesionales y procurar que disfruten de buena salud a lo largo de toda su vida laboral, desde el primer empleo, es clave para que puedan trabajar más tiempo[43].

---

5. Los delegados de prevención y, en su defecto, los representantes legales de los trabajadores en el centro de trabajo, que aprecien una probabilidad seria y grave de accidente por la inobservancia de la legislación aplicable en la materia, requerirán al empresario por escrito para que adopte las medidas oportunas que hagan desaparecer el estado de riesgo; si la petición no fuese atendida en un plazo de cuatro días, se dirigirán a la autoridad competente; esta, si apreciase las circunstancias alegadas, mediante resolución fundada, requerirá al empresario para que adopte las medidas de seguridad apropiadas o que suspenda sus actividades en la zona o local de trabajo o con el material en peligro. También podrá ordenar, con los informes técnicos precisos, la paralización inmediata del trabajo si se estima un riesgo grave de accidente.

Si el riesgo de accidente fuera inminente, la paralización de las actividades podrá ser acordada por los representantes de los trabajadores, por mayoría de sus miembros. Tal acuerdo podrá ser adoptado por decisión mayoritaria de los delegados de prevención cuando no resulte posible reunir con la urgencia requerida al órgano de representación del personal. El acuerdo será comunicado de inmediato a la empresa y a la autoridad laboral, la cual, en veinticuatro horas, anulará o ratificará la paralización acordada».

42. STS de 12 de julio de 2007 (recurso núm. 938/2006, ponente: Mariano Sampedro Corral), reiterada por la más reciente de 26 de mayo de 2009 (I.L. 684):

«Como ha afirmado esta Sala en la sentencia de 8 de octubre de 2001 (Rec. 4403/2000 del juego de los preceptos antes descritos: artículos 14.2, 15.4 y 17.1 L.P.R.L. "se deduce, como también concluye la doctrina científica, que el deber de protección del empresario es incondicionado y, prácticamente, ilimitado. Deben adoptarse las medidas de protección que sean necesarias, cualesquiera que ellas fueran"».

La anterior doctrina se recoge igualmente en la Sentencia núm. 2513/2008 de 14 julio —AS 2008\2880—, del Tribunal Superior de Justicia de la C. Valenciana, (Sala Social), y en la de Castilla y León (Valladolid), de 25 de marzo de 2009 (I.L. J 919).

43. Se puede consultar el texto en: https://eur-lex.europa.eu/legal-content/ES/TXT/PDF/?uri=CELEX:52014DC0332&from=EN

La concienciación de la importancia de la salud de los trabajadores es tal que en el expresado acuerdo se da cuenta de los siguientes datos:

a) Cada año mueren más de cuatro mil trabajadores como consecuencia de accidentes laborales y más de tres millones de trabajadores son víctimas de accidentes laborales graves que dan lugar a ausencias de más de tres días.

b) El 24,2 % de los trabajadores consideran que su salud y su seguridad están en riesgo a causa de su trabajo y el 25 % han declarado que el trabajo tiene un efecto más bien negativo en su salud.

c) Además del sufrimiento humano, los costes derivados de las bajas por enfermedades relacionadas con el trabajo son excesivamente elevados, de modo que sólo en Alemania se producen cuatrocientos sesenta millones de días de baja por enfermedad.

Ahora bien, ¿pueden negarse los trabajadores obligados a pasar las revisiones médicas en sus empresas amparándose en su derecho a la intimidad? o, por contra, ¿la salud y la integridad física constituye base argumental sólida para comprender la actitud proteccionista del legislador hacia los trabajadores, colocando la protección de estos derechos fundamentales por encima de la libertad individual de ejercitarlos?

Pues bien, la vigente Ley 31/1995, de 8 de noviembre, de Prevención de Riesgos Laborales, acogiendo el principio de voluntariedad sentado en el art. 14 de la Directiva 89/391/CEE, advierte que el empresario debe garantizar a los trabajadores un servicio de vigilancia periódica de su estado de salud en función de los riesgos inherentes al trabajo, para añadir seguidamente que dicha vigilancia sólo podrá llevarse a cabo cuando el trabajador preste su consentimiento, salvo que, como excepción, los reconocimientos sean imprescindibles para evaluar los efectos de las condiciones de trabajo sobre la salud de los trabajadores o para verificar si su estado de salud puede constituir un peligro para él mismo, para los demás trabajadores o para otras personas relacionadas con la empresa, o así se prevea legalmente en relación a riesgos específicos y actividades de especial peligrosidad. Quedando, incluso, facultado el empresario para verificar el estado de salud del trabajador cuando se trate de justificar sus faltas de asistencia al trabajo, pudiendo acarrear su negativa a tales reconocimientos la suspensión de los derechos económicos que estuviesen a cargo del empresario debido a tales situaciones[44].

44. El art. 20.4 del ET prevé que:
«El empresario podrá verificar el estado de salud del trabajador que sea alegado por este para justificar sus faltas de asistencia al trabajo, mediante reconocimiento a cargo de personal médico. La negativa del trabajador a dichos reconocimientos podrá determinar la suspensión de los derechos económicos que pudieran existir a cargo del empresario por dichas situaciones».

Ante términos, como los expuestos, tan abiertos a la interpretación, e independientemente de lo que puedan regular los convenios colectivos de trabajo sectoriales o de empresa, nuestros tribunales han venido resolviendo de manera casuística sobre tal obligación, de modo que se ha justificado el reconocimiento médico, por ejemplo, cuando sea precisa efectuar una revisión de carácter psicológico debido al extravagante comportamiento de un conserje de Universidad que hacía presumir razonablemente distorsiones psicológicas graves, que no sólo dificultaban en gran medida la normal relación con profesores y compañeros, sino que podría tener también serias repercusiones en la salud o integridad del propio trabajador. O, bien, las revisiones médicas para los trabajadores que reanuden su trabajo tras una ausencia prolongada por motivos de salud, de modo que pueda descubrirse el eventual origen profesional de la afección y recomendar medidas preventivas adecuadas (en especial tras un prolongado estado de baja médica por IT, debido a la revisión de una incapacidad permanente o del grado legal de discapacidad).

Recientemente, el Tribunal Supremo ha abordado de nuevo la cuestión, advirtiendo, en primer lugar, que sólo estaremos ante una infracción del derecho a la intimidad si al trabajador se le impone el sometimiento a la vigilancia de la salud sin que exista causalidad, proporcionalidad y previsión legal suficiente, de modo que se vulnerará dicho derecho cuando la penetración en el ámbito propio y reservado del sujeto no sea acorde con la ley, no sea eficazmente consentida o, aún autorizada, subvierta los términos y el alcance para el que se otorgó el consentimiento, quebrando la conexión entre la información personal que se recaba y el objetivo tolerado para el que fue recogida; pero no si, regulándolo expresamente el convenio colectivo, la empresa puede imponer válidamente los reconocimientos médicos.

Doctrina que parte del principio de voluntariedad de los controles médicos empresariales, pudiendo el trabajador aceptar o rehusar su práctica, salvo si se dan los ya comentados supuestos de excepcionalidad legal, en cuyo caso la obligatoriedad se convierte en norma general, siempre, naturalmente, que la medida no se acuerde fraudulentamente y se respete la dignidad y la confidencialidad de la salud y tenga por objeto vigilar el estado de salud de los trabajadores «en función de los riesgos inherentes al trabajo», de manera que solamente el exceso objetivo en el examen de salud de los trabajadores por no concurrir aquella finalidad o las circunstancias descritas, podría constituir, salvo expreso consentimiento individual del trabajador afectado, una intromisión ilegítima en el ámbito de la intimidad personal. Riesgo para terceros que sólo puede observarse respecto de puestos de trabajo cuyas funciones sean decisivas para la seguridad de esas terceras personas (pilotos de avión, conductores de vehículos industriales, bomberos o, como en el supuesto enjuiciado, brigadas rurales de emergencia).

Uno de tales supuestos de excepcionalidad a la obligación del trabajador de someterse a revisiones médicas, en atención a la naturaleza y características de su actividad laboral, ha merecido la atención de la Sala Social del Tribunal Supremo en su sentencia núm. 259/2018, de 7 de marzo de 2018 (recurso núm. 42/2017, Ponente Sr. Ángel Blasco Pellicer), al abordar la obligación de efectuar las revisiones médicas del personal afecto a empresas del sector de seguridad privada y servicios auxiliares, en aplicación de lo dispuesto en la Ley 5/2014, de 4 de abril de seguridad privada y en el Real Decreto 2364/1994 de 9 de diciembre, por el que se aprueba el Reglamento de Seguridad Privada, así como en el Real Decreto 2487/1998, de 20 de noviembre, por el que se regula la acreditación de la aptitud psicofísica necesaria para tener y usar armas y para prestar servicios de seguridad privada.

En dicha sentencia se advierte que:

> «teniendo en cuenta que los derechos fundamentales no son ni ilimitados ni absolutos (por todas STC 198/2004, de 15 de noviembre), es obvio que pueden ser sometidos a restricciones, por lo que el derecho fundamental a la intimidad personal puede ceder ante otros derechos y bienes constitucionalmente relevantes, siempre que la limitación que haya de experimentar esté fundada en una previsión legal que tenga justificación constitucional, se revele necesaria para lograr el fin legítimo previsto y sea proporcionada para alcanzarlo, y sea además respetuosa con el contenido esencial del derecho (por todas, SSTC 57/1994, de 28 de febrero; 143/1994 de 9 de mayo, y 25/2005, de 14 de febrero). La proyección de las anteriores previsiones al supuesto examinado conduce a considerar que nos encontramos ante supuestos que se encuadran, sin dificultad, en el ámbito de las excepciones examinadas».

Y continúa señalando que:

> «... si partimos de la idea de que la obligatoriedad solo podría imponerse ante la existencia de un riesgo o peligro objetivable (STS de 10 de junio de 2015, Rec. 178/2014), resulta patente que en una actividad como la que concierne a este supuesto, la detección de enfermedades o patologías que incidan en la prestación del trabajo, podrían convertir en inadecuadas algunas de las tareas encomendadas por el riesgo que supondría su realización en determinadas circunstancias de salud. La Sala tiene muy presente que las funciones que desempeñan los colectivos de referencia implican la realización de actividades especialmente delicadas y sensibles respecto de otros compañeros y, especialmente de terceras personas. Así, entre otras funciones, pueden ejercer la vigilancia y protección de bienes, establecimientos, lugares y eventos, tanto privados como públicos, así como la protección de las personas que puedan encontrarse en los mismos, llevando a cabo las comprobaciones, registros y prevenciones necesarias para el cumplimiento de su misión; efectuar controles de identidad, de objetos personales, paquetería, mercancías o vehículos, incluido el interior de éstos, en el acceso o en el interior de inmuebles o propiedades donde presten servicio. También la ley les asigna la función de evitar la comisión de actos delictivos o infracciones administrativas en relación con el objeto de su protección. Proteger el almacenamiento, recuento, clasificación, transporte y dispensado de dinero, obras de arte y antigüedades,

valores y otros objetos valiosos, así como el manipulado de efectivo y demás procesos inherentes a la ejecución de estos servicios. Los escoltas, además, tienen encomendado el acompañamiento, defensa y protección de personas determinadas, o de grupos concretos de personas, impidiendo que sean objeto de agresiones o actos delictivos. A la vista de esas funciones, la vigilancia de la salud, en su vertiente de instrumento al servicio de la prevención de riesgos laborales aparece como decisiva para garantizar el derecho a la salud de cuantos intervienen en el ámbito de la relación laboral y de los terceros que con ellos se relacionan y, en ese sentido entronca directamente con el artículo 14 LPRL que establece el derecho de los trabajadores a una protección eficaz correlativo deber empresarial de protección de los trabajadores frente a los riesgos laborales, garantizando la seguridad y salud de todos los trabajadores a su servicio en todos los aspectos relacionados con el trabajo. No cabe duda, por tanto, de que la vigilancia de la salud es, en los supuestos aquí examinados, tanto desde la perspectiva de derecho del trabajador como de la obligación empresarial, un instrumento al servicio de la prevención de los riesgos laborales que, según los casos, puede alcanzar una gran importancia y convertirse en un pilar básico sobre el que poder construir la actividad preventiva en la empresa».

Para acabar afirmando lo siguiente:

«... dijimos en la citada STS de 10 de junio de 2015, en ese caso, más aún en el que ahora se contempla, aparece, junto con el interés individual del trabajador de proteger su propia intimidad, otro interés preponderante: el del resto de trabajadores o de terceras personas, cuya integridad física y salud pueden depender, en no pocas ocasiones, del estado de salud del trabajador vigilante de seguridad o escolta. Para conjurar el riesgo que supone el destinar una persona sin los requerimientos psicofísicos precisos es necesario conocer y comprobar que goza de un adecuado estado de salud».

Al respecto de si este tipo de revisiones médicas puede vulnerar el derecho a la intimidad del trabajador, la más reciente Sentencia de la Sala Social del TSJ de Madrid núm. 32/2023-C, de fecha 10 de marzo de 2023, dictada en el recurso de suplicación núm. 113/2022, llega a la conclusión de que deberá ponderarse un elemental principio de proporcionalidad e idoneidad, considerando la naturaleza de la actividad a prestar, las condiciones físicas o psíquicas exigibles y el riesgo que pueda entrañar para el propio trabajador o para terceras personas, siempre en el marco de las condiciones pactadas y del plan de prevención de riesgos laborales a aplicar.

Concretamente, en su FD Quinto se razona lo siguiente:

«La sentencia de instancia aplica la doctrina sentada por el Tribunal Supremo en la sentencia de fecha 10 de junio de 2015 (RECAS 178/2014), dictada en reclamación de conflicto colectivo en la que es también parte la entidad mercantil TRAGSA, aquí demandada, destacando que "En esta resolución se aborda si la exigencia de que los trabajadores de brigadas para la extinción de incendios del servicio de ámbito en la Comunidad Valenciana, pasen reconocimientos médicos obligatoriamente al amparo del art. 27 del Convenio Colectivo de la empresa, es contraria al derecho a la intimidad proclamado en el art. 18 de la CE y por lo tanto deviene no exigible, la Sala concluye estableciendo que el reconocimiento médico cuestionado, al margen de que esté reconocido o no por el convenio colectivo, cumple las exigencias constitucionales y legales para que pueda imponerse a las personas que trabajan en las Brigadas Rurales de Emergencias adscritas a TRAGSA y existe una previsión legal —art. 22.1 LPRL— que ampara esa obligatoriedad. Considera la Sala que el derecho a la intimidad proclamado en el art. 18 de la CE cede en ese caso porque la finalidad de esta obligación cuestionada, se basa en la evitación y prevención de riesgos y peligros relacionados con la salud y la vida del propio trabajador y de terceros, sean estos otros trabajadores u otras personas relacionadas con la empresa, recogiendo para ello también los razonamientos de la sentencia recurrida en la que se afirma que los trabajadores afectados por el conflicto trabajan en la prevención y extinción de incendios, actividad "compleja y arriesgada que exige una buena capacidad física y psicológica, por desarrollarse frecuentemente en terrenos accidentados, con muy altas temperaturas y grandes emisiones de humo, y también su trabajo consiste en la prestación de auxilio a personas y cosas en catástrofes y emergencias, como nevadas e inundaciones", de modo que su correcto estado de salud "evita u minimiza los peligros derivados del indiscutible riesgo de dicho trabajo, tanto para el propio trabajador como para los terceros relacionados con la empresa", considera la Sala que por concurrir uno de sus presupuestos cual es la protección de la salud y la vida del propio trabajador y de terceros debe prevalecer la excepción al derecho de intimidad, siendo el reconocimiento médico necesario como condición para el desempeño del trabajo (no existiendo alternativa para verificar el estado de salud), proporcional e idóneo".

Y toma en consideración la magistrada que "a tenor del Decreto Legislativo 1/2006, de 28 de septiembre, por el que se aprueba el Texto Refundido de la Ley por la que se regulan los Servicios de Prevención, Extinción de Incendios y Salvamentos de la Comunidad de Madrid, en su art. 10 incluye en los servicios de prevención y extinción de incendios y salvamentos de la Comunidad de Madrid no solo al Cuerpo de Bomberos de la Comunidad de Madrid, bomberos voluntarios y voluntarios de protección civil, sino también al personal de los servicios de vigilancia, seguridad, prevención contra incendios y autoprotección de las empresas públicas y privadas, que llevarán a cabo las tareas de colaboración dentro del ámbito competencial del Cuerpo de Bomberos y bajo su dirección, organización y control. Por tanto, a tenor de dicha norma, el actor en cuanto personal de TRAGSA asignado a la actividad contratada, forma parte del Servicio de Prevención, Extinción de Incendios y Salvamentos de la Comunidad de Madrid.

Por otra parte, a tenor de los pliegos de la contrata, el puesto de trabajo de peón forestal de incendios que desempeña el demandante, en la actividad de apoyo a la extinción de incendios, consiste en integrarse en los retenes y brigadas de incendios que acuden a su extinción y disponen de vehículos todoterreno y vehículos motobomba forestal ligeros o pesados, con capacidad al menos para cinco ocupantes, que llevan depósito/cisterna de agua, cisterna de espumógeno y mangueras, siguiendo instrucciones emanadas de la cadena de mando del Cuerpo de Bomberos, desempañando labores de auxilio la lucha contra los incendios mediante apertura de las vías de acceso y pistas por las que haya de que pasar los vehículos bomba, es decir, haciendo labores forestales de limpieza de material forestal y zanjas, etc, Ello siempre integrado en el retén o brigada con el equipo humano de extinción, de manera que su trabajo prestado en estas condiciones implica un riesgo objetivo añadido no solo para la integridad física del actor sino también para el resto del equipo en el caso de que sus condiciones físicas no fuesen idóneas, por lo que resulta de aplicación y justificada la obligatoriedad de someterse a los reconocimiento médicos que también impone el art. 22 de la LPRL, el pliego de condiciones de la contrata y el plan de prevención de riesgos laborales".

De manera que siendo evidente que el actor forma parte del servicio de prevención y extinción de incendios, independientemente de la categoría que ostente, es claro que realiza un trabajo de riesgo y que, conforme a la doctrina aplicable de nuestro Tribunal Supremo y la normativa que toma en consideración, viene obligado a someterse al reconocimiento médico establecido por la empresa en cumplimiento de sus obligaciones de prevención de riesgos, habiéndose negado a ello el actor injustificadamente, sin que sean de recibo sus alegaciones respecto a la vulneración de su derecho a la intimidad, como se desprende de dicha doctrina, así como de la realización de otras actividades que no conllevan gran riesgo, o que la prevención y extinción de incendios solo se hace cuatro meses al año, etc., porque es indiferente la mayor o menor dedicación a las tareas de riesgo, siendo lo relevante que el actor ha de llevarlas a cabo, en la medida que corresponda, y, consecuentemente, tiene que constatarse que es apto para ello.

Resulta evidente que, opiniones al margen, la cuestión resulta compleja por cuanto, como suele ocurrir en el mundo del Derecho, debe estarse al caso concreto, razón por la cual lo único cierto es que no debemos jugar con algo tan preciado como es la salud de los trabajadores y de las eventuales personas que, en su condición de terceros, se relacionen con la ejecución de su actividad profesional».

Para finalizar, la también reciente STJUE 18 de enero de 2024, dictada en el asunto C-631/22, ha resuelto, en torno a la extinción del contrato de trabajo por hallarse el trabajador en situación de incapacidad permanente[45], que:

«El artículo 5 de la Directiva 2000/78/CE del Consejo, de 27 de noviembre de 2000, relativa al establecimiento de un marco general para la igualdad de trato en el empleo y la ocupación, interpretado a la luz de los artículos 21 y 26 de la Carta de los Derechos Fundamentales de la Unión Europea y de los artículos 2 y 27 de la Convención de las Naciones Unidas sobre los Derechos de las Personas con Discapacidad, hecha en Nueva York el 13 de diciembre de 2006 y aprobada en nombre de la Comunidad Europea mediante la Decisión 2010/48/CE del Consejo,

45. El art. 49.1.e) del ET se refiere a que el contrato de trabajo se extinguirá «Por muerte, gran invalidez o incapacidad permanente total o absoluta del trabajador, sin perjuicio de lo dispuesto en el artículo 48.2».

de 26 de noviembre de 2009, debe interpretarse en el sentido de que se opone a una normativa nacional que establece que el empresario puede poner fin al contrato de trabajo por hallarse el trabajador en situación de incapacidad permanente para ejecutar las tareas que le incumben en virtud de dicho contrato debido a una discapacidad sobrevenida durante la relación laboral, sin que el empresario esté obligado, con carácter previo, a prever o mantener ajustes razonables con el fin de permitir a dicho trabajador conservar su empleo, ni a demostrar, en su caso, que tales ajustes constituirían una carga excesiva».

En consecuencia, se plantea la duda de cómo deberá efectuarse y en qué condiciones la reincorporación del trabajador a su puesto de trabajo, o en qué deban consistir los ajustes razonables y la carga excesiva que exonere al empresario de tal obligación.

Pues bien, la Propuesta de Anteproyecto de Ley por la que se modifica la Ley del Estatuto de los Trabajadores en materia de despido pretende incorporar una nueva letra n) a su art. 49.1 por la cual:

«La empresa no podrá extinguir el contrato de trabajo por declaración de gran invalidez o incapacidad permanente absoluta o total, de la persona trabajadora, sin perjuicio de lo dispuesto en el artículo 48.2, cuando la persona trabajadora solicite que se realicen los ajustes razonables en su puesto de trabajo que le permitan continuar desempeñándolo o, cuando esto no sea posible por constituir una carga excesiva, el cambio a otro puesto de trabajo vacante compatible con su nueva situación.

Para determinar si la carga es excesiva para la empresa se tendrá en cuenta si puede ser paliada en grado suficiente mediante medidas, ayudas o subvenciones públicas para personas con discapacidad, así como los costes financieros y de otro tipo que los ajustes impliquen, en relación con el tamaño y el volumen de negocios de la empresa».

Acerca de qué deba entenderse por ajustes razonables, la exposición de motivos del anteproyecto de ley se remite al artículo 2.m) del texto refundido de la Ley General de derechos de las personas con discapacidad y de su inclusión social, aprobado por el Real Decreto Legislativo 1/2013, de 29 de noviembre, que los define como:

«las modificaciones y adaptaciones necesarias y adecuadas del ambiente físico, social y actitudinal a las necesidades específicas de las personas con discapacidad que no impongan una carga desproporcionada o indebida, cuando se requieran en un caso particular de manera eficaz y práctica, para facilitar la accesibilidad y la participación y para garantizar a las personas con discapacidad el goce o ejercicio, en igualdad de condiciones con las demás, de todos los derechos».

Por su parte, el artículo 40.2 de dicha ley establece que las empresas:

«están obligadas a adoptar las medidas adecuadas para la adaptación del puesto de trabajo y la accesibilidad de la empresa, en función de las necesidades de cada situación concreta, con el fin de permitir a las personas con discapacidad

> acceder al empleo, desempeñar su trabajo, progresar profesionalmente y acceder a la formación, salvo que esas medidas supongan una carga excesiva para el empresario».

Por último, su artículo 63 sostiene que se vulnera el derecho a la igualdad de oportunidades de las personas con discapacidad:

> «cuando, por motivo de o por razón de discapacidad, se produzcan discriminaciones directas o indirectas, discriminación por asociación, acosos, incumplimientos de las exigencias de accesibilidad y de realizar ajustes razonables, así como el incumplimiento de las medidas de acción positiva legalmente establecidas».

A la vista de lo anterior, a buen seguro las revisiones médicas cobrarán un especial sentido y justificación no sólo para la declaración de aptitud del trabajador sino para concretar las limitaciones en su actividad profesional que permitan llevar a cabo los necesarios y concretos ajustes razonables, conforme las necesidades de cada situación concreta.

24

NULIDAD DE ACTUACIONES POR NO NOTIFICAR AL TRABAJADOR QUE LA EMPRESA VA A ACUDIR AL JUICIO CON LETRADO[46]

El presente comentario aborda un tema de interés desde el punto de vista procesal en el ámbito de la jurisdicción social, que recientemente ha sido abordado en unificación de doctrina por la Sala Social del Tribunal Supremo.

El art. 21.1 de la Ley 36/2011, de 10 de octubre, reguladora de la jurisdicción social (LRJS) establece que *«La defensa por abogado y la representación técnica por graduado social colegiado tendrá carácter facultativo en la instancia. En el recurso de suplicación los litigantes habrán de estar defendidos por abogado o representados técnicamente por graduado social colegiado. En el recurso de casación y en las actuaciones procesales ante el Tribunal Supremo será preceptiva la defensa de abogado. Cuando la defensa sea facultativa, con excepción de lo previsto en el artículo siguiente, podrá utilizarla sin embargo cualquiera de los litigantes, en cuyo caso será de su cuenta el pago de los honorarios o derechos respectivos con las excepciones contempladas en la legislación sobre asistencia jurídica gratuita».*

Acto seguido, el ordinal 2 del mismo precepto nos advierte que *«Si el demandante pretendiese comparecer en el juicio asistido de abogado o representado técnicamente por graduado social colegiado o representado por procurador, lo hará constar en la demanda. Asimismo, el demandado pondrá esta circunstancia en conocimiento del juzgado o tribunal por escrito, dentro de los dos días siguientes al de su citación para el juicio, con objeto de que, trasladada tal intención al actor, pueda éste estar representado técnicamente por graduado social colegiado o representado por procurador, desig-*

46. Publicado en *Economist & Jurist* el 23.4.2023.

nar abogado en otro plazo igual o solicitar su designación a través del turno de oficio. La falta de cumplimiento de estos requisitos supone la renuncia de la parte al derecho de valerse en el acto de juicio de abogado, procurador o graduado social colegiado».

Es más, previendo cualquier situación, su ordinal 3 se refiere a que *«Si en cualquier otra actuación, diversa al acto de juicio, cualquiera de las partes pretendiese actuar asistido de letrado, el secretario judicial adoptará las medidas oportunas para garantizar la igualdad de las partes»*.

Late en el precepto comentado un elemental principio de seguridad y, especialmente, de derecho a la defensa, garantizando la igualdad de las partes en el proceso, y lo anterior, según pone de relieve el Auto del Tribunal Constitucional 206/2001, de 13 de julio, aun cuando no sea preceptiva la intervención de Letrado o intervención técnica por graduado social colegiado, pues ello no priva al justiciable del derecho a la defensa y asistencia jurídica reconocido en el art. 24 CE, atendido que la norma faculta para elegir entre la autodefensa o la defensa técnica; permaneciendo, en consecuencia, el derecho de asistencia letrada incólume en tales casos, cuyo ejercicio queda a la disponibilidad de las partes.

Derecho a la autodefensa que, para el supuesto de desestimación de la pretensión formulada por el actor en el ejercicio de su acción, no puede amparar ni la nulidad de actuaciones ni la efectiva realización de los principios de igualdad de las partes y de contradicción, finalidad a la que sirve estructuralmente el derecho fundamental amparado por el art. 24 CE si la otra parte puso en conocimiento del órgano judicial su intención de personarse y verse asistido o representado jurídicamente (SSTC 92/1996, de 27 de mayo, 132/1992, de 28 de septiembre, 233/19998, de 1 de diciembre y 229/1999, de 13 de diciembre).

Pero dicho lo anterior, ¿qué sucede cuando no compareciendo la parte actora a juicio con aquella asistencia jurídica o representación técnica, sólo lo hace la parte demandada sin haberlo puesto en previo conocimiento del juzgado o tribunal en el plazo procesalmente indicado?

Para dar acertada respuesta, debe partirse de la doctrina del Tribunal Constitucional (STC 105/1996), en la que se afirma que para considerar vulnerado el art. 24.2 CE es necesario que no se haya respetado *«el haz de garantías que integran el derecho a un proceso justo y que incluye el derecho a la defensa, ya la asistencia letrada que el art. 24.2 reconoce no solo para el proceso penal sino también, con las oportunas especialidades, para el resto de los procesos, y cuya finalidad es la de asegurar la efectiva realización de los principios de contradicción e igualdad de armas que imponen a los órganos judiciales el deber positivo de evitar desequilibrios entre la respectiva posición procesal de las partes, o limitaciones en la defensa que puedan interferir a alguna de ellas un resultado de indefensión, prohibido en todo caso, en el inciso final del art. 24.1 (STC 71/1999)»*.

Y en esta labor de evitar la indefensión de parte por no comparecer con letrado o graduado social frente a la otra parte que sí lo hace, incumpliendo su deber de previa información, corresponde al órgano judicial prestar la adecuada tutela a los derechos e intereses en litigio (SSTC 56/1985, 150/1986, 141/1987, 182/1987, 34/1988, 8/1991, 118/1993, 153/1993 y 99/2019, entre otras).

Centrada la cuestión, la Sentencia núm. 151/2023 dictada en unificación de doctrina por la Sala Social del Tribunal Supremo, de 21 de febrero de 2023, y de la que es ponente la Sra. Sra. D.ª Rosa María Virolés Piñol, aborda nuevamente la cuestión en un asunto donde desestimada en instancia la demanda de despido formulada por el trabajador, alegó indefensión porque no se le notificó que la empresa iba a comparecer asistida de letrado al acto de juicio, para que pudiese designar un letrado ni consta por la demandada el minuto y segundo en el que la Magistrada de instancia le advirtiese de la posibilidad de ser asistido por letrado, por lo que se concluyó que se generó una indefensión al recurrente al no notificársele la decisión de la empresa de que iba a comparecer asistida por letrado, razón por la cual se estimó el recurso interpuesto y se declaró la nulidad de actuaciones de la sentencia recurrida.

La sentencia del TS desestima el recurso de casación para la unificación de doctrina interpuesto por el letrado de la empresa demandada, confirmando y declarando la firmeza de la sentencia dictada en suplicación y para ello argumenta, en resumida síntesis recogida en su Fundamento de Derecho Tercero lo siguiente:

> «La solución de la sentencia recurrida es acorde con la doctrina de esta Sala IV/ TS, contenida en sentencia de 24 de enero de 2011 (rcud. 69/2010 (LA LEY 3856/2011)), en cuanto señala en supuesto sustancialmente igual al ahora examinado:
>
> "Este precepto contiene dos mandatos: uno, imposición al demandado la carga de comunicar que acudirá al juicio asistido de Letrado. El otro, notificación del Juez al demandante esa circunstancia a fin de que pueda hacer uso de igual medio de asistencia técnica de modo que se garantice la igualdad de las partes en el proceso.
>
> (...) Pero no se cumplió el segundo mandato del precepto: comunicación a la demandante y oferta de la posibilidad de que designara Letrado que la asistiera en juicio y dirigiera su defensa. Al no haberlo hecho así se produjo una indefensión de la demandante, que, a juzgar por sus escritos de demanda y aclaración, carecía de los conocimientos necesarios para su eficaz defensa".
>
> ... En el caso, es claro que se ha producido indefensión del demandante (de profesión ayudante de recepción), que como consecuencia del incumplimiento de norma procesal, no han podido intervenir en juicio las partes con igualdad de armas. Y ello obviamente, con independencia de lo que pueda resolverse respecto al fondo del asunto. Habiéndolo entendido así la sentencia recurrida, no se infringen los preceptos denunciados».

Por lo tanto, el juez *a quo* debió haber advertido a la demandada en el acto de juicio de que no había cumplido con su deber informativo de verse asistido legalmente, suspendiendo el mismo para dar la oportunidad a la parte acora de que, en igualdad de armas, pudiera verse igualmente asistido durante el juicio.

25

¿ES VÁLIDA LA PRESENTACIÓN DE UNA PAPELETA DE CONCILIACIÓN ANTE UN ÓRGANO ADMINISTRATIVO INCOMPETENTE?

Desde un punto de vista técnico, la conciliación consiste en el acto jurisdiccional voluntario que tiende a establecer un acuerdo directo entre las partes, erigiéndose como formalidad previa y obligatoria en el procedimiento laboral.

La conciliación es, por otro lado, un medio de solución de los conflictos que aparece vinculada a lo que la doctrina ha venido a denominar como autocomposición, en que las partes deciden poner fin al litigio mediante el mutuo acuerdo. Un mutuo acuerdo que requiere el concurso de voluntades, a modo de auténtico negocio bilateral o contrato de transacción, mediante el cual las partes interesadas en el conflicto ponen los medios para evitarlo o finalizar el litigio ya empezado a través de concesiones mutuas (artículo 1.809 del Código Civil —CC—).

Característica de la conciliación es la mediación de un tercero, que interviene para intentar la solución del conflicto dirimiendo las posturas inicialmente enfrentadas de las partes interesadas, de forma que tanto se trate de conciliaciones tramitadas ante los órganos administrativos dependientes de las diferentes Administraciones, como ante los órganos de naturaleza no administrativa nacidos de acuerdos interprofesionales o convenios colectivos, la finalidad del instituto comentado es evitar el nacimiento del proceso, como reza la propia rúbrica del Título V del Libro I de la LRJS.

Tal como se admite de manera pacífica por la doctrina legal, la conciliación está especialmente estimulada, obviamente, para evitar el litigio, y de aquí viene que se exija tanto la previa, en vía administrativa, como la procesal, con la activa participación del letrado de la administración de justicia (arts. 63 y 84 LRJS), destacando la protección dispensada a lo convenido en ella, que se impone a las partes mientras no se declare su nulidad, a tenor de los artículos 67 y 84.6 LRJS, precisando el art. 68 LRJS que los acuerdos en conciliación tendrá fuerza ejecutiva entre las partes intervinientes, sin que se haga depender de ninguna ratificación ante el juez o tribunal, a través del procedimiento de ejecución de sentencias del art. 237 y concordantes de la LRJS.

El acto de conciliación previa se inicia mediante solicitud escrita ante los órganos administrativos competentes de la Administración central o de cada comunidad autónoma, pertenecientes al lugar de la prestación de los servicios o del domicilio de los interesados, a elección del solicitante.

Ahora bien, sobre este particular, la STC 58/2002, de 11 de marzo (Recurso de amparo 4177/1998, I.L. J 603) afirma que la presentación de la papeleta de conciliación ante órgano de Mediación, Arbitraje y Conciliación incompetente por razón del territorio no puede justificar el tener por incumplido el intento de conciliación previo. Lo contrario supondría, según esta sentencia, una interpretación excesivamente rigurosa, contraria al principio *pro actione* y vulneradora del derecho a la tutela judicial efectiva reconocido en el art. 24.1 CE.

De igual modo, la STC, de 4 de abril de 2005 ha resuelto que:

> «La presentación de la papeleta de conciliación ante servicio administrativo territorial incompetente, sin que este rechace su competencia, no puede llevar a desestimar la posterior demanda judicial, ya que la finalidad de la conciliación se ha cumplido».

Compartiendo este criterio, la Sala de lo Social del Tribunal Supremo ha resuelto lo siguiente:

a) Sentencia del Tribunal Supremo, Recurso núm. 4353/2008, de 8 de febrero de 2010. N.º Ecli: ES:TS:2010:881:

> «La presentación de papeleta de conciliación ante el Servicio de Mediación, Arbitraje y Conciliación en la provincia donde el trabajador tiene su domicilio suspende el plazo de caducidad de la acción ejercitada ante el Juzgado de la provincia del domicilio de la empresa. La regulación del RD 2756/1979, tiene la intención de permitir que el trabajador pueda en la fase preprocesal realizar el trámite de la conciliación del modo más sencillo y menos costoso posible; es decir, en su propio domicilio y sin necesidad de desplazarse a un lugar, el de la prestación de servicios ya concluida o el del domicilio del demandado, con los que ya ninguna vinculación mantenía. Interpretación acorde con el principio "pro actione" que, de acuerdo con reiterada doctrina del Tribunal Constitucional, inspira el derecho constitucional a la tutela judicial efectiva cuando se trata del acceso a la jurisdicción».

b) Sentencia del Tribunal Supremo, Recurso núm. 2435/2002, de 31 de enero de 2003. N.º Ecli: ES:TS:2003:561:

> «Es posible y eficaz presentar la solicitud o papeleta de conciliación previa en el registro de cualquier órgano administrativo, estatal o autonómico, con la consiguiente suspensión del plazo de caducidad, la cual, sin embargo, se sujetará a los

limitas señalados en el art. 65.1, a contar precisamente desde la presentación del escrito inicial en ese otro órgano no competente».

En similar sentido se pronuncian las SSTSJ de Andalucía (Sevilla) de 30 de marzo de 2001 (I.L. J 1229) y 4 de julio de 2002 (I.L. J 2281) al advertir que *«(...) las solicitudes, escritos y comunicaciones que los ciudadanos dirijan a los órganos de las Administraciones Públicas pueden presentarse (...) en los registros de cualquier órgano administrativo que pertenezca a la Administración General del Estado (...) de las Comunidades Autónomas (...) o Local (...)».*

Consecuentemente, la presentación de la papeleta en cualquier centro administrativo (incluido Correos, STSJ de Aragón de 30 de septiembre de 2000. I.L. J 2128) diferente del conciliador tiene plena validez y, por lo tanto, efectos suspensivos de la caducidad y interruptivo de la prescripción desde la fecha de la presentación en el organismo administrativo o postal (STSJ de Madrid de 19 de junio de 2000. I.L. J 1585).

Es más, el error en la presentación de la solicitud de conciliación ante un servicio administrativo que no fuera el territorialmente competente y la posterior presentación de la demanda ante órgano jurisdiccional igualmente incompetente, dando lugar a la estimación de una cuestión declinatoria, no da lugar a la caducidad de la acción, de presentarse la demanda ante el Juzgado Social territorialmente competente, porque una interpretación literal de los preceptos en juego (arts. 14.a y 63 de la LRJS) se alejaría del espíritu y finalidad de la norma y de sus antecedentes históricos.

De esta manera nuestros tribunales, en atención a la finalidad de la conciliación administrativa previa, deja de lado el rigor formal haciendo prevalecer el intento o voluntad de las partes de poder lograr un acuerdo, independientemente de la demarcación territorial de la unidad administrativa conciliadora.

26

LA CONSTITUCIÓN ESPAÑOLA CUMPLE 40 AÑOS. ALGUNAS REFLEXIONES SOBRE SU EFEMÉRIDES[47]

El pasado día 6 de diciembre de 2018 la Constitución española (CE) cumplió 40 años desde que se aprobara en referéndum el mismo día y mes de 1978, con el voto mayoritario de los electores mayores de 21 años convocados al efecto. El 27 de diciembre el Rey, en sesión conjunta del Congreso de los Diputados y del Senado, la firmó, promulgó y ordenó su publicación.

Hay que recordar que España había dejado atrás 40 años de ostracismo político con la muerte de Franco, dándose inicio a una reforma sin igual en la historia de España con el desmantelamiento de las antiguas instituciones políticas por medio de la aprobación, en referéndum convocado el 15 de diciembre de 1976, de la denominada Ley para la Reforma Política, de 4 de enero de 1977, texto normativo de capital importancia pues tras afirmar que:

> «La democracia, en el Estado español se basa en la supremacía de la Ley, expresión de la voluntad soberana del pueblo" (art. 1.Uno) y de que "El Gobierno regulará las primeras elecciones a Cortes para constituir un Congreso de trescientos cincuenta Diputados y elegir doscientos siete Senadores" (Disposición Transitoria Primera), establecía el mecanismo legal para aprobar una Constitución de marcado carácter democrático indicando que "Cualquier reforma constitucional requerirá la aprobación por la mayoría absoluta de los miembros del Congreso y del Senado. El Senado deliberará sobre el texto previamente aprobado por el Congreso y, si éste no fuera aceptado en sus términos, las discrepancias se someterán a una Comisión Mixta, bajo la presidencia de quien ostentara la de las Cortes y de la que formarán parte los Presidentes del Congreso y del Senado, cuatro Diputados y cuatro Senadores, elegidos por las respectivas Cámaras. Si esta Comisión no llegara a un acuerdo o los términos del mismo no merecieran la aprobación de una y otra Cámara, la decisión se adoptará por mayoría absoluta de los componentes

47. Publicado en el *diario Segre*, el 11.1.2019.

de las Cortes en reunión conjunta de ambas Cámaras. El Rey, antes de sancionar una Ley de Reforma Constitucional, deberá someter el Proyecto a referéndum de la Nación». **(art. 3, apartados Dos y Tres)**.

A partir de entonces se sucederán toda una serie de acontecimientos, por todos conocidos e históricos, que arrancarán con la celebración de las primeras elecciones democráticas —tras la caída de la II República española y sus últimas elecciones libres los días 16 y 23 de febrero de 1936— convocadas por el presidente Adolfo Suárez por medio del Real Decreto 20/1977, de 18 de marzo, con objeto de constituir las Cortes mediante la elección de los representantes al Congreso de los Diputados y al Senado. Las mismas Cortes que posteriormente aprobarían el texto definitivo de la CE.

A tal fin, en agosto de 1977 dio inicio sus trabajos una ponencia de siete expertos encargados de dar cuerpo a un anteproyecto de texto normativo para ser sometido a la aprobación de Las Cortes y al voto de los ciudadanos mediante referéndum. Dicha comisión estaba formada por los conocidos como padres de la Constitución: José Pedro Pérez Llorca, Gabriel Cisneros y Miguel Herrero, en representación de la UCD; Manuel Fraga Iribarne, por AP; Miquel Roca i Junyent, representante de la minoría vasco-catalana; Jordi Solé Tura, en representación de los comunistas; y Gregorio Peces-Barba, por el PSOE.

Aun cuando se pretendió imponer la màxima reserva y secretismo, trascendió a la opinión pública los encendidos debates y diferencias que nacieron al calor de la negociación entre las diversas facciones políticas encarnadas en sus protagonistas, y las concesiones serias y relevantes que hubieron en torno a temas tan delicados como la forma de Estado (Monarquía o República), la confesionalidad o aconfesionalidad del Estado y el papel de la Iglesia, la concreción de las libertades y derechos fundamentales y su especial protección legal, la configuración del Estado de las autonomies o el papel del ejército.

Como se ha escrito, en la intención de los ponentes constitucionales pesó mucho la historia de nuestro constitucionalismo, la inestabilidad política anterior y, sobre todo, el horrible precedente de la Guerra Civil.

Sea como fuere, triunfó el necesario consenso salvando las diferencias propias de cada partido político y aunando esfuerzos para aprobar un texto que era fruto del acuerdo de todos y no de la imposición de unos frente al resto. Y es que por vez primera, desde la Constitución de signo liberal de 1812 (la misma cuyo art. 13 se referia a que ***«el objeto del gobierno es la felicidad de la nació»***), se había logrado llevar a cabo importantes cambios institucionales sin uso del principio de las mayorías ni de las mayorías absolutas. En ese sentido, el anteproyecto elaborado participaba de la común voluntad del diálogo, del entendimiento y de la razón por encima de diferencias ideológicas y partidistas, lo que a buen seguro redundaría en su adecuado desarrollo normativo y aplicación.

El 5 de enero de 1978 se publicó en el Boletín de Las Cortes el resultado del trabajo de la ponencia, abriéndose un período de presentación de enmiendas, las cuales, una vez aprobadas o rechazadas, dio lugar a que la ponencia concluyera su informe, que se discutió el 5 de mayo en la Comisión de Asuntos Constitucionales y Libertades Públicas, dando inicio el 4 de julio el debate en el pleno, primero del Congreso de los Diputados y luego en el del Senado.

Una vez aprobados los textos finales de ambas Cámaras (en el Congreso con el voto a favor de 226 diputados, 5 en contra y 8 abstenciones, y en el Senado con el voto a favor de 325 senadores, 6 en contra y 14 abstenciones), se sometió a la Comisión Mixta Congreso-Senado. El resultado del, texto finalmente aprobado, fue sometido a referéndum el 6 de diciembre de 1978, siendo aprobado por mayoría. El Rey firmó, promulgó y ordenó la publicación del nuevo texto constitucional, que fue al día siguiente al coincidir con los Santos Inocentes, sino el 29 de diciembre de 1978, en sesión conjunta de las dos Cámaras.

Hasta aquí el recorrido histórico de una Constitución, la actual, que ha supuesto un hito en nuestra reciente historia política y que regula nuestra vida cotidiana, tanto en el aspecto político, como económico, social o cultural.

Una Constitución, integrada por 169 artículos, 10 Títulos, 4 Disposiciones adicionales, 9 Disposiciones transitorias, una derogatoria y otra final, que se vertebra en una serie de valores superiores como son la Libertad, la Justicia, la Igualdad y el Pluralismo Político, basada en los principios programáticos propios de un Estado Social y Democrático de Derecho, bajo la forma de una Monarquía parlamentaria y de un Estado de las Autonomías.

Una Constitución que nació con el ideal de su perdurabilidad en el tiempo, como un legado para posteriores generaciones que apuesten por un futuro en concordia y en libertad, la misma con que por vez primera en nuestra historia constitucional ha soslayado los enfrentamientos y las disputas y optado decididamente por el entendimiento y la concordia entre todos, sin diferencias, en igualdad de oportunidades.

Ciertamente, como toda ley, puede y debe estar sujeta a posibles y futuras modificaciones en su texto (de hecho han habido dos reformas constitucionales; la primera, la del artículo 13, apartado 2, añadiendo el inciso «y pasivo» en el artículo 13.2, publicada en el BOE del 28 de agosto de 1992; y la segunda, sustituyendo íntegramente el artículo 135, publicada en el BOE del 27 de septiembre de 2011), mediante los mecanismos expresamente previstos en la propia CE, cuyos proyectos de reforma exigen ser aprobados por una mayoría de tres quintos de cada una de las Cámaras (art. 167.1), salvo que se proponga la revisión total de la Constitución o una parcial que afecte al Título preliminar, al Capítulo segundo, Sección primera del Título I, o al Título II, en cuyo caso se procederá a la aprobación del principio por mayoría de dos tercios de cada Cámara, y a la disolución inmediata de las Cortes. En tal caso, las Cámaras elegidas deberán ratificar la decisión y proceder al estudio del nuevo texto constitucional, que deberá ser aprobado por mayoría de dos tercios de ambas Cámaras, de modo que, una vez aprobada la reforma por las Cortes Generales, será sometida a referéndum para su ratificación (art. 168).

Se trata de una garantía de la que se dota el propio texto con el propósito de que no sea alterado por la iniciativa de una minoría o de una mayoría simple, sino que recabe el mayor consenso posible, atendidas las materias que regula y su repercusión institucional y social. Garantía de la que participan otras Constituciones igualmente de corte liberal y democrático.

Finalmente, la CE reconoce, en el seno de la organización territorial del Estado, la existencia de las comunidades autónomas, a las que delega competencias de titularidad estatal, salvo aquellas expresamente recogidas en su art. 149.1 (entre otras las de: la regulación de las condiciones básicas que garanticen la igualdad de todos los españoles en el ejercicio de los derechos y en el cumplimiento de los deberes constitucionales; la nacionalidad, inmigración, emigración, extranjería y derecho de asilo; las relaciones internacionales; la Defensa y las Fuerzas Armadas; y la Administración de Justicia).

Precisamente, los principios de lealtad institucional, seguridad jurídica y mayoría cualificada obligan a respetar el texto constitucional del que nos hemos dotado, sin perjuicio de su reforma bajo los resortes legales establecidos al efecto, con objeto de adecuar su contenido a los profundos cambios que en la esfera social, tecnológica y económica han sido protagonistas en los últimos años y de los que lo serán en años venideros.

27

LA INTELIGENCIA ARTIFICIAL APLICADA AL DICTADO DE SENTENCIAS. REALIDAD O FICCIÓN

Quién hubiera dicho que la famosa expresión *«Hoy las ciencias adelantan que es una barbaridad»*, incluida en una canción de la famosísima zarzuela *«La verbena de la Paloma»*, estrenada en el año 1894, se ha convertido con el paso de los años en una realidad tan patente y notoria que huelga su sentido.

Si la evolución humana fue al ralentí hasta bien entrado el siglo XIX, el siglo XX trajo consigo muchos de los cambios más significativos en la historia de la humanidad y los hasta entonces inimaginables avances tecnológicos y científicos, dieron paso a numerosas invenciones que han transformado por completo la forma en que hoy apreciamos la realidad.

De entre ellas podemos citar la invención de las aeronaves y entre ellas, principalmente la de los aviones, que acortó las distancias a recorrer a cualquier zona de nuestra geografía.

En el ámbito de la salud, en el año 1928 el escocés Sir Alexander Fleming descubrió las capacidades antibióticas de la penicilina presentes en el hongo *Penicillium chrysogenum*, que trajo importantísimos avances en la medicina, la salud y la calidad de vida de las personas.

Otro aspecto no menos importante vino de la mano de la invención y masificación del uso de los electrodomésticos, incidiendo de forma crucial en la manera en la que hoy vivimos y en nuestra calidad de vida. Refrigeradores, cocinas eléctricas, máquinas para lavar la ropa, microondas, la televisión, comportaron para la población en general una gran comodidad, así como la posibilidad de disponer de un mayor tiempo de ocio.

Más polémica representa la energía nuclear. En el año 1942 se construyó el primer reactor nuclear del mundo, en el llamado Proyecto Manhattan, en la búsqueda de una nueva fuente de energía que supuestamente no contaminaría, era más que eficiente e incluso parecía ser casi ilimitada. El paso del tiempo y los desastres nucleares, voluntarios o accidentales, la han puesto en el centro de mira de los movimientos ecologistas en la implantación de otras energías verdes, renovables y no contaminantes.

Por cierto, que el desarrollo de la teoría de la relatividad, formulada por Albert Einstein a comienzos del siglo XX, sentó las bases de la física moderna nuclear y permitió el posterior desarrollo de numerosos avances en la física cuántica.

Otro hito histórico lo supuso la conquista del espacio y la llegada del hombre a la Luna en 1969, gracias los avances científicos y tecnológicos que lo hicieron posible, que comenzaron a tomar forma gracias a la invención del cohete.

Pero no ha sido hasta la aparición en nuestras vidas de los ordenadores y de Internet que ha surgido la gran revolución. Hoy en día cualquier actividad depende de los sistemas informáticos: comunicaciones, seguridad, medios de comunicación social, sistema sanitario, transportes, medios financieros, entre otros.

Pero todas las ventajas que comporta la informática han traído también numerosos aspectos negativos en las sociedades, repercutiendo en la calidad de vida de las personas. Porque, como siempre sucede, no es el medio sino el fin con que se empleen las nuevas tecnologías lo que hace que su aplicación se desvíe del servicio que ofrece.

Si hasta hace 35 años nuestro modo de comunicarnos se reducía al teléfono fijo, al correo postal, el telégrafo o el giro postal, actualmente los correos electrónicos, los mensajes por Whatsapp, las video conferencias, los ordenadores portátiles, las tablets y, desde luego, los Smartphone, han venido a formar parte de nuestra vida cotidiana con tal intensidad que el mundo, en su acepción tradicional, se ha quedado pequeño. La comunicación con cualquier parte de nuestro planeta es instantánea, podemos hablar y ver a nuestro interlocutor con una claridad de imagen y de sonido jamás pensada, podemos acceder a cientos de millones de datos a través de cualquier motor de búsqueda en Internet, de modo que nuestra relación con clientes, proveedores y profesionales no se entiende sin tales avances tecnológicos. En definitiva, un *totum revolutum* que nos hace la vida más fácil pero que, por contra, nos adicciona y limita.

Todos estos avances han germinado en la robotización de nuestras vidas, de nuestras actividades habituales, en lo que se conoce como Inteligencia Artificial (IA). Lo que hace escasos años era fruto de la imaginación desbordada de algunos guionistas de Hollywood es hoy en día una realidad imparable que amenaza, nunca mejor dicho, con nuestra esencia humana. Por así decirlo, se ha producido una metempsicosis ya que el cambio es más profundo que una simple metamorfosis. Con la primera se abandonan totalmente las anteriores creencias. La metamorfosis, por el contrario, es una transformación para adaptarse a las nuevas circunstancias, pero sin que resulte afectado el núcleo esencial de las ideas que eran norma.

He tenido oportunidad de tratar esta cuestión en diversos comentarios, aunque llegando a la misma conclusión: la IA nunca podrá desbancar la racionalidad del hombre, aunque solo sea porque aquella depende por entero de ésta.

Pero continuemos. Según un estudio realizado por el Parlamento Europeo:

- En Norteamérica se ha realizado una inversión en IA que supera los 18 mil millones de euros, en Asia más de 9 mil millones de euros y en Europa más de 3 mil millones de euros.
- En la última década, ha habido un incremento del 400 % en la solicitud de patentes para la implementación de inteligencia artificial.
- Para el 2025 podrían generarse 60 millones de nuevos puestos de trabajo como resultado del desarrollo de la IA y la robótica.
- En abril de 2021 se presentó una propuesta en la que se plantea convertir a Europa en el centro mundial de desarrollo de una inteligencia artificial confiable.

Las ventajas, sin duda, que ofrece la IA en los campos de la medicina, los procesos de fabricación, servicios, transportes colectivos, en la organización de la prestación de productos o servicios, o en el marco mismo de las relaciones laborales (desde la selección de candidatos en la fase de contratación, pasando por la evaluación de capacidades o rendimiento de los trabajadores, determinando la promoción profesional, la concreción de jornada o salarios, la vigilancia en el lugar de trabajo, o determinando la extinción del contrato de trabajo), por tan solo poner algunos ejemplos, son notorias, sin embargo, estamos comprobando que se están convirtiendo en auténticas pesadillas.

A todo lo anterior debe sumarse la aparición de los transformadores generativos preordenados, comúnmente conocidos como GPT, que constituyen una familia de modelos de redes neuronales que utilizan la arquitectura de transformadores y representan un avance clave en la inteligencia artificial (IA) que impulsa las aplicaciones de IA generativa, como la ChatGPT.

De este modo, la IA, a través de su aplicación desviada para fines espurios, se ha convertido en centro de atención de múltiples estafas o de suplantación de personas que, por su fama o proyección social, artística, económica o política, puede generar una falsa confianza para caer en la trampa de inversiones, manifestaciones, comportamientos o irregularidades de cualquier tipo que sólo existe en un programa informático ideado para tales fines.

La falta de una adecuada regulación y el compromiso internacional para definir, acotar y controlar la IA se adivinan como los grandes retos a acometer en los próximos años, si no queremos caer en un caos de imprevisibles efectos.

Hecha la anterior introducción, la IA hace tiempo que ha irrumpido en el ámbito de la justicia. Hoy en día muchos despachos de abogados la emplean con habitualidad y normalidad. Un comentario publicado en el diario *The Wall Street Journal* ponía de relieve que decenas de bufetes utilizan software impulsado por GPT-4 para simplificar tareas que consumen tiempo y recursos, incluyendo la revisión y redacción de contratos, corrección de errores o investigación de documentos. El trabajo que normalmente realiza un abogado principiante, ahora puede hacerlo una IA en cuestión de minutos.

Dejando de lado aspectos éticos, morales y estrictamente de orden profesional, se está llegando a un punto que la economía y comodidad que suponen estos avances pueden representar un fraude en la confianza que debe presidir la relación cliente-abogado, convirtiéndose en un modo fácil y factible de asumir más encargos con unos mayores beneficios.

Lo mismo está empezando a suceder en el ámbito judicial. Varios países sudamericanos ya han comenzado a experimentar con la IA aplicada al dictado de resoluciones judiciales.

Leo que, en Perú, ChatGPT se inventó una supuesta sentencia emitida por su Tribunal Constitucional para responder a la consulta de un magistrado, quien le preguntó sobre la existencia de alguna sentencia relacionada con el tema de identidad de género en la jurisprudencia nacional. El programa de inteligencia artificial le respondió con el número de la supuesta sentencia e incluso utilizó el mismo formato del TC para emitirla; sin embargo, al verificarla pudo comprobar que dicha sentencia no existía.

En Colombia otro juez resolvió un caso sobre el derecho a la salud de un niño autista con ayuda del robot ChatGPT, siendo la primera sentencia en redactarse a partir de inteligencia artificial en el país. No obstante, la Universidad del Rosario de Bogotá cuestionó la decisión del magistrado. Días atrás, una universidad francesa había prohibido a los estudiantes su uso.

En Argentina, en una pequeña población, un juez, consciente de la humildad y sencillez de su gente y forma de vida, y convencido de que sus sentencias debían ser comprensibles mediante un lenguaje llano y directo, decidió implementar y utilizar ChatGPT en su trabajo para redactar un párrafo fácil de entender escribiendo la siguiente oración para tener, en cuestión de segundos, un párrafo que pudiera ser entendido por la parte que no tenía el nivel de educación avanzado para comprender todos los términos legales. A tal fin, expresó: *«resumir con un lenguaje fácil y sencillo, en un párrafo, el siguiente texto»*. Luego, copió y pegó todos los documentos, pruebas y el fallo de la sentencia conforme lo solicitado.

En el ámbito de la Unión Europea se ha aprobado el Reglamento (UE) 2024/1689 del Parlamento Europeo y del Consejo, de 13 de junio de 2024, por el que se establecen normas armonizadas en materia de inteligencia artificial y por el que se modifican los Reglamentos (CE) n.° 300/2008, (UE) n.° 167/2013, (UE) n.° 168/2013, (UE) 2018/858, (UE) 2018/1139 y (UE) 2019/2144 y las Directivas 2014/90/UE, (UE) 2016/797 y (UE) 2020/1828 (Reglamento de Inteligencia Artificial), publicado en el DOUE núm. 1689, de 12 de julio de 2024, cuyo objetivo es mejorar el funcionamiento del mercado interior y promover la adopción de una inteligencia artificial (IA) centrada en el ser humano y fiable, garantizando al mismo tiempo un elevado nivel de protección de la salud, la seguridad y los derechos fundamentales consagrados en la Carta, incluidos la democracia, el Estado de Derecho y la protección del medio ambiente, frente a los efectos perjudiciales de los sistemas de IA (en lo sucesivo, «sistemas de IA») en la Unión así como prestar apoyo a la innovación. La norma define el «sistema de IA», como un sistema basado en una máquina que está diseñado para funcionar con distintos niveles de autonomía y que puede mostrar capacidad de adaptación tras el despliegue, y que, para objetivos explícitos o implícitos, infiere de la información de entrada que recibe la manera de generar resultados de salida, como predicciones, contenidos, recomendaciones o decisiones, que pueden influir en entornos físicos o virtuales.

El Consejo de la UE ya había definido la IA como un sistema diseñado para funcionar con un cierto nivel de autonomía con datos proporcionados para lograr unos objetivos definidos por humanos utilizando aprendizaje para producir contenido, predicciones, recomendaciones o decisiones que influyen en los entornos con los que el sistema interactúa.

La regulación legal de esta tecnología se fundamenta en los diferentes riesgos que se pueden distinguir en su utilización. El reglamento establece un riesgo inaceptable y, por tanto, prohíbe el uso de sistemas contrarios a los valores fundamentales de la UE. Entre estas prohibiciones se encuentra la utilización de técnicas subliminales con el objetivo de alterar el comportamiento de las personas; los sistemas que aprovechen las vulnerabilidades de un grupo específico de personas, o la utilización de sistemas de identificación biométrica remota en tiempo real en espacios de acceso público por las autoridades encargadas de la prevención, investigación, detección o enjuiciamiento de delitos.

Precisamente, los próximos días 5 y 6 de octubre de 2023 tendrá lugar en Zamora unas jornadas, organizadas por Jueces para la Democracia, donde se expondrán y debatirán aspectos relacionados con la IA bajo y, concretamente, la *«Elaboración de una Sentencia por la inteligencia artificial»,* a cargo de José Luís Asenjo Pinilla, del TSJ de Madrid, Sala Social, y de Belén Tomás Herruzo, del Juzgado Social n.º 42 de Madrid.

En este encuentro se pondrá de manifiesto el siguiente «experimento»: ¿podría ChatGPT redactar una sentencia partiendo de los hechos que han quedado acreditados tras la celebración de la vista y el examen y valoración de la prueba?, ¿cuál sería su resultado?, ¿habría que darle indicaciones precisas sobre la normativa a aplicar o la podría encontrar de forma autónoma?, ¿sería capaz de argumentar dos soluciones contrapuestas con los mismos hechos y las mismas normas aplicables?, ¿podríamos fácilmente distinguir cuál ha sido la resolución dictada por ChatGPT?

Para dar respuesta a esas cuestiones se le facilitó a ChatGPT los hechos probados de cuatro sentencias y se le pidió que redactase *«como si de un órgano judicial se tratara y aplicando normativa en vigor»* los fundamentos jurídicos y fallo que considerase adecuados. El resultado será objeto de estudio y los asistentes, presenciales y *on line* deberán comprobar cuáles de dichas sentencias son reales y cuáles las confeccionadas mediante la IA.

Todo un reto del que podrán extraerse interesantes resultados y conclusiones y, sin dudarlo, servirá de referente para concienciarnos de los peligros que acechan en el uso indebido o abusivo de estas nuevas tecnologías.

Con todo, continúo afirmando que el dictado de las sentencias corresponde en exclusiva a jueces y tribunales por mandato expreso y delegado del Poder Judicial, con lo que la intervención personal del juez se hace obligada e indelegable. Además, la IA nunca podrá utilizar criterios tan básicos y trascendentales como puedan serlo el estudio, el análisis, el contraste, la intuición, la adecuada valoración de los hechos declarados probados y la resolución versada en derecho.

Pensar o sostener lo contrario iría en contra del mandato del art. 24 de la CE y prestaríamos un flaco servicio tanto a justiciables como profesionales en nuestro alto cometido jurisdiccional.

Como afirma José Joaquín Pérez-Beneyto Abad, Magistrado especialista de la Sala de lo Social del Tribunal Superior de Justicia de Andalucía —Sevilla—, en su artículo *«Los algoritmos al asalto del Derecho del Trabajo: Inteligencia Artificial, sesgos, proceso por discriminación algorítmica»*:

> «El derecho es argumentación, y la actividad argumentativa es una actividad discursiva que requiere inexorablemente de seres humanos aportando razones que fundamenten una decisión normativa. Por eso, los algoritmos serán siempre instrumentos que, con limitaciones, se pueden utilizar para decidir pero siempre sometidos a control de racionalidad como cualquier otro argumento utilizado en el discurso jurídico. En un Estado de Derecho, la actividad argumentativa discurre en el contexto de justificación porque es ahí donde conocemos las razones que podemos rebatir en sede jurídica: es el conjunto de razones que se aportan para fundar la decisión; si nos quedamos con la caja negra del algoritmo no saldremos del contexto de descubrimiento, y quizás atrapados en la magia del algoritmo, del robot, de la IA».

28

RADIOGRAFÍA DE LA JUSTICIA EN ESPAÑA[48]

I. Acerca de la justicia

Antes de dar respuesta a la pregunta que da título al presente comentario sería conveniente precisar o intentar delimitar el concepto de justicia, algo que desde antiguo han pretendido filósofos y juristas y en cuyo nombre se han librado tantas batallas y vertido sangre en cruentos desenlaces.

Por de pronto, la justicia, aun cuando lo pretende y en ocasiones lo consigue por medio de principios generales, no puede afirmarse que sea universal. Cada país tiene su propia justicia, cimentada en valores culturales, religiosos, filosóficos o económicos. La justicia no es más que la manifestación, a través de su estructura y órganos, del derecho positivo del que se dota cada país; esto es, la justicia interpreta, aplica, resuelve y ejecuta, a través de los tribunales y jueces, el cuerpo legislativo aprobado por el gobierno mediante el control parlamentario, al menos en los Estados de Derecho en que impera la división entre los poderes ejecutivo, legislativo y judicial.

Para el jurista y filósofo Hans Kelsen, la Justicia se da en aquel orden social bajo cuya protección puede progresar la búsqueda de la verdad, y añadía que su Justicia, en definitiva, era la de la libertad, la de la paz; la justicia de la democracia y de la tolerancia.

Claro es que no puede haber justicia sin libertad. En el caso de los Estados totalitarios la Justicia se confunde en su sistema, está manipulada, condicionada y sometida por una ideología única e imperante y quienes la administran son meros títeres que cumplen su misión sin la adecuada garantía de su independencia.

48. Publicado en *Economist & Jurist* el 11.2.2024.

Ahora bien, no se trata tanto de una cuestión de creer en la Justicia como de participar e integrarnos en ella. En más ocasiones de las deseadas nuestra concepción de la Justicia, más aún, de lo justo y de lo injusto, tendemos a personalizarla en los jueces, a quienes hacemos blanco de nuestras críticas sin reparar en su difícil cometido y en los medios con que cuentan.

Ahora que es tema de portada, día sí y día también, los numerosos casos de corrupción que salpican por igual a distintos partidos políticos, pocas voces se sale en defensa de los jueces que han de instruir las causas y de los magistrados que luego deben dirigir la vista oral y dictar sentencia. Se tiende a escenificar en los estudios de televisión juicios paralelos donde los tertulianos habituales empiezan a especular, a desmenuzar y a catalogar a los inculpados, dando su veredicto por anticipado sin el menor rubor ni conocimiento técnico, sin haber accedido a los cientos o miles de folios que integran el expediente judicial, sin valorar en su conjunto la prueba practicada, sin ponderar e interpretar las normas legales en juego ni aplicar los criterios jurisprudenciales en la materia.

II. ¿Cuál es la ratio de jueces en España?

Según datos del propio CGPJ, en España hay 5.419 jueces y magistrados, lo que equivale a 11,6 jueces por cada 100.000 habitantes. Esta cifra está por debajo de la media europea de 21,2 jueces por cada 100.000 habitantes.

Por su parte, según el Cuadro de Indicadores de la Justicia de la UE de 2016 presentado por la Comisión Europea, hay países de nuestro entorno con ratios más bajos como Italia (11), Chipre (11), Francia (10), Malta (9,5), o Irlanda (3,5). En la parte más alta de la tabla se encuentran, con más de 40 jueces por cada 100.000 habitantes, Eslovenia, Croacia y Luxemburgo. En cuanto al número de abogados, y siempre según el citado estudio, la cifra se dispara, siendo España el sexto país de la Unión Europea con mayor número de abogados por cada 100.000 habitantes, con un total de 291. La cifra más alta de letrados se encuentra en Grecia (388), seguida de Luxemburgo (387), Italia (368), Chipre (363) y Malta (346). En este sentido, resulta curioso comprobar que algunos de los países que cuentan con un menor número de jueces por habitante tengan, no obstante, un mayor número de letrados.

Lo anterior no es más que un botón de muestra de una situación compleja que hace que la conflictividad y, por tanto, el número de pleitos a resolver, desborde la capacidad de los jueces para dar una respuesta rápida y de mayor calidad, en el sentido, entiéndase bien, de no poder dedicar mayor tiempo al estudio y redacción de las resoluciones, lo que en los tiempos actuales se hace particularmente difícil ante la importante carga de trabajo que deben soportar y sin estar dotados de los medios humanos y técnicos más adecuados.

III. La litigiosidad en España

Conforme los datos contenidos en el informe estadístico sobre la *«Situación de los órganos judiciales»* correspondiente al tercer trimestre de 2023, hecho público por el CGPJ, en España tuvieron entrada en el conjunto de los órganos judiciales un total de 1.656.616 asuntos, cifra que supone un incremento del 8,8 % respecto al mismo trimestre del año anterior. En el mismo periodo, los tribunales españoles resolvieron 1.418.725 asuntos, un 4,3 por ciento más que hace un año. El número de asuntos que quedaron en trámite al final del trimestre, 3.907.128 en total, se incrementó un 18,5 % ciento respecto al tercer trimestre de 2022.

Si se analizan los datos por jurisdicciones, se observa que en la Civil ingresaron 682.733 asuntos entre julio y septiembre, lo que supone un incremento interanual del 14,9 por ciento. El número de resoluciones alcanzó los 547.510 asuntos, un 4,3 % más que hace un año, mientras que la pendencia aumentó un 21,2 % al quedar en trámite al final del trimestre 2.222.031 asuntos. De los asuntos en trámite en esta jurisdicción, el 6,5 % se corresponden con los que se encuentran en ese estado en los juzgados de primera instancia y primera instancia e instrucción relativos a acciones individuales sobre condiciones generales incluidas en contratos de financiación con garantías reales inmobiliarias cuyo prestatario sea una persona física (cláusulas abusivas).

En la jurisdicción Penal, durante el tercer trimestre de 2023 ingresaron 821.263 asuntos, un 4,7 % más que hace un año; se resolvieron 755.726 asuntos, un 5,2 % más, y quedaron en trámite 1.036.146 asuntos, lo que equivale a un aumento de la pendencia del 17,6 por ciento.

En la jurisdicción de lo Contencioso-Administrativo se registraron 43.984 nuevos asuntos, cifra que indica una leve disminución (del 0,7 %) respecto al mismo periodo de 2022. Los órganos de este orden jurisdiccional resolvieron 38.954 asuntos, un 1,9 % menos que el año anterior, mientras que otros 230.008 asuntos (un 4,6 % más) quedaron pendientes de resolución.

Y, por último, en la jurisdicción de lo Social ingresaron 108.613 asuntos, un 9,2 % más que un año antes; se resolvieron 76.523 asuntos, un 0,4 % menos, y quedaron en trámite 418.882 asuntos, un 15,7 % más.

La tasa de litigiosidad en el conjunto de España fue de 34,5 asuntos por cada 1.000 habitantes, siendo las comunidades autónomas que han mostrado una tasa de litigiosidad superior a la nacional Canarias (44,5), Baleares (37,7), Andalucía (36,8), Cataluña (36,6), Madrid (36), Asturias (34,9) y Murcia (34,7). Los territorios con la tasa de litigiosidad más baja fueron País Vasco (23,2), La Rioja (26,3) y Extremadura (27,2).

IV. ¿Cuál es la opinión que merecen los jueces?

Retomando el Cuadro de Indicadores de la Justicia de la UE de 2016, en una de sus conclusiones podemos leer que la profesionalidad del juez es la primera garantía de una resolución de calidad, constituyendo una parte importante del entorno interno que influye en la resolución judicial. La profesionalidad incluye una formación jurídica de alto nivel, así como el desarrollo de una cultura de independencia, de ética y de deontología. Lo anterior requiere, por parte del juez, una sensibilización no sólo hacia los instrumentos jurídicos sino también hacía las nociones que no son jurídicas. Y continúa afirmando que el nivel de calidad de las resoluciones judiciales es el resultado claro de las interacciones entre los numerosos actores del sistema judicial.

¿A qué conclusiones debemos llegar? Desde mi particular punto de vista, es preciso entender que la credibilidad de nuestro sistema judicial depende también de la calidad y profesionalidad de otros operadores jurídicos, muy especialmente de letrados y graduados sociales. Una demanda que contenga un relato fáctico sucinto y claro, junto con una ordenada y coherente petición, la proposición y práctica de los medios de prueba adecuados y pertinentes en derecho, y una intervención durante el juicio que permita al juez una aproximación al debate que enfrenta posiciones contradictorias, en el que pueda delimitarse la controversia en aras de adecuar a derecho su resolución, son circunstancias que permiten afirmar, sin lugar a dudas, que la Justicia se aproxima al ideal que persigue: ser equitativa, imparcial y ponderada.

Ahora bien, como afirmaba el jurista italiano Renato Treves, en su obra *«El juez y la sociedad»*, una cosa es el sentimiento de indefensión, derivado de la constatación de la ineficacia funcional del sistema normativo, conectado con la función social de las normas jurídicas, y otra distinta la imagen del juez y de la Administración de justicia, muchas veces distorsionada por los medios de comunicación social.

En cualquier caso, sí desearía llamar la atención sobre nuestro alto, comprometido y responsable cometido. Muchas fases del enjuiciamiento de cualquier asunto permanecen ocultas, ignotas y anónimas, sin el glamour de la sala de vistas, de las togas y de las formas. Son muchas las horas de trabajo en el juzgado, rodeado de expedientes a modo de junglas de papel, trasiego de profesionales y de ciudadanos, que se prolongan en nuestros hogares, con sacrificio de nuestras vidas personales y familiares, en lo que ha venido a denominarse la soledad del juzgador, sometidos a una carga de trabajo y a unas condiciones que pueden y deben mejorarse.

Para acabar, un dato importante. El Consejo General del Poder Judicial dio a conocer en febrero de 2023 una Encuesta realizada por Metroscopia entre quienes han tenido contacto con la Administración de Justicia, señalando al judicial como el mejor valorado de los tres poderes del Estado, de modo que el 37 % de los encuestados cree que funciona mejor que el Poder Ejecutivo, frente al 23 %, que opina que funciona peor. Comparado con el Poder Legislativo (las Cortes), el 30 % cree que el Poder Judicial funciona mejor y el 22 %, peor mientras que el 23 % y el 22 % creen que funciona igual, respectivamente.

De los resultados de la citada encuesta cabe destacar que:

a) El 80 % de los usuarios de la Justicia está muy de acuerdo (39 %) o bastante de acuerdo (41 %) con la afirmación de que los jueces están bien preparados y son competentes.

b) Sin embargo, el 79 % está muy de acuerdo (50 %) o bastante de acuerdo (29 %) con que la Justicia es tan lenta que, siempre que se pueda, es mejor evitar acudir a ella.

c) El 75 % está muy de acuerdo (45 %) o bastante de acuerdo (30 %) con la afirmación de que todos los gobiernos, sean de la ideología que sean, están más interesados en controlar la Justicia que en proporcionarle los recursos que necesita para funcionar de forma rápida y eficaz.

d) Además, el 69 % de los encuestados está muy de acuerdo (34 %) o bastante de acuerdo (35 %) con la afirmación de que, con todos sus defectos e imperfecciones, la Justicia constituye la garantía última de la defensa de la democracia y de las libertades de los ciudadanos.

e) El 58 % también está muy de acuerdo (18 %) o bastante de acuerdo (40 %) con que los jueces resuelven conforme a la ley por muchas presiones que puedan recibir. El 28 % está poco de acuerdo y el 10 %, nada de acuerdo con esta afirmación.

f) Un 87 % de los españoles está totalmente de acuerdo (59 %) o más bien de acuerdo (28 %) con la idea de que los políticos tratan de influir en el Poder Judicial y controlarlo. Sólo el 11 % están más bien en desacuerdo con esta afirmación (6 %) o totalmente en desacuerdo (5 %).

g) El 75 % afirma haber tenido la sensación de haber entendido el desarrollo del juicio. El 22 %, por el contrario, no había entendido nada o casi nada de lo sucedido. Entre los que ganaron el pleito, el 84 % entendieron el desarrollo del juicio, así como el 67 % del resto.

h) El 83 % de los encuestados considera que la actitud del juez fue respetuosa, siendo un 11 % los que opinan lo contrario. En el caso de los que ganaron el juicio, son un 92 % los que opinan que fueron tratados con respeto; lo mismo opinan un 77 % de los que perdieron o aún no conocen la sentencia.

i) Un porcentaje muy similar, el 81 %, opina que la actitud del juez fue imparcial, frente al 13 % que cree que no lo fue. El juez fue imparcial para el 89 % de los que ganaron el caso y para el 73 % de los demás.

j) Durante la celebración del juicio, el 71 % afirma que el juez escuchó con atención los argumentos de su abogado. La opinión contraria la han expresado el 20 % de los encuestados. El juez estuvo atento para el 84 % de los que ganaron y para el 58 % de los que no lo hicieron o están pendientes del resultado.

k) En relación con la imparcialidad mostrada por el juez o tribunal, el 80 % dice confiar en la imparcialidad de la sentencia, mientras que un 15 % duda de la misma. El porcentaje de los que confían en la imparcialidad del órgano judicial aumenta hasta el 93 % entra los que ganaron y es del 67 % entre los demás.

l) Tras haber tenido contacto con la Justicia, la confianza en el sistema judicial es buena para el 47 % de los encuestados. En concreto, la confianza ha aumentado para el 14 % de ellos y sigue siendo más bien buena para el 33 %. El mismo porcentaje (48 %) sigue teniendo una opinión negativa: para el 33 % ha disminuido la confianza en la Justicia y el 15 % mantiene una opinión más bien mala.

m) El trato, la independencia y las formas de proceder del juez obtienen buenas puntuaciones entre los usuarios de la Justicia. En una escala de puntuación de cero a diez, el trato correcto e imparcial ha obtenido un 7,8; la independencia del juez, un 7,7 y la forma de actuar del juez, un 7,2. La confianza del usuario en la Justicia antes de acudir a ella ha obtenido una puntuación de 7.

En resumen, podemos y debemos creer en la Justicia, pilar básico de un modelo de Estado de Derecho donde impera constitucional y legalmente la independencia de los jueces y magistrados que la imparten diariamente a través de sus resoluciones y sentencias.

Pero quizás lo más destacable, desde mi punto de vista, sea la afirmación realizada por el presidente de Metroscopia, José Juan Toharia: *«La experiencia ante la Justicia es altamente positiva tanto entre quienes dicen haber ganado el caso como entre quienes lo perdieron o no conocen aún el resultado»*, lo que realza la alta función de la justicia y su credibilidad y respeto, sin por ello desconocer y reivindicar su estado actual y la creación de más órganos judiciales que soporten la actual carga de pendencia.

29

ALGUNAS REFLEXIONES ACERCA DE LAS LÍNEAS DIVISORIAS ENTRE LOS PODERES LEGISLATIVO Y JUDICIAL[49]

Ya Platón aseveró que el Estado debía estar sometido a les reglas del Derecho, la legalidad y la igualdad, bajo la garantía de nuestros tribunales y jueces que velan por el interés general.

Influenciado por tal ideal, Aristóteles, en su obra *Ética a Nicómaco*[50], tras afirmar la relación que existe entre la reciprocidad y la justicia, se refiere no sólo a ésta en su dimensión absoluta sino también a la política, ya que la justicia encuentra su plena realización en el marco de la *polis*, donde los ciudadanos deben vivir para la ciudad, y deben hacerlo en una comunidad de vida entre personas libres e iguales, ya sea proporcional ya aritméticamente, de modo que entre personas que no estén en estas condiciones no es posible la justicia política de los unos respecto de los otros sino sólo la justicia en un cierto sentido y por analogía.

De ahí que, tras haber definido las condiciones requeridas para la justicia política, Aristóteles mencione diversos tipos de justicia que suponen una comunidad, pero una comunidad en la que, en contraposición a aquellos valores de libertad e igualdad, en ocasiones los miembros no son iguales ni libres, y para ello, debiendo estar al frente de la justicia necesariamente el magistrado, que es quien en última instancia guarda la justicia, tesis que defiende de la siguiente manera:

> «La justicia supone personas cuyas relaciones están reguladas por una ley, y la ley se aplica a situaciones en la que es posible la injusticia, pues la justicia es el discernimiento entre lo justo y lo injusto.
>
> Donde hay injusticia hay también acciones injustas, y éstas tienen lugar cuando uno se atribuye más de lo bueno en absoluto y menos de lo malo en absoluto. Por

49. Publicado en *Economist & Jurist* el 20.6.2023.

50. Aristóteles (*Ética a Nicómaco*. Libro V. Examen de las virtudes éticas, ap. 6).

> eso, no permitimos que nos mande un hombre sino la razón, porque el hombre manda en interés propio y se convierte en tirano.
>
> El magistrado, al contrario, es el guardián de la justicia, y si de la justicia, también de la igualdad. Y puesto que se considera que no tiene más si en verdad es justo (pues no se atribuye así mismo más de lo que es absolutamente bueno, a no ser que sea proporcional a su mérito; por eso se esfuerza para otros y está es la razón por la que se dice que la justicia es un bien para el prójimo), de ahí que deba dársele una recompensa y ésta es el honor y la dignidad, y los que consideran esta recompensa insuficiente, se hacen tiranos».

Hoy en día, los estados democráticos, siguiendo los postulados promovidos por Montesquieu, se basan en la división de los poderes legislativo, ejecutivo y judicial, de modo que aun cuando no pueda afirmarse que sea un modelo de perfección, su adecuado equilibrio y respeto institucional debe presidir sus respectivos funcionamientos.

La división de poderes, así, se erige en la esencia y germen del actual Estado de Derecho actuando contra la inmunidad del poder, la interdicción de la arbitrariedad y el imperio de la ley, de modo que como se ha afirmado el ciudadano sólo está sometido a la ley[51], lo que significa como dijo Jean-Jacques Rousseau *(Lettres escrites de la montagne, lettre VIII)*, que se debe instituir una forma de gobierno que ponga a la ley por encima del hombre:

> «Un pueblo libre obedece, pero no sirve. Tiene jefes, pero no dueños. Obedece a las leyes, pero nada más que a las leyes, y es por la fuerza de las leyes por lo que no obedece a los hombres. Un pueblo es libre, sea cual fuera la forma de su gobierno, cuando en quien lo gobierna no ve al hombre sino al órgano de la ley. En una palabra, la libertad sigue siempre la suerte de las leyes, reina o perece con ellas. Yo no sé nada que sea más cierto».

Ahora bien, para controlar y evitar el desvío de la ley, corresponde al poder judicial actuar de contrapeso, interviniendo en caso de conflicto, erigiéndose en el garante último que evite los excesos, abusos, corrupciones, invasión de competencias y, en general, cualquier comportamiento individual o colectivo de naturaleza ilícita, actuando de balanza, la misma que emplea la diosa de la Justicia y que, junto con la venda que cubre sus ojos, adopta y hace cumplir decisiones objetivas e imparciales sin influencias de riquezas, política, fama o infamias.

Y si a los jueces corresponde impartir justicia, entramos de plano en un asunto de suma trascendencia. El mismo Aristóteles teorizó al respecto centrando su definición de la Justicia en dos ideas, de las que se hace eco Michael J. Sandel[52].

---

51. José María MICHAVILA. *La Edad Democrática*. Ed. Espasa, septiembre de 2022, pág. 214.
52. Michael J. SANDEL. *Justicia. ¿Hacemos lo que debemos?* Ed. Debate. Premio Princesa de Asturias de Ciencias Sociales.

La primera de ellas afirma que la justicia es teleológica. Para definir los derechos hemos de determinar el *telos* (el propio fin o naturaleza esencial) de la práctica en cuestión.

La segunda alude que la justicia es honorífica. Razonar sobre el *telos* de una práctica —o discutir sobre él— es, al menos en parte, razonar o discutir sobre qué virtudes debe honrar y recompensar.

Este mismo autor se refiere a que las teorías modernas de la justicia intentan separar las cuestiones relativas a la equidad y los derechos, por una parte, de las discusiones relativas al honor, la virtud y el merecimiento moral, por la otra.

Y si la justicia aristotélica comporta dar a las personas lo que se merecen, esto es, dar a cada uno lo que le corresponde, uno de sus fundamentos debe residir necesariamente en la virtud que deriva del mérito personal.

Mérito al que debe unirse la necesaria capacidad para el ejercicio de la facultad que se le otorga al individuo en nombre de la comunidad para la que sirve, como integrante de cualquiera de los tres poderes, aunque con matices.

Sobre este particular, el art. 103.3 de nuestra Constitución pone de relieve que *«La ley regulará el estatuto de los funcionarios públicos, el acceso a la función pública de acuerdo con los principios de mérito y capacidad, las peculiaridades del ejercicio de su derecho a sindicación, el sistema de incompatibilidades y las garantías para la imparcialidad en el ejercicio de sus funciones»*.

Por su parte, el art. 117.3 del mismo texto legal indica que *«El ejercicio de la potestad jurisdiccional en todo tipo de procesos, juzgando y haciendo ejecutar lo juzgado, corresponde exclusivamente a los Juzgados y Tribunales determinados por las leyes, según las normas de competencia y procedimiento que las mismas establezcan»*.

Podemos observar que en ambos casos el acceso las funciones públicas de funcionarios e integrantes del poder judicial pasan por el tamiz de un previo proceso de selección, de suerte que sólo los mejores, los más virtuosos, los más excelentes resultan los elegidos.

Sin embargo, los diputados y senadores que integran las Cortes Generales pueden ser elegidos cuando estén en pleno uso de sus derechos políticos, sin mayor condición[53] [54], y, por tal motivo sin reunir las condiciones de mérito

53. Art. 68. 1 y 5, y art. 69.2 CE:
«Son electores y elegibles todos los españoles que estén en pleno uso de sus derechos políticos ... elegidos por sufragio universal, libre, igual, directo y secreto, en los términos que establezca la ley ...».

54. El Reglamento del Congreso de los Diputados, de 24 de febrero de 1982 y sus posteriores modificaciones, se refiere en su art. 20.1 a que:
«1. El Diputado proclamado electo adquirirá la condición plena de Diputado por el cumplimiento conjunto de los siguientes requisitos:
1.° Presentar en la Secretaría General la credencial expedida por el correspondiente órgano de la Administración electoral.

y de capacidad, en su alcance técnico, exigibles a otros representantes del Estado en el cometido de sus funciones, atendido que el único mérito que deben acreditar es haber sido elegidos mediante sufragio universal y no incurrir en ninguna de las causas de inelegibilidad e incompatibilidad. Causas éstas que ponen bien a las claras la división de poderes[55].

Una reciente Sentencia de la Sala Social del Tribunal Supremo, de 2 de marzo de 2003, núm. 169/2023, dictada en el recurso para la unificación de doctrina núm. 3972/2020, acerca de la ampliación de la duración del permiso por nacimiento tratándose de familias monoparentales, pone de manifiesto la necesaria división de poderes que debe imperar entre el legislativo y el judicial, al referirse en su Fundamento de Derecho Cuarto, apartado 2, a lo siguiente:

> «... hemos afirmado que según constante y reiterada doctrina constitucional, corresponde al legislador determinar el nivel y condiciones de las prestaciones a efectuar o las modificaciones para adaptarlas a las necesidades del momento. Así lo vino señalando el Tribunal Constitucional como se recuerda en su sentencia 75/2011 diciendo que "el art. 41 CE convierte a la Seguridad Social en una función estatal en la que pasa a ocupar una posición decisiva el remedio de situaciones de necesidad, pero tales situaciones han de ser apreciadas y determinadas teniendo en cuenta el contexto general en que se producen y en conexión con las circuns-

---

2.° Cumplimentar su declaración de actividades en los términos previstos en la Ley Orgánica del Régimen Electoral General.
3.° Prestar, en la primera sesión del Pleno a que asista la promesa o juramento de acatar la Constitución.
2. Los derechos y prerrogativas serán efectivos desde el momento mismo en que el Diputado sea proclamado electo. Sin embargo, celebradas tres sesiones plenarias sin que el Diputado adquiera la condición de tal, conforme al apartado precedente, no tendrá derechos ni prerrogativas hasta que dicha adquisición se produzca».
Por su parte, el art. 21 recoge los supuestos de suspensión en el cargo y el art. 22 de la pérdida de su condición.
En el caso de los Senadores, véanse los arts. 1, 11, 12, 22 y 102 del Texto refundido del Reglamento del Senado aprobado por la Mesa del Senado, oída la Junta de Portavoces, en su reunión del día 3 de mayo de 1994.

55. Conforme el art. 70 CE:
«1. La ley electoral determinará las causas de inelegibilidad e incompatibilidad de los Diputados y Senadores, que comprenderán, en todo caso:
a) A los componentes del Tribunal Constitucional.
b) A los altos cargos de la Administración del Estado que determine la ley, con la excepción de los miembros del Gobierno.
c) Al Defensor del Pueblo.
d) A los Magistrados, Jueces y Fiscales en activo.
e) A los militares profesionales y miembros de las Fuerzas y Cuerpos de Seguridad y Policía en activo.
f) A los miembros de las Juntas Electorales.
2. La validez de las actas y credenciales de los miembros de ambas Cámaras estará sometida al control judicial, en los términos que establezca la ley electoral».

tancias económicas, las disponibilidades del momento y las necesidades de los diversos grupos sociales. No puede excluirse por ello que el legislador, apreciando la importancia relativa de las situaciones de necesidad a satisfacer, regule, en atención a las circunstancias indicadas, el nivel y condiciones de las prestaciones a efectuar o las modifique para adaptarlas a las necesidades del momento (STC 65/1987, de 21 de mayo, FJ 17)". En definitiva, como advierte la propia STC 197/2003, de 30 de octubre, FJ 6 in fine, si bien la cobertura de las situaciones de necesidad de los colectivos sociales "es un ideal claramente deseable a la luz de los principios rectores de la política social y económica que nuestra Constitución asume en sus arts.41 y 50 y que han de informar la legislación positiva —art. 53.3 CE—", sin embargo "este Tribunal Constitucional no debe interferir con decisiones singularizadas susceptibles de alterar el equilibrio económico financiero del conjunto del sistema, salvo que la diferencia de tratamiento controvertida esté desprovista de toda justificación objetiva y razonable (STC 184/1993, de 31 de mayo, FJ 6)".

Razones que refuerzan la tesis de que estamos ante la posible ampliación de la protección que el sistema otorga a un determinado colectivo —las familias monoparentales— cuyo alcance, e intensidad corresponde determinarlo al legislador; sin que esta Sala —ni ningún otro órgano judicial— pueda adoptar decisiones singularizadas que sustituyan, amplíen o restrinjan la configuración efectuada por legislador, mucho menos, si tales decisiones pueden potencialmente afectar a la economía del sistema contributivo de protección social. Teniendo en cuenta, además, que, como razonaremos, la regulación vigente de la protección por nacimiento y cuidado del menor en este tipo de familias ni resulta contraria al principio de igualdad del artículo 14 CE, ni contraviene ningún principio constitucional, sin perjuicio de que de lege ferenda pudiera ser deseable que fuera mayor o más intensa, lo que, obviamente, también sería predicable para otros colectivos sociales».

Sea como fuere, ¿es posible considerar como una anomalía legal que el poder judicial, en su esfera de interpretación del derecho positivo, aborde y regule *de facto* cuestiones que el legislativo no ha previsto o que se encuentran huérfanas de la adecuada sistematización o regulación en el cuerpo normativo?

30

RELACIÓN LABORAL VERSUS ARRENDAMIENTO DE SERVICIOS. ALGUNOS EJEMPLOS DE FALSOS AUTÓNOMOS RESUELTOS POR LA SALA SOCIAL DEL TRIBUNAL SUPREMO[56]

El artículo 8.1 del Real Decreto Legislativo 2/2015, de 23 de octubre, por el que se aprueba el texto refundido de la Ley del Estatuto de los Trabajadores (ET), delimita la existencia de una relación entre quien presta un servicio retribuido y quien lo recibe, tratándose de una presunción *iuris tantum*, razón por la que admite prueba en contrario.

Por su parte, el artículo 1 del ET delimita la relación laboral indicando que la ley será de aplicación a los trabajadores que voluntariamente presten sus servicios retribuidos por cuenta ajena y dentro del ámbito de organización y dirección de otra persona, física o jurídica, denominada empleador o empresario.

Partiendo de lo anterior, nuestros tribunales han puesto de manifiesto las tres notas definitorias de la relación laboral: la ajenidad en los resultados, la dependencia en su realización y la retribución de los servicios.

Ahora bien, ¿cómo distinguir entre una relación laboral y otra que no lo es por tratarse de una prestación de servicios profesionales como trabajador autónomo?

Pues bien, la doctrina de la Sala de lo Social del Tribunal Supremo, constituida, entre otras, por la STS de 2 de 6 noviembre de 2012, recurso núm. 536/2012; la STS núm. 96/2020, de 4 de febrero 2020, rec. 3008/2017; la STS de 9 de diciembre de 2004, rcud 5319/2003, o las SSTS anteriores de 12 de febrero de 2008, rcud. 5018/2005; de 22 de julio de 2008, rcud. 3334/2007;

56. Publicado en *Economist & Jurist* el 8.7.2014.

y 25 de marzo de 2013, rcud. 1564/2012), nos concreta cuáles son las notas características entre ambos tipos de relación, la laboral y la de arrendamiento de servicios:

1. En el contrato de arrendamiento de servicios hay un intercambio de prestaciones de trabajo con una contrapartida, que es la remuneración. En un contrato de trabajo concurren unas notas específicas que lo diferencian del anterior, la ajenidad y la dependencia. Los contratos escritos con el mismo contenido pueden encubrir una relación laboral o un contrato de arrendamiento de servicios. De ahí que el nombre elegido por las partes (contrato de trabajo o arrendamiento de servicios) no resulte determinante en la calificación de su verdadera naturaleza.
2. Hay que examinar cada caso concreto y todas las circunstancias concurrentes para constatar si estas notas de ajenidad y dependencia se dan o no, para lo cual se acude a la técnica de los indicios.
3. La «dependencia» es una situación del trabajador dentro de la esfera de organización y disciplina de la empresa, ya sea persona física o jurídica.

De manera más concreta, las notas más comunes que pueden insinuar la existencia de dependencia son, por ejemplo, la asistencia al centro de trabajo del empleador o al lugar designado por el empresario; el sometimiento a un horario, el desempeño personal del trabajo; o la inserción del trabajador en la organización de la actividad.

La «ajenidad» es la cesión anticipada de los frutos del trabajo que el empleado traslada al empresario; éste a su vez, asume la obligación de pagar el salario con independencia de la obtención de beneficios, de modo que quien corre con los riesgos en la explotación de la actividad es el empleador, nunca el trabajador.

Las notas más comunes que suponen un indicio de la existencia de ajenidad son, por ejemplo: la disposición por el trabajador de los productos elaborados o los servicios realizados; el carácter fijo o periódico de la retribución; o el cálculo de la retribución con arreglo a un criterio que guarde proporción con la actividad prestada.

En todo caso, habrá que estar a cada caso concreto, a las circunstancias existentes y a la prueba practicada., partiendo de la premisa de que la realidad debe prevalecer sobre lo que el propio contrato señale, conforme a la máxima *«los contratos son lo que son, y no lo que las partes dicen que son»*, sin que desvirtúe la existencia de una relación laboral el que el trabajador esté dado de alta y cotice en el Régimen Especial de Trabajadores Autónomos ni que emita facturas en cobro de su servicio.

Asimismo, por lo que se refiere a los trabajadores autónomos económicamente dependientes —TRADE— son aquellos que realizan una actividad económica o profesional como cualquier otro autónomo, pero con la característica de que dependen económicamente de un único cliente, al percibir por lo menos el 75 por ciento de sus ingresos de ese cliente, debiendo, además, cumplir una serie de requisitos regulados en la Ley 20/2007, de 11 de julio, del Estatuto del trabajo autónomo.

Y aun cuando formalmente exista un contrato de TRADE, los tribunales han resuelto a favor de una verdadera relación laboral. Concretamente, la STSJ de Castilla La Mancha, de 3 de mayo de 2011, consideró laboral la relación existente entre trabajador y empresa, al tratarse de un subcontratado —peón— para la retirada de tendido eléctrico, que sufre un gravísimo accidente por descarga eléctrica, considerando la Sala que la relación existente entre las partes era de naturaleza laboral, bajo dependencia y control de la empresa, ejecutando su trabajo de forma indiferenciada con los trabajadores por cuenta ajena de la misma empresa.

De igual modo, la sentencia dictada por el TSJ del País Vasco, de 12 mayo 2015, recurso núm. 755/2015, considera que la notificación del cese por parte de la empresa era realmente un despido improcedente, al existir una relación de naturaleza laboral, pues aunque el falso autónomo prestaba servicios para una única empresa, realizando tareas de mantenimiento y reparación de máquinas embaladoras, el trabajador no contaba con infraestructura propia ni con un sistema organizativo de su trabajo, actuando según demanda y reclamo de la empresa en una configuración del sistema operativo estructurado por ella.

Veamos, seguidamente, algunos ejemplos de falsos autónomos por profesiones, resueltos por nuestros tribunales:

- Actores de doblaje (STS 9 diciembre 2010 (RJ 2011, 1454), rec. 1874/2009).
- Administrador solidario que es socio y gerente (STS 26 diciembre 2007 (RJ 2008, 1777), rec. 1652/2006).
- Agentes de Seguros (STS 23 marzo 1995 (RJ 1995, 2769) rec. 2120/1994).
- Instaladores de fibra óptica (STS núm. 83/2023, de 31 de enero de 2023, rec. 4875/2019).
- Directivos de Compañías Aseguradoras (STS 13 noviembre 2001 (RJ 2002, 836), rec. 1146/2001).
- Cobradores de recibos (STS 21 junio 2011 (RJ 2011, 5429), rec. 2355/2010).
- Alumnos de Escuelas-Taller (STS 7 julio 1998 (RJ 1998, 6161), rec. 2573/1997).
- Arquitecto de Ayuntamiento (STS 23 noviembre 2009 (RJ 2010, 1163), rec. 170/2009).

- Asesor Jurídico (STS 19 noviembre 2007 (RJ 2008, 1013), rec. 5580/2005).
- Contratados en régimen administrativo (STS 24 septiembre 1998 (RJ 1998, 7425), rec. 3311/1997).
- Vendedores de productos catalogados (STS 15 junio 1998, rec. 2220/1997).
- Montador de aparatos elevadores (STS núm. 96/2020, de 4 de febrero 2020, rec. 3008/2017).
- Titulares de un contrato de control y depósito de mercancías (STS 7 marzo 1994 (RJ 1994, 2210), rec. 615/1993).
- Transportistas (STS 16 marzo 1999 (RJ 1999, 2998), rec. 681/1998).
- Director de hotel (STS 22 abril 1997 (RJ 1997, 3492), rec. 3321/1996).
- Empleados de las Cámaras de Comercio (STS 13 julio 1992 (RJ 1992, 5610), rec. 418/1992).
- Encuestadores (STS 14 febrero 1994 (RJ 1994, 1035), rec. 123/1992).
- Guías turísticos (STS 10 abril 1995 (RJ 1995, 3040), rec. 2060/1994).
- Informador radiofónico (STS 11 mayo 2009, rec. 4162/2003).
- Inspector comercial (STS 20 noviembre 2007 (RJ 2008, 1016), rec. 2105/2006).
- Limpiadora en comunidad de propietarios (STS 25 enero 2000 (RJ 2000, 1312), rec. 582/1999) o en oficinas (STS 20 julio 2010 (RJ 2010, 7275), rec. 3344/2009).
- Empleados en locutorio (STS 20 julio 1999 (RJ 1999, 6839), rec. 4040/1998).
- Maquilladora de televisión (STS 3 mayo 2011 (RJ 2011, 4506), rec. 2228/2010 y otras).
- Técnico de mantenimiento de maquinaria (STS 29 diciembre 1999 (RJ 2000, 1427), rec. 1093/1999).
- Personal sanitario en empresa (STS 23 octubre 2003 (RJ 2003, 9075), rec. 677/2003 y otras) o en centro de reconocimiento de conductores (STS 20 julio 2001 (RJ 2001, 7474), rec. 4207/1999).
- Personal médico al servicio de Compañías Sanitarias (STS 9 diciembre 2004 (RJ 2005, 875), rec. 5319/2003) o Clínicas privadas (STS 29 noviembre 2010 (RJ 2011, 1355), rec. 253/2010).
- Odontólogos (STS 7 octubre 2009 (RJ 2009, 5663), rec. 4169/2008; sin embargo, en contra de la existencia de una relación laboral la STS núm. 33/2023, de 17 de enero de 2023, rec. 3291/2020).
- Peritos tasadores de seguros (STS 8 octubre 1992 (RJ 1992, 7622), rec. 2754/1991).

- Profesorado de enseñanzas no regladas (STS 22 julio 2008 (RJ 2008, 7056), rec. 3334/2007), o en Escuelas Universitarias adscritas (STS 7 diciembre 1999 (RJ 1999, 9692), rec. 323/1999), o en Colegios Universitarios (STS 5 junio 2002 (RJ 2002, 8132), rec. 2072/2000), o en centro educativo (STS núm. 115/2023, de 8 de febrero de 2023, rec. 3921/2019).
- Profesor de Religión en Centros Públicos (STS 31 octubre 2000 (RJ 2000, 9627), rec. 442/2000).
- Psicóloga en Centro de reconocimiento (STS 20 septiembre 1995 (RJ 1995, 6784), rec. 1463/1994).
- Periodistas (STS núm. 254/2023, de 11 de abril de 2023, rec. 3617/2020).
- Reporteros gráficos (STS 19 julio 2002 (RJ 2002, 9518), rec. 2869/2001).
- Representantes de comercio (STS 13 mayo 1998 (RJ 1998, 4647), rec. 4523/1997).
- Asesor sindical (STS 7 octubre 2005(RJ 2005, 8105), rec. 2854/2004).
- Subagentes de seguros (STS 28 febrero 2008 (RJ 2008, 3881), rec. 3174/2006).
- Tertuliano radiofónico (STS Pleno 19 febrero 2014, rec. 3205/2012).
- Trabajos familiares (STS 11 marzo 2005 (RJ 2005, 3867), rec. 2109/2004).
- Traductores e intérpretes (STS de 16 de noviembre de 2017 (rec. 2806/2015).
- Montadores de ascensores (STS 24 de enero de 2018 rec. 3595/2015).

NO TODO ES DERECHO

1

LA NADA: ENTRE LA NEGACIÓN DEL SER Y LA IMPOSIBILIDAD DE AFIRMARLA[57]

Cuando tenía alrededor de 10 años mis padres me regalaron una Biblia infantil en tres volúmenes que guardo como un pequeño tesoro entre los libros de mi biblioteca personal.

Me entregué con avidez a su lectura, propiciada por un texto de fácil comprensión acompañado de ilustraciones a todo color. Por vez primera pude plantearme, desde la particular visión de la religión católica, de qué manera se creó el mundo, en qué consistió la Génesis, el milagro de la creación de todo cuanto nos rodea, incluidos nosotros mismos.

Pero de manera singular, fue su primera página la que atrajo toda mi atención, al extremo de que aun habiendo transcurrido más de 50 años continúa viva aquella experiencia que me ha marcado trascendentalmente.

Aquella página en blanco no contenía más que un margen de color marrón y al pie de la misma la siguiente inscripción: *«Al principio no existía NADA»*.

A pesar de mi corta edad, me cuestionaba el porqué de las cosas e intentaba darles una explicación. Sin embargo, no alcanzaba a asimilar cómo era posible que en un momento de nuestra historia simplemente no había nada, ni el Universo, ni las galaxias, ni las estrellas, ni los planetas. La Tierra tampoco existía. No había mares, montañas, ríos, lagos, cielo, nubes, animales, personas. Pero ¿cómo podía ser posible?

Esta duda existencial me ha acompañado hasta nuestros días y cuando intento aun darle una respuesta racional fracaso en el intento, simplemente me supera, excede de mi capacidad de entendimiento. Ni desde una óptica religiosa, física o metafísica me veo capaz de poder darle respuesta.

Como siempre sucede con estos temas trascendentales, hemos de acudir a los filósofos clásicos, sin desdeñar a los contemporáneos, para desde el conocimiento conjunto y crítico poder desvanecer, siquiera mínimamente,

57. Publicado en *Exconomist & Jurist* el 17.9.2023.

nuestra duda o, al menos, ayudarnos a formar nuestro propio criterio, sin ceder a la comodidad de que la mejor respuesta a la pregunta que podemos dar a si existe la Nada sea de que siempre hay algo, incluso, en palabras del cosmólogo Andrew Pontzen, en el espacio profundo. Y es que, como pusiera de relieve Bergson, la idea de la Nada ha sido a menudo el motor invisible de la especulación filosófica.

Con todo, debemos esforzarnos en hallar una respuesta, lo más racional posible, que es lo que intentaré a lo largo de este comentario, aunque aventuro que cualquier explicación está sujeta a la crítica, al desconcierto, a la incertidumbre, la indiferencia o, en último extremo, al puro y directo rechazo.

Pero de eso se trata, de confrontar opiniones para llegar a un punto concreto, cualquiera que éste sea, coincida o no con nuestro inicial pensamiento, rechace o acepte nuestras tesis, ideas o moral. Sí, porque también la moral, nuestra particular ética, conforma nuestra personalidad, y acomoda, moldea, configura y matiza nuestro propio ser.

El ser por naturaleza es libre, no está naturalmente sujeto ni condicionado más que a los elementos externos que por diferentes circunstancias, siempre ajenas a nuestra voluntad, se imponen a nuestro propio albedrío. El conocimiento es siempre adquirido, por eso se suele afirmar que nadie nace enseñado, y esa aprehensión del saber se materializa de muy distintos modos, de suerte que cada persona es su propio universo, fruto de su propia experiencia cognitiva, de lo asimilado, de lo interiorizado en nuestro propio ser y que nos hace únicos, intransferibles, lo que, en definitiva, nos convierte en personas racionales que buscan respuestas a sus dudas.

Efectuado el anterior prolegómeno, a modo de introducción, la propia negación de la Nada lo supone del ser, de modo que negar la existencia es tanto como afirmar que no existimos, salvo que acudamos al encuentro de explicaciones que van más allá de lo razonable, esto es, fuera de lo estrictamente racional o, si se desea, científico. No debe por ello extrañarnos que el diccionario de la Real Academia de la Lengua Española defina la Nada, en su primera acepción, como la *«Inexistencia total o carencia absoluta de todo ser».*

Acudiendo a otras posibles explicaciones hallamos el texto sagrado por excelencia, la Bibilia y, concretamente, su primer libro con el nombre de «bereshoit», palabra con la cual comienza en su original hebrero que en posterior traducción al griego (s. III a.C) lo denominó «Génesis», pasando así al latín y al castellano, de modo que al referirse a la creación lo hace con estas palabras *«Al principio creó Dios el cielo y la tierra. La tierra era un caos enorme, sobre la faz del abismo, la tiniebla. Y el aliento de Dios se cernía sobre la faz de las aguas ...»*.

A partir de ese instante Dios, en tan solo siete días, ordenó que existiera la luz, una bóveda entre las aguas, que separara aguas de aguas, que se juntaran las aguas por debajo del cielo en un solo sitio, y que aparecieran los continentes, que verdeara la hierba engendrando semillas según su especie, y árboles que dieran fruto, que se separara el día de la noche, que volaran los pájaros sobre la tierra frente a la bóveda del cielo, creó los cetáceos y los vivientes que se deslizan, y los animales domésticos, reptiles y fieras, según sus especies. Hizo al hombre a nuestra imagen y semejanza, para que dominaran los peces del mar, las aves del cielo, los animales domésticos y todos los reptiles, distinguiendo entre varón y hembra con el mandato que crecieran y se multiplicaran y llenaran la tierra.

Nada se advierte, por el contrario, qué había antes de la creación divina. Para los teólogos la creación es fruto de la bondad absoluta de Dios, aparece como omnipotencia creadora, cuya palabra va haciendo aparecer cuanto existe con la nota característica de que todo es «bueno». En la creación todo obedece a un plan armónico y cada elemento cumple una función determinada.

En definitiva, se trata de un dogma de fe que descansa en obedecer los designios de Dios, en someterse libremente a la palabra escuchada, porque su verdad está garantizada por el creador. Profesión de fe que comienza por Dios, porque Dios es el Primero y el Último[58], el Principio y el Fin de todo, de ahí que el Credo dé inicio por Dios Padre, porque el Padre es la primera Persona Divina de la Santísima Trinidad, que da origen a la creación del cielo y de la tierra, comienzo y fundamento de todas las obras de Dios y que da entrada a la secular oración *«Creo en Dios, padre todopoderoso, creador del cielo y de la tierra»*.

Sin duda, el pensamiento cristiano sustituyó el principio según el cual de la nada no adviene nada, por el principio según el cual de la nada adviene el ser creador. La concepción de que Dios ha creado el mundo de la nada transformó por entero las bases de la especulación filosófica ejerciendo una gran influencia en la filosofía moderna.

A partir de esta afirmación, no obstante con el transcurso del tiempo se han enfrentado las tesis religiosas con las científicas, aunque la propia Iglesia ha querido confraternizar ambas posturas atendiendo a que si bien la fe desafía nuestra comprensión también puede adecuarse a la razón, entendida ésta como la aprehensión de la realidad en su conexión, algo que en modo alguno se reduce a la inteligencia[59].

Precisamente, los científicos han teorizado una y otra vez sobre la cuestión de Dios y la fe, de modo que Isaac Newton, por ejemplo, el fundador de la física teórica afirmó: *«La maravillosa organización y armonía del universo solo puede haberse realizado de acuerdo con el plan de un ser omnisciente y todopoderoso. Éste es y seguirá siendo mi conocimiento último y supremo»*. O el italiano Guglielmo Marconi, premio Nobel, al que debemos la telefonía sin hilos y, en consecuencia, la generación del teléfono móvil: *«Declaro con*

58. Isaías 44, 6.

59. Marías, Julián. *Mapa del mundo personal*. Alianza Editorial. 2005.

orgullo que soy creyente. Creo en el poder de la oración. Y no sólo como católico creyente, sino también como científico»[60].

Tal vez debamos acudir a los filósofos clásicos para intentar conocer si hubo la Nada y su origen, con la finalidad de extraer alguna conclusión, desde el convencimiento elevado a causa, como afirmó Ortega y Gasset, de que la cortesía del filósofo es la claridad, extremando el esfuerzo de hacerse inteligible, hasta creer, porque lo ha entendido sin fatiga, que no tiene que fatigarse para entenderlo del todo.

Siguiendo fuentes tradicionales, el filósofo griego Tales de Mileto sostenía que no había tal cosa como ninguna cosa. de modo que sólo podía uno tener nada si no había nada siquiera para pensar en nada, por lo que entonces, al contextualizar la descripción de la ausencia de algo, en efecto se está describiendo algo. Consecuentemente para Tales, la nada sólo puede existir si no hay nadie para pensar en ella.

En la filosofía griega el problema de definir la nada participó de diferentes criterios, tal como he avanzado anteriormente: como problema de la negación del ser, esto es, lo que hay es el ser y sólo cuando se niega a éste «aparece» la nada, o como problema de la imposibilidad de afirmar la nada.

Aristóteles se opuso al concepto del espacio vacío, afirmando que *«La naturaleza aborrece el vacío»*, en tanto en cuanto la negación como la privación se dan dentro de afirmaciones, ya que aun del no ser puede afirmarse que es.

Para otro filósofo clásico, Parménides, solo el ser es y el no ser no es. Mientras que otros se atuvieron a la tesis de que de la nada no adviene nada, pues afirmar lo contrario equivaldría a destruir la noción de causalidad y que las cosas pudieran surgir del azar.

Dejando atrás a los clásicos, para Kant el concepto supremo de que suele partir una filosofía trascendental es la división entre lo posible y lo imposible, pero toda división supone un concepto dividido y hay que remontarse a éste como un objeto en general, prescindiendo de que se trate de un algo o de una nada.

El sentido ontológico de la privación y de la negación fue el protagonizado por Hegel, cuando en el comienzo mismo de la *«Ciencia de la Lógica»* manifiesta que el ser y la nada son igualmente indeterminados: en efecto, *«el ser, lo inmediatamente determinado es, en realidad, nada»* y *«la nada tiene la misma determinación o, mejor dicho, la misma falta de determinación que el ser»*.

Heiddeger, por su parte, no se pregunta por qué se afirma que hay una nada sino por qué no la hay. La nada no es la negación de un ente sino aque-

60. RATZINGER Joseph. *Dios y el mundo*. Círculo de Lectores. 2000.

llo que hace posible el no y la negación. La nada es el «*elemento*» dentro del cual flota, braceando por sostenerse, la Existencia. Así, para Heidegger, la nada es lo que hace posible el trascender del ser, lo que implica —no lógica sino ontológicamente— el ser.

Sea como fuere, para poder aproximarse a una posible definición de la Nada, entran en juego otros conceptos, tales como la *especulación* —entendida como la acción de observar con fundamento—; el *infinito*, que incluye lo ilimitado y lo indefinido; lo *irreal*, como algo carente de realidad o, simplemente, que no es real, que consiste en aplicarlo al sujeto no ser, la nada o el no ser; y la *metafísica*, que sólo es posible cuando se apoya en una verdad indubitable y absolutamente cierta, por medio de la cual pueden alcanzarse las verdades eternas, como algo trascendente que deriva del yo pensante.

En cualquier caso, la definición de la Nada, si ello es posible, se mueve en terrenos movedizos, y su sentido, o no sentido, necesariamente queda, o puede quedar, vinculado al terreno de lo trascendental, de lo espiritual, de lo religioso o de la especulación.

Queda por explicar cómo fue posible la creación del Universo infinito, en qué momento, de qué manera, bajo qué designio y con qué fin se creó todo lo que nos rodea.

Algo que para científicos de la talla de Avi Loeb, catedrático de Astrofísica en la Universidad de Harvard, debe referirse al nacimiento mismo del Universo, el *big bang*, hace unos 13.800 millones de años atrás. Se han llevado a cabo estudios fascinantes y reveladores que han generado teorías y datos que confirman predicciones acerca de los orígenes del Universo; entre otros, el consenso general de que, tras los primeros cien millones de años, todo estaba cubierto de oscuridad, hasta que nació la primera estrella. Quizás la misma oscuridad que al inicio de todo, si es que la no materia adoptaba ese color.

Avi Loeb lleva a cabo otra asombrosa afirmación que no puede dejar indiferente a nadie: para poder haber visto encenderse las primeras luces del universo, hace aquellos 13.000 millones de años, tendríamos que haber vivido casi ciento ochenta millones de vidas; una idea de lo más absurda, si pensamos que la Tierra sólo tiene unos 4.500 millones de años y únicamente ha albergado vida durante 3.800 de ellos.

Otra de las afirmaciones científicas parte de que el Universo está en continua expansión, de ahí su infinitud. Ahora bien, esa expansión material debe llevarse a cabo sobra la misma Nada. Pero de cómo sea y cuáles sean sus características aún, que se sepa, no existe evidencia alguna, lo que nos deja como al principio.

Lo realmente cierto es que son más las preguntas que las respuestas y éstas continuarán siendo tan personales como plurales, tan racionales o irracionales como intentemos dar solución a la cuestión.

Bibliografía

Ferreter Mora, José. *Diccionario de Filosofía abreviado*. Ed. Edhasa. 2008

Loeb, Avi. *Extraterrestres*. Ed. Planeta. 2021

Marías, Julián. *Historia de la Filosofía*. Alianza Editorial. 2005

Marías, Julián. *Mapa del Mundo Personal*, Alianza Ediorial. 2005

Ratzinger, Joseph. *Dios y el mundo*. Círculo de Lectores. 2000

Schökel, Luis Alonso, *Biblia de nuestro Pueblo*. Ed. Mensajero. 2019

2

DE LOS *PLACOZOUS*, LAS NEURONAS Y SU VINCULACIÓN CON LA EVOLUCIÓN DE LA INTELIGENCIA HUMANA[61]

Reconociendo de antemano mi afición por la antropología y, en particular, por los Neandertales, recientemente una investigación realizada en Barcelona, en el Centro de Regulación Genómica, el CRG, publicada el pasado 19 de septiembre de 2023 por la revista científica Cell, ha puesto al descubierto un precedente de las neuronas, los denominados *placozous*, que figuran entre los animales más sencillos existentes. Se calcula que los primeros *placozous*, que son cómo pequeñas gotas microscópicas que viven a las rocas del borde de los mares cálidos y poco profundos y se alimentan de algas, aparecieron hace unos 800 millones de años.

A pesar de no tener órganos diferenciados y que solo los componen unas 50.000 células de unos 10 tipos diferentes, uno de los tipos, denominadas *peptidérgicas*, los permite moverse y alimentarse.

Es más, según Sebastián Najle, primer coautor del estudio, se ha hecho un análisis genómico muy preciso pudiéndose descubrir que el funcionamiento de estas células es muy parecido al de las neuronas.

Y aún hay más, se ha identificado que este mecanismo apareció unos 150 millones de años antes de la aparición de las neuronas, tal como las conocemos, esto es, como células complejas.

Y es que, según este mismo estudio, se calcula que las neuronas (palabra que proviene del griego y significa provocar, excitar o incitar) aparecieron hace unos 650 millones de años, poco antes de la llamada *«explosión cámbrica»*, que supuso la aparición en la Tierra de una enorme diversidad de plantas y animales pluricelulares.

La investigación llevada a cabo es, a nivel biológico y evolutivo, de una enorme trascendencia porque se trata de averiguar, dentro de la diversidad

61. Publicado en *Economist & Jurist* el 1.10.2023.

de los animales que hay en el planeta, cómo han evolucionado, en definitiva, entender nuestro propio origen.

Profundizando en la materia, las neuronas son las células que forman los nervios y el cerebro, permitiendo a los animales percibir el estado exterior e interior del cuerpo, controlarlo para moverse y poder continuar viviendo, por lo que tienen una relación directa con la inteligencia y ésta, a su vez, con los determinantes biológicos bajo los que ha tenido lugar el extraordinario evento evolutivo de la capacidad cerebral, tanto de los homínidos, en general, como del *Homo sapiens*, en particular.

Aunque el linaje homínido se retrotrae hasta al menos 5 millones y posiblemente hasta 10 millones de años atrás, las evidencias fósiles acerca del tamaño cerebral tienen una antigüedad de tan solo 3 millones de años, remontándose hasta los especímenes de *Australophitecus afarensis* procedentes de Hadar, en Etiopía. Durante estos tres millones de años el tamaño del cerebro se triplicó, pasando de unos 400 cm3, hasta unos 1.350 cm3, que es el valor promedio de las poblaciones modernas.

Sobre este particular, sorprenderá al lector que el especialista en cognición y en los orígenes evolutivos de la conciencia de la Universidad de Warwick, Thomas Hills, haya indicado que debemos suponer que el promedio del volumen de un cerebro lo limita la anchura de la pelvis de la mujer; de lo contrario se producirían más muertes al nacer, por lo que no es posible soslayar que el volumen de la pelvis de la mujer constituye el mayor impedimento físico para que nazcan bebés con grandes cerebros, puesto que el ámbito que deja la pelvis para adecuarse al volumen del cráneo del bebé es muy reducido.

Para los biólogos, la necesidad de arrostrar una complejidad social creciente —que incluiría pautas de subsistencia cada vez más exigentes, pero particularmente una estructura social más ramificada e interacciones sociales más impredecibles— devino una parte importante de la vida de los primates. El establecimiento de alianzas y la explotación del conocimiento de las alianzas de otros resultó clave para el éxito reproductor del individuo, a la par que una importante fuerza de la selección natural en la expansión de los cerebros de los primates y, en definitiva, de los humanos.

De la importancia neurológica asociada a la evolución de nuestra inteligencia es buena muestra la aparición de la neuroantropología, que se encuentra en la intersección de la antropología (fundada, junto al norteamericano Lewis Henry Morgan, por el inglés Edward Burnet Tylor) y la neurociencia, ciencia que se centra en tres áreas de investigación principales: evolución del cerebro humano y de los primates; variación neuroanatómica del humano moderno; y neuropsicología cognitiva en las diferentes culturas.

Otro curioso de la investigación científica, Eduardo Punset, afirmó que el cerebro es, a la vez, materia física y química, aunque las consecuencias de esos procesos físico-químicos son las ideas, la inteligencia creativa, pudiendo dar lugar tanto al pensamiento consciente como a las decisiones inconscientes.

Esta capacidad creativa, o inventiva, dio paso a la evolución de nuestra capacidad cerebral, al plantearnos procesos cada vez más complejos que exigían respuestas y ante la necesidad de afrontar los obstáculos. El desarrollo de las herramientas, la conquista del fuego o la rueda y el desarrollo del habla constituyen, entre otros, grandes saltos conceptuales en la historia evolutiva del hombre como especie y en la construcción de nuestra propia cultura.

Con todo, los antropólogos, y, entre ellos el acreditado Richard Leakey, afirman que el lenguaje y la consciencia, que están entre las más apreciadas características del *Homo sapiens*, no han dejado rastro alguno, que se conozca hasta hoy, en el registro prehistórico, con lo que todas las especies humanas que vivieron antes de la aparición del *Homo erectus*, eran distintivamente simiescas, a pesar de ser bípedas, con un cerebro relativamente pequeño, con un rostro que presentaba prognatismo (es decir, sobresalía hacia delante), con el pecho en forma de embudo, el cuello corto y la ausencia de cintura. De ahí que pueda asegurarse que el gran salto cuantitativo y cualitativo tanto de nuestra morfología como de nuestra capacidad cerebral, esto es, de nuestro entendimiento e inteligencia, se produjo con la evolución al *Homo sapiens*.

Y esa capacidad creativa, fruto y artífice de la misma evolución, se ha heredado de generación en generación, puesto que puede enseñarse. Las investigaciones muestran que hay muchas partes del cerebro involucradas en el proceso creativo y que la acción está distribuida en distintas áreas.

Pero lo importante, para el profesor Robert J. Sternberg, afamado psicólogo estadounidense, *«es darse cuenta de que no sólo la biología afecta al comportamiento y al aprendizaje, afecta al cerebro, afecta a la biología; va en ambas direcciones»*. Es decir, que cuando se aprende algo, cuando se desarrolla cognitivamente un individuo, su cerebro también cambia.

Todo este proceso mental, si se quiere así denominar, viene dado porque en nuestro cerebro existen sistemas de activación general que regulan el grado de activación eléctrica de neuronas y nodos, de ahí la importancia del estudio efectuado por el Centro de Regulación Genómica, porque, en definitiva, conocer nuestros orígenes biológicos nos conduce a una mejor comprensión de nuestro pasado para mejorar nuestro presente y afrontar el futuro.

No puede pasarse por alto, con todo, que nuestra capacidad cognitiva y nuestra habilidad para la comunicación nos ha permitido innovar y elevarnos sobre las demás especies, como puso de manifiesto Eduardo Punset, a pesar de que cada humano es un universo diferente, de modo que no hay ni ha habido nunca uno que no sea distinto del resto. Ahora bien, la cuestión a plantearse es otra distinta, ¿se encuentra limitada nuestra capacidad cognitiva?, ¿tenemos un cerebro limitado para siempre?

Un trabajo de investigación del Instituto Tecnológico de Massachusetts ha demostrado que las bases neuronales de la memoria visual de trabajo tienen una capacidad limitada. De media, un humano adulto sólo puede retener en su mente consciente cuatro cosas al mismo tiempo, de forma que, enfrentado con una lista de objetos, lo más probable es que sólo recuerde los cuatro primeros. Y esto nos lleva a un campo de investigación aún si cabe de mayor interés, ¿de qué modo la Inteligencia Artificial (IA) será, sino lo es ya, un elemento perturbador y limitativo de la expansión de nuestra capacidad cognitiva e intelectual?

La sociedad actual nos condiciona a seguir un ritmo creciente y expansivo en nuestras actividades profesionales, exigiéndonos un rendimiento cada vez mayor que no conoce más límites que los puramente cuantitativos, en una espiral de producción de bienes y servicios que desborda nuestra capacidad cognitiva. Y es aquí donde puede encontrar sentido la IA, como remedio para paliar esa limitación orgánica y, acudiendo en su auxilio, contrarrestarla con la robótica permitiendo una mayor capacidad de memoria, de acción resolutiva y de resultado *extramuros* del ser humano.

Pero esta supuesta ventaja puede resultar contraproducente, incluso afectar a la propia evolución de nuestra especie si no sabemos controlar y limitar la IA. A pesar de todo, aún cabe el optimismo, pues del mismo modo que durante la evolución de los homínidos surgió un supercerebro, nuestro actual cerebro, cabe la posibilidad de que vuelva a suceder y éste vuelva a evolucionar de una manera natural, adaptándose al nuevo entorno que nos envuelve.

Sin embargo, no deja de ser paradójico que el ser humano haya conseguido que una sonda lanzada desde la Tierra se pose, tras un viaje de 6.000 millones de kilómetros por el espacio, sobre un cometa que surca el sistema solar a 135.000 kilómetros por hora y que, por contra, ese mismo ser humano sea incapaz de entender su propio cerebro. El órgano de kilo y medio que tenemos dentro de la cabeza es un completo extraño para el que no hay herramientas para estudiarlo, quizás porque contiene 86.000 millones de neuronas, con billones de conexiones entre ellas.

No es de extrañar, pues, que el género humano sea tan diverso en sus costumbres, tradiciones, historia, idiomas, capacidad de evolución y que sea incapaz de ponderar los intereses en juego cuando se ve involucrado en guerras, rencillas, disputas e intereses de todo tipo, dejando de lado aspectos emocionales como la solidaridad, el entendimiento, la concordia y el ecologismo.

Bibliografía

Ansede, Manuel. «Un año dentro del cerebro». *Diario El País*, de 2 de julio de 2015.

Barfield, Thomas. *Diccionario de Antropología.* Edicions Bellaterra, año 2001.

Leakey, Richard. *El origen de la humanidad.* Ed. Debate, año 2000.

Lewin, Roger. *Evolución humana.* Salvat Ciencia, año 1994

Punset, Eduardo. *El alma está en el cerebro.* Círculo de Lectores, año 2007.

Punset, Eduardo. *El sueño de Alicia. La vida y la ciencia se funden en la historia más emocionante.* Ed. destino, año 2013.

Redacció de 3/24. Portal informatiu de 3cat *(TV3)*.

3

LA VIDA EN LA ROMA IMPERIAL[62]

La sociedad actual hunde sus raíces en la civilización y el mundo griego, cuna de los grandes filósofos, aunque, particularmente, en el Imperio Romano, al que dedicaré estas breves pero ilustrativas líneas sobre su forma de organización.

La imperial Roma alcanzó tales dimensiones que la hicieron invencible y modelo para los territorios conquistados, Hispania, Galia, Britania o Germania, exportando un modelo de sociedad, organización, justicia y cultura que aún perdura en nuestros días.

¿Cómo era un día cualquiera para un ciudadano romano de la época? Partamos de las evidencias históricas dejando atrás lo anecdótico o lo que conocemos de las películas de época de Hollywood y adentrémonos en la realidad de la urbe, de lo cotidiano, de lo que era usual.

El centro de todo giraba en torno a la *Urbs*, la ciudad, diseñada para ofrecer el talento creador y armonioso de sus arquitectos que, a través de las ruinas conservadas, nos muestran con todo su esplendor una civilización que exhibe su riqueza, de una sociedad cuya disciplina resulta evidente y que genera aún hoy en día admiración y respeto.

En toda ciudad había una plaza pública o foro, una basílica judicial, bibliotecas y un inmenso mercado cubierto. El mármol blanco y el bronce eran los protagonistas junto con las grandiosas columnas, sin dejar de lado las pinturas alegóricas de todo tipo y las estatuas erigidas en culto a los numerosos dioses a los que se rendía veneración.

Tengamos en cuenta que los historiadores cifran la población de Roma en 261.000 almas, considerando su extensión delimitada por la muralla de Aureliano, diferenciando la *Urbs Roma* y las zonas rurales a ella adscritas, denominadas *Ager Romanus*, aunque sólo en la primera residían los dioses en sus santuarios, el rey, más tarde los magistrados herederos de su desmembrado poder, el Senado y los Comicios que gobernaron el estado que representaba la ciudad.

---

62. Publicado en *Linkedin* el 18.2.2023.

Fue con el emperador Augusto cuando se emprendió la tarea, en el año 8 a.C., de dividir la *Urbs* en catorce regiones, que abarcaban tanto los barrios antiguos como los nuevos, de las que trece regiones se hallaban en la orilla izquierda del Tíber, mientras que la decimocuarta estaba en la orilla derecha del río, la *regio Transtiberina,* cuyo recuerdo aún pervive hoy en el actual Trastévere.

Todo este conjunto venía limitado por la muralla que Aureliano, ante la proximidad de los bárbaros, levantó para proteger la capital del Imperio.

Las catorce regiones, por su parte, se dividían en los *vici*, verdaderos barrios que gozaban de administración propia en la persona de sus alcaldes, los denominados *vicomagistri*, tutelados por su propios *Lares*.

Poco a poco la población fue creciendo hasta alcanzar la cifra próxima al millón de personas con el emperador Augusto,

Situados en este marco urbano, los edificios públicos, santuarios, basílicas, almacenes, termas, circos y teatros estaban confiados a la seguridad de un pequeño número de vigilantes, porteros, escribas, ordenanzas, esclavos públicos o miembros de algunas corporaciones privilegiadas, sin contar con los numerosos jardines y parques, en número aproximado de cuarenta, del Palatino, zona reservada exclusivamente al emperador; y, finalmente, el Campo de Marte, cuyos templos, pórticos, palestras, *ustrina* y sepulturas cubrían más de 200 hectáreas en las que, por respeto a los dioses, no se podía construir.

Prescindiendo de lo anterior, los romanos se vieron resignados a vivir en un espacio físico limitado en el interior de las *domus*, formada por salas, alineadas una tras otra siguiendo un orden invariable: *fauces, atrium, alae, triclinium, tabalinum* y *peristilum*. Por su parte, la *insula* estaba compuesta por *cenaculas*, es decir, viviendas independientes con habitaciones para distintos usos que se disponen en orden riguroso desde la última planta hasta la planta baja.

El mobiliario consistía en un lecho donde se dormía por la noche y a la hora de la siesta, y donde se hacían otras actividades variadas, como comer, recibir visitas, leer o escribir, costumbre esta última adoptada de los griegos. Se sentaban habitualmente en bancos *(scamna)*, taburetes *(subsellia)* o en *sellae* plegables que llevaban consigo a todas partes, como la silla curul de los magistrados.

Era en los comedores donde se recibía a los invitados disponiéndose de manera especial los lechos, situando una mesa cuadrada en el centro rodeada por tres lados por otros tantos lechos *(lectus triclinaris)*, mientras que el cuarto lado quedaba abierto para que accedieran los esclavos que servían. A finales de la República llegó a ser más frecuente el uso de mesas redondas *(orbes)* en vez de las cuadradas, de forma que los tres lechos que estaban situados en ángulo recto se fueron transformando en uno, cuya forma, siguiendo la curva de la mesa, se convirtió en semicircular, pareciéndose la forma a una C griega, de donde procede el nombre de *sigma* o *stibadium*.

La iluminación de las casas entraba por los grandes vanos de sus muros que, además, ventilaban la casa, protegidas probablemente con telas o pieles para protegerse del frío, la lluvia o las inclemencias del tiempo.

Todas las casas, o al menos, una parte de ellas, disponían de un sistema de calefacción *(hypocauston),* habilitándose al efecto una habitación donde podían encender fuego con un respiradero en el techo.

No había agua corriente, ya que la conducción de agua en Roma se limitaba a los servicios públicos, existiendo catorce acueductos que llevaban a Roma el frescor de los manantiales de los Apeninos, suministrando mil millones de litros diarios que se almacenaban en las 247 arcas de agua, desde donde se distribuía a las fuentes para regocijo de su uso diario por los romanos.

Sólo las casas de los más ricos disponían de letrinas, mientras que los pobres estaban obligados a hacer sus necesidades fuera de su casa acudiendo a las letrinas públicas, algunas pomposamente decoradas en un trazado rectangular donde el agua corría sin cesar por unos regueros ante una veintena de asientos de mármol.

La sociedad romana se dividía en hombres nacidos libres, los *ingenui*, bien fueran ciudadanos de Roma o de cualquier otro lugar del Imperio, radicalmente superiores a los esclavos, considerados ganado con rostro humano carentes de derechos y de personalidad. Entre los primeros existían los humildes *(humiliores)* y por encima los ciudadanos de bien *(honestiores)*, así como los burgueses, que se dividían en diversos rangos, como los *ordos*.

Como sabrán todos los que hemos estudiado Derecho, los siervos o esclavos podían acceder a ser ciudadanos libres mediante las denominadas manumisiones *(manumitio)*, que podían ser expresas, a través de un documento que daba fe de la libertad, o tácitas, invitando al siervo a sentarse en la misma mesa que su amo. Ni que decir tiene que la esclavitud no otorgaba más derecho que el trabajo obligatorio y el mantenimiento por su propietario.

Esclavos habían de muchas clases, los agrícolas, los empleados en la casa o los que servían al señor y a su familia, pudiendo distinguirse entre quienes vigilaban la entrada de la casa *(ostiarious o janitor)*, o los *cubicularii*, que mantenían el orden en los dormitorios y salas de estar, anunciando también a los visitantes.

En Roma se hacían copiosas comidas al día, en concreto tres, el *jentaculum*, consistente en una frugal colación *(cibum leven et facilem)* y su *prandium,* un simple bocado *(deinde gustabat)*, la cena y las *vesperna*, disponiéndose cuchillos, mondadientes y cucharas de diferentes formas, pero sin utilizar tenedores. La cena, con todo, era la comida más importante ya que se componía al menos de siete platos: los entremeses o *gustatio,* tres entradas, dos asados y el postre o *secundae mensae.*

En cualquier caso, en la cocina romana no faltaban bocados exquisitos como uvas, manzanas, peras, membrillos, higos, setas, caza, pesca y marisco. La carne sólo se comía en ocasiones festivas como signo de ostentación, mientras que las clases más pobres se alimentaban de gachas *(puls)*, hecha de una sustancia farinácea *(far, ador)*, que servía a su vez de pan, además de vegetales, como la col *(brassica)*, nabos y rábanos *(napus, beta, pastinaca)*, puero *(porrum)*, ajo *(allium)*, cebollas *(cepa)*, legumbres *(legumina)*, pepino *(cucumis)*, calabazas *(cucurbita)* y melones *(melo)*.

Todas estas viandas se acompañaban de vino, mezclado con agua caliente (calda) o nieve, según el gusto y la estación de cada año, como el *mulsum*, brindándose por las personas presentes con las palabras *bene tibi*, *vicas* o a la salud de los amigos ausentes.

En cuanto al sistema de transporte, el más habitual era el carruaje, un verdadero privilegio sólo al alcance de los oficiales imperiales más elevados, existiendo diversos modelos, desde el de dos ruedas tirado tirados por mulas *(cisium o esedum)*, al ricamente decorado *(carpentum)*, también con dos ruedas, pero con toldo, o los dedicados a cargar productos del campo o mercancías *(plaustrum)*.

En este recorrido histórico, no podemos olvidarnos de las diversiones de aquella época, al punto que eran el regocijo de la población, lo que dio lugar, quién no lo ha oído o leído alguna vez, a la codicia basada en el pan y en los juegos *(... duas tantum res anxius optat panem et circenses)*.

Diversiones que se concentraban en las carreras, el teatro (alguno de ellos reunían hasta 60.000 espectadores), el anfiteatro y sus matanzas, quizás el más popular y sanguinario de los divertimentos, donde los gladiadores, formados por esclavos, famélicos y algunos hijos de familias arruinadas, vendían su vida a cambio de la seguridad de comer en las escuelas de entrenamiento *(ludi gladiatorii)*, seducidos por las recompensas y el dinero que les podían aportar las inciertas victorias frente a todo tipo de fieras y animales salvajes, con la sola protección del escudo *(scutum)* y la espada *(spatha)*; los *traeces*, protegidos por una rodela *(parma)* y armados con un puñal (*sica,* de donde proviene el término actual sicarios, como los que en la fortaleza de Masada ubicada en el desierto de Judea, estalló una rebelión judía al frente de un grupo de rebeldes radicales llamados sicarios, que tomaron la plaza y eliminaron a la guarnición de Roma); los *murmillones*, provistos de un casco que representaba un pez marino, y los *retiarii*, que solían enfrentarse a los anteriores con la red y el tridente, todo ello sin olvidarnos de las peleas de grupo *(sportulae)*, en las que las matanzas eran colectivas.

Y ¿qué podemos decir de la forma de vestir? El clima suave italiano favorecía prendas ligeras, como la toga, el traje típico de los romanos, que solo llevaban los ciudadanos libres, en forma de un rectángulo ribeteado como un óvalo, cuya longitud media era igual a unas tres veces la altura de un hombre adulto, excluyendo la cabeza, mientras su anchura media era igual a dos veces la misma longitud, doblándose primero a lo largo, de modo que el vestido doble que se originaba se colocaba en pliegues sobre el borde recto y se echaba sobre el hombro izquierdo, que incluso arrastraba por el suelo.

Existían diversas clases de togas, si bien, por lo que ahora nos pueda interesar, la *toga praetexta* era el traje oficial de todos los magistrados que tenían derecho a la silla curul y a las bandas, indispensable en todos los tribunales.

Otros vestidos eran la *poenula*, una capa que llegaba hasta las rodillas, sin mangas y atada a la espalda *(vestimentum clausum)*, con una apertura redonda para sacar la cabeza, o la *lacerna*, pieza de tela rectangular abierta, atada al hombro por medio de una fíbula.

No nos olvidemos de la túnica, cuyo corte era igual para hombres y mujeres, ligera y cómoda que se llevaba en casa y si se salía se colocaba la toga sobre ella.

Hasta aquí este breve apunte de cómo transcurría la vida cotidiana en la Roma Imperial. Claro es que no es todo lo que rodeaba a la vida romana, pues faltaría tratar de la enseñanza, el arte de la oratoria, tan difundida entre los romanos, la administración de la justicia, el papel de la mujer, que transcurría entre la casa, la familia y los deberes conyugales, o el culto a la muerte y al entierro.

En cualquier caso, todos estos antecedentes históricos, muchos de ellos conocidos a través de la escritura, la tradición y los hallazgos arqueológicos, nos acercan a la vida real de la época, dejando de lado los estereotipos, invitándonos a reflexionar cuánto debe la sociedad actual a la civilización romana.

4

EL DESCUBRIMIENTO DE AMÉRICA. ¿MITO O REALIDAD?

Este 12 de octubre se celebra oficialmente la Fiesta Nacional de España, efemérides que viene regulada en la Ley 18/1987, de 7 de octubre, cuya exposición de motivos indica que tiene como finalidad *«recordar solemnemente momentos de la historia colectiva que forman parte del patrimonio histórico, cultural y social común, asumido como tal por la gran mayoría de los ciudadanos, poniendo de manifiesto que la fecha elegida, el 12 de octubre, simboliza la efemérides histórica en la que España, a punto de concluir un proceso de construcción del Estado a partir de nuestra pluralidad cultural y política, y la integración de los Reinos de España en una misma Monarquía, inicia un período de proyección lingüística y cultural más allá de los límites europeos».*

Se conmemora, de igual manera, el descubrimiento de América por los españoles, al frente del Almirante Cristóbal Colón que, dejando de lado la polémica aún abierta sobre su lugar de nacimiento y origen, partió desde el puerto de Palos de la Frontera, en Huelva, en nombre de España y de los Reyes Católicos, con el objetivo de buscar una nueva ruta hacia Asia que permitiera mejores posibilidades comerciales, solo que en lugar de dirigirse a las Indias sus cálculos erróneos le llevaron en dirección opuesta hasta recalar en tierras americanas, precisamente un 12 de octubre de 1492.

Peo no fue hasta el 23 de septiembre de 1892 que la reina regente María Cristina de Habsburgo-Lorena promulgó un Real Decreto en San Sebastián, a propuesta del presidente Antonio Cánovas del Castillo, en el que se declaraba fiesta nacional el 12 de octubre de 1892, en conmemoración del Descubrimiento de América. Dicho Real Decreto fue firmado por SM la Reina en nombre de su hijo SM Alfonso XIII y en presencia del presidente del Consejo de Ministros el 12 de octubre de 1892 en el Monasterio de la Rábida, con motivo de su visita a Huelva, Palos de la Frontera y Moguer para la celebración de los actos del IV centenario del descubrimiento de América.

La celebración de este día se convirtió en todo un recordatorio de la hazaña de Colón, de modo que se convirtió en motivo de celebración la denominada Fiesta de la Hispanidad, aunque a principios del siglo XX cayó en desuso proponiéndose como alternativa en 1913, por Faustino Rodríguez-San Pedro y desde la organización Unión Iiberoamericana denominarla Fiesta de la Raza Española, alcanzando en 1918 rango de fiesta nacional.

El 15 de diciembre de 1931, Ramiro de Maeztu, que había sido embajador de España en Argentina en 1928 y 1929, abrió la revista Acción Española con un artículo titulado *La Hispanidad*, que se inicia así: *«El 12 de octubre, mal titulado el Día de la Raza, deberá ser en lo sucesivo el Día de la Hispanidad»*.

Con todo, legalmente, el Día de la Hispanidad no alcanzó reconocimiento por la España del franquismo hasta 1958, cuando un decreto de la Presidencia del Gobierno, de 9 de enero de 1958, estableció que: *«Dada la enorme trascendencia que el 12 de octubre significa para España y todos los pueblos de América hispana, el 12 de octubre será fiesta nacional, bajo el nombre de Día de la Hispanidad»*.

Hasta aquí la versión oficial, la que nos han hecho aprender, la que ha interesado dar a conocer, la que recogen los libros, en definitiva, la que determinados historiadores sostienen.

Sin embargo, otros historiadores se rebelan frente a esta versión de la historia de América y se atreven, con pruebas de ello, a afirmar que no fueron los españoles, ni Colón a su cabeza, quienes tuvieron el privilegio de descubrir el nuevo continente, y con ello el momento simbólico que frecuentemente se emplea para fijar el comienzo de la Edad Moderna.

De entre ellos, citaré a Irene García Losquiño, doctora en Estudios Escandinavos por la Universidad de Aberdeen, donde también completó su máster en estudios Medievales.

En su libro *«Eso no estaba escrito en mi libro de Historia de los Vikingos»* (Ed. Almuzara, julio de 2020), la autora afirma con toda rotundidad que el descubrimiento de América ocurrió en el año 985. Ese fue el año en que un vikingo llamado Bjarni Herjólfsson avistó por vez primera tierras americanas cuando una tormenta le hizo perder el rumbo en su periplo de Islandia a Groenlandia.

Conforme esta tesis, la fuente de información más extensa sobre la llegada de los vikingos a Norteamérica reside en las sagas y documentos islandeses que cuentan las aventuras de los vikingos que primero llegaron al continente y las vidas y vicisitudes de aquellos que se quedaron a residir en él. También se dispone de una creciente cantidad de trabajo arqueológico que viene a confirmar lo que narran las fuentes islandesas y que nos proveen de más detalles sobre el paso de la cultura escandinava por regiones nororientales de Norteamérica.

Según los datos conocidos, el comerciante y expedicionario Bjarni Herjólfsson, intentaba llegar a Groenlandia en torno al año 985 cuando viéndose envuelto en niebla y con mal tiempo, tras tres días de tormentoso viaje, acabó llegando a una tierra plana de grandes bosques que no se correspondía con la descripción de Groenlandia que había escuchado.

Sin querer detener su viaje, los exploradores vikingos encontraron una tierra gélida, con grandes icebergs por todas partes y poco atractiva para realizar ningún asentamiento. Actualmente se cree que esa tierra puede ser la isla de Baffin u otras áreas de la misma latitud. Otra isla descubierta fue la que denominaron Markland, posiblemente parte de Labrador.

En estos lugares construyeron casas típicamente rectangulares como cualquier asentamiento vikingo para poder pasar el invierno. No obstante, las ansias de poder asentarse y vivir en las nuevas tierras se vio truncada al entrar en lucha los vikingos con los nativos y habitantes del estuario, llamados *Skraelingar*.

Como pone de manifiesto la autora del citado libro, gracias a unas excavaciones arqueológicas en los años 1960 y 1970 se pudo saber con certeza que los vikingos se habían asentado en la Gran Península del Norte de la isla de Terranova, y que Vinland comprendía el territorio alrededor del golfo de San Lorenzo, sacando a la luz el yacimiento arqueológico de *L'Anse aux Meadows*, en Terranova, donde actualmente son visibles las réplicas de las características casas vikingas.

Como se comprueba, existen evidencias más que contrastadas de que los verdaderos descubridores del continente americano fueron los vikingos 507 años de que la historia oficial lo atribuyera al navegante Cristóbal Colón.

Ahora bien, ¿hasta qué punto desde un punto de vista etimológico puede hablarse de conquista? ¿Acaso las tierras descubiertas, ya sean por unos u otros en una época o en otra distinta, no estaban ya habitadas y pobladas por sus nativos? ¿Fueron conquistados o simplemente se trató de un encuentro interracial, fruto del azar y de la aventura?

Si es verdad que la historia la escriben los vencedores, no es de extrañar que en ocasiones se tergiverse y se aparte de la realidad.

5

UN SUEÑO HECHO REALIDAD[63]

Corría el año 1542 cuando aún el vulgo no salía de su asombro por las gestas de aquellos valientes que se aventuraron cincuenta años atrás en cruzar los mares inhóspitos más allá de lo conocido por el hombre, liderados por Cristóbal Colón, de quien algunos afirmaban ser veneciano, otros portugués y otros cuantos catalán.

Los viajes de ida y vuelta a las Indias eran tan frecuentes que los puertos eran un hervidero de gente de toda clase y condición, carros cargados con mercancías, víveres y animales, mercaderes, oportunistas y ladronzuelos de poca monta.

Era habitual que tras el regreso de una expedición los tripulantes de las naos, apurando hasta la última gota las frascas de vino en las tabernas de los puertos de Palos, Málaga, Cádiz y Sevilla, relataran mil y una historias de los paisajes, tribus, costumbres, frutos, especias y oro que encontraban a su paso, así como de las penurias que hubieron de padecer intentando esquivar una muerte casi segura debido a la peste y el escorbuto.

Uno de esos días, nuestro protagonista, **Juan de Mendoza**, se refugió en la bebida para ahogar sus penas y maldecir su arrastrada vida con el último maravedí que le quedaba. No tardó en acabarse la frasca cuando en la mesa contigua tres marineros, de piel quemada por el tórrido sol, surcos en la frente y ceño fruncido, le espetaron y convidaron a sentarse con ellos.

Aunque dubitativo y temeroso optó por compartir mesa. Pensó que nada podía perder por cuanto nada tenía que ofrecer, más que su secular hambre y los harapos que apenas le cubrían.

Uno de ellos, el más decidido y parlanchín, le acercó un vaso de hipocrás, un vino tinto a base de miel o azúcar y especias. Le preguntó si tenía hambre. Nuestro amigo le miró sorprendido y entre balbuceos le contestó que sí. A un simple gesto, moviendo en el aire un saquito con monedas, acudió presto el mesonero que con gran avidez sirvió a todos carne de cordo con verduras

63. Publicado en *Linkedin* el 24.2.2024.

acompañado de una generosa y apetecible fuente de frutas secas y anillos de naranja secos.

Juan de Mendoza no podía dar crédito a tan exquisitos manjares y abundante bebida. La última vez que pudo disfrutar de un festín parecido fue en la boda de su querido hermano Antonio, fatalmente herido en la batalla de Ceriñola, el día 28 de abril de 1503, tras recibir un certero y fatal disparo de un mercenario francés en pleno corazón.

Su azarosa vida tropezó con multitud de obstáculos en el seno de una familia extremeña, de cinco hermanos, que a duras penas cultivaban un trozo de tierra con el que poder alimentarse. La madre, para conseguir unos pocos maravedíes, se dedicó, más por imperiosa necesidad que por convencimiento, a vender pócimas que prometían una vida eterna y saludable. Sólo la envidia de sus vecinas consiguió que el Santo Oficio interviniera y le sometiera a toda clase de torturas para extraerle su confesión de conversa y hereje. Poco después de su muerte, su familia se enteró que fue conducida a la garrucha, atándole las manos por detrás de la espalda y alzándola por las muñecas a varios metros del suelo mediante un sistema de poleas, dejándola caer sin que tocara el suelo, quedando descoyuntada de la sacudida.

En cuanto a su padre, no corrió mejor fortuna, preso de la hambruna, robó tres peras del mercado y, perseguido por una decena de furibundos, le dieron alcance colgándole del cuello en el primer árbol que encontraron tras recuperar todas las peras.

Sus hermanos se enfrentaron a diferentes destinos, como suele ocurrir en todas las familias, dispersándose cada cuál más lejos.

Acabado el ágape, los marineros le ofrecieron a Juan enrolarse en una nave recién botada en los astilleros de Zarauz, «Victoria», cuya salida estaba prevista des del puerto de Sevilla al día siguiente con dirección a la Península Valdés, en la Patagonia, la tierra que pocos años antes había descubierto Fernando de Magallanes. El sueldo era mínimo, pero a cambio se ofrecía trabajo, comida, y la esperanza de una nueva y prometedora vida en tierras paradisíacas.

Nuestro humilde protagonista no se lo pensó dos veces, asintió de forma decidida y se dirigió con sus nuevos amigos hacia el puerto de Sevilla, lleno de ilusión y, de momento, con el estómago complacido.

Al llegar a puerto descubrió la majestuosidad de la nao, con 102 toneladas de peso, una eslora de 26 metros, manga de 6,7 y 13 metros de longitud de quilla, tres mástiles, de la proa a la popa: mayor, trinquete y mesana, un timón de pala ancha majeado con picote, todo fabricado en roble y pino gallego, dotado de un potente y disuasorio armamento compuesto de diez falconetes de hierro forjado.

En cuanto a la dotación, se integraba por 45 hombres decididos a todo (9 oficiales, 11 marinos, 3 artilleros, 10 grumetes, 2 pajes y 10 más entre criados y viajeros) y de todas las nacionalidades: italianos, portugueses, franceses, griegos y, desde luego, españoles, sobre todo andaluces, gallegos y vascos.

Pero si sorprendente era la nave, aún más era contemplar la sirena de perfiles dorados, sonriente, bella y atractiva que adornaba el mascarón de proa, presta a abrirse paso entre las aguas cuando la nave avanzase sobre las olas, advirtiendo a otros navegantes, amigos o no, de su trayecto firme y decidido.

Tanta majestuosidad contrastaba con las escasas comodidades de que disponían los marineros de tropa. Para empezar, debían acomodarse para dormir donde pudieran. Sólo unos pocos afortunados lo hacían en las denominadas hamacas de los indígenas del Caribe y únicamente cuando había suficiente espacio para colgarlas, generalmente bajo la tolda o en algún lugar de la bodega, a pesar de su constante balanceo reforzado por el movimiento de la nao.

Cada tripulante disponía de unos escasos 1,5 metros cuadrados para colocar su cofre, baúl o caja que contenían sus enseres básicos, además de servir de mesa de comida, silla o tablero de juegos. Y todo ello a la intemperie, en la cubierta, expuestos, a la lluvia, al frío o al abrasador sol del trópico, compartiendo espacio con diferentes aparejos, botes de salvamento, cañones, barriles o anclas. Y, por si ello fuera poco, bajo cubierta, las aguas acumuladas en las sentinas deprendían un olor hediondo donde proliferaban ratas y toda clase de parásitos.

Pronto se dio cuenta Juan de la importancia de cuidar su maltrecha ropa, pues no era cuestión de lavarla con el agua del mar, pues el salitre la resquebrajaba con las altas temperaturas, siendo preferible esperar a que lloviera durante el trayecto para lavarla con agua dulce. Era obligatorio peinarse todas las mañanas para evitar favorecer los múltiples parásitos que invadían el cabello, además de afeitarse, lavarse los pies y cambiarse de camisa dos veces por semana, aunque el ambiente fétido que reinaba por doquier hacía pensar lo contrario.

En cuanto a la alimentación, tratándose de una travesía tan larga, la nao llevaba llenos sus despenseros con alimentos frescos que se conservaban con sal y especias, aunque también se transportaban animales vivos para su sacrificio, como patos, gansos, pavos y gallinas. También se disponía de pan, confeccionado sin levadura que se cocía dos veces, razón por la cual se le denominaba *bis cotto* o bizcocho. Desgraciadamente, las malas condiciones higiénicas daban lugar a compartirlo con ratas, gusanos y gorgojos.

Los guisados y potajes, junto con el tocino salado, bacalao y queso, sin dejar de lado la pesca de tiburones, tortugas y otros tipos de pescados, procuraban una dieta variada, aunque pobre en vitaminas. En cuanto a la bebida era, por lo común, vino ya que el agua con el paso de los días y las inclemencias se pudría con facilidad.

Desde luego no era la mejor forma de alimentarse, razón por la que el escorbuto hacía sus estragos, diezmando la tripulación; sin contar que cuando los alimentos escaseaban y se debía racionar, algunos miembros de la tripulación llegaban a comerse el cuero de los mástiles por la dificultad de avituallarse en ningún puerto ante la amenaza que suponía el acoso de los portugueses y de los corsarios.

Con una tripulación tan numerosa la disciplina y el orden se imponían con castigos, si era preciso. Uno de ellos era el llamado «correr las baquetas» o «carrera del guantelete». Los marineros castigados debían pasar con la espalda desnuda entre dos filas de marineros que les azotaban en la espalda con los cintos de los fusiles, También frecuentaban los azotes; el culpable, con el torso desnudo, era apoyado en un cañón o en el cabestrante y, siempre en presencia del oficial, recibía el látigo en el número decidido por el Capitán. Otras faltas más leves consistían en quedarse uno o dos días sin ración de vino.

Por último, el paso por la quilla era el castigo más espantoso, obligando pasar al condenado de un lado a otro del barco bajo el agua. Tenía suerte si era capaz de salir de allí vivo y, si se daba el caso, la mayor de las veces resultaba malherido por las astillas de la madera o las conchas fijadas sobre el casco.

Aun con todo, existía un ambiente de compañerismo, solidaridad y, sobre todo, ilusión compartida en búsqueda de nuevas tierras, gentes y costumbres donde poder asentarse, dejando atrás el infortunio, la miseria y el hambre.

De este modo, Juan de Mendoza emprendió su aventura, feliz y contento de ser una persona afortunada, de que se cruzaran en su camino aquellos marineros dispuestos a compartirlo todo con él, de darle una oportunidad, ofrecerle una nueva vida, un horizonte que, aunque lejano, se presentaba prometedor.

Desde la popa contemplaba como la nao se alejaba de la costa, mientras el graznido de las gaviotas le acompañaba en su despedida de tierra firme durante los próximos cuatro meses. Nada comparable con las aventuras que aún debía vivir en tierra lejanas, siguiendo la estela de los aventureros, adentrándose en lo desconocido, dejando atrás las frustraciones de los desheredados, forjando su propia historia y destino, los de quienes no se apoquinan ante las adversidades y las desgracias, con el afán característico de los emprendedores, el anhelo de quien se siente agraciado en ver realizado su sueño, de protagonizar su destino, de poder algún día relatar a sus hijos y nietos lo que significó embarcarse en aquella nao que simbolizaba la victoria de su aventura.

6

PLATÓN, MONTESQUIEU Y ROUSSEAU EN LA CONCEPCIÓN DEL ESTADO DE DERECHO[64]

Durante estos últimos años no ha habido semana que los medios de comunicación social no se hayan hecho eco de algún caso de corrupción política en los que se han hallado implicados responsables de los partidos con representación parlamentaria.

Corrupción que se ha extendido, como una mancha de aceite, a políticos, centrales sindicales, entidades financieras, ex altos cargos gubernamentales y otras asociaciones y entidades privadas con proyección social.

Habrá quien diga, y con razón, que este mal endémico de nuestra sociedad, no es algo que nos venga de nuevo y que, en cualquier otra época, gobernase quien gobernase, la corruptela se había instalado en los centros de poder.

Quizás la diferencia estribe ahora en una mayor concienciación social del mal y de los perjuicios que provoca tolerar este tipo de conductas, en especial cuando hemos depositado nuestra confianza y representación en un partido y en unos ideales por medio de unos representantes elegidos en listas cerradas a través de nuestra participación electoral.

Pero también es de destacar el importante y crucial papel que tanto jueces como fiscales están llevando a cabo, mediante la instrucción durante el año 2022 de 6.682.587 asuntos, haciendo mérito no sólo de su papel de servidores públicos sino resolviendo bajo el imperio de la ley y de la independencia del poder judicial, aun a pesar de la escasez de medios humanos y materiales para afrontar la dificultad de la situación, que intenta remediarse mediante la creación, por el Consejo General del Poder Judicial, de las primeras medidas de apoyo a los juzgados que instruyen procedimientos por delitos de corrupción tramitadas por la Unidad de Apoyo para Causas por Corrupción (UACC).

64. Publicado en *Linkedin* el 13.5.2023.

Según el barómetro de 17 de enero de 2023, publicado por el Centro de Investigaciones Sociológicas (CIS), la corrupción y el fraude comenzó a escalar posiciones en el ranking de preocupaciones de los españoles a principios de 2011. En marzo de 2013 se convirtió en el segundo problema para los españoles, sólo superado por el paro. Por aquel entonces, el 44,5 % de los españoles señalaba en los cuestionarios del CIS que estaba entre los tres primeros problemas del país. En el último barómetro esa proporción es de 4,1 %.

Ese mismo informe afirma que la preocupación por la clase política ha ido variando con el tiempo. En el barómetro de diciembre de 2019 el porcentaje era del 49,5 %. En enero de 2020 el CIS dejó de incluir esta pregunta concreta en su barómetro y la sustituyó por otras tres, entre ellas la preocupación por la falta de acuerdos y la inestabilidad política.

Pero dicho lo anterior, analizando la cuestión de fondo, no me resisto a pensar que existe una reconducción de la política española que, más tarde que temprano, está variando el rumbo de su conducta ética a golpe de timón guiado por el poder judicial o, lo que es lo mismo, fiscalizado por el imperio de la ley.

Y es que, aunque pudiera considerarse ajeno a este debate, existe también un pulso entre los podres legislativo y judicial, fruto en ocasiones de intereses espurios y en otras de una deficiente técnica legislativa, dando lugar a que durante este año diversas sentencias dictadas por la Sala Social del Tribunal Supremo hayan sacudido la conciencia de amplios sectores doctrinales y judiciales, al poner en tela de juicio el reconocimiento de derechos individuales y colectivos al amparo de normas internacionales, orillando interpretaciones finalísticas basadas en los principios de seguridad jurídica, tutela discriminatoria y perspectiva de género, donde el mínimo denominador común descansa en la polémica abierta entre la potestad de jueces y tribunales en interpretar el alcance y aplicación del derecho positivo y el límite impuesto de no ir más allá de lo expresamente contemplado por la norma, si no es a costa de invadir las competencias del poder legislativo.

El debate se adivina de una intensidad sin igual que, así como puede dar lugar a una división de criterios, corre el riesgo de provocar una indeseada inseguridad jurídica.

No en vano, Charles Louis de Secondat, señor de la Brède y barón de Montesquieu, en su célebre obra *El espíritu de las leyes*, publicada en el lejano 1748, afirmaba que:

> «En cada Estado hay tres clases de poderes: el legislativo, el ejecutivo de las cosas pertenecientes al derecho de gentes, y el ejecutivo de las que pertenecen al civil.
>
> Por el primero, el príncipe o el magistrado hace las leyes para cierto tiempo o para siempre, y corrige o deroga las que están hechas. Por el segundo, hace la paz o la guerra, envía o recibe embajadores, establece la seguridad y previene las

invasiones; y por el tercero, castiga los crímenes o decide las contiendas de los particulares. Este último se llamará poder judicial; y el otro, simplemente, poder ejecutivo del Estado (...).

Cuando los poderes legislativo y ejecutivo se hallan reunidos en una misma persona o corporación, entonces no hay libertad, porque es de temer que el monarca o el senado hagan leyes tiránicas para ejecutarlas del mismo modo.

Así sucede también cuando el poder judicial no está separado del poder legislativo y del ejecutivo. Estando unido al primero, el imperio sobre la vida y la libertad de los ciudadanos sería arbitrario, por ser uno mismo el juez y el legislador y, estando unido al segundo, sería tiránico, por cuanto gozaría el juez de la fuerza misma que un agresor.

En el Estado en que un hombre solo, o una sola corporación de próceres, o de nobles, o del pueblo administrase los tres poderes, y tuviese la facultad de hacer las leyes, de ejecutar las resoluciones públicas y de juzgar los crímenes y contiendas de los particulares, todo se perdería enteramente».

Sea como fuere, el clásico filósofo Platón, en sus magníficos *Diálogos*, afirmaba que hay una idea eterna, objetiva y universal de justicia, por la cual es posible alcanzar consensos éticos o políticos. Ahora bien, cuando ese consenso fracasa debe imperar un modelo de Estado pautado exclusivamente por las leyes, en que éstas no ocupan un lugar secundario sino esencial en el buen orden, en un orden político justo y armonioso mediante el adecuado ordenamiento jurídico.

En esta línea, Jean-Jacques Rousseau, en su obra *Contrato Social*, se propuso investigar si puede haber alguna regla de administración legítima y segura, tomando a los hombres tal como son y las leyes tal como pueden ser. No se trata, pues, de construir un modelo utópico e irrealizable, sino de penetrar, por así decir, en el campo de lo posible dentro de la teorización política, reconstituyendo la legitimidad de una sociedad que evite el proceso de desintegración y de atomización que Rousseau observaba en el mundo moderno de su época. Su convencimiento descansa en la idea de que existe un gran acuerdo en la sociedad en relación con sus derechos y deberes, y la existencia de un Estado dotado de autoridad para gobernar en el marco del conjunto de leyes y de normas morales establecidas.

Para este mismo autor, el ciudadano sólo está sometido a la ley, lo que significa, como así manifestó en *Lettres écrites de la montagne, lettre VIII*, que se debe instituir una forma de gobierno que ponga la ley por encime del hombre:

«Un pueblo libre obedece, pero no sirve. Tiene jefes, pero no dueños. Obedece a las leyes, pero nada más que a las leyes, y es por la fuerza de las leyes por lo que no obedece a los hombres. Un pueblo es libre, sea cual sea la forma de su gobierno, cuando en quien le gobierna no vea al hombre sino al órgano de la ley. En una palabra, la libertad sigue siendo siempre la suerte de las leyes, reine o perece con ellas. Yo no sé nada que sea más cierto».

Más complicado lo es, sin duda alguna, poner efectivo freno a la corrupción como sistema y modo de actuación que, a través de la historia, parece haber hundido sus raíces.

Como puso de manifiesto uno de los padres de la Constitución española, Gregorio Peces-Barba, sin perjuicio de la memoria histórica y de los graves casos del franquismo, que sólo se conocían en el boca a boca, por la censura y la inexistencia de libertad, en todas las sociedades avanzadas y democráticas, con unos rasgos peculiares y gobierne quien gobierne, se produce el fenómeno de la corrupción, que no tiene que ver con una ideología concreta, sino que afecta a todas en general, conservadoras, liberales, democristianas, socialistas y comunistas. Son, pues, seguía afirmando, razones más profundas que arrancan con la crisis de valores de la democracia y con la exaltación de valores capitalistas, como el afán de lucro, el valor supremo del enriquecimiento como signo de éxito social, la carrera del consumismo, o la competencia.

De ahí que continúa rigiendo con toda su actualidad y vigencia los principios en que se inspiró Platón: el Estado sometido a las reglas del Derecho, la legalidad y la igualdad, bajo la garantía de nuestros tribunales y jueces que velan por el interés general.

Y lo anterior, sin dejar de lado al principal protagonista de todo el sistema, el ciudadano, que como elector tiene en su poder premiar y castigar con su voto a quienes le han defraudado en el buen gobierno de los asuntos de Estado por no observar una conducta ética y ejemplar y guardar fidelidad en el cumplimiento de sus promesas electorales.

Es precisamente el ciudadano-elector el verdadero artífice y motor en la concepción del Estado, de su esencia como comunión de intereses, de cuya realización y defensa delega en terceros, siempre con autonomía y libertad propias, muy lejos de la afirmación proclamada por Friedrich Nietzsche, en su obra *Más allá del bien y del mal*, cuando ya prevenía de la extraña limitación del desarrollo humano, el carácter indeciso, lento, a menudo regresivo y tortuoso del mismo que descansa en el hecho de que el instinto gregario de obediencia es lo que mejor se hereda, a costa del arte de mandar.

7

CIÑAMOS CON EL CASCO NUESTRAS CANAS[65]

He leído en diversos medios de comunicación que los de la generación del *baby boom* lo tenemos crudo cuando llegue el momento de acceder a nuestra jubilación, y no sólo porque se predicen recortes en las prestaciones de las pensiones debidas a la escasa natalidad y, consecuentemente, al menor número de futuros contribuyentes al sistema, sino porque creará un problema de envergadura cuando cientos de miles de trabajadores dejen sus puestos de trabajo y responsabilidades y deban ser sustituidos, en especial en aquellas actividades donde se exige una más prolongada y exigente preparación.

Recordemos que esta generación debe su nombre al incremento de la natalidad que se dio en Occidente tras el fin de la Segunda Guerra Mundial entre 1946 y 1964.

La primera vez que se utilizó el término *baby boomer* fue en un artículo del *Daily Press* de enero de 1963 en el que se describía el repunte masivo de matriculaciones universitarias por parte de los *boomers* que se acercaban a la mayoría de edad. Sin embargo, en nuestro país el término hace referencia a las personas nacidas entre 1957 y 1977, periodo en el que en nuestro país nacieron 14 millones de bebés, según recoge el INE.

De las pensiones ya se encargó de ponerlo claro el actual ministro de para la Transformación Digital y de la Función Pública, José Luis Escrivá, anunciando un recorte que afectaría a los nacidos entre finales de 1950 y mediados de 1970, por el cuál este sector de la población tendría que elegir entre cobrar menos o «trabajar algo más».

Respecto del vacío que dejarán las futuras jubilaciones, se estima que en los próximos 15 años se jubilarán en España más de 10 millones de personas, una sangría de profesionales que puede comprometer la actividad de algunos sectores como la Sanidad o la Judicatura. Es la Gran Jubilación, una inercia del mercado de trabajo de toda Europa que viviremos con especial intensidad.

65. Publicado en *Economist & Jurist* el 21.5.2023.

Además, al contrario de lo que pasa en Europa, las tasas medias de actividad a partir de los 55 años son mucho más bajas en España.

Y es que, según las estadísticas, uno de cada tres médicos de familia está a menos de cinco años de su jubilación (33,2 %). Seis de cada diez tienen 50 años o más (60,2 %). En 15 años se habrán jubilado dos tercios de los actuales médicos de Familia, aproximadamente unos 12.000, mientras que, en 2022, de las más de 2.300 plazas ofertadas, solo se cubrieron algo más de 1.000, quedando un 50 % de las plazas vacantes.

En el sector de la Justicia, la edad media de las juezas en activo tiene entre 45 y 50 años, pero la edad media de los hombres, que son más, está entre los 50 y los 60 años. La edad media, según los datos del Consejo General del poder Judicial, de los magistrados en España es de 50,3 años, mientras que hace diez años era de 45,7. Asociaciones de la carrera judicial están advirtiendo de que si esto continúa mientras las jubilaciones sigan incrementándose, el agujero que se producirá en unos años será todavía mayor.

Al respecto, en las XXXI Jornadas de Jueces Decanos de España, celebradas en Las Palmas de Gran Canaria del 8 al 10 de mayo de 2023, se afirma lo siguiente:

a) La creación de nuevas plazas hasta la implantación de los tribunales de instancia. A la vista del módulo aprobado para los distintos órganos judiciales, se llega a la conclusión de que Ministerio y Consejo renuncian a que la planta judicial española alcance la ratio juez/población vigente en Europa. En España hay 11'24 jueces por cada 100.000 habitantes, y en Europa, 17'60.

b) El incremento de las plazas en las oposiciones de acceso a la carrera judicial hasta alcanzar la ratio media de la Unión Europea de jueces/zas por habitante, llamando la atención de que no se tiene en cuenta el número de jubilaciones que se van a producir en los próximos años y que afectará a gran parte de la carrera judicial. La actual política de convocatoria de oposiciones no garantiza ni tan siquiera la tasa de reposición.

   Se considera que el sistema más adecuado de acceso es el de oposición libre que garantiza la igualdad, mérito y capacidad tal como exige la Constitución.

c) Promover las reformas normativas necesarias para la adopción de medidas de carácter objetivo de adaptación del puesto de las personas que se acerquen a la edad de jubilación. En concreto, regular la posibilidad de acceso a la jubilación parcial.

De igual manera, cerca de 900 fiscales, el 35 % de la plantilla actual, cumplirá los 70 años que marca la edad de jubilación de los fiscales, en los próximos quince años.

En el caso de los funcionarios, en los próximos diez años 108.000 de los casi 230.000 funcionarios de la Administración del Estado habrá superado los 65 años. Según el informe Panorama de las administraciones públicas publicado por la OCDE, el 47 % de los funcionarios del Gobierno central español tienen 55 años o más, por lo que en el hipotético caso de que se jubilaran a los 65 años, si no se renuevan los puestos, la Administración del Estado habrá perdido prácticamente a la mitad de sus empleados públicos en los próximos diez años.

También faltan profesores. Más de la mitad de los docentes permanentes universitarios se jubilarán antes de 2030. Según cálculos del Ministerio de Universidades, el número de profesores permanentes que alcanzará la edad de jubilación en el curso 2030-2031 será de 28.000, un 54 % del profesorado actual.

Casi la mitad de los catedráticos de universidad están en proceso de jubilación (49 %); mientras que, en el caso de los profesores titulares, el porcentaje es del 22 %. Pese a que los titulares presentan una tasa de envejecimiento menor a la de los catedráticos, el 50 % de los docentes tiene ya entre 50 y 60 años.

Este sombrío panorama se extiende a otras capas profesionales, de modo que faltan camioneros, camareros y agricultores, con el problema añadido que los jóvenes que se incorporan al mercado laboral no se inclinan por este tipo de actividades donde el sacrificio y las condiciones laborales no se compensan con la estabilidad en el empleo, con su retribución ni sus condiciones laborales.

Debe advertirse que la vigente Disposición adicional décima del Real Decreto Legislativo 2/2015, de 23 de octubre, por el que se aprueba el texto refundido de la Ley del Estatuto de los Trabajadores, establece que:

> «1. En aras de favorecer la prolongación de la vida laboral, los convenios colectivos podrán establecer cláusulas que posibiliten la extinción del contrato de trabajo por el cumplimiento por el trabajador de una edad igual o superior a 68 años, siempre que cumplan los siguientes requisitos:
>
> a) La persona trabajadora afectada por la extinción del contrato de trabajo deberá reunir los requisitos exigidos por la normativa de Seguridad Social para tener derecho al cien por ciento de la pensión ordinaria de jubilación en su modalidad contributiva.
>
> b) La medida deberá vincularse, como objetivo coherente de política de empleo expresado en el convenio colectivo, al relevo generacional a través de la contratación indefinida y a tiempo completo de, al menos, un nuevo trabajador o trabajadora.
>
> 2. Excepcionalmente, con el objetivo de alcanzar la igualdad real y efectiva entre mujeres y hombres coadyuvando a superar la segregación ocupacional por género, el límite del apartado anterior podrá rebajarse hasta la edad ordinaria de jubilación fijada por la normativa de Seguridad Social cuando la tasa de ocupación de las mujeres trabajadoras por cuenta ajena afiliadas a la Seguridad Social en alguna de las actividades económicas correspondientes al ámbito funcional del convenio sea inferior al 20 por ciento de las personas ocupadas en las mismas».

Cumpliendo dichos requisitos el empresario queda facultado legalmente para jubilar forzosamente al trabajador por la vía del art. 49.1.f) del Estatuto de los Trabajadores. De lo contrario, el trabajador podrá continuar en activo hasta que sus facultades físicas y/o mentales se lo permitan.

De igual manera, cabe la posibilidad de que sea el empresario físico —no la empresa constituida en forma societaria— quien se jubile, lo que comporta la extinción del contrato de trabajo conforme al art. 49.1g) del Estatuto de los Trabajadores, teniendo el trabajador derecho al abono de una cantidad equivalente a un mes de salario.

En una sociedad como la nuestra donde la competitividad se eleva a su máximo grado y donde las nuevas tecnologías apartan a los menos capacitados de los nuevos cambios y en que el factor edad, aun a riesgo de su posible deriva discriminatoria, se erige en un elemento atractivo para realizar nuevas contrataciones, ya que no solo se regenera el personal sino que se le puede someter a más estrictas y rigurosas condiciones de todo tipo, ciertamente la jubilación es para muchos un verdadero castigo, que no premio, que aparta al jubilado del mercado laboral y le somete a duras condiciones ambientales y mentales, cuando no económicas al final de su etapa vital.

He tenido ocasión de tratar la jubilación en algún otro comentario, pero estarán conmigo que, en el fondo, lo que se debate es la pugna entre la mera contemplación sin acción o la entrega a ésta.

Lo que digo no es nada nuevo. Séneca, en sus *Tratados Morales*, se refiere a la vida retirada o del ocio, afirmando que hay tres clases de vida entre las que suele preguntarse cuál es la mejor: la una se entrega al placer, la otra a la contemplación y la tercera a la acción. Y añade que ni el que gusta del placer carece de toda contemplación, ni el que se entrega a la contemplación está privado del placer, ni tampoco el que dirigió la vida a su actividad está falto de contemplación.

Para Séneca, resulta lícito vivir en el ocio, sin resignarse a él, sino que debe elegirse. La naturaleza nos obliga a contemplar las cosas que nos rodean, pero ello no supone necesariamente renunciar a nuestra innata actividad, fruto de la curiosidad y del raciocinio, independientemente de nuestra edad y condición. Porque, ¿acaso un juez o un abogado al jubilarse abandonarán su curiosidad y contacto con la Justicia y el Derecho, o se entregarán aún con mayor pasión, pero sosegada y dulcificada ante la falta de compromiso y obligación?

¿Y un poeta?, ¿dejará arrastrarse por la vida contemplativa sin continuar plasmándolo en negro sobre blanco, transmitiendo sus sensaciones desde su privilegiada posición de independencia y emotividad?

Habrá quien, a lo largo de su vida, al llegar el momento de hacer balance al final de su etapa profesional, afirme que en realidad no trabajaba, entendido como el destino divino con que el hombre fue castigado por su avaricia, sino como un entretenimiento a modo de distracción que no le ha representado un esfuerzo que le obligara a descansar, entendiendo este verbo como cesar de hacer un ejercicio, un trabajo, para hacer desaparecer el cansancio.

Otros serán del parecer que se echa por la borda su experiencia, sus conocimientos, sus aportaciones, su saber, su capacidad de transmitir. Valores que con su alejamiento y ostracismo laboral quedarán en el olvido o, siendo benévolos, en el recuerdo.

La ambición y la exigencia pueden que no desaparezcan, y que, con otro ritmo, diferente cadencia, estilo o propensión, nuestra jubilación no sea más que otra etapa de creación, incluso de reacción, de rebeldía, de demostrar nuestros valores, apreciándolos en su justa medida.

Hay quien se resiste, y es humano, a envejecer Y que el ver aparecer sus primeros cabellos blancos no se reconoce ante el espejo y se los tiñe, no sea que nuestra existencia cambie o comencemos a tener una visión y opinión distintas de nosotros mismos.

Y del mismo modo que tenemos amigos desde nuestra infancia o juventud, también nuestras capacidades y valores deben permanecer; si se quiere en otro plano o dimensión, pero dispuestos a hacerlos valer en vida, porque al morir nuestros bienes materiales o aquellas cosas u objetos que han tenido una especial significación, desaparecen con la misma facilidad con que los herederos puedan abandonarlos o venderlos, en el mejor de los casos.

A excepción de quienes como los escritores y los artistas nos han hecho llegar sus libros, composiciones musicales, esculturas o pinturas, aunque no todos lo hayan logrado y la mayoría hayan vivido en el más puro anonimato o pasado de puntillas por la historia.

El escritor André Maurois, que murió a los ochenta y dos años, es el autor de esta reflexión discretamente irónica, de la que se hizo eco mi admirado autor Josep Maria Espinàs:

> «Para un escritor famoso, llegar a una edad avanzada supone una doble ventaja. De una parte, se gana el afecto de mucha gente, que aun cuando ignora su obra, le admira por su longevidad. De otra, obtiene la indulgencia de los escritores jóvenes que, como están seguros de su próxima desaparición, consiguen el valor necesario para hacerle justicia».

Aplíquese el dicho a otros profesionales y quehaceres y tendremos parte de las respuestas a las dudas vitales que se ciernen en torno a la jubilación, en este caso legalmente forzada y no deseada.

Como le confiaba Anneo Sereno a su amigo Séneca:

> «Y tú, ¿qué haces, Séneca?: Abandonas tu partido? Con razón dicen nuestros estoicos: "estaremos en el tajo hasta el final, no dejaremos de trabajar por el bien común, de ayudar a todos y cada uno, de socorrer, incluso, a nuestros enemigos

con la mano tendida. Nosotros somos los que no tenemos ningún año libre y, como dice aquel varón excelentísimo: "canitiem galea premimus" (ciñamos con el casco nuestras canas)».

8

¿DE VERDAD PODEMOS CREERNOS QUE SOMOS LOS ÚNICOS EN LA INMENSIDAD DEL UNIVERSO?[66]

El pasado día 1 de julio de 2023, a primera hora de la tarde, se elevó con éxito en Florida la misión espacial *Euclid* de la Agencia Espacial Europea, la ESA: un telescopio que explorará miles de millones de galaxias para hacer un mapa en tres dimensiones del Universo.

El telescopio se prevé que esté seis años en servicio y haga el mapa más grande y más preciso que hasta ahora haya podido hacerse, con la finalidad de descubrir cómo funciona la materia oscura, entre otros enigmas de la astronomía.

El *Euclid* es un aparato de 800 quilos de peso lanzado por un cohete Falcon 9 de la empresa *SpaceX* desde las instalaciones de la NASA en cabo Cañaveral, en los Estados Unidos.

Una vez en órbita, se situará a un millón y medio de kilómetros de la Tierra, en el punto de equilibrio gravitatorio de *Lagrange* L2, desde el cual dirigirá la mirada a una tercera parte del cielo observable.

En la construcción del telescopio han participado empresas y centros de investigación de todo Europa, entre los cuales se halla el Instituto de Física de Altas Energías, la IFAE, y el Instituto de Ciencias del Espacio, el ICE-CSIC.

Euclid hará un mapeo tridimensional de las galaxias que se crearon desde hace 10.000 millones de años hasta ahora. Por lo tanto, podremos saber exactamente cómo ha evolucionado el Universo, podremos ver cuáles son las correlaciones, por qué hay galaxias que están más juntas en un lugar del Universo que otros, lo que nos ayudará a descubrir qué es la materia oscura y qué es la energía oscura.

66. Publicado en *Linkedin* el 16.7.2023.

Según los cálculos realizados, el Universo visible solo sería el 5 % de la materia existente, mientras que el 95 % restante correspondería a la materia oscura, aunque todavía no se ha conseguido probar su existencia.

Lo que resulta indudable es que, desde sus orígenes, el hombre ha sentido la necesidad ineludible de explorar el espacio para intentar descubrir los grandes secretos que nos puedan ayudar a comprender de dónde venimos y quién o quiénes nos pueden acompañar en la aventura de la vida.

Lo cierto es que el sistema solar se formó relativamente tarde, hace solo 4.600 millones de años —frente a los 13.400 millones de años de vida que se estima del Universo—, y que la tecnología moderna no apareció en la Tierra hasta el siglo pasado, hace 0,0001 millones de años, razón por la cual podrían haber aparecido y desaparecido muchas civilizaciones antes de que desarrolláramos los actuales telescopios modernos para detectarlas.

Unos telescopios que permiten que el Universo observable sea una esfera de unos 13.800 millones de años luz, aquel 5 % del total al que me refería anteriormente. Una superficie que escapa a nuestros sentidos, si consideramos que un año luz representa casi 9 billones y medio de kilómetros, mientras que la distancia del Sol a la Tierra es de 149.597. 71 km, que equivale a 8.3 minutos-luz, es decir, la luz que recibimos del Sol en este instante salió de él hace algo más de ocho minutos.

De momento, y no es poco, existe la evidencia de más de 5.000 planetas confirmados más allá de nuestro sistema solar según la NASA, en donde cada exoplaneta descubierto representa un nuevo mundo, un mundo donde puede haber vida.

Pero aquí no acaba todo. Los científicos estiman que nuestra galaxia, la Vía Láctea, contiene alrededor de 100 mil millones de planetas. Esta cifra se basa en el número de estrellas que hay en la galaxia, de modo que por cada estrella hay al menos un planeta.

De manera paralela, se estima que hay alrededor de un billón de planetas en el Universo conocido. Esta cantidad se basa en el número de galaxias se conocen, estimadas en 100 mil millones. Es decir, por cada galaxia se estima que hay al menos 10 mil millones de planetas.

Estas cifras, nunca mejor dicho, resultan astronómicas, pero, a la vez, dan fe de nuestra modesta existencia en un universo infinito y en continua expansión del que apenas conocemos una mínima expresión.

De momento y que sepamos, la Tierra es el único planeta capaz de albergar vida e inteligencia, pero las probabilidades de que también la haya en otros planetas y galaxias son tan enormes que la duda se disipa por pura estadística.

Por de pronto, en opinión de los científicos, ni nuestra galaxia ni el Sol son especiales, y la Tierra no es más que un planeta rocoso cuya órbita se estabilizó dentro de la banda de habitabilidad en torno a su estrella. Uno de los miles de millones de cuerpos similares que sin duda habrá en el Universo.

Se comprenderá que con estas magnitudes el antropocentrismo no sea más que una teoría sin base alguna puesto que el hombre hace tiempo que dejó de ser el centro del Universo. No es más que un simple grano en la extensión de una playa de arena o una simple gota de agua en la inmensidad de los océanos.

Estas reflexiones deberían situarnos en contexto y convencernos de que lo mejor que podemos hacer, independientemente de continuar explorando nuevos mundos y fronteras, es cuidar nuestro propio planeta, en el que vivimos. Concienciarnos de su preservación, cuidarlo, mimarlo, respetarlo, porque de lo que estoy plenamente convencido es que, por muy infinito que sea nuestro Universo, no hallaremos otro planeta idéntico al nuestro.

Como ha afirmado el catedrático de Astrofísica de la Universidad de Harvard, Avi Loeb, el mundo acabará, por supuesto, y casi seguro, con un estallido; dentro de unos 7.000 millones de años, nuestro Sol, que ahora tiene unos 4.000 millones de año, se convertirá en una gigante bola roja que se irá expandiendo y acabará con toda vida de la Tierra. Claro es que se trata de otra magnitud temporal difícil de asumir, pero no es debatible ni es una cuestión ética, simplemente sucederá, y cuando ello ocurra es más que probable que la humanidad haya conseguido descubrir nuevos mundos, llegar a otras galaxias, es probable que incluso contactar con otras civilizaciones, y, lo que parece más importante, descubrir otros planetas donde las condiciones ambientales permitan a nuestra especie, la humana, perpetuarse.

No se trata de ciencia ficción sino de una realidad que cada vez toma más cuerpo. En 2016 se descubrió un planeta fuera del Sistema Solar que tiene las condiciones necesarias para la vida, o lo más parecido posible a como la conocemos. Se trata del planeta llamado Próxima b que orbita a la estrella Próxima Centauri y está tan solo a unos 4 años luz del Sistema Solar, que es una de las distancias relativamente más cercanas a la Tierra para un planeta similar al nuestro nunca antes detectado, y a 7 millones de kilómetros de su estrella, Próxima Centauri, con un paisaje rocoso, pero presumiblemente habitable para el ser humano. Los científicos tratan ahora de determinar si su atmósfera se está evaporando lentamente, como ocurre con planetas similares, y qué tipo de química posee.

Todo esto en lo mejor de los casos, porque la otra alternativa es que seres alienígenas venidos de otras galaxias y planetas, cuya civilización se haya formado hace cientos o miles de millones de años antes que la nuestra, ya nos estén vigilando desde hace tiempo e, incluso, hayan emprendido la aventura de visitarnos, no sabemos con qué predisposición ni intenciones, quizá por medio del denominado *Oumuamua*, un objeto interestelar detectado en octubre de 2017, y primera evidencia de vida y tecnología extraterrestre en el espacio. Aunque, bien pensado, considerando que su tecnología será mucho más avanzada que la nuestra, si su propósito es colonizador será simplemente para someternos y esclavizarnos, como ya sucediera en los siglos XV y XVI con los indígenas en tierras americanas a manos de españoles, portugueses e ingleses.

En esas u otras condiciones, ¿estamos preparados para una invasión alienígena? ¿Nuestros países y organizaciones internacionales han previsto algún protocolo de actuación? ¿Cómo afectaría a nuestra civilización un posible contacto?

Muchas son las preguntas y pocas las respuestas. Desde luego planteárselas forma parte de nuestra innata naturaleza descubridora y ante su evidencia científica solo cabe esperar y confiar. No nos queda otro remedio,

Bibliografía y fuentes informativas

BRIONES, Carlos. *¿Estamos solos? En busca de otras vidas en el cosmos*. Ed. Crítica, 2020.

GALFARD, Christophe. *El Universo en tus manos. Un viaje extraordinario a los límites del tiempo y el espacio*. Ed. Blackie Books, 2016.

LOEB, Avi. *Extraterrestre. La humanidad ante el primer signo de vida inteligente más allá de la Tierra*. Ed. Planeta, 2021.

Noticias de 3/24, de *TV3*

9

EN LA CONMEMORACIÓN DEL 46 ANIVERSARIO DEL ASESINATO DE LOS ABOGADOS DE ATOCHA[67]

El año 1977 será recordado como uno de los más sangrientos tras la muerte del dictador Francisco Franco y de la etapa preconstitucional.

Tras la abdicación, el 15 de mayo, del Conde de Barcelona, don Juan de Borbón y Battenberg, a favor de su hijo, el rey don Juan Carlos I, culmina la legitimidad sucesoria en el trono, y, casi sin continuidad, se celebran las elecciones el 15 de junio, las primeras democráticas que ponían a prueba la transición política, otorgando la victoria a la UCD, liderada por un joven y ambicioso Adolfo Suárez, que obtuvo 170 escaños en el Congreso de los diputados, frente a los 115 del PSOE, a cuyo frente estaba Felipe González, otrora apodado «Isidoro», seguidos de lejos por un decepcionante PCE, con Santiago Carrillo como protagonista, tras su legalización por sorpresa el 10 de abril, mientras media España disfrutaba de la Semana Santa y con tan solo 20 diputados, Alianza Popular, con 15 diputados, el PNV i el Partit Demo-cràtic de Catalunya, con 10 escaños cada uno de ellos, la Unidad Socialista con 2, y otros partidos minoritarios, con 8.

Sin embargo, esas primeras elecciones generales quedaron empañadas por diversos sucesos que conmocionaron a la sociedad española de aquel año. El 25 de enero fue secuestrado por el GRAPO —desarticulado el 6 de agosto—, Emilio Villaescusa Quilis, presidente del Consejo Supremo de justicia Militar, luego liberado el 18 del mismo mes.

Entre tanto, el 1 de marzo hubo 22 muertos y 85 heridos en el trágico accidente ferroviario ocurrido entre Sant Andreu de la Barca y Pallejà, a unos 15 minutos de Barcelona.

El 29 de marzo un Jumbo de la compañía KLM se estrelló en el aeropuerto de «Los Rodeos», en Tenerife, tras colisionar con otro de la norteamericana

67. Publicado en *Linkedin*, el 24.1.2023.

«Pan American», con el triste balance de 560 personas muertas y otras 72 heridas.

El 10 de mayo el industrial barcelonés José María Bultó Marqués murió asesinado al hacerle explosión un artefacto que, bajo amenazas, le habían pegado a su cuerpo, sujeto con esparadrapo, exigiendo un rescate de 500 millones de pesetas.

El 3 de septiembre un comando de ETA destruyó con un artefacto un edificio en obras en Eibar y, cuatro días después en la misma población, otro artefacto dañó seriamente un edificio escolar aún por inaugurar.

El día 21 de septiembre se produjo una explosión en las oficinas de la revista satírica y de humor «El Papus», atentado que fue reivindicado por la «Triple A», ocasionando un muerto y dos heridos.

El 25 de octubre, el president de la Generalitat de Catalunya, Josep Tarradellas, tras 38 años de exilio, regresó a Cataluña y, desde el balcón de la sede del Palau de la Generalitat, se dirigió a los miles de ciudadanos congregados con un emocionado e histórico: *«Ciudadanos de Cataluña, ya estoy aquí. Ciudadanos de Cataluña: nuestra unidad hará de nuestra patria la avanzada de todos los pueblos de España y un ejemplo de democracia»*.

Tres días después, todos los partidos políticos, exceptuando Alianza Popular, firmaron el «Pacto político de la Moncloa», mientras se suprimía el 22 de diciembre la fiesta del 18 de julio que conmemoraba el Alzamiento Nacional.

Pero sin duda alguna el hecho que más conmocionó a toda España fue el asesinato a sangre fría y despiadada de cinco personas (Luis Javier Benavides, Serafín Holgado, Ángel Rodríguez, Javier Sauquillo y Enrique Valdevira tres abogados un estudiante y un administrativo), afiliados al PCE y al sindicato CCOO, en un despacho en la calle Atocha 55, tercero izquierda, de Madrid, el 26 de enero de aquel fatídico 1977.

El atentado, que dejó cinco heridos, se cometió a las 23 horas mientras se celebraba una reunión entre varios abogados y los miembros de una comisión de trabajadores del sector de transportes privados de viajeros de Madrid, cuando en ese instante entraron por asalto unos jóvenes que empuñaban dos metralletas y vestían «trencas» verdes.

Los recién llegados tras irrumpir en el despacho al grito de *«Arriba esas manitas, las manitas arriba»*, buscaban a *«los que han hecho la huelga del transporte, sucios marxistas cobardes»*. El responsable del entonces ilegal sindicato de transportes de Comisiones Obreras, Joaquín Navarro, que había pasado allí la tarde organizando la huelga, se había marchado poco antes.

Entre tanto, mientras uno apuntaba al grupo otro recorrió todos los despachos cortando los cables telefónicos y, después de asegurarse de que no había nadie más en el local, dispararon dos ráfagas de metralleta.

El suceso causó indignación y estupor, mientras el gobierno temía, ante la celebración de la comitiva fúnebre por las calles de Madrid, graves altercados del orden público y enfrentamientos entre comunistas y miembros del entonces denominado búnker franquista.

El entierro de los cinco asesinados en Atocha se convirtió en una multitudinaria manifestación. El PCE, de acuerdo con el Gobierno de Adolfo Suárez, se hizo cargo de la seguridad y la marcha transcurrió sin incidentes en un emocionado silencio que honró a las víctimas con el respeto debido y la emoción y congoja contenidas.

La investigación policial llevó a la detención de los responsables del atentado, todos ellos miembros de comandos de extrema derecha ligados a grupos como Fuerza Nueva —partido político ultraderechista fundado en 1976 por Blas Piñar— y Falange, que pretendían acabar con los «enemigos de la Patria».

La Audiencia Nacional tardó tres años en dictar sentencia. Condenó a Fernández Cerrá y a García Juliá a 193 años de prisión cada uno como autores materiales del atentado. Francisco Albadalejo Corredera, el autor intelectual, fue condenado a 63 años de prisión, donde permaneció hasta su muerte en 1985. Leocadio Jiménez Caravaca y Simón Ramón Fernández Palacios, antiguos miembros de la División Azul, habían sido detenidos por facilitar las armas para el crimen, pero solo el primero pudo ser juzgado y condenado a 64 años de cárcel. Fernández Palacios falleció en 1979, antes del juicio. Por último, Gloria Herguedas Herrando fue sentenciada a un año de prisión como cómplice.

Cuarenta y seis años después de la matanza, en la plaza de Antón Martín, muy cerca de Atocha 55, una escultura en bronce del pintor valenciano Juan Genovés, inaugurada en junio de 2003, recuerda a los jóvenes abogados laboralistas asesinados.

Sirva estas líneas de emotivo y sincero homenaje a quienes murieron por la causa, vilmente asesinados a manos de unos desaprensivos que intentaron desestabilizar los inicios de la joven democracia española con la intención fallida de devolvernos a tiempos pretéritos.

10

EN RECUERDO DEL JUEZ FEDERICO CARLOS SAINZ DE ROBLES[68]

Y es que un juez no se improvisa. Junto al saber y conocimiento de la Ciencia del Derecho —vertientes dogmática, normativa y jurisprudencial—, se va a reclamar inexcusablemente sentido de la justicia, prudencia, y, sin falta, sentido del Estado, especialmente cuando se ejerce en una jurisdicción la cual, según el viejo anatema, en cuanto se está juzgando a la Administración, sin duda se está administrando. Y es que se requiere ese equilibrio necesario, pero tan difícil de alcanzar, que presupone ante todo un prolongado entrenamiento. El no sentirse acomplejado. El hacer oídos sordos a los cantos de sirena, sin considerarse ni un inventor ni un salvador de la humanidad. Defendiendo el respeto a la Ley, buscando la justicia. Son todos ellos caracteres que observo en el juez Federico Sainz de Robles.

... Dígase igualmente de la discreción... Estamos necesitados de ese modelo del «buen juez», del juez justo, sabio, prudente y discreto ... desde su enorme calidad humana, valorando la forma de vivir su vida, así como las gallardas decisiones que supo tomar cuando hubo de tomarlas. Apreciando, sin falta, el coraje de dejar de ser juez, cuando había que dejar de serlo, él que amaba tanto la judicatura[69].

---

68. Publicado en *Linkedin*, el 27.5.2023.

69. «Federico Sainz de Robles en el recuerdo», por Lorenzo MARTÍN-RETORTILLO BAQUER. Catedrático, artículo recogido en la obra colectiva *Recuerdos de Federico Carlos Sainz de Robles*. Editorial Aranzadi, 2006.

11

EN RECUERDO DEL PROFESOR CARMELO GÓMEZ TORRES[70]

Ayer me llegaba la triste noticia del fallecimiento del profesor de la Universidad de Barcelona, D. Carmelo Gómez Torrez (nacido en 1945 en Albarán - Murcia), acaecido el pasado día 1 de mayo de 2024, a los 79 años de edad y que, como recoge la breve nota publicada por el *Observatori de Bioètica i Dret* de la citada Universidad, fue una histórica referencia de la Facultad de Derecho y de su Observatorio, del que fue miembro desde su creación, en el año 1995.

Filósofo del derecho y especialista en el tema de los derechos humanos, a su indiscutible y extraordinaria calidad humana unía diversos nombramientos que le hacían acreedor de sus conocimientos y experiencia, entre los que cabe destacar:

- Doctor en Derecho.
- Profesor Titular de Filosofía del Derecho de la Universidad de Barcelona.
- Jefe de Estudios la Facultad de Derecho de la Universidad de Barcelona.
- Vocal de la Asociación de Bioética y Derecho de la Universidad de Barcelona.
- Miembro del Observatorio de Bioética y Derecho (OBD) de la Universidad de Barcelona.
- Miembro del Grupo de Investigación Consolidado «Bioética, Derecho y Sociedad» de la Generalitat de Catalunya.
- Profesor del Máster en Bioética y Derecho de la Universidad de Barcelona.
- Impartió la docencia, su gran especialidad, en diversos centros relevantes de Cataluña, como el *Estudi General de Lleida*, la Escuela Social de Trabajo de Barcelona, la Facultad de Ciencias Económicas

70. Publicado en *Linkedin* el 10.5.2024.

y el Centro de Estudios Superiores Abad Oliba. Fue vocal de la Fundación Luño Peña, desde el 1981 hasta que murió, y secretario de la Asociación de los Antiguos Alumnos de la facultad de Derecho de la UB. Sus obras más relevantes en el ámbito del derecho son el Diccionario jurídico de filosofía y teoría del derecho e informática jurídica.

- Se dice que por sus aulas pasaron alrededor de 50.000 alumnos de diversas promociones, con los que, por lo general, mantuvo un trato afable, cercano y siempre predispuesto a aclarar cualquier duda o atender cualquier sugerencia.
- Yo fui unos de sus alumnos, concretamente en la promoción 1977-82, en la Facultad de Derecho de la Universidad de Barcelona —que por cierto inició su actividad el 20 de octubre de 197— y de la que decía ser una de las mejores.
- Sus clases siempre estaban al completo y seguíamos con enorme interés sus explicaciones, atrayendo nuestra atención mediante lecciones magistrales en que la sencillez y la claridad en su exposición facilitaba su comprensión y memorización.
- Carmelo Gómez formó parte de un elenco de profesores, en aquella época, cuyo denominador común fue su entrega incondicional, la calidad de su enseñanza y la forma magistral de impartir la materia.
- Para quienes compartan edad, promoción y facultad, recordarán, entre otros, a Josep María Font Rius, Catedrático de Historia del Derecho; Francisco Fernández de Villavicencio y Arévalo, Catedrático de Derecho Civil; Manuel Serra Domínguez, Catedrático de Derecho Procesal; Encarnación Roca Trías, Catedrática de Derecho Civil —primera mujer catedrática en España en 1978—; Gonzalo Quintero Olivares, Catedrático de Derecho Penal; o, Víctor Reina Bernáldez, Catedrático de Derecho Canónico.
- Carmelo Gómez Torrez tuvo el privilegio de formar parte integrante de este excelente elenco de grandes maestros y expertos en Derecho, que tanta impronta y huella nos dejó, formándonos como juristas e inculcándonos los valores del respeto y la defensa de los derechos fundamentales y libertades públicas, en una época en la que recién habíamos salido de un régimen autoritario y sin que aún se hubiera aprobado la Constitución de 1978.
- Una época, unas circunstancias y un clima socio-político que no amilanaron ni a profesores ni a alumnos y que, sin duda, fue el germen de una promoción de la que nos podemos sentir orgullosos y herederos de las mejores tradiciones docentes, de entre las que destacaba la del profesor Carmelo Gómez a quien, desde esta tribuna, rindo mi más sincero y público homenaje.

D.E.P.

12

FERNANDO SÁNCHEZ DRAGÓ. A LA MEMORIA DE UN POLÉMICO, REACCIONARIO, ATREVIDO E INIGUALABLE ESCRITOR[71]

Escribo estas apresuradas pero sentidas líneas en homenaje a uno de los escritores contemporáneos, sin duda, más polifacéticos y controvertidos con que ha contado nuestro país. Cuesta creer que apenas hace 10 horas nuestro personaje aún estaba en plenitud de vida, a sus joviales 86 años, acabando de perfilar un discurso en agradecimiento por la entrega de un premio que tendría lugar en pocos días, y mientras publicaba un tuit donde se dejó ver con su gato encaramado a su cabeza con el siguiente mensaje: *«El gato nano me da los buenos días. Él sabe que en la cabeza está el secreto de casi todo».*

Esto demuestra que hasta el último suspiro, Sánchez Dragó fue una persona inquieta, entregado con fervor y apasionamiento a la escritura, lector contumaz, profesor, conferenciante, viajante incansable por todo el mundo, director de cursos de veranos, coleccionista de premios, entre ellos el Premio Planeta, el de Novela Fernando Lara 2006 el Premio Ondas o el Premio Nacional de Fomento de la Lectura, conductor del informativo nocturno de Tele Madrid *Diario de la noche,* director y presentador de programas televisivos, columnista y reportero en diversos diarios nacionales y, por si todo ello fuera poco, promotor y vendedor de pócimas que auguraban una larga y apacible vida.

¿Cómo resumir la figura de Sánchez Dragó? No se me ocurre mejor idea que acudir a cómo él mismo se definió en su obra *«El sendero de la mano izquierda»*:

> «... fui español, tengo ahora sesenta y cinco años, nací al oeste del Bósforo en un lugar de cuyo nombre ya no quiero acordarme, crecí en Alicante y Soria, me recrié en Japón y en la India, fallecí y renací en Egipto, soy hijo de la lectura y el viaje, mi hoja de ruta es el camino del corazón corregido y aumentado por lo que

---

71. Publicado en *Economist & Jurist* el 10.4.2023.

en Oriente llaman senderos de la mano izquierda, mi paraíso es la soledad y mi infierno la sociedad, no acato más ley que la de la conciencia ni reconozco más dios que el anima mundi, deploro no haber nacido en el siglo VI antes de Cristo, sé que la existencia es un rito de paso hacia la esencia, estoy más cerca de Dionisio que de Apolo, mi religión es la de Shiva y mi ventura la embriaguez sagrada, resido en un villorrio numantino de diez almas —no pronunciaré su nombre —plantado en el cruce de Comala de Macondo, me repugna el Becerro de Oro (y, por lo tanto, me desagrada Occidente), soy discípulo de Buda y de Lao-tsé, me tengo por escritor oriental y pagano, me estomaga el judeocristianismo y me indigna la destrucción de Eleusis, detesto la historia, venero la naturaleza, prefiero el regreso al progreso, lo que me convierte, a mucha honra, en un reaccionario, esto es, en un hombre que reacciona ante y frente a la mugre de la modernidad, y soy, de momento, en la tierra un náufrago feliz. Lo demás, aquí, no importa».

Coqueto, sin dejar de jactarse, admitió que solían decirle que no representaba la edad que tenía, gracias, quizá, a un descorbatado estilo de vida substancialmente idéntico al de su juventud y a consecuencia —acaso— del incurable síndrome de Peter Pan que padecía y del fáustico elixir de alquimista que todas las mañanas se embaulaba.

De bien pequeño su pasión por la lectura y los libros se hizo patente, al punto que el segundo esposo de su madre le puso el apodo de *principito que todo lo aprendió en los libros*, aprendiendo a leer a los tres años, sin que, desde entonces, según confesó, hubiera dejado pasar un solo día en el que por lo menos un título (y a veces más) no pasara a engrosar la lista de los libros leídos u hojeados con rectitud y detenimiento peor o mejor digeridos y justicieramente vistos para sentencia.

Sus casas de Madrid y de Castilfrío de la Sierra (Soria) eran —son— verdaderos templos de la cultura. Reconoció, en cierta ocasión, que, aunque no había llegado a contarlos, su biblioteca debía contener más de 100.000 libros, lo que a buen seguro la convertía si no en la más numerosa, de las más importantes a nivel privado del mundo. De la misma manera que admitió que muchos de esos libros ni los había leído ni tendría ocasión de leerlos, aunque la pasión por verse rodeados de ellos le había vencido y derrotado por entero.

Quizá por ello la música que servía de fondo a su programa televisivo *Biblioteca Nacional*, con música de Luis Eduardo Aute y letra de Jesús Munárriz, repetía de continuo su retornelo, *todo está en los libros*.

Probablemente fue fruto de su apasionamiento o de su incontrolable parla, pero lo cierto es que Sánchez Dragó llegó a decir que entre los tres y los doce años, medidos a ojo, se tragó de cabo a rabo la biblioteca de sus padres, digiriéndola o no, a más de la cotidiana lectura del *ABC*.

Su peculiar talante hizo que, incluso, se refiriera al huerto y a la casuca de tres plantas de Soria, de estilo y aspecto vagamente astures, lindantes con la ribera del río Duero, propiedad de su madre y hoy de sus hermanos con un jardincillo que abre al porche, la puerta y la terraza de la casuca, donde crecía —añoso, majestuoso e imbuido de su autoridad un nogal— el padre árbol al que él mismo así calificaba, y donde predijo —a modo de últimas disposiciones— que tras su muerte

> «... quería descansar cuando el Pálido Jinete me arrebate de su grupa tras conminar a mis hijos, a mis amigos y a mis viudas a enterrarme al pie de ese árbol, así sea al precio de violar las disposiciones de inhumación vigentes, después de velarme por espacio de tres días — ni uno más ni uno menos— entre músicas (Gracias a la vida, Juegos prohibidos, Suspiros de España, Butterfly morning, We shall overcome y el Vals de las velas), jolglorio, sexo, chistes, alegría generalizada, oraciones, chilones, bebidas espiritosas e ingesta de enteógenos. Si así lo hacen, que la Fuerza se lo premie, y si no, que Ella se lo demande. Amén».

Su relación con la religión, o mejor dicho las religiones, se resume en su ideal y en su convicción de que no era cristiano, ni creía en la virginidad de María ni en la resurrección de su hijo, ni compartía a título de dudosa hipótesis la idea de un dios único, antropomórfico. Omnisciente, omnipotente, omnipresente, dispensador de premios o de castigos y creador del mundo. Lo que, sin embargo, no significó que fuera *strictu sensu*, un ateo, que admitió la existencia del macrocosmos y de que pudiera haber vida después de la muerte; pero tampoco un agnóstico, porque, aunque no fuera hombre de fe lo era de conocimiento.

Y por mucho que siguiera disertando sobre la vida y milagros de Sánchez Dragó, sucumbiría al intento, pues como sentenciara Heinrich Heine *«Nadie puede decir la verdad sobre sí mismo».*

Dejo el testigo a quienes, sin duda alguna, elogiarán, idolatrarán, descabezarán, criticarán o, por qué no, ningunearán, a un escritor de cepa de los que decían las verdades como puños, a quien nadie ni nada, salvo la Carpa, le sometió ni condicionó.

La vida hecha coraje, aventura, pasión, cultura, arte, religión, sexo, viajes, fantasía, ilusión. Un apátrida, que no tenía tierra, *genius loci*, raíces, hogar, campamento, familia, amigos, idioma, querencias, afinidades, devociones, usos y costumbres.

Sólo el tiempo pondrá a cada uno en su sitio y es probable que allá al fondo, cuidando del huerto familiar, acompañado de sus seres más próximos y queridos, incluyendo sus gatos, tras hacer un alto en el camino en su pertinaz, cotidiana e inseparable lectura y escritura, nos reciba algún día con su habitual y amplia sonrisa, acompañada de su pícara mirada, y nos invite a beber uno de sus mágicos elixires.

13

A LA MEMORIA DE VICTORIA PREGO. LA VOZ DE LA TRANSICIÓN POLÍTICA[72]

Acabo de enterarme que Victoria Prego nos ha dejado hoy, 1 de mayo de 2024, precisamente en la festividad del trabajo, a la edad de 75 años y no he podido por menos que pensar en rendirle un sentido y merecido tributo a su persona.

Compruebo que Prego estudió Ciencias Políticas y empezó a trabajar en los servicios informativos de TVE el año 1974, donde ejerció durante 20 años, dirigiendo numerosos programas en directo y documentales tanto en la televisión pública como en RNE.

A lo largo de su carrera profesional entrevistó a importantes personajes de la vida política, económica, social y cultural de España, colaborando con varias publicaciones e incorporándose al diario *El Mundo* en el año 2000.

En el año 2016 fue una de las creadoras del diario digital *El Independiente*, del cual fue adjunta a la dirección.

Fue, asimismo, moderadora, tertuliana y también escritora, habiendo sido distinguida con varios galardones periodísticos, como el premio APM de Honor el 2013 y el premio Víctor de la Serna, el año 1995.

Entre otros reconocimientos, fue investida doctora honoris causa por la Universidad Rey Juan Carlos el año 2016.

Pero quizá sea más conocida, al menos a nivel popular, por la serie televisiva *«La Transición»*, 13 capítulos que retratan la evolución política en España desde el asesinato en diciembre de 1973 del almirante Carrero Blanco hasta las elecciones democráticas de junio de 1977, y que fue emitida por TVE, bajo la dirección y realización de Elías Andrés, con títulos tan sugerentes como: «El asesinato de Carrero Blanco»; «El espíritu del 12 de febrero»; «La influencia de la revolución de los claveles»; «La derrota del aperturismo»; «La muerte de Franco»; «La llegada clandestina de Felipe González»; «Juan Car-

72. Publicado en *Linkedin* el 1.5.2024.

los I, Rey de España»; «El primer gobierno de la Monarquía»; «Las primeras Cortes democráticas»; «La dimisión de Arias Navarro»; «El último pleno de las Cortes franquistas»; y, «Referéndum de la reforma».

Victoria Prego tuvo ocasión de explicar ante la Sociedad Económica de Amigos del País Valencià los entresijos y las dificultades que tuvo para explicar la transición política:

«El trabajo consistió, efectivamente, en más de cinco años, casi seis, como de investigación arqueológica realmente. El director de la serie —que es Elías Andrés— es realmente el autor de esta serie, aunque como yo soy más conocida, la amortizo yo y todo el mundo dice que es mía. No es mía, no es mía... Yo soy la subdirectora y, además, les explico: El valor de esta serie está justamente en encontrar las imágenes que estaban perdidas y los sonidos que también estaban perdidos. Es decir, un tramo muy reciente y completamente determinante de la historia de España, el que explica que vivamos en libertad y en democracia, aunque tengamos conflictos, pero el que explica nuestra forma de vida en libertad. Ese tramo de la historia, que había sido grabado y que existía y constaba en los documentos gráficos audiovisuales, se había perdido. Esto es una realidad, no les estoy exagerando ni un "pelín".

Hubo que buscar en todo el mundo, en las televisiones extranjeras. Hay que agradecer a los alemanes, por ejemplo, que les hayamos interesado tanto en ese período, porque les aseguro que Alemania nos ha proporcionado una parte importantísima de nuestras imágenes y nuestros sonidos. Luego hubo que buscar en archivos privados, en el archivo del Partido Comunista, porque el Partido Comunista tenía una cualidad y es que filmaba todo, absolutamente todo. Y entonces hemos podido reconstruir una historia de la oposición de izquierdas que naturalmente la televisión oficial no filmaba en aquella época, no estaban para menesteres. Y luego hubo que dar sentido a aquellos fragmentos. Y ése era, sobre todo, el trabajo del director, porque yo me dedicaba a otra cosa que ahora mismo les cuento.

Era como si él se encontrara un jarrón roto en mil pedazos; se encontraba en la televisión de la ZDF 30 segundos de un momento histórico determinante; en la italiana, 15 segundos; en los fondos de televisión, 3 segundos, sin sonido. Entonces buscaba en Radio Nacional un sonido. Como sabíamos cómo había sucedido y cómo era la cosa, mirábamos... Esta secuencia fue así..., porque teníamos textos. Yo había hablado con gente y tal... Era así... Bien... Entonces ya tiene un sentido. Yo me alegro muchísimo de haberlo hecho, primero porque he aprendido mucho y segundo porque la aprecio enormemente».

Y de las dificultades por la que pasó España en una etapa en que pudo suceder de todo es buena prueba lo que la periodista expuso a continuación y que no tiene desperdicio alguno:

«Hay un período de la historia de España que va desde que Suárez presenta la Ley para la Reforma Política y viene el Referéndum, que es de diciembre a febrero, de diciembre del 76 a febrero del 77, que aquí pasa de todo, pero de todo, ¡eh!, de lo peor, de lo peor. Y la gente no cambia de opinión, esto es lo asombroso, fíjense:

Presenta Suárez la Ley para la Reforma Política... que irrita extraordinariamente a los militares ultras, que irrita extraordinariamente al franquismo. Es un gobierno que no tiene el respaldo de los votos, no tiene nada más que el nombramiento del Rey, que es como no tener nada, porque el Rey entonces se estaba ganando el prestigio también. Es decir, no tiene nada y sucede que presenta la ley; que dimite el Vicepresidente para la Defensa porque iban a legalizar los sindicatos; que Felipe González y el PSOE organizan un congreso, el XXVII Congreso en Madrid, protegido por la policía, no "vigilado", sino protegido por la policía, con gran indignación del franquismo, naturalmente; que Santiago Carrillo da una rueda de prensa clandestina, o sea, el líder del Partido Comunista, lo nunca visto en España, da una rueda de prensa clandestina en Madrid, que le detienen; que secuestran al Presidente de Consejo de Estado y al Presidente del Tribunal de Justicia Militar, que son, bueno... Oriol era, pues, de una familia importantísima de los ultras y el Consejo Superior de Justicia Militar era la cúpula del ejército, era lo más granado, secuestrados por el terrorismo del GRAPO; que detienen a Santiago Carrillo, que sueltan a Santiago Carrillo, que lo ponen en la calle. Bueno, Rosón, el Gobernador Civil, le dijo a Carrillo "no duerma usted en su casa" o "no duermas", no sé si lo trataría de usted (supongo que de usted), "no duerma usted en su casa". Pero dice... "si ya me han soltado"..., dice "si no lo digo por eso, es que nosotros... tiene usted vigilancia en el portal y si entra un grupo a matarles les van a detener. Pero si entran dos, disfrazados de oficiales, estos señores se van a cuadrar y a usted se lo 'cepillan'. Por favor, no duerma usted en su casa"... Y durante meses no durmió en su casa.

A continuación se produce el asesinato de varios estudiantes, unos por la ultra derecha; el asesinato de no sé cuántos guardias civiles, sí... de tres, y de dos policías por parte del GRAPO. Bueno, una cosa brutal. Que el país podía, verdaderamente, saltar hecho añicos. Bueno, si se repasan las hemerotecas se ve primero que la población no hizo un ruido, es decir, todo el mundo estaba serenamente aguantando el tirón, que era un tirón de los que yo creo que no se han pasado en Europa. No se han pasado, no se han pasado.

El Partido Comunista hace un entierro de sus abogados en el silencio más absoluto. Ahí acuden las fuerzas políticas. Los militares aguantan los secuestros y los asesinatos, se quedan en los cuarteles. Y salimos adelante. Después se legaliza el Partido Comunista. Se vuelve a organizar aquí un zafarrancho monumental, porque era el gran enemigo de los militares (me lo contaban el otro día Gutiérrez Mellado e Ibáñez Freire, que son dos generales que todavía viven: "Tenga usted en cuenta que para nosotros los comunistas eran el enemigo de la guerra y eso no se había quitado todavía"). Bueno, pues hubo palabras mayores, hubo una reunión del Consejo Superior del Ejército, pero no salieron de los cuarteles, esta es la pura realidad. Y así llegamos a las elecciones de 1977, donde se ejerce el voto libre y donde los españoles una vez más, esa mayoría silenciosa, votan exactamente la moderación. Votan UCD, que es el partido del Gobierno..., votan a la izquierda, al PSOE, un partido con cierta representación, y carecen de representación parlamentaria los extremos, ni la extrema derecha, ni la extrema izquierda tiene representación parlamentaria, en esas primeras elecciones ni en las segundas elecciones.

> Esto es posible, probablemente, porque había la memoria de la Guerra Civil y en todas las familias había muertos, de un lado y de otro. Porque esta generación, que es la mía, eran hijos de los que hicieron la guerra y también habían vivido el trauma, y ese desgarro, y porque ese trauma había hecho posible, en mi opinión —igual me equivoco—, que los españoles no perdiéramos la memoria».

La valentía y decisión no ya solo de aceptar el reto periodístico que comportaba una labor de tal envergadura sino enfrentarse a determinadas capas sociales y políticas que aun perduraban en el recuerdo del régimen autoritario pasado, pone de relieve la inconmensurable personalidad de una periodista que ha marcado un hito en la memoria colectiva difícil de poder superarse.

La historia de este país debe mucho a Victoria Prego, una periodista entregada a su profesión que solo ansiaba relatar la verdad de los acontecimientos y de sus protagonistas, huyendo de cualquier crítica interesada y, desde luego, de cualquier tergiversación, motivación política o ideológica, sin por ello renunciar a su libertad de expresión. Una forma de pensar y de actuar que se aleja de los actuales cánones políticos que imperan actualmente.

14

SCRISSE. VISSE. AMÒ[73]

He tenido ocasión de esbozar en otro artículo la figura del gran escritor y humanista que fue Josep Pla. Un personaje poliédrico, difícil de encasillar, imposible de entender si no es con un conocimiento profundo de su vida y de su obra, a quien todos recordamos con su boina calada, su traje de pana negra, sus alpargatas de pagés, su mirada pícara y, cómo no, su inseparable cigarrillo de liar entre la comisura de sus labios, con esa cadencia al hablar que le era tan característica, reforzando una humildad y humanidad de uno de los mejores escritores en prosa de nuestra reciente historia.

Precisamente, acaba de salir publicada una nueva biografía de Pla, de la mano del profesor de Literatura Catalana Contemporánea de la Universidad de Girona, Xavier Pla *(«Un cor furtiu. Vida de Josep Pla»)*, sin duda la más completa, exhaustiva y fiel que he leído.

En ella, el autor enfatiza, de entre las múltiples facetas y curiosidades de nuestro protagonista, su afán, casi enfermizo, por la escritura, en general por la literatura, refiriendo la anécdota de que Josep Pla no paró de pensar en los tres verbos en italiano que Stendhal hizo colocar en el epitafio que hay en su lápida en el cementerio de Montmartre de París: *«Scrisse. Visse. Amò»*: Escribió. Vivió. Amó.

Tres palabras a las que le dio vueltas durante décadas, dudando, sopesando y discutiendo hasta su vejez, porque escribir, vivir y amar eran los tres motores de su vida y, probablemente, en este mismo orden.

Salvando todas las distancias, algo parecido me ocurre a mí. Mi gran pasión es escribir, dejarme transportar por el inigualable sonido del teclado del ordenador o del silencioso deslizar del bolígrafo sobre el papel. En ocasiones por obligación, como lo es al redactar una resolución o sentencia; en otras por devoción, ya sea dando a conocer un criterio legal o jurisprudencial, preparando una ponencia o simplemente adentrándome en la filosofía, la historia, la antropología, la ciencia.

73. Publicado en *Linkedin* el 27.4.2024.

Pero escribir requiere tiempo, concentración, atención y ello suele ser en demérito de poder dedicarse a otros placeres de la vida, como pasear, contemplar, viajar, ir al teatro, a la ópera, porque no es que sean actividades incompatibles, sino que cuando el acto de escribir se impone el resto pasa a un segundo plano. La energía se centra en la vocación de la escritura y ensombrece otros quehaceres.

Lo mismo ocurre con el querer. Nunca debe descuidarse, todo lo contrario. Quizás de los tres verbos citados sea el que deba conjugarse en todos sus modos y formas.

Pero ocurre que en todos ellos juega un papel importante la pasión y he aquí donde pueda surgir un enfrentamiento de intereses. Claro es que la pasión en cada una esas formas de expresión se muestra de manera distinta y se exterioriza de forma diferente, y esta puede ser la tabla de salvación a la que aferrarse.

Se trata de no pagar un precio muy alto si en ocasiones el escribir se superpone al querer, que es tanto como al vivir. Hay que encontrar el punto de equilibrio, aquel que nos permita navegar entre dos aguas, enfrentarnos a las adversidades sin descuidar nuestras preferencias, encontrar tiempo robándolo al tiempo, sin descuidar nuestras emociones, haciéndolas aflorar cuando sea preciso.

Resulta difícil, lo sé, pero no imposible. Hay que hacer un esfuerzo por conciliar esas tres pasiones, porque en realidad lo son, pero en intensidad variable, aunque al mismo tiempo sin renunciar a nada para conservarlo todo.

15

LA ÚLTIMA CENA DE CINE DE SPENCER TRACY[74]

Pocas películas tienen la emotividad y el carisma que imprimieron sus dos protagonistas, en lo que fue en toda regla una despedida como actor de Spencer Tracy, gravemente enfermo, y del coraje mostrado por su gran amor, Katharine Hepburn, que no quiso ocultar en una de sus últimas escenas, el dolor y la tristeza que le embargaba. Todo un alegato de comprensión, humanidad y amor llevada al cine de la mano de dos grandes figuras del séptimo arte.

Un cinco de abril de 1900 nacía Spencer Tracy, uno de los más grandes actores de todos los tiempos. De todas las películas que protagonizó a lo largo de su carrera cinematográfica («El viejo y el mar»; «El mundo está loco, loco, loco»; «La conquista del Oeste»; «El último hurra»; «Conspiración de silencio»; «La montaña siniestra»; «El caso O´Hara»; «El padre de la novia»; «La costilla de Adán»; «Capitanes intrépidos»; o, «La voz que acusa», entre otras muchas más) sobresale, sin duda alguna, la última que interpretó «Adivina quién viene esta noche» (en inglés, «Guess Who's Coming to Dinner»).

Se trata de una película rodada en 1967, en plena lucha por los derechos civiles de los negros en Estados Unidos. El argumento es sencillo: un matrimonio liberal de San Francisco (él, Drayton, director de un periódico; ella, su esposa, dueña de una galería de arte) tiene una hija (la actriz Katharine Houghton) que se va de vacaciones a Hawai; la hija ha aprendido perfectamente las lecciones de sus padres y no tiene ningún tipo de prejuicio racial, así que conoce a un hombre negro, un brillante médico, se enamoran y deciden casarse.

De vuelta a San Francisco se presenta en su casa absolutamente feliz para presentarle a sus padres a su futuro marido (el inigualable actor Sidney Poitier) y la reacción es bastante distinta de la que ella esperaba. Su madre

74. Publicado en *Linkedin* el 13.4.2024.

(la carismática actriz Katharine Hepburn) enseguida reacciona bien, pero su padre no (Spencer Tracy), pues solo vislumbra los problemas a los que tendrá que hacer frente su hija, creándole un serio problema de conciencia. Por si no fuera poco, una criada negra (interpretada por Isabel Sanford) no considera que los de su raza deban salirse de su rol, mientras que los padres del novio, que también vienen a cenar, se quedan en estado de shock cuando se enteran de que su hijo va a casarse con una blanca. Para acabarlo de adobar, un arzobispo católico amigo de la familia (encarnado por el actor Cecil Kellaway) intenta navegar entre las turbulentas aguas familiares, completando un elenco de grandes actores para una película totalmente revolucionaria que trató por vez primera la cuestión del racismo con humor, delicadeza, humanidad y amor, después de deliberar de forma civilizada y reflexionar sobre el problema.

Cuando Spencer Tracy rodó «Adivina quién viene esta noche» se estaba muriendo. Katharine Hepburn, su pareja en la sombra desde hacía 26 años (él nunca dejó a su mujer) se lo tomó como un empeño personal, y la película fue casi como un testamento de los dos, un maravilloso testimonio de una historia de amor de las de verdad.

El monólogo final de Spencer Tracy resulta inolvidable, cuando recuerda lo enamorado que estaba y sigue estando de su mujer, lo que le hace entrar en razón en no poner trabas a la relación de su hija con su futuro yerno negro, especialmente porque Poitier representaba la quintaesencia del negro respetable del que nada hay que temer, el estereotipo del intelectual negro, sin defecto alguno, médico de profesión, mientras que Tracy y Hepburn idealizaban a la pareja liberal bien situada que puede ganar cualquier causa y hacer del más asqueroso de los mundos un lugar seguro para el amor y los ideales. No en vano, el amor, la sinceridad y la tolerancia siempre vencen todas las barreras y especialmente las del racismo.

Oírle hablar mientras a Katharine Hepburn se le llenan los ojos de lágrimas sigue siendo uno de los mejores momentos que nos ha brindado la historia del cine, en especial cuando, encarnando al personaje de Drayton, se vuelve a su esposa, a la que se le ve en contra plano un momento, para luego acercarse la cámara a Tracy y decir «Si lo que sienten el uno por el otro no es más que la mitad de lo que nosotros sentimos», remarca con voz trémula, «entonces con eso basta».

Tracy falleció alrededor de las seis de la mañana del sábado 10 de junio de 1967, diecisiete días después de finalizar el rodaje de la película, al sufrir un ataque cardíaco que acabó con su vida mientras bebía un vaso de leche en la cocina de su casa. Kate, sin sospechar nada, llegó un poco más tarde y le halló encorvado sobre la mesa de la cocina, sin apenas tiempo de llamar al médico para que certificara su defunción y darle la noticia a su mujer, quitándose de en medio durante el entierro por respeto a su familia, limitándose a observarlo desde lejos, despidiéndose de esta forma de la persona con la que había compartido su vida y su última película que ella nunca quiso ver.

Una historia que ahora nos parecerá trasnochada, llena de estigmas sociales y de situaciones inverosímiles en una sociedad, como la actual, que reconoce y ampara, al menos en teoría, la igualdad y la no discriminación, pero que en los EE. UU. de los años sesenta fue toda una proclama de libertad y de lucha protagonizada por un elenco de grandes actores encabezada por Spencer Tracy.

Por cierto, Frank Sinatra fue uno de los grandes amigos que tuvo en vida Spencer Tracy, actuando juntos en 1961 en la película «El diablo a las 4 en punto». El cantante fue uno de los portadores del féretro del actor en su funeral. Al poco tiempo, Katharine Hepburn le escribió una carta a Sinatra en la que le decía «Le gustabas mucho y siempre te estuve agradecida por las molestias que te tomaste. Tú le hiciste feliz».

16

SE APAGÓ LA VOZ INCONFUNDIBLE DE JOSÉ MARÍA CARRASCAL

El pasado viernes, día 3 de noviembre de 2023, a los 92 años de edad, nos dejaba una persona entrañable de los medios de comunicación social, periodista hasta la médula, excelente comunicador tanto en prensa escrita, como en radio y televisión y escritor de vocación: José María Carrascal Rodríguez.

Como en todas las profesiones, hay quienes pasan en esta vida de puntillas y otro que destacan por su saber hacer, su empatía, su coraje, su personalidad, su decisión, su inconformismo. Quizás todas estas peculiaridades se daban cita en Carrascal y muy probablemente forjó su aperturismo y su forma de transmitir la actualidad el hecho de que fuera corresponsal del Diario de Barcelona y de Pueblo en Berlín hasta 1966, cuando el segundo de estos periódicos le destinó, por azares de la vida, a Nueva York, como corresponsal en los Estados Unidos.

En 1976, un año crucial para España con el dictador recién fallecido y todas las dudas acerca de su futuro político, Carrascal se convirtió en corresponsal de ABC y en 1983 asumió también la corresponsalía de Antena 3 Radio.

De regreso a España en 1990, se hace cargo de las «Noticias de la noche» de Antena 3 TV, inaugurando un nuevo estilo no ya solo de informar sino de opinar a través de sus populares editoriales que deban entrada al programa.

De la noche a la mañana sus corbatas, coloridas y extravagantes, fueron el centro de atención, inaugurando un estilo abierto, desenfadado, nunca antes visto, que dejaba atrás el encorsetamiento y la formalidad característica de los demás locutores. El simple hecho de aparecer sentado en la mesa en mangas de camisa y dar entrada a las noticias opinando sobre uno o varios temas de actualidad, con clara influencia de los noticiarios americanos, y aquella locución pausada, atrajo la atención y simpatía de los telespectadores, justo en un momento en que la televisión privada entraba con fuerza en España rompiendo el monopolio de TVE.

Cuando en 1997 dejó la televisión, regresó al periodismo de la prensa escrita sin abandonar su otra gran pasión, escribir. Quién lo hubiera dicho cuando sus primeros pasos se encaminaron por comenzar los estudios de Filosofía y de Náutica.

Carrascal escribió una veintena de libros, entre ellos una recopilación de sus *«Comentarios»,* en 1994, y coincidiendo con su última etapa vital, cuando ya contaba con 87 años, otro con el título *«Todavía puedo. Quedan muchas cosas por vivir»,* habiendo ganado diversos premios, entre ellos el premio Nadal en el año 1972 por su novela *«Groovy».*

En la que fuera su última obra, Carrascal afrontaba la idea de la muerte con el optimismo y serenidad que le eran característicos y, dejando atrás qué sucede luego, opinaba que el mayor consuelo, para aquellos que no esperan la recompensa de la gloria eterna, es mirar atrás y poder decir que, pese a nuestros errores y faltas, no lo hicimos del todo mal, que hubo en ella momentos buenos y momentos malos, altos y bajos, éxitos y fracasos, pero en conjunto podemos irnos tranquilos, aliviados incluso, porque se han acabado las esperas, las angustias, los temores, las preocupaciones, las amenazas, los sobresaltos, los recelos, los sustos, las sorpresas, los dolores, las desilusiones, y tantas cosas no precisamente agradables de las que está empedrada la vida. Lo que quiere decir que, para una muerte tranquila, no hay nada mejor que una vida apacible. Es una de las pocas cosas, continuaba afirmando, en las que coincidirán creyentes y no creyentes, conservadores y progresistas, ricos y pobres, hombres y mujeres.

Y acababa afirmando, en lo que parece un testamento vital, que la vida que hemos tenido puede no haber sido la mejor, pero conforta creer que es la menos mala de todas las vidas posible.

Estoy convencido que Carrascal, cuyo último artículo lo escribió apenas tres días antes de fallecer, se fue de esta vida con la satisfacción del deber cumplido, conocedor del éxito en su forma de trasmitir las noticias, con la alegría desbordante que transmitían sus exóticas corbatas, con aquella sonrisa perenne que le acompañaba, aquella mirada bondadosa y curiosa, y su voz pausada que le servía para que digiriéramos la actualidad, entre ellas las de su diario preferido y que pronunciaba con su peculiar acento alemán, tras nueve años de residir en Alemania, el *Frankfurter Allgemeine Zeitung.*

Si algo caracterizaba a nuestro entrañable personaje era su humildad. No en balde llegó a decir que estaba en contra del culto a la personalidad, porque se quiere ser admirado más que apreciado, envidiado más que respetado, y más que la fama auténtica se busca el cosquilleo de ser conocido.

Seguro que los lectores coincidirán en que José María Carrascal no era nada presuntuoso, tan solo una persona afable que hizo periodismo y del bueno, de esos que ahora tan poco abundan, sin herir con sus comentarios, sin alinearse con una opinión por el simple hecho de no compartir la otra sin mayor razonamiento que el interés oculto.

Un periodista de pies a la cabeza, de los que marcan época y estilo.

Descanse en Paz.

17

A FAVOR DEL USO DE LA CORBATA[75] [76]

Una de las prendas que caracterizan el buen vestir del hombre ha sido, sin duda, la corbata. Elogiada por muchos y denostada por otros, ha pervivido durante el tiempo como signo de elegancia y de personalidad, sin que haya padecido la suerte de otras prendas, como el sombrero o el bombín, los guantes, el chaleco, el fular y, en menor medida, la pajarita, por solo citar algunos ejemplos.

Hoy en día la corbata continúa usándose si bien con estilos y colores más atrevidos, acordes a los nuevos tiempos, porque si en los años 50 eran en su mayoría lisas y de tonalidades oscuras, actualmente predominan los colores vivos o combinados junto con diseños impactantes.

Su historia y origen se remontan al mundo romano, donde los legionarios solían llevar alrededor del cuello, una tira de tela, para protegerse la boca y la garganta, durante largas marchas que seguían a los carros y la caballería. De hecho, como no había carreteras asfaltadas, las carretas y los caballos producían mucho polvo y probablemente sirvieron para protegerse del mismo.

A lo largo de los siglos, esta tira se fue estrechando. La teoría más famosa sobre la aparición de la corbata comienza con la guerra de 30 años (1618-1648). Los mejores soldados que lucharon para el rey francés Luis XIV fueron los jinetes de Croacia. Tras de la guerra, estos soldados fueron presentados al rey como héroes. Durante su visita llevaban pañuelos de seda de colores brillantes alrededor del cuello y anudándola, haciendo que la parte más larga se cayera. Luis XIV era conocido por interesarse por la moda, por eso se mostró inmediatamente entusiasmado con este estilo. En ese momento nació la «corbata», *cravate* en francés (derivada de la palabra «croata») y pronto esta prenda se hizo popular entre los aristócratas de toda Europa.

---

75. Publicado en *Linkedin* el 17.12.2023.

76. Véanse mis artículos: «El obligatorio uso de la toga», publicado en esta misma plataforma digital el día 8.7.2023) y «El uso de la toga por los jueces como signo de respeto y autoridad a la Administración de justicia», publicado en mi libro *Comentarios de un Magistrado de lo Social sobre la justicia y otros aspectos*, de Ed. Colex).

Estas primeras corbatas para hombre eran muy difíciles de atar y parecían más unas pajaritas grandes y flojas. La corbata moderna, tal como la conocemos hoy en día, se introdujo en Inglaterra a fines del siglo XIX y se dio a conocer con el nombre de *four in hand* (cuatro en mano).

Este nombre *four in hand* es originalmente un término del mundo ecuestre y data del año 1865. De hecho, era el término para las riendas con las que se conectaban 4 caballos, de modo que un jinete podía poner cuatro caballos delante de su vehículo y mantenerlos bajo control. Fueron los jinetes que practicaban esta forma de montar los que crearon un nuevo estilo de corbatas para ellos mismos. Esta nueva corbata era larga y más fácil de atar y su diseño pronto recibió el nombre de *four in hand.*

Sea como fuera, continuamos asociando el uso de la corbata con determinadas profesiones que desean proyectar una seriedad, formalidad, rigor y elegancia, propia de profesiones liberales, a pesar de algunos intentos de suprimirla, como la protagonizada por el actual presidente del gobierno Pedro Sánchez, en julio de 2022, al vincular el uso de la corbata en verano y el ahorro energético, en sintonía con lo ocurrido en el verano de 2005, cuando los miembros del gobierno japonés se presentaron en sus despachos sin corbata ni chaqueta, sorprendiendo a todo el país, bajo el argumento de que la medida les ayudaría a cumplir con los protocolos de Kioto para la lucha contra el cambio climático.

Para sorpresa de muchos, la Sala de lo contencioso administrativo del TSJ de Cataluña, se ha referido al uso de la corbata en su sentencia núm. 2905/2023, de 27 de julio de 2023 (recurso n.º 2983/2021), cuando, en relación a la compra de determinado vestuario por los abogados de un afamado bufete, se debate si el coste de su compra resulta desgravable en el IRPF, en particular trajes, complementos asociados, zapatos, corbatas y gemelos, entre otros, en cuanto resulta una necesidad formal de la profesión, exigida a su vez por el propio despacho profesional en el que sirven, incluyendo, por cierto, un auto de alta gama (Audi Q7).

Pues bien, la citada sentencia se refiere textualmente en su FD Quinto a que:

> «... lo cierto es que el TEARC admite el gasto relativo a un traje realizado a medida para el actor puesto que aporta factura de la sastrería que lo confeccionó, pero no admite los gastos por las dos corbatas compradas en otro comercio porque únicamente aporta factura simplificada y no consta el cargo en la tarjeta del obligado. Este Tribunal no ha denegado en todos los casos la deducibilidad del gasto por el hecho de que se presentara factura simplificada si aparecían otros medios de prueba que acreditaban que se había realizado para la actividad y contextualizaban el gasto, en cuanto a su efectividad e imputación. Cierto es que la factura simplificada no es una factura completa pero sus supuestos y requisitos se regulan en el art. 4 y 7 del Reglamento 1619/2012, de 30 de noviembre, por el que se regulan las obligaciones de facturación, y, en principio no se ha discutido que podía en el presente caso expedirse factura simplificada ni que no contuviera

las indicaciones necesarias de la misma, por lo que ha de poder tener virtualidad para su consideración como gasto deducible, en general. Por otra parte, sí que se ha acreditado el cargo en la cuenta del obligado por lo que se ha satisfecho por él mismo, se aporta copia del cargo de la tarjeta a nombre del actor. De esta forma, al caerlos argumentos que sustentaban la negativa y haberse admitido el traje, por parte del TEARC, **no cabe duda que deben admitirse los gastos por corbatas por constituir un complemento casi indispensable del formalismo que se le ha reconocido a la actividad profesional del Abogado actor**».

Queda claro, pues, que para el tribunal en cuestión el uso de la corbata por los abogados se vincula con el formalismo propio de su actividad profesional, lo que, desde luego, entiendo puede ser extensible a otras actividades del foro (jueces, letrados de la administración de justicia, abogados del Estado, letrados de la Seguridad Social y de la Administración en general).

Cuestión diferente, sin embargo, es su obligatoriedad más allá del uso y la costumbre o por simples y siempre coyunturales razones de conveniencia.

Recordarán los lectores que, inicialmente, el Estatuto General de la Abogacía Española del año 1982 establecía en su art. 49.1 que *«los Abogados comparecerán ante los Tribunales con traje, corbata y zapatos negros, camisa blanca y vistiendo toga y, potestativamente, birrete, sin distintivos de ninguna clase»*.

Sin embargo, el art. 56.1 del vigente Estatuto General de la Abogacía Española, aprobado por Real Decreto 135/2021, de 2 de marzo, ha supuesto un giro copernicano al contemplar que: *«Los profesionales de la Abogacía tendrán derecho a intervenir ante los juzgados y tribunales de cualquier jurisdicción sentados en el estrado, preferentemente, al mismo nivel en que se halle instalado el órgano jurisdiccional ante el que actúen y vistiendo toga, adecuando su indumentaria a la dignidad de su función»*.

Precepto que guarda sintonía con el artículo 187.1 de la Ley orgánica del Poder Judicial: *«En audiencia pública, reuniones del Tribunal y actos solemnes judiciales, los Jueces, Magistrados, Fiscales, Secretarios, Abogados y Procuradores usarán toga y, en su caso, placa y medalla de acuerdo con su rango»*.

De este modo, hoy en día no es obligatorio el uso de la corbata ni tan siquiera de traje y aún menos que deban ser de color negro, con lo que en la práctica resulta corriente observar todo tipo de estilos al momento de vestir: camisas de los más variados colores y estilos, jerséis, camisetas, pañuelos alrededor del cuello, pantalones vaqueros, de pana, tergal, calzado deportivo ... y es que, al final una buena toga lo tapa todo.

Incluso se alzan voces que cuestionan el uso de la toga, al considerarla una prenda trasnochada, no acorde con los nuevos tiempos que vivimos y clasista (**). Aunque si llegáramos a tal extremo me temo que en muchas salas de espera y de juicios tendríamos la diversión asegurada con tanto desfile de modelos.

Aun con todo, me alineo con quienes defienden que la corbata, como complemento del traje, transmite valores de seriedad, confianza y elegancia, al tiempo que se convierte en una marca personal. Refuerza nuestra personalidad y los valores que deseamos transmitir, sin que ello sea un sustitutivo de la profesionalidad que, ante todo, debe caracterizar nuestra actividad, pues es sabido que el hábito no hace al monje.

18

LA CAPACIDAD DEL HOMBRE DE PODER DISCERNIR Y ACTUAR DE MANERA LIBRE[77]

Nuestra actual sociedad está sujeta a numerosos intereses de todo tipo, sociales, culturales, económicos, financieros, militares y estratégicos, entre otros muchos.

En ese contexto, la individualidad se diluye y se funde en el interés colectivo, lo que, a priori, deshumaniza y condiciona nuestro propio ser e, incluso, nos somete a los prejuicios individuales o colectivos de terceras personas. En otras palabras, en más ocasiones de las deseables somos meros títeres sin autonomía, decisión ni alma.

Son otros los que suelen decidir por nosotros, diciéndonos cómo comportarnos, de modo que nos autocensuramos y sometemos, en suma, a una voluntad que no es la nuestra propia, callando, cediendo, renunciando. Y cuando nos referimos a otra persona solemos tener de ella un concepto vago, difuso, genérico, crítico, sin más sentido que el que queramos darle, sin base alguna, sujeta a aquellos mismos prejuicios personales.

José Ortega y Gasset, en su artículo *«El silencio, Gran Brahmán»*, publicado en *«El Espectador»*, en 1930, y recogido en sus Obras Completas, se refiere a ese tipo de censura interna que, no obstante, cuando se proyecta sobre una tercera persona se materializa en una impresión, carente de orden, continuidad y método.

> «La censura que automáticamente ejercemos sobre nuestra mejor sabiduría, sobre nuestro saber del prójimo, le impide llegar a su perfección. La imposibilidad de comunicarlo hace que al recibir una "impresión" del prójimo no nos esforcemos en formularla. Queda así tosca e impoluta. La expresión verbal, aunque sólo sea la endofasia, o hablar interno, precisa y purifica todo saber primario e inexpreso.

77. Publicado en *Linkedin* el 31.5.2023.

Sobre todo, es condición para que pueda ser luego sometido a las grandes elaboraciones, sin las cuales no alcanza ningún saber su plenitud. La principal entre estas elaboraciones es la sistematización. Calcúlese a qué punto llegaría nuestro conocimiento del prójimo si no nos contentásemos con esa "impresiones" que de él recibimos, sino que, reobrando sobre ellas, las investigásemos con orden, continuidad y método. Toda esta perfección de nuestra sabiduría "humana" queda fallida por la censura que sobre ella practicamos».

Otro gran filósofo, Salvador Pániker, en su obra *Ensayos retroprogresivos*, se refería a lo que denominaba como «coerciones sociales» (y de su correspondiente sentimiento de culpabilidad), cuestionándose si hay entre nosotros una creatividad originaria, imprevisible y libre.

De lo que se trata es de indagar, según mi parecer, los valores que perseguimos, la idea de realizar la propia vida, sin más ataduras que las precisas, en una aproximación a lo que Abraham Maslow denominó como autorrealización *(self-actualising)*, una adaptación del ser humano al medio ambiente, acompañada de la adecuada motivación y creatividad, huyendo de elementos perversos como la obediencia ciega, el conflicto permanente o la mera satisfacción del ego mediante el logro del placer, como sustituto del pensamiento.

En estas estamos y a medida que nuestra sociedad avanza el hombre se desnaturaliza, huye de su esencia, se refugia en el sistema y se relaja, cuando no renuncia a ejercer su rebeldía innata, natural, legítima, obligada, esencia y fruto del todo avance social.

¿Qué hacer para evitarlo? Esta es la gran cuestión a la que debemos responder, con reflexión, pausada, responsablemente, adoptando y ejecutando nuestras propias decisiones, sin más límites que el respeto a los valores morales y éticos.

Se trata, como ha puesto de relieve E.A. Dal Maschio, de huir del rebaño, de la muchedumbre, de dejar de ser dócil, de mostrar nuestra inteligencia y sabiduría, que se nos considere por nuestros dotes intelectuales y preparación, sin esperar ni aceptar que el Estado nos diga cómo, cuándo y con quién.

Claro que todo tiene un límite. No se trata de caer en la anarquía, sino en potenciar y hacer valer nuestros valores personales.

Tan simple como difícil.

19

AL ENCUENTRO DE LA FELICIDAD[78]

Hablar de la felicidad, de la felicidad del hombre, es tanto como hablar del placer, un placer material o, bien, de los sentidos como pura esencia del espíritu.

Una cualidad a la que desde nuestros orígenes se le ha rendido culto a través de los dioses de cada civilización y cultura. Así, *Apsara*, para los espíritus hindúes; *Euphrosyne*, para los griegos; *Laetitia*, para los romanos, *Ueuecoyotl*, para los aztecas; o *Izusan Gonge*, para los japoneses.

Y es que, en acertada definición del psicoanalista Gustavo Dessal, *«La felicidad es el sueño más antiguo de la humanidad. Su búsqueda es una de nuestras metas principales, pero no es fácil acordar lo que eso significa. Sólo se puede desear lo que no se tiene, es decir, el anhelo de felicidad tal vez proviene del impulso que supone experimentar su carencia. ¿Somos capaces de llenar esa falta? La cosa se complica observando las inmensas diferencias que existen para cada uno sobre el sentido de la felicidad. Cualquier definición o decálogo es una auténtica idiotez».*

La felicidad tiene muchas y diferentes cualidades, como alcanzar la satisfacción de los deseos a la vez que se evitan o apartan los problemas, los perjuicios e insatisfacciones. Supone alcanzar un determinado bien, aquel al que se aspira, en forma de conocimiento o sabiduría, porque la sed por saber es un motivo de felicidad siempre creciente, porque cuanto más se intenta saciar más sed se tiene, y ante lo ya aprendido siempre queda la ilusión de lo mucho que todavía queda por aprender.

Puede que se alcance buscando consuelo en la religión a modo de esperanza; a través de la culminación de una actividad que nos llena y determina; o de la simple e irreductible satisfacción de lograr aquello que anhelamos.

Por ello su naturaleza es esencialmente subjetiva. Lo que para uno es un hecho feliz, la posesión de lo verdadero y absoluto, quizá no lo sea para otro. Kant destacó este aspecto en la *Crítica de la Razón Práctica* al afirmar que *«la felicidad es el nombre de las razones subjetivas de la determinación».*

78. Publicado en *Economist & Jurist* el 22.10.2023.

Y es que la felicidad es un estado emocional, entregado a la pasión, que nos conduce desde nuestro personal sentimiento a un estado superior, en que todo nos parece diferente, atractivo, agradable, emocionante.

No en vano, la felicidad está unida a la satisfacción y a la emoción. La satisfacción de una buena comida regada con vino; la emoción del encuentro con un amigo, aunque es verdad que, si la amistad puede ser fuente de felicidad, también puede ser origen de molestias y desencuentros; deleitarnos escuchando la novena sinfonía de Beethoven; sumergirnos en la lectura de un clásico; la contemplación de un paisaje; el trabajo bien hecho.

Pero la felicidad es también deseo. Para Séneca es preciso establecer qué deseamos para, luego, considerar por dónde podemos aproximarnos con más rapidez y, una vez en el propio camino, caso de que fuera el correcto, ver cuánto avanzamos cada día y cuánto nos acercamos a ese objetivo hacia el que nos impulsa un deseo natural.

Sea como fuere, el hombre se ha ocupado y preocupado desde los inicios por alcanzar la felicidad, su felicidad, aunque los modos y las razones para conseguirla sean tan diversos como quienes de ella han opinado.

Para Demócrito la fortuna es la materia prima de la felicidad, porque nadie es feliz si está permanentemente acuciado por el hambre, el frío o la pobreza.

Platón se refirió a que es cosa muy habitual asociar la felicidad a la juventud, pero ello es relativamente cierto en la medida de que en esta etapa de la vida hay quien está tan amargado ante el inexorable futuro de la vejez que al alcanzarla continúan sin ser felices, lo que se asocia con aquello que dijera Gonzalo Torrente Ballester. *«Esos sabios que escudriñan la química en busca de remedios que prologan la juventud, no han llegado aún a comprender que lo que verdaderamente conviene prolongar es el otoño: edad en que la dicha de los hombres, siempre imposible, parece algo más próxima».*

Y hablando del otoño de la vida, aunque sin carácter exclusivo, Epicuro sentenció que la muerte es un inevitable escollo contra el que tropieza cualquier discurso sobre la felicidad. Claro es que aplicando cierta dosis de optimismo o, si se prefiere, de optimismo, como dijera Ramón Eder *«Somos inmortales todos los días de nuestra vida, excepto uno»*.

Siguiendo con los cásicos, para Epicteto *«la felicidad depende de tres cosas: la voluntad, las ideas respecto a los acontecimientos en los que estás envuelto y el uso que hagas de estas ideas».* La llave de la propia felicidad, afirmaba, la lleva cada uno consigo, y para quien no la encuentra en sus propios bolsillos de nada le valen ni la apariencia atractiva, ni las posesiones, ni las capacidades intelectuales y artísticas.

La felicidad, aunque se busque no se planifica ni puede exigirse, simplemente la encontramos, en el momento y en el lugar menos pensado. En boca de Voltaire, *«todos buscamos la felicidad, pero sin saber dónde, como unos borrachos que buscan su casa sabiendo confusamente que tienen una».*

Y ¿de qué serviría ser feliz si no la compartimos en sociedad, con nuestra familia, compañeros de trabajo, vecinos?

Quizás por ello Cicerón se refería a que «*Si un sabio tuviera una vida tal que, con abundancia de todo, pudiese examinar y contemplar para sí todas las cosas dignas de conocimiento con el máximo ocio, pero en una soledad tan absoluta que no pudiera ver a nadie, abandonaría la vida*».

Sin embargo, o tal vez por ello, quien pretenda ser feliz ha de mantener una prudente distancia de seguridad con quienes viven atormentados por unos males que o se los han inventado o no piensan hacer nada por remediarlos. Se trataría de una felicidad profiláctica, que nos protege de todo aquello externo que la hace peligrar.

En palabras de Bertrand Russell «*Una vida feliz debe ser en gran parte una vida tranquila, porque sólo en una gran atmósfera de quietud puede darse la verdadera alegría*».

En esta vida acelerada, complicada e injusta, los momentos de felicidad son fugaces, breves, pasan de puntillas sin tan siquiera darnos cuenta, y cuando nos tropezamos con ellos apenas los saboreamos, incapaces de retenerlos, de convivir con ellos, de, por así decirlo, hacerlos nuestros.

La felicidad, aunque sea pasajera, sólo reporta beneficios: una vida sana, saludable, alegre, abierta al optimismo, que al agilizar nuestra mente nos hace afrontar las adversidades con coraje y valentía, empujándonos a asumir nuevos retos, vencer el pesimismo, e incluso hacer felices a los demás. En suma, convertir este valle de lágrimas en un lugar más apacible.

Bibliografía

CARDONA, Francesc L. *Mitología Romana*. Ed. Edicomunicación, 1996.

FERRATER MORA, José. *Diccionario de Filosofía abreviado*. Ed. Edhasa, 2008.

MORENO, Ricardo. *Breve tratado sobre la felicidad.* Fórcola Ediciones, 2021.

SÉNECA, Lucio Anneo. *Sobre la brevedad de la vida, el ocio y la felicidad*. Ed. Acantilado, 2013.

20

DE AQUELLOS POLVOS VIENEN ESTOS LODOS[79]

Cuando hablamos de Justicia lo hacemos desde su valor supremo propio de un Estado de Derecho, garantía del principio de legalidad, la jerarquía normativa, la publicidad de las normas, la irretroactividad de las disposiciones sancionadoras no favorables o restrictivas de derechos individuales, la seguridad jurídica, la responsabilidad y la interdicción de la arbitrariedad de los poderes públicos, estableciendo un marco protector y garante de los derechos fundamentales y de las libertades públicas, que vinculan a todos los poderes públicos, dotando al ciudadano de los resortes necesarios para recabar su tutela ante los tribunales ordinarios mediante un procedimiento basado en los principios de preferencia y sumariedad, con acceso al recurso de amparo ante el Tribunal Constitucional.

Hemos llegado a este estadio histórico, tras siglos de debatir e intentar definir lo qué es la Justicia, desde tiempos pretéritos en que su esencia arrancó en épocas convulsas, lastradas por las guerras, las conquistas, las colonizaciones, cuando aún era habitual la esclavitud, la máxima degradación del ser humano, en un momento de nuestra historia en que era objeto de tráfico, midiéndose su valor no por su capacidad e intelecto sino por su entrega sin límite al trabajo desmedido a cambio de algo para poder comer y subsistir.

La Justicia, por aquel entonces, era cosa de algunos pocos, los de posición más elevada, los de mejor patrimonio, los agraciados por el linaje o el poder, los que se permitían impartir justicia, su justicia, sin importarles lo más mínimo sus consecuencias, en un sentido próximo a la justicia distributiva de la definida por Santo Tomás de Aquino, consistente en atribuir a cada uno una parte del bien común proporcional a la importancia que tiene cada cual dentro de su comunidad. O en línea con la definición de Spinoza para quien la justicia era la permanente disposición de ánimo a atribuir a cada uno lo que le pertenece por derecho civil.

---

79. Publicado en *Linkedin* el 8.11.2023.

Afortunadamente, la historia muta, se transforma, se adapta a las nuevas realidades sociales. De ahí que para Alain la justicia es sinónimo de igualdad, mientras que para Proudhon consiste en preservar la dignidad en la persona de su semejante como en su propia persona; es el respeto, experimentado espontáneamente y recíprocamente garantizado en la dignidad humana, en cualquier persona y en cualquier circunstancia en que se encuentre comprometida, y ante cualquier riesgo a que nos exponga su defensa.

Tesis que ya nos anticipó Aristóteles con su máxima de que lo que es justo es algo igual, puesto que es injusto el transgresor de la ley, de ahí que lo justo sea lo legal y equitativo y lo injusto, lo ilegal y no equitativo, en línea con el posterior pensamiento kantiano.

Y, sin embargo, ¿cuántas injusticias perduran aún? La injusticia, por definición, es lo contrario a la justicia, pero no me refiero ahora a la que deriva del incumplimiento de la ley, a la que no es conforme a derecho o al deber instaurado, sino a aquella otra que afecta a la solidaridad humana, al entendimiento entre personas, entre sociedades, culturas y religiones. En este campo hemos avanzado muy poco.

La corrupción. El enriquecimiento de quienes detentan poder a costa de las arcas públicas y en perjuicio del dinero de los contribuyentes. El racismo, en cada una de sus variantes, y el de las asociaciones y partidos que la promueven y defienden. Las guerras, cualquiera que sea y bajo el pretexto que en cada caso se emplee. La violencia, en sus más diversas manifestaciones y expresiones: de género, vicaria, el maltrato animal ... La trata de blancas. El proxenetismo. La pederastia, venga de donde venga. La censura. La discriminación, ya sea directa o indirecta, mediata o inmediata, de carácter sexual o de género. La desigualdad de oportunidades, de acceso a la salud, al empleo, al bienestar de las personas, a la educación, a la libertad de opinión y de expresión. El crimen, en toda su amplia gama de posibilidades, en particular el organizado.

Y es que en pleno siglo XXI la injusticia campa por sus anchas, aunque lo más grave, a mi entender, es cuando con ella se desprecia el respeto, la libertad de expresión, las instituciones, empleándose en su contra, la violencia organizada con desprecio de los valores más elementales que garantizan el proceder democrático del que nos hemos dotado.

Y tan responsables son los que actúan como los que lo permiten, aun cuando sea mediante la inacción, la tolerancia o la ignorancia.

21

DE LOS VALORES CÍVICOS, ÉTICOS Y ESTÉTICOS[80]

A ninguno le puede pasar desapercibido que cada vez con mayor frecuencia estamos asistiendo a una imparable y, por lo que me temo, irreversible pérdida de los valores en que debe sustentarse nuestra sociedad.

Habrá quien participe de la opinión de que los valores se ajustan en cada momento a la realidad imperante, a los cambios y evolución de las personas, de cada generación, que no podemos pretender ir contra corriente de lo que acontece, de las nuevas modas, la forma de hablar, vestir, comer, relacionarse, comunicarse. Que todo es resultado de las nuevas tecnologías, a la que no podemos darle la espalda.

Pero, realmente, me pregunto, ¿es incompatible esta evolución con los valores permanentes a que debiera tender cualquier sociedad?

Que yo sepa o, al menos, hasta donde llega mi conocimiento, no porque vivamos en el siglo XXI, la tierra ha dejador de rotar sobre su propio eje y alrededor del Sol, ni por efecto de la gravedad cuando llueve lo hace hacia abajo, o se permita a un conductor saltarse un Stop o un ceda al paso, ni que un cirujano aplique la adecuada anestesia al paciente al que va a intervenir, como tampoco que los niños dejen de acudir a la escuela o los universitarios a las aulas a formarse, ni que los mercados de abastos dejen de vender carne, pescado, verdura y fruta.

Quiero con ello decir que en todo y en todos existe una base sobre la que nos asentamos, una base inamovible, permanente, sólida, como puedan serlo los valores a los que como personas nos debemos. Unos valores heredados, transmitidos de generación en generación, que forman parte de nuestro ADN, que forjan nuestra personalidad y que nos convierte en sociables, responsables, participativos, siempre con respeto a unas mínimas reglas de convivencia, adaptando nuestro comportamiento al lugar, al momento y a las personas que nos rodean.

---

80. Publicado en *Linkedin* el 14.10.2023.

No comprenderlo y menos aplicarlo es un signo de debilidad, inseguridad, falta de empatía, de sociabilidad.

Cuando iba al colegio se nos impartía, una vez a la semana, lecciones de urbanidad y educación. Eran unas reglas simples, comprensibles y fáciles de recordar, que luego en la calle las seguíamos al pie de la letra con asombrosa naturalidad.

De entre ellas, ceder el asiento a las personas mayores e impedidas; respetar la opinión de padres, abuelos y personas de edad en general; no levantar la voz a nuestros progenitores y seguir sus consejos; no masticar chicle en el aula; llevar la ropa o el uniforme bien planchado y los zapatos lustrosos; dar los buenos días, las buenas tardes y las buenas noches en toda ocasión; no gritar, insultar o blasfemar; abstenerse de escupir en la calle; respetar los semáforos; ayudar a las personas invidentes a cruzar el paso de cebra; abrir la puerta del ascensor dando preferencia a las mujeres y mayores; comer con la boca cerrada; tomar la sopa y beber sin hacer ruido; mantener el orden de nuestra habitación; aplicarnos en nuestros estudios y colaborar con los quehaceres hogareños (poner y quitar la mesa, hacer la cama, ordenar nuestro armario ropero, cuidar de los libros de texto y demás material escolar).

Quien opine que todo lo que acabo de citar resulta antediluviano y casposo, de entrada tiene un problema. Porque, ¿qué ha sucedido?, ¿qué está sucediendo para que esos valores, mínimos y básicos, se estén perdiendo si es que ya no se han perdido?

Ahora observamos impotentes como muchos ponen los pies en el asiento de delante del autobús, metro o tren; que pocos ceden sus asientos a las personas mayores; se lanzan papeles y colillas a la acera cuando no se escupe sin el menor rubor; se transcurre por lugares indebidos y, si es posible en perpendicular; motos, bicicletas y patinetes, campan por los respetos de los demás en una competición a ver quién corre más y se salta mayor número de semáforos en rojo; los perros se han hecho dueños absolutos de la calle y orinan con impunidad manifiesta en cualquier farola, fachada o establecimiento ante la mirada entre complaciente y distraída de su dueño; los contenedores rebosan de basura y obligan a lanzar nuestra bolsa a distancia si no queremos que un aire fétido aborte nuestra intención. Ahora la moda consiste en ir enseñando los calzoncillos que asoman con descaro desde la cintura de un pantalón en que la tela ha cedido la mayor parte de su superficie a enormes descosidos.

Hasta en la celebración de los juicios se comprueba la pérdida de los más mínimos valores de respeto y consideración. Partes y testigos en la época veraniega acuden a la sala en pantalón corto, camisetas multicolor y dibujos varios, con bambas y sin afeitar, mientras osan tutear al juez y a los abogados como si se tratase de una reunión en el bar del barrio.

Sinceramente no sé a qué es debido todo esto o, probablemente sí lo sé. Pero lo cierto es que no se trata tan solo de la educación que se imparta en la escuela sino la que se inculque en casa por nuestros padres, los auténticos defensores de los valores eternos, de los principios cívicos, éticos y estéticos que hace posible reconciliarnos con lo mejor de nuestra sociedad, y que nos permite hablar sin gritar, escuchar sin ofender, vestir sin escandalizar, fraternizar, socializar, siempre con el respeto y consideración debido.

En la base de esos valores sociales está el germen que permita a los alumnos aprender a conocerse a sí mismos y a los demás, a respetar las diferencias, conocer sus derechos y deberes como ciudadanos, a resolver conflictos, a trabajar en equipo, a respetar el medio ambiente. Y con respecto de los demás, de todos y cada uno de nosotros, hacer nuestras las pautas establecidas por la sociedad para vivir en comunidad respetando las relaciones sociales y la convivencia armoniosa entre los ciudadanos.

Todo un reto, ciertamente, pero cuyos frutos merecen todo la entrega, sacrificio y decisión para lograrlo.

22

DUDAR[81]

En nuestra condición de seres humanos tenemos el don, entre otros que nos diferencia de los animales, de poder discernir, razonar, aplicar la lógica en nuestra forma de pensar y hablar, lo que a su vez nos permite interrelacionarnos, germen último de la *civitas.*

Pero al interactuar se nos puede presentar diversos escenarios y situaciones que nos obligue a tener que optar, elegir, sin que sea posible decidirse por una sola opción porque existiendo varias todas ellas nos pueden ofrecer diversas posibilidades de ser aceptadas, aunque con diferentes consecuencias. Es entonces cuando nos surge la duda, entendida en su sentido clásico como vacilación, perplejidad o irresolución.

En la duda hay siempre, por lo menos, dos proposiciones o tesis entre las cuales la mente fluctúa, yendo de una a otra sin detenerse. Sin embargo, la duda no es falta de creencia, sea en uno mismo o en determinadas personas, cosas o situaciones, sino indecisión respecto de ellas.

La duda puede proyectarse en la actitud o en el método y exige encontrar una prueba suficiente que culmine en una convicción completa que resuelva la dicotomía que se nos presenta.

Puede que Descartes fuera el primero en vincular la duda a la existencia de uno mismo con su famosa máxima *Cogito, ergo sum*, que para muchos filósofos es la misma esencia del yo dubitante.

En cualquier caso, siguiendo la tesis de Ferrater Mora, la duda es un punto de partida, puesto que la evidencia surge del propio acto de dudar, de la reducción del pensamiento de la duda al hecho fundamental y aparentemente innegable que alguien piensa al dudar.

Dudar puede ser tanto un acto consciente como inconsciente, querido o necesario, trascendente o intrascendente.

---

81. Publicado en *Linkedin* el 17.2.2024.

Con la duda avanzamos, dejamos de lado la inseguridad para adentrarnos en lo más profundo del conocimiento que nos conducirá a la certeza del hecho, aunque no sea absoluta, pero que puede servir de punto de partida, incluso para resolver otras incógnitas.

Nuestra vida cotidiana está plena de dudas, desde que nos levantamos hasta que nos acostamos. Para quienes nos dedicamos al mundo del derecho, la duda forma parte de nuestro ADN. Estamos tan habituados a dudar que se convierte en un acto reflejo, parte indivisible de nuestro modo de pensar y de actuar. La duda nos enriquece, nos motiva, nos empuja a conocer, criticar, resolver.

Quien no duda puede que esté manipulado, obsesionado, cautivo de un ideal que le arrastra sin posibilidad de apartarse del camino que otros le han trazado, incapaz de tomar sus propias decisiones porque su actuar se ha convertido en un dogma que le impide pensar en contra del mismo.

Es bueno dudar. Yo mismo ahora dudo si quien lea lo que acabo de escribir estará o no de acuerdo con lo que he escrito.

23

EL FACTOR HUMANO Y SU DEGRADACIÓN EN EL USO INDISCRIMINADO DE LAS NUEVAS TECNOLOGÍAS[82]

El hombre, en su condición de ser racional, emplea su intelecto, entendido como la capacidad de razonar, esto es, preguntarse del porqué de las cosas, dar una explicación de su entorno. Decía Epicteto que lo único insoportable para el ser racional, y lo es el hombre, es lo irracional, aunque lo razonable se puede soportar, considerando que cada uno experimenta de modo distinto lo razonable y lo irracional.

Se puede afirmar que la facultad de razonar es innata en la persona, nacemos con el deseo de aprender, de asimilar, de que nos expliquen, en definitiva, de interactuar con terceras personas mediante el conocimiento, como método para adaptarnos de modo acorde con la naturaleza.

Para ello, resulta fundamental tanto la curiosidad como la experiencia. La experiencia acumulada, desde un punto de vista histórico, se transmite de generación en generación de modo que no solo se acrecienta, sino que se perfecciona en un método evolutivo que pocas veces admite excepciones. Es en este sentido que la consciencia es fruto de los mecanismos que operan en el proceso de la evolución biológica, permitiendo a lo largo de millones de años dotar al *Homo Sapiens* de unas ventajas adaptativas tan eficaces que se han venido potenciado hasta nuestros días.

Se planteaba Jean Rostand, el afamado biólogo, filósofo y académico francés, si había terminado la evolución del hombre, «¿Este hijo de simio, va a permanecer indefinidamente siendo lo que es, o dará lugar al nacimiento de un ser superior, de un superhombre, tan diferente de él como lo es éste a su vez del sinántropo?».

---

82. Publicado en *Linkedin*, el 22.10.2022.

Sin embargo, resulta obvio que en modo alguno se ha detenido su evolución. El hombre ha conseguido vencer retos que en otras épocas de nuestra historia parecían insalvables, pero que gracias a su innata naturaleza evolutiva se ha traducido en avances que han mejorado nuestra calidad de vida.

Esa evolución es fruto, sin duda, en un primer estadio, de la adaptación del hombre al medio, para luego disponer del mismo y adaptarlo a sus necesidades. A partir de ese instante, el hombre pasa a un estadio superior, el de transformar la naturaleza y sus medios para satisfacer sus exigencias.

Claro que eso tiene sus inconvenientes. Nuestro hábitat se deteriora, se empobrece, por culpa de esa imperiosa y constante necesidad de transformar, convirtiéndose en más ocasiones de las deseadas en sinónimo de destrucción, devastación, cambiar lo original y natural por lo artificial.

La tala descontrolada de árboles, los incendios de bosques con pérdida de grandes masas forestales, la desecación y la consiguiente desertización, el avance desmesurado de los núcleos urbanos junto al despoblamiento de zonas rurales, la contaminación atmosférica y lumínica, la especulación de los bienes de consumo, el riesgo nuclear, son algunos ejemplos de la tecnología humana.

En cualquier caso, los factores humanos constituyen las características físicas, psicológicas y sociales que afectan la interacción del hombre con los demás de su género, sistemas, procesos y equipos de trabajo. Y ello requiere, exige, la toma de consciencia del individuo, de ahí que la inteligencia artificial, tan de boga actualmente, sea eso, precisamente artificial, sometido al razonamiento e inteligencia humanas implantadas en una máquina, robot o sistema aplicado.

Aunque la ciencia ha transformado el entorno natural, proporcionando al hombre el poder de transformarse a sí mismo y todo lo que le rodea, todo tiene un límite. Hemos transcurrido desde la ignorancia sobre nosotros mismos a modificar nuestro medio ambiente por medio de las ciencias mecánicas, físicas y químicas. Ahora bien, no hemos evaluado lo suficiente el perjuicio del tal cambio. Nos hemos entregado a continuos, cuando no excesivos, cambios evolutivos prescindiendo de la ética y de la moral, desafiando nuestra propia concepción y proyección humanas ante nuevos retos que superan lo inimaginable.

El tiempo y el espacio se relativizan y la vida cobra un nuevo sentido. Hemos dejado atrás la fabricación de máquinas que facilitan nuestra actividad procesando millones de datos para entrar de lleno en la inteligencia artificial, que posibilita que esas mismas máquinas aprendan de la experiencia, se ajusten a nuevas aportaciones y realicen tareas propias de los seres humanos. La mayoría de los ejemplos de inteligencia artificial sobre los que se oye hablar hoy en día —desde computadoras que juegan al ajedrez hasta automóviles de conducción autónoma— recurren mayormente al aprendizaje profundo y al procesamiento del lenguaje natural. Empleando estas tecnologías, las computadoras pueden ser entrenadas para realizar tareas específicas procesando grandes cantidades de datos y reconociendo patrones en los datos.

Mediante la inteligencia artificial se logra automatizar tareas manuales; efectuar tareas computarizadas frecuentes de alto volumen de manera fiable y sin fatiga; encontrar una estructura y regularidades en los datos de modo que el algoritmo adquiere una habilidad, convirtiéndose en un clasificador o predictor. Incluso, en el campo de la medicina, las técnicas de inteligencia artificial del aprendizaje profundo, clasificación de imágenes y reconocimiento de objetos se pueden emplear ahora para detectar cáncer en MRIs (imágenes de resonancia magnética) con la misma precisión que radiólogos altamente capacitados. En el terreno de la automoción y transporte ya es una realidad la conducción de convoyes del Metro y de trenes sin conductor e, incluso, de vehículos.

De igual forma, se tiende a la robotización de actividades, con modelos cada vez más perfeccionados y «humanos», dotados de sentimientos y expresiones, capaces de confundirnos.

Actualmente, podemos encontrar hasta 10 modelos de robots con distintas y variadas funciones:

1. Sophia, primer humanoide con inteligencia artificial
2. Ameca, el robot con forma humana más avanzado del mundo
3. Atlas, robot bípedo perfecto para sortear obstáculos
4. Asimo y la movilidad innovadora de los robots con inteligencia artificial
5. Spot Mini, el perro robot más curioso de todos
6. Heineken B.O.T, transportador de cerveza
7. AI-DA, el robot inteligente que, además, es artista
8. Emma, el robot que hace masajes con inteligencia artificial
9. Sawyer, el robot colaborativo de alto rendimiento
10. Gita, robot mensajero

Hace escasos días no salíamos de nuestro asombro cuando el Parlamento británico asistió por vez primera a una intervención de un robot humanoide con Inteligencia Artificial, llamado Ai-Da.

¿Pero, dónde está el límite a toda esta tecnología, no sólo del futuro, sino de nuestro presente? ¿Hasta dónde puede llegar la inteligencia artificial? ¿Llegará un día que ésta prescinda del control humano y pueda representar un riesgo cierto?

Para el reputado neurocientífico y médico neurólogo de origen portugués, António Dámasio, no cree que, con el uso del internet y del software de los ordenadores, el cerebro se convierta, con el tiempo, en obsoleto, ya que son extensiones de la capacidad cerebral. Usados de manera correcta, ayudarán al cerebro a conseguir más, a ser más creativos y a tener más capacidad, dado que nos proporcionarán más conocimientos y posibilidades de manipular el conocimiento, más memoria. Sólo son perniciosos si te superan, si no tienes tiempo para reflexionar sobre tu vida y las personas que te rodean.

Esta incesante evolución de la mano de la inteligencia artificial viene acompañada de un aumento de la incertidumbre ante lo que nos deparará el futuro. De ahí que se haya afirmado que la misión del científico, en especial del que aspira a comunicar sus conocimientos, es la de deshacer entuertos, luchar contra los tópicos, los errores, los lugares comunes, que en muchas ocasiones responden a intereses creados.

¿Alguien se ha parado a reflexionar por un instante que cualquiera de nuestros teléfonos móviles almacena más datos, información e interconexión que ninguno de los cohetes y módulos lunares enviados en misión a la Luna en los años sesenta y setenta?

La especie humana, con tan solo 200.000 años de existencia, en un estadio como el presente en que hemos alcanzado un nivel nunca visto de evolución debe ser capaz de controlar su avance, de garantizar el bien común, de evitar un peligro o situación inasumibles.

En definitiva, hemos de procurar humanizar el progreso.

Bibliografía

CAMPILLLO, José Enrique: *La consciencia humana.* Ed. Arpa, 3.ª edición, octubre de 2021.

CARREL, Alexis. *La incógnita del hombre.* Ed. Iberia. Abril de 1946

ORTIZ GARCÍA, Paloma. *Epicteto. Manual de vida. Pasajes escogidos.* Ed. Ariel, septiembre de 2021.

PUNSET, Eduardo. *¿Por qué somos como somos?* Ed. Aguilar, noviembre de 2088.

PUNSET, Eduardo. *Cara a cara con la vida, la mente y el Universo. Conversaciones con los grandes científicos de nuestro tiempo*. Círculo de Lectores, 2004.

ROSTAND, Jean, *El hombre.* Alianza Editorial, 1984.

24

EL FIN DEL PLANETA TIERRA YA TIENE FECHA[83]

De tantas noticias como a las que uno tiene acceso, algunas llaman poderosamente nuestra atención y hacernos reflexionar.

Una de ellas tiene su fuente en la Agencia Espacial Europea (ESA), al afirmar que la Tierra se destruirá en unos 5.000 o 6.000 millones de años. Para formular esta predicción, sus científicos se han basado en el conocimiento sobre cómo y cuándo el Sol llegará a su final.

El sistema solar tiene unos 4.570 millones de años y su estrella se encuentra en la fase de secuencia principal, en que su núcleo todavía es capaz de convertir el hidrógeno en helio, en un proceso que desprende grandes cantidades de energía en forma de luz y calor. Cuando llegue al final de su vida, cuando el Sol llegue a los 10 mil u 11 mil millones años de vida, acontecerá una estrella de fuego gigante antes de convertirse en una estrella enana blanca.

Será entonces cuando la Tierra pase a ser historia, devorada por el calor. Sin embargo, las altas temperaturas ya habrán hecho inviable la vida humana en el planeta en aproximadamente 3 mil millones de años. Esto pasará cuando la medida del Sol aumente un 10 % en comparación con la forma actual de la estrella.

Tras digerir la noticia, uno no sabe si calificarla de extravagante, mera ciencia ficción, agorera, apocalíptica o, simplemente, alarmante. Probablemente sea una *mélange* de todas las anteriores, aunque estarán conmigo que podemos descartar lo de alarmante, aunque sea porque ya sean 5 o 6 mil millones de años supera con creces la actual esperanza de vida de los humanos contemporáneos.

Un acontecimiento de esta envergadura, que yo sepa y conozca, sólo tiene parangón con el nacimiento del Universo, el *big bang*, hace unos 13.800 millones de años.

83. Publicado en *Economist & Jurist*, el 24.10.2022 y en *Linkedin*, el 29.10.222.

Como ha puesto de manifiesto Avi Loeb, catedrático de Astrofísica de la Universidad de Harvard, casi toda la vida en la Tierra depende del Sol. No es casual que los humanos lo hayamos adorado desde los albores de nuestra civilización hasta la última vez que nos pasamos una hora tumbados sobre una toalla en la playa. Venimos literalmente de las estrellas; la materia de la que estamos hechos se generó en el corazón de una estrella que estalló, formando planetas como la Tierra, convirtiéndose luego en el material de toda forma de vida terrestre. Sin duda, sin la calidez y la luz del Sol, no habría plantas, ni habría oxígeno en abundancia ni la vida tal como la conocemos.

Y es que el Universo ya era antiguo cuanto el sistema solar se formó hace solo 4.600 millones de años. Además, relativizando las cifras, tengamos en cuenta que la especie humana tan solo tiene 200.000 años y que la tecnología moderna no apareció en la Tierra hasta el siglo pasado, hace 0,0001 millones de años.

¿Qué supondría la desaparición de nuestro planeta? Resulta difícil por no decir imposible prever las condiciones ambientales, de vida y avance tecnológico que asumirá la especie humana en unos cuantos miles de años, cuanto más dentro de 5.000 o 6.000 millones de años.

El científico Edward O. Wilson, de la Universidad de Harvard, ha aseverado que existen entre 1,5 y 1,8 millones de especies animales conocidas, identificadas y con un nombre científico, aunque la estimación del número de especies en la Tierra puede variar entre 3,5 y 100 millones, incluyendo las bacterias.

En cuanto a la población humana, con cifras actuales del año 2024, es de 8.200 millones de personas (frente a los 2.773.019.936 del año 1955), con una previsión en 2050 de 9.735.033.990 de personas.

Este mismo científico ha señalado que hace muchos años un equipo de economistas y biólogos intentaron estimar el valor en dólares del mundo natural que destruimos: el agua, el aire, el suelo, etc., y la cantidad que obtuvieron fue de treinta y tres trillones de dólares al año. Y eso sin contar el valor del patrimonio —siempre subjetivo y sujeto a los más variados indicadores e intereses— en edificaciones, estructuras de todo tipo, comunicaciones, muebles, obras de arte, etc.

Es más que probable que dentro de unos cientos, quizás miles de años o, quien sabe, en un corto y relativo espacio de tiempo, la denominada astroarqueología haya descubierto vestigios de vida en otros planetas, ya sea en nuestro propio sistema solar o más allá de nuestra galaxia, capaces de albergar vida inteligente y condiciones ambientales suficientes como para iniciar una nueva vida. Por lo tanto, se abren dos incógnitas principales, aventurarnos a estipular el tiempo durante el que esa vida inteligente podría ser descubierta y el período durante el cual existiría nuestra inteligencia para buscarlas.

En cualquier caso, ese hipotético planeta debe observar una serie de atributos o parámetros esenciales para ser habitables, en particular la presencia de agua líquida.

Dejando de lado nuestro propio sistema solar, con el lanzamiento en 2009 del Telescopio Espacial Kleper, construido por la NASA, se han descubierto 2.350 exoplanetas capaces de ser habitables, existiendo otros 2.420 candidatos en espera.

Sea como fuera, hemos de preservar nuestro planeta mejorando las actuales condiciones de vida, lo que pasa inexorablemente por el respeto de nuestro entorno natural y el fin de toda hostilidad o conflicto armado que pueda conducir, como ocurre con la actual guerra entre Rusia y Ucrania, a un desastre nuclear de imprevisibles y devastadoras consecuencias.

Entre tanto, les animo a ver las imágenes tomadas desde la Estación Espacial Internacional y contemplar la belleza de nuestro planeta azul, tan encantador, pero a la vez tan frágil en la infinitud del espacio, un grano de arena en la inmensidad de cualquier playa, un punto minúsculo en el Universo que nos cobija.

Como dijera Albert Einstein, *«Con la tierra degradada al papel de un planeta que gira alrededor de una estrella (el Sol), entre los miles de millones de estrellas en una galaxia, a su vez entre miles de millones de galaxias, podemos tener una idea de nuestra pequeñez en el insondable universo. Es tal la vastedad de lo que ignoramos, que es mejor dejarlo así, para que sean los científicos quienes puedan ir avanzando en estos temas que superan nuestro nivel de captación...».*

Bibliografía

LOEB, Avi. *Extraterrestre. La humanidad ante el primer signo de vida inteligente más allá de la Tierra*. Ed. Planeta, 2021.

PUNSET, Eduardo. *Cara a cara con la vida, la mente y el Universo. Conversaciones con los grandes científicos de nuestro tiempo*. Círculo de Lectores, 2004.

25

EL PLACER INIGUALABLE DE LA LECTURA[84]

He tenido ocasión de escribir alguna vez que uno de mis mayores placeres, junto con la escritura, es la de leer. Leer representa, desde un punto de vista tradicional, escoger un libro, abrirlo, pasar apresuradamente por cada una de sus páginas, imbuirse de su contenido, asimilar y adentrarse en sus personajes, seguir la trama, contemplar el escenario y estar preparado para el desenlace.

Tener un libro entre mis manos supone observar, recrearme en la portada, apreciar el colorido de sus dibujos y fotografías, valorar la calidad del papel impreso, sumergirme en su característico olor, acudir a su índice, sin descartar ni el prólogo ni el epílogo de sus respectivos autores, que con sutileza nos introducen y conducen a lo más profundo de aquella obra, a las anotaciones y observaciones a pie de página, sin descuidar las dedicatorias personales, siempre tan sugerentes y cargadas de emotividad.

Se trata de un conjunto armoniosamente pensado para que el lector se adentre en el libro, en las profundidades ignotas del relato, experimente junto a los personajes las vivencias que nos desea trasladar el autor, con todo lo que ello implica: alegría, sufrimiento, pena, comprensión, amor, odio, satisfacción, indiferencia. En la medida que lo logremos habremos satisfecho nuestro interés personal y lo que su autor esperaba del anónimo lector.

En algunas ocasiones la lectura puede hacer la fortuna de un hombre y decidir el curso de su vida, en otras será una conversación íntima con los hombres y personajes más ilustres de siglos pasados. Pero siempre, como aseveraba Jaime Balmes, deberemos cuidar dos cosas: escoger bien los libros y leerlos bien. Y es que, como le ocurriera a Émile Herzog, el arte de leer es, en gran parte, el arte de volver a encontrar la vida en los libros y, gracias a ellos, poder comprenderla mejor.

84. Publicado en *Linkedin*, el 15.1.2023.

La literatura, como género, nace con la escritura, pero no fue sino hasta la invención de la prensa de imprenta moderna con tipos móviles, hacia 1440, gracias a la genialidad de Johannes Gutenberg, hiciera posible que, lo que antes eran simplemente incunables destinados a la lectura de unos cuantos privilegiados, obrara el milagro de poner al alcance de todos, al menos de quienes sabían leer y escribir, libros de todo tipo y condición, desde la Biblia a las obras de los clásicos griegos y romanos, o aventuras de caballería, lo que representó uno de los avances más notables en la historia.

Hasta ese momento existían los manuscritos, escritos de manera amanuense, generalmente en pergaminos y en letra uncial que ostentaban redondeadas y garbosas formas de letra, distantes de la minúscula y la cursiva, empleando formas cuadradas y angulosas, juntamente con aquellos otros manuscritos en letra capital que resaltan a la tenue luz de la belleza empleada en la Edad Media.

Por entonces, el tiempo no era enemigo del escritor que se limitaba a meditar, estudiar, contemplar, observar todo lo que a su rededor le ofrecía la naturaleza y, a partir de ahí, disponiéndose a escribir, con parsimonia, con pulcritud, con fijación en su forma y detalle, consciente de que debía perdurar con el paso del tiempo y ser centro de atención de quien lo leyera.

Por situarnos, se calcula que en las bibliotecas de Europa se guardan como preciadas joyas treinta manuscritos enteros o mutilados en la antigua y genuina letra capital, que datan de los siglos IV-V d. C., más otros cuatrocientos manuscritos o fragmentos de manuscritos en letra uncial de los mismos o subsiguientes siglos. La colección más rica del mundo, la Biblioteca de Múnich, reúne cerca de 24.000 manuscritos latinos, mientras que la Biblioteca Nacional de París así como la Vaticana de Roma muestran parecida riqueza.

¿Cuántos otros miles de manuscritos se han perdido a través de la historia de la humanidad debido a guerras, incendios, inundaciones, rencillas, dejándonos ignotos de importantes acontecimientos históricos, de los que tan solo algunos de ellos han podido recuperarse a través de la tradición oral?

La lectura, por otra parte, es tan rica como sus diversas formas literarias: aventureras, bélicas, románticas, históricas, filosóficas, políticas, viajeras, policiacas, técnicas (médicas, de Derecho, arquitectura, agrarias, ingeniería, sociología, humanidades ...).

La aventura de leer nos transporta a otra dimensión, nos abstrae por unos instantes del mundo real para adentrarnos en la fantasía, en la historia, en el arte, en el amor, en la tristeza, en el conocimiento. Y, lo más importante, enriqueciendo nuestro acervo cultural.

Yo, que me considero un empedernido ratón de librería, me ensimisma entrar en cualquiera de ellas y contemplar como quienes somos habituales visitantes seguimos parecidos ritos: miramos en un plano general los títulos expuestos, nos encaminamos con paso parsimonioso a una sección concreta, seleccionamos en una rápida pero atenta y estudiada mirada, cogemos el libro, centramos nuestra atención en su cubierta y contra cubierta, descubrimos su índice y, curiosamente, lo volvemos a dejar donde estaba expuesto, dubitativo de si colmará nuestras expectativas, continuando nuestro recorrido hasta detenernos en otro libro y repetir el mismo ceremonial.

No es sino hasta el final de nuestro peculiar trayecto cuando recapitulando las obras que han llamado nuestra atención, nos decidimos por comprar uno, varios o todos de los escogidos.

La satisfacción se incrementa cuando, al llegar a nuestro hogar, anotamos en una de sus páginas la fecha de nuestra compra, lo volvemos a mirar, repasamos, ahora sí con más serenidad, su índice y lo dejamos en aquel rincón de nuestro despacho, biblioteca o salón en que el que reposan los libros pendientes de lectura.

Una de esas bibliotecas que aún guardan el sabor de antaño, la profesionalidad y amabilidad de sus empleados y que se resisten a claudicar ante el avance imparable de las nuevas tecnologías, es *Documenta,* fundada en 1975 y ubicada en pleno Ensanche de Barcelona. Un establecimiento que, no tan solo vende, sino que recomienda, organiza cursos, ciclos y encuentros con escritores, además de convocar el Premio Documenta.

Las librerías, como las bibliotecas, son verdaderos templos de sabiduría y conocimiento, lugares de recogimiento, de placidez, temple, observación e intercambio de experiencias. Sitios a los que uno acude en lo más parecido a un oasis de tranquilidad y serenidad.

Leer, sin embargo, se ha convertido actualmente en sinónimo de acudir a la información que las nuevas tecnologías nos ofrecen. La comodidad e inmediatez en el resultado hace de su uso una herramienta indispensable que parece estar aparcando el uso y manejo de los libros físicos, relegados por los e-books, libros audiovisuales y otras plataformas (móviles y tablets).

Hoy en día es poco frecuente encontrar gente por la calle, las terrazas, los restaurantes, los bancos públicos o el transporte leyendo un libro. Mientras, las bibliotecas públicas, salvo para una minoría, se han transformado en prolongaciones de espacios reservados para el uso de ordenadores y otros sistemas informáticos. La convivencia con la lectura clásica parece difícil, pero, afortunadamente, no imposible, mientras estemos convencidos que lo clásico tiene el sello de la perdurabilidad.

Con este proceder propio y característico de las nuevas generaciones, se prima la información inmediata, en muchas ocasiones poco o nada contrastada, a la serena y reconfortante lectura de los libros de siempre, de los que nos acompañan y nutren nuestras bibliotecas, los que nos ilusionan, ilustran, magnetizan o, simplemente, nos forman como personas.

No en vano, el político y militar colombiano, Andrés Santa Cruz, gustaba de decir que había cinco cosas que le agradaban mucho: leña seca para quemar, caballo viejo para cabalgar, vino añejo para beber, amigos para conversar y libros antiguos para leer.

Y es que la vida es un gran libro que nunca se termina de leer ni comprender por entero.

En todo caso, este es mi pequeño pero sincero homenaje a quienes aún nos mueve la ilusión por gozar de la lectura que nos brinda un buen libro, acomodarnos en nuestro sillón y rincón favorito, viviendo y gozando de todas las experiencias con que nos pueda deleitar su lectura.

Deseo dar las gracias a Gabriela Sagaste, de la librería Documenta por sus amables comentarios acerca de su experiencia sobre el estado actual de la lectura y del mercado de los libros, génesis del presente artículo.

26

ESPAÑA: ENTRE LA ABSTRACCIÓN Y LA REALIDAD[85]

Hablar de España, desde su perspectiva nacional y territorial, como ente social, cultural, económico y en su proyección trasnacional, es, desde luego, un reto que comporta afrontar una empresa de una envergadura difícil de poder abastar si no es con una adecuada dosis de conocimiento histórico y de perspectiva de su pasado, de su presente, pero también de su futuro.

Curiosamente, han sido los grandes hispanistas, entiéndase por tales aquellos que no habiendo nacido en España pero atraídos por sus peculiaridades y particularidades, quienes mejor han sabido divulgar y recrear su historia, y quizás porque, al contrario de los historiadores patrios, que los ha habido con excelentes dotes y cualidades, se ciñen a los acontecimientos sin realizar más valoraciones personales que las necesarias; aunque, bien es verdad, que conjugando el rigor de sus observaciones con sus comentarios jocosos, mostrándonos un país pleno de exotismo, entregado a la diversión de sus gentes junto al esplendor de sus pueblos y ciudades.

Ejemplo de lo anterior es el alemán, Christian August Fischer, que en su libro *«Travels in Spain in 1707 and 179»,* se refería a que «Hace treinta años un viaje por España era considerado como un viaje al fin del mundo».

Un país cuya sociedad se mostraba cerrada y hermética a los extranjeros, como así apreció el inglés Henry Swinburne, autor de *«Travels Through Spain in 1775 and 1776»*, al descubrir que a los españoles no les gustan para nada las visitas de los foráneos, a quienes atribuyen siempre un motivo encubierto, siniestro.

En 1783 Francis Carter apuntó que el pueblo andaluz de Ojén, no lejos de Marbella, está «emplazado en un lugar romántico y encantador». O un aspecto sumamente romántico tenían las murallas de Sevilla para su compatriota Christopher Hervey. Romanticismo que aparece vinculado a Don Quijote, ¿pues no era el Caballero de la Triste Figura el romanticismo personificado?

85. Publicado en *Linkedin*, el 21.12.2021.

De sumo interés, para el lector avezado, es la recopilación de las impresiones acumuladas por el célebre escritor danés Hans Christian Andersen durante un viaje realizado entre septiembre y diciembre de 1862 por varias regiones y ciudades españolas, en un libro que no tiene desperdicio titulado «Viaje por España», en el que expresa una innegable admiración por nuestro país, a pesar de momentos amargos y de decepciones. Al final, hecho el balance de su viaje, afirma: «El mapa nos muestra a España como la cabeza de doña Europa; yo vi su preciosa cara y no la olvidaré jamás».

Esa imagen romántica, sin embargo, se daba de bruces con la característica pereza de los españoles, unido a una pésima administración y una enseñanza de desastre, a todos los niveles, donde se priorizaba el espíritu batallador y guerrero, conquistadores de nuevas tierras y horizontes que culminaron con el descubrimiento de América (con el permiso de los vikingos), inmortalizando grandes conflictos armados, como la Guerra de la Independencia, en la que participaron 300.000 soldados de Napoleón y, al lado de las fuerzas españolas, 60.000 ingleses al mando de Arthur Wellesley, luego primer Duque de Wellington. Y mucho antes, la reconquista de España, en poder de los moros, hasta la toma de Granada por los Reyes Católicos en 1492, cuyos monarcas, al contraer matrimonio, fundaron las bases del que sería posteriormente el primer Estado moderno, imponiendo las leyes de Castilla y refundiendo los antiguos reinos Astur-Leonés, Galicia, Granada, Navarra, León y Cataluña en un solo proyecto nacional, fuente y origen de las actuales disputas y diferencias forales y autonómicas.

Es a partir de este instante que España, ya como nación de naciones, se enfrentó al reto de su futuro, y lo hizo *manu militari*, con la fuerza desafiante y característica del carácter castellano bajo el palio de la fe católica. Así pareció entenderlo Richard Ford, un gentleman inglés, educado en Winchester y luego en el Trinity College de Oxford, que en su famoso libro de viajes *«Hand-Book. Travellers in Spain. Readers at Home»*, no duda en afirmar que el país divide por su geografía a distintos territorios casi incomunicados. España, dice, es un país inherentemente *unamalgamating*, que no sabe amalgamarse en aras de afrontar los retos del presente ni del futuro, salvo en lo que concierne a la religión católica, a la que con tanta devoción se le profesa. Un país, según el autor inglés, donde no se piensa jamás en el futuro y en que lo único que cuenta es el presente.

Ya Estrabón, en su conocida y admirada Geografía de Hispania, publicada según los entendidos en el año 7 a.C., supo acertar al definir los confines, accidentes geográficos, climas, culturas y poblaciones nativas de la que denominaba Iberia, nombre dado por los griegos a la península y que proviene del nombre del río Íberos, en la provincia de Huelva, siendo sustituido por los romanos por la expresión latina Hispania, sobre cuyo origen sólo puede decirse que quizás esté relacionado con Hispalis.

A nivel antropológico, los estudios demuestran, a criterio del gran historiador Salvador de Madariaga, la gran complejidad de la mezcla de tipos físicos que constituyen el pueblo español, según cada zona geográfica y de cuyo origen también se suele discrepar, pues así como para el alemán Humboldt los habitantes autóctonos de la península eran los vascos, en opinión de los romanos España la poblaron tres razas: los íberos, los celtas y los celtíberos, si bien también aseguraban que eran los tartesios, los campsos, los saefos y los cántabros. Hasta se ha discutido cómo eran los íberos; para Tácito eran de «tez oscura y pelo rizoso», mientras que para Silio Itálico, su pelo era de oro brillante y su piel blanca como la nieve, en tanto que Calcurnio Flaco nos asegura que eran altos y rubios, pero para otros eran de origen africano, emparentados con los bereberes y los tuaregs, o indoeuropeos que vinieron a España por el Este, incluso por el Norte o por el Oeste.

Este pequeño apunte antropológico ya nos advierte de la enorme complejidad en dar unidad a los orígenes de la población de Iberia o, si lo prefieren, de Hispania, y parece justificar las diferencias históricas que han sido punto de encuentro y de desencuentro de sus habitantes.

Como desencuentro fue, y lo sigue siendo, el uso normalizado de las diferentes lenguas en la península. Tras la unión de Castilla y León, personalizada en el matrimonio de Isabel y Fernando, los Reyes Católicos insistieron en una separación estricta entre las instituciones políticas de los dos reinos, salvo en lo relativo a la Inquisición, sometiendo a una Cataluña reacia a las formas y la personalidad castellanas, aun cuando sostuvieron sus cónsules en puertos castellanos y en puertos extranjeros, respetando el uso del catalán porque más importante que la unidad política y cultural lo fue la unidad de la fe, aunque con el devenir del tiempo las relaciones entre Cataluña y Castilla se tensaron de tal forma que se impuso como lengua oficial el castellano.

Precisamente, bajo el paraguas de la fe católica se expulsaron a los judíos, se impuso a los nativos americanos y se justificó la actuación del tribunal de la Santa Inquisición, preludio de lo que siglos más tarde se convertiría en la Leyenda Negra de España.

España, con todo, alcanzó su máximo esplendor con la dinastía austriaca y el Rey Carlos V a su cabeza, convirtiéndose en la potencia más importante del mundo, abarcando sus territorios el sur de Italia, Holanda, Bélgica, Portugal y partes considerables de Francia; toda la América Central y Meridional y la mayor parte de los territorios occidentales y meridionales de los Estados Unidos; las islas Filipinas; Madeira y Azores; Cabo Verde, La Guinea, el Congo y Angola; Ceilán, Borneo, Sumatra y las Molucas.

Debemos imaginar el ingente esfuerzo de coordinación, recursos humanos y económicos que debió comportar la administración de tan vasto territorio. Con toda seguridad, se compensaron con privilegios y prebendas las conductas de fidelidad hacia la Corona y sus gobernantes, imponiéndose las corruptelas y los tratos de favor. Sin embargo, ¿hasta qué punto, España que dominaba medio mundo, supo sacar adecuado provecho a las inmensas riquezas obtenidas con el comercio de bienes e incluso con al abyecto mercadeo de esclavos? ¿Acaso se invirtió en nuevas carreteras, universidades, mejoras agrícolas, sanidad, cultura y bienestar en general?

Por otra parte, mientras la inmensa mayoría de los matrimonios reales en la Edad Media habían sido españoles, a partir de los Reyes Católicos se inició la época de los extranjeros. Pareciera que esta nueva circunstancia contribuiría decididamente a la apertura de España hacia Europa, con un nuevo estilo de diplomacia, de comercio, de guerra, un sistema de alianzas diferente al que se había conocido en los siglos medievales.

Julián Marías llego a decir que el estilo de la Edad Moderna es en muy alta proporción una creación española, pero lo cierto es que esta proyección al exterior quedó frustrada y no solo porque el poder que abarcaba el Estado creó una mezcla de fascinación, desconcierto, temor, antipatía y entusiasmo, sino porque en esa aventura predominó la idea de una España unida en la fe cristiana, lo que la apartó de los círculos intelectuales y de los influjos de las diferentes revoluciones, muy especialmente la francesa, a la que Manuel Azaña le atribuyó la destrucción del régimen secular, despótico, católico, consagrado por una tradición de siglos, a todo lo cual se unió la difícil labor de administrar tan extensos territorios que en breve iniciarían sus particulares reivindicaciones de independentismo de la metrópolis.

De igual manera, se impuso la razón histórica, la realidad colectiva de una sociedad acostumbrada a ser invadida por pueblos de toda condición, a amoldarse a costumbres foráneas, a respetar lo diferente pero también a luchar hasta la muerte por su independencia sin someterse al yugo de nadie. Un país que tuvo su Siglo de Oro, con el auge de la novela y de grandes escritores, pensadores y filósofos, que dieron carta de naturaleza a una peculiar formar de vivir, de sentir. Hay que ver España como un país europeo, pero con la conciencia de que todos lo son a su manera, de una forma de extrema originalidad, al punto de afirmarse que España es menos europea que el resto del continente.

No es de extrañar, pues, que Ramón del Valle Inclán, en su obra «Luces de Bohemia», ya afirmara en el lejano 1924 que *«España es una deformación grotesca de la civilización europea, en España el trabajo y la inteligencia siempre se han visto menospreciados. Aquí todo lo manda el dinero, en España el mérito no se premia. Se premia el robar y el ser sinvergüenza»*.

En cualquier caso, el español es pesimista y negativo respecto de su propio país. Joaquín M. Bartrina lo resume muy bien cuando dice: *«Oyendo hablar a un hombre, fácil es acertar dónde vio la luz del sol. Si os alaba Inglaterra, será inglés, si os habla mal de Prusia, es un francés, y si habla mal de España, es español»*.

Y es que hablar de España, y por ende de los españoles, es una continua aventura en búsqueda de aquello que les une, de dar respuesta unitaria a sus contradicciones, que son muchas, de dejar atrás viejas y trasnochadas rencillas, de los muertos inútiles que batallaron en uno u otro frente, de superar miedos, de abandonar la dialéctica de los odios y venganzas, de sumar en lugar de dividir, de construir en vez de criticar, de generar orgullo y aunar afinidades colectivas frente a las inevitables individualidades. En palabras del estadista y político alemán, Otto von Bismarck *«España es la nación más fuerte del mundo, lleva siglos tratando de destruirse a sí misma y todavía no lo ha conseguido»*.

Dejo en el tintero otras cuestiones, como el Estado de las autonomías, las luchas de poder, el uso normalizado de las lenguas de España, el estado de la Justicia y tantas otras que desbordan la finalidad de estas breves reflexiones de qué debemos entender por España.

La España de hoy aborda nuevos y desafiantes retos en que el libre juego de los principios de las mayorías y de la negociación está sufriendo el efecto de una sociedad sofisticadamente avanzada e interconectada, con una enorme incidencia en las relaciones tanto individuales como colectivas. Nada de lo que se cuece a nivel internacional nos puede ser ajeno. La autonomía de la libertad individual se ve comprometida por las decisiones de las multinacionales, de los grupos de poder y de decisión, de los organismos internacionales, generándose una fe militante que actúa por mimetismo, en lo que se ha venido a denominar como la patología de la autoridad.

En este contexto, el concepto de nación cede ante el de comunidad, en el marco de una sociedad globalizada. Y es que aquella España abstracta, en fase de construcción, obsesionada en encontrar su propia identidad, en la eterna búsqueda de su permanente unión y cohesión, es hoy una realidad en el marco de los intereses internacionales y de grupo.

Bibliografía

Azaña, Manuel; Ortega y Gasset, José. *Dos visiones de España*. Galaxia Gutenberg. 1932.

Christian Andersen, Hans. *Viaje por España*. Alianza Editorial. 2005

Estrabón. *Geografía (Hispania y Galia)*. Planeta d Agostini. 1992

Gibson, Ian. *Aventuras ibéricas. Recorridos, reflexiones e irreverencia*. Ediciones B, S.A. 2017.

De Madariaga y Rojo, Salvador. *España. Ensayo de historia contemporánea*. Espasa- Calpe. 1979.

Marías, Julián. *España inteligible*, Alianza editorial. 2005.

Merino, Ignacio. *Por qué España. Bases simbólicas de la nación española*. Ed. Ariel. 2021.

Peces-Barba, Gregorio. *La España civil*. Galaxia Gutenberg. 2005

Sánchez Drago, Fernando. *Y si habla mal de España ... es español*. Planeta. 2008.

Traité, Javier. *Historia torcida de España*. Ed. Principal de los libros. 2013.

27

KAROSHI, KARO JISATSU, KACHO-BYO Y *WORKAHOLIC*

Todos y cada uno de nosotros, en mayor o menor medida, estamos sometidos en nuestra jornada laboral a determinadas condiciones, sean ambientales, organizativas, productivas o técnicas que inciden directa o indirectamente en nuestra salud.

El estrés producido por tales condiciones vinculado a un prolongamiento excesivo de nuestro horario de trabajo, la consecución de resultados a que nos someten nuestros superiores, la incertidumbre en la estabilidad de nuestro puesto de trabajo debido a la precariedad de las condiciones laborales o la falta de desconexión digital, pueden dar lugar a enfermedades cardíacas e incluso a la muerte debido al cansancio, la falta de sueño, la mala alimentación o la falta de ejercicio, fruto de una vida sedentaria y anodina.

Japón, como en otros tantos aspectos, es pionero en estudios sobre muertes por patologías cardíacas en el trabajo, conocidas como *Karoshi*, pero también por muertes debidas a que el trabajador ha decidido acabar con su vida, definidas por el término *Karo Jisatsu*.

A finales del año 2013 el Ministerio de Trabajo japonés certificó que en el transcurso del año se habían producido 190 muertes por *Karoshi o Karo Jisatsu*, siendo que la primera tipología duplicaba en número a la segunda, cifras similares en media anual a la década precedente, aunque para las numerosas organizaciones *antikaroshi* existentes en el país no sólo el Gobierno es reacio a reconocer la verdadera magnitud del problema, sino que pudieran ser diez veces superiores a los datos oficiales.

Los malestares que se derivan del estrés laboral pueden adoptar otras patologías diversas, a nivel lumbar, de afectación de las extremidades superiores e inferiores, fibromialgia, fatiga crónica, pérdida de agudeza visual o auditiva, lo que se traduce en horas perdidas de productividad derivadas de bajas médicas y de recursos económicos empleados en su retribución o en el pago de prestaciones por incapacidades permanentes.

Al peculiar vocabulario japonés se añade otra expresión más relevante, *Kacho-byo*, o *«enfermedad del directivo»*, vinculada al abrumador estrés que sienten los ejecutivos medios por los ascensos, por no estar a la altura de su equipo, por avergonzarse a sí mismos y ante sus familias o por decepcionar a sus superiores y debilitar a la empresa.

En estrecha conexión encontramos a los que son adictos al trabajo, a los que trabajan de manera incesante. James Suzman, en su obra *«Trabajo. Una historia de cómo empleamos el tiempo»*, se refiere al pastor de fe Wayne Oates, nacido en Carolina del Sur, en 1917, que vinculó aquel trabajo incesante al comportamiento de algunos alcohólicos a los que trataba, acuñando el término *workaholic*, llegando incluso a publicar en 1971 una obra al respecto, *«The Confessions of a Workaholic»*.

El mismo autor señala que el único lugar donde se ha llevado a cabo un trabajo estadístico sistemático es Noruega, donde los investigadores de la Universidad de Bergen desarrollaron una metodología de cálculo a la que llamaron la escala de Bergen, asignando una puntuación numérica basándose en las respuestas estandarizadas a siete afirmaciones simples, como *«¿te estresas si te prohíben trabajar?»* o *«¿priorizas el trabajo frente a las aficiones y las actividades de ocio?»*. Si respondes *«siempre»* o *«con frecuencia»* a la mayoría de estas preguntas, entonces, razonan, los autores del test, probablemente eres un *workaholic*.

Nuestro país no es ajeno a todas estas realidades. Según la última estadística del Ministerio de Trabajo sobre accidentes de trabajo referida al año 2021, elaborada por la Subdirección General de Estadística y Análisis Sociolaboral de los partes de accidentes de trabajo notificados a través del Sistema Delt@, el número de accidentes de trabajo con baja fue de 601.123, mientras que el de accidentes de trabajo sin baja fue de 565.075. Comparando las cifras con las del año anterior, los accidentes con baja experimentaron un aumento del 18,9 % y los accidentes sin baja del 8,9 %.

Dentro de los accidentes con baja, se produjeron 523.800 accidentes en jornada de trabajo y 77.323 accidentes *in itinere*. Los accidentes en jornada aumentaron un 17,4 % con respecto al año anterior, mientras que los accidentes *in itinere* lo fueron en un 30,3 %.

Por situación profesional para los accidentes con baja, se produjeron 565.200 accidentes en asalariados y 35.923 en trabajadores por cuenta propia.

A destacar que los accidentes mortales oscilan alrededor de 1 por cada 1.000 accidentes con baja. Concretamente, durante el año 2021 se produjeron 523.800 accidentes con baja en jornada, de los cuales 3.895 accidentes fueron graves y 612 accidentes fueron mortales. Comparando estos datos con los del año anterior, se produjeron 253 accidentes graves más y 25 accidentes mortales menos.

Por sexo, del total de accidentes en jornada con baja, 372.688 accidentes (71 %) afectaron a varones, mientras que 151.112 accidentes (29 %) afectaron a mujeres.

Los accidentes mortales en jornada se distribuyeron en 577 casos en varones y 35 en mujeres. Por profesiones, los conductores y operarios de maquinaria móvil, seguidos de los peones en los sectores de la agricultura, construcción e industria son lo que más accidentes mortales registran. En lo que se refiere a las causas, los infartos y derrames cerebrales (244) y las lesiones múltiples (224) acaparan el ranquin.

Si nos referimos a las patologías mentales, según la Base de Datos Clínicos de Atención Primaria, del Ministerio de Sanidad, el problema de salud mental más frecuentemente registrado en las historias clínicas de atención primaria es el trastorno de ansiedad que afecta al 6,7 % de población con tarjeta sanitaria. Es un problema con frecuencia relativamente estable entre los 35 y 84 años. El trastorno depresivo aparece en el 4,1 % de la población y se va incrementando con la edad. El síntoma más frecuente es el trastorno del sueño, que afecta al 5,4 % de la población (15,8 % en mujeres, 5,1 % en hombres), y crece con la edad. Las psicosis en conjunto afectan al 1,2 % de la población siendo la más frecuente la psicosis afectiva, con una prevalencia de 7,2 %. La demencia se registra en el 3,2 % de la población de 60 y más años. En la infancia y adolescencia (< 25 años) los problemas más frecuentes son los trastornos hipercinéticos (1,8 %) y los problemas específicos del aprendizaje (1,6 %).

Los problemas de salud mental tienen varias características comunes: son de predominio femenino en los adultos, fundamentalmente en el caso de la anorexia nerviosa (7 veces más) y el trastorno depresivo (3 veces más). En la infancia/adolescencia son más frecuentes en los varones, en especial los trastornos hipercinéticos (3 veces más). Es frecuente la existencia de un gradiente social (el problema de salud es más prevalente a medida que disminuye el nivel de rentas) en especial en las psicosis (esquizofrenia, 12 veces más en el nivel de renta más bajo respecto al más alto), los trastornos de la personalidad (11 veces más) y los trastornos de somatización (7 veces más).

El 34,3 % de las mujeres y el 17,8 % de los hombres de 40 y más años ha retirado al menos un envase de antidepresivo, ansiolítico o hipnótico/sedante durante el año de estudio, 2017. En términos cuantitativos, se dispensan 203,6 DHD (dosis diarias definidas por mil personas y día), cantidad que permite tratar al 20,4 % de la población de 40 años y más con una dosis diaria estándar durante todo el año. Los más utilizados son: antidepresivos, 98,8 DHD (40,3 en mujeres y 52,8 en hombres), ansiolíticos (83,5 en mujeres y 43,4 en hombres) y los hipnóticos y sedantes (40,2 DHD, 52,2 en mujeres y 26,9 en hombres). El consumo tiene un patrón común: es mayor en mujeres, se incrementa con la edad, se observa gradiente social, y es mayor la dispensación conforme menor es el tamaño del municipio, con independencia de la edad. En patologías específicas: en las personas con psicosis (de cualquier edad) se dispensan 241,7 DHD de neurolépticos, más en hombres y en niveles de renta bajos. Se dispensan 109,5 DHD de litio en las personas con psicosis afectiva, sin grandes diferencias por sexo, edad o nivel de renta. En las personas con demencia se dispensan 376,2 DHD de fármacos anti-demencia, sin diferencias por sexo, edad, nivel de renta o tamaño de municipio. Se dispensan 214,0 DHD de psicoestimulantes en los trastornos hipercinéticos en menores de 25 años, más en varones entre los 10 y 19 años y en los niveles de renta más altos

Como siempre, la prevención y la formación adecuadas deben ser la base y el pilar en que se apoye cualquier política dirigida a minimizar los riesgos y los accidentes de cualquier tipo velando por la salud, sin olvidar el propiciar y tutelar un ambiente laboral que proteja al trabajador de condiciones que pongan en peligro su integridad física o psíquica.

28

SI SÓCRATES LEVANTARA LA CABEZA[86]

Acabo de enterarme que el Departamento de Educación de la Generalitat de Catalunya quiere eliminar la asignatura optativa de Filosofía en 4.º de ESO y reducir a una hora a la semana y solo en un curso la asignatura «Educación en valores éticos y cívicos», con cierto contenido filosófico, conforme prevé el borrador de currículum de secundaria para el curso 2022-2023.

En el preámbulo del decreto se afirma que el currículum persigue conseguir *«una sociedad más justa, democrática, cohesionada e inclusiva. Una sociedad fundamentada en una ciudadanía crítica, activa y constructiva, que dé respuesta a las aspiraciones personales y colectivas para profundizar en su desarrollo en un contexto plurilingüe y pluricultural, sostenible, digitalizado, más equitativa, más verde, más feminista y más democrática».*

La noticia, en honor a la verdad, me ha impactado, al menos lo suficiente para ponerme a escribir apresuradamente, pero con plena decisión el presente comentario.

En mis tiempos escolares y aún universitarios, la asignatura de Filosofía no solo era obligatoria, sino que formaba parte de lo que podría denominarse como acervo intelectual básico o esencial, junto con las materias de Historia clásica y contemporánea, Historia del Arte y, para quienes optaban por letras, en vez de ciencias, las lenguas clásicas de Latín y Griego.

Estoy convencido que su estudio contribuyó, al menos a las generaciones que como las mías y posteriores así lo vivieron, a una educación integral y coherente con los principios clásicos que enfocan la docencia hacia el conocimiento de las diferentes etapas históricas y evolutivas del hombre y no solo en función de las exigencias sociales y/o políticas, siempre de carácter coyuntural, imperantes en cada momento.

Pretender que la filosofía se elimine de un plumazo es como disparar a la línea de flotación de un buque con la certeza de su hundimiento y desaparición.

86. Publicado en *Econimist & Jurist*, el 27.2.2022.

Nada tiene de criticable inculcar a los alumnos los valores propios de una ciudadanía crítica, activa, constructiva e igualitaria dentro del marco de los derechos y obligaciones con que nuestro país, como cualquier otra sociedad moderna y civilizada, se ha dotado como Estado democrático y de derecho que es; pero sí lo es dejar de pensar, dando a entender que la filosofía no contribuye a cimentar y acrecentar las cualidades del hombre, cuestionándose el porqué de las cosas, dando respuesta a las preguntas sobre los grandes enigmas de la vida, como la naturaleza y el fin del hombre, el universo, el paso irreversible del tiempo, los enigmas del nacimiento y la muerte, poniendo en valor la libertad o los derechos naturales o implantando la democracia como sistema de gobierno.

Se atribuye a Tales de Mileto maestro de Pitágoras y Anaxímedes, y contemporáneo de Anaximandro, la paternidad de la filosofía, siendo el primer filósofo griego que intentó dar una explicación física del Universo, que para él era un espacio racional pese a su aparente desorden. Y qué decir de Sócrates, Platón y Aristóteles, que forman el triunvirato de los grandes filósofos griegos. El primero, con su método «mayéutico» y su teoría del concepto; el segundo, con su teoría de las ideas, y su estilo literario; y el tercero, con la estructura de las principales ramas filosóficas, como la Lógica, la Metafísica, la Ética, la Psicología racional y la Política.

Especial mención merece la mayéutica, un método que se basa en que el maestro hace que el alumno descubra por él mismo los conocimientos a través de una serie de preguntas. En esencia, este método desplazó, en la Antigua Grecia, a los encargados de impartir conocimientos, conocidos como sofistas, hombres que dedicaban su vida a enseñar sabiduría por medio de elaborados discursos que buscaban convencer al público de que sus ideas eran erróneas y debían aceptar y promulgar todo lo que ellos enseñaban.

Sin embargo, Sócrates pudo comprobar que los sofistas pretendían que su audiencia era ignorante y buscaban imponer sus conocimientos en lugar de propiciar el debate, por lo que decidió transformar completamente el sistema de enseñanza, para lograr mejores resultados, y para ello, pensó, nada mejor que confiar en las opiniones de su público, incitándolo a responder todo tipo de preguntas que les dieran validez a sus argumentos, hasta que finalmente se quedaran sin ellos para defender sus propios ideales y se dieran cuenta de que realmente estuvieron viviendo en el error.

Con este sistema se pretendía que para el filósofo lo más importante fuera sembrar en sus alumnos la curiosidad y el debate por medio de preguntas, analizando desde diferentes puntos de vista cada uno de los argumentos de sus alumnos. Nunca haciéndolos sentir inferiores ni ignorantes, simplemente guiándolos hacia la verdad cuestionando las debilidades de sus propios ideales.

Pero, ¿qué sucederá cuando la nueva norma campe por los respetos de los principios de la sabiduría humana y de los propios alumnos, abandonados a los principios que gobiernan actualmente nuestro mundo, sometido a la tiranía de la tecnología, a los criterios algorítmicos, a la competitividad despiadada, a los intereses de la oligarquía dominante y la sumisión al interés colectivo en detrimento del pensamiento individual, del reposo intelectual, de la inducción por medio del conocimiento que nuestros antepasados nos transmitieron por medio de su palabra y de sus obras?

Filosofar, en palabras de Ortega y Gasset, es emplear el rigor metódico cuando se investiga y persigue sus verdades, representarnos las variaciones del pensar no como un cambio en la verdad de ayer que la convierta en error para hoy sino como un cambio de orientación en el hombre que le lleva a ver ante sí otras verdades distintas de las de ayer, pues es éste el *a priori* fundamental de la historia.

Hay que partir del convencimiento, como señalara otro gran filósofo español, Javier Marías, que la filosofía es inseparable de su historia; que consiste por lo pronto en eso que han hecho los filósofos del pasado y que llega hasta hoy; en otros términos, que la filosofía es histórica y la historia de la filosofía es filosofía estricta. Filosofía entendida como ciencia y modo de vida, un modo esencial que consiste en vivir en una cierta ciencia y, por tanto, la postula y exige.

¿Cómo es posible dejar en el olvido los grandes padres de la filosofía antigua, ya sean los presocráticos Mileto, Anaximandro o Anaxímenes; los pitagóricos, y a su frente Pitágoras; la escuela de Elea, encabezados por Jenófanes, Parménides, Zenón o Meliso; o Heráclito y Demócrito, por no hablar de San Agustín, o los filósofos cristianos, árabes y judíos; o los filósofos que recogieron sus ideales, Spinoza, Leibniz, Francisco Bacon, Hobbes, Locke, Berkeley o Hume; los del siglo XIX, como Comte, Kierkegaard, Nietzsche; los contemporáneos como Brentano, Bergson, Russell, Unamuno, Heidegger; o, para acabar este repaso, nuestros filósofos patrios, José Ortega y Gasset, Morente, Zubiri, Gaos, Ferrater o Julián Marías?

Sin filosofía se cae en la abstracción, en vivir el acto, sin conciencia, sin hacer de las vivencias objeto de reflexión, dejarse arrastrar por lo cómodo, por lo que otros han decidido que yo piense, sin dejarme experimentar la realidad radical que es la vida misma, de enfrentarme a ella con la suficiente meditación y duda que me conduzca a la certeza, a mi verdad,

El mismo Ortega afirmaba que el punto de vista individual era el único punto de vista desde el cual puede mirarse el mundo en su verdad. Pero para ello necesitamos un referente, porque somos historia viva, sin la cual sucumbimos en el abismo de la ignorancia o, al menos, en el trampolín de las meras sensaciones a través de un camino previa e interesadamente trazado.

Esperemos que quienes han decidido eliminar la filosofía como asignatura reflexionen y corrijan, aunque me temo que poco o nada puede hacerse que no sea lamentarse.

29

LECTORES, BIBLIÓFILOS Y COLECCIONISTAS[87]

Según el Barómetro de Hábitos de Lectura y Compra de Libros en España 2022, elaborado por la Federación de Gremios de Editores de España (FGEE), con el patrocinio de CEDRO y en colaboración con el Ministerio de Cultura y Deporte, el porcentaje de lectores de libros por ocio en su tiempo libre continuó su crecimiento en 2022 y ratifica la consolidación experimentada tras el importante incremento de los índices de lectura experimentados durante la pandemia.

El citado barómetro señala que el porcentaje de la población española que leyó algún libro durante al pasado año, ya sea por ocio o por trabajo, alcanzó el 68,4 %. Si nos referimos solo a aquellos que leyeron por ocio en su tiempo libre, el porcentaje se situó en el 64,8 %, una cifra ligeramente superior a la del año anterior, cifra que se incrementa hasta el 66,2 % si añadimos a aquellas personas que sólo leyeron cómics en su tiempo libre.

Los datos del barómetro reflejan otros aspectos relevantes sobre el hábito lector en España, que está determinado en gran medida por la edad, el sexo, el nivel educativo y la región en la que se viva. Las mujeres son considerablemente más lectoras que los hombres, un 69,9 % frente a un 59,5 %. Curiosamente, aunque el porcentaje de lectores tanto en mujeres y hombres ha crecido en estos diez años (5,8 y 5,5 puntos porcentuales respectivamente), se mantienen prácticamente 10 puntos de diferencia. Además, el porcentaje de mujeres lectoras en su tiempo libre es significativamente superior al de los hombres en todos los tramos de edad, especialmente de los 25 a los 34 años.

Por edades, el tramo con mayor población lectora es el comprendido entre los 14 y los 24 años (74,2 %). Es importante destacar que, desde 2012, el porcentaje de lectores con 65 y más años se ha incrementado por encima de la media de crecimiento general (13,7 puntos porcentuales, de 38,2 % al 51,9 %).

---

87. Publicado en *Linkedin* el 12.10.2023.

En cuanto a los niveles de estudio, el 86,5 % de universitarios lee en su tiempo libre. Esta cifra desciende al 62,3 % entre la población que cuenta con estudios secundarios y al 39 % entre los que sólo han cursado estudios primarios. En todos los niveles se observan crecimientos de los índices de lectura, siendo inferiores entre los que tienen estudios secundarios.

En la práctica totalidad de las comunidades autónomas, el número de lectores en tiempo libre o bien ha crecido o se ha mantenido estable con respecto a las cifras de 2021. La media nacional experimenta un crecimiento, pero sigue existiendo desigualdad entre territorios. A la cabeza de la lista se sitúan Madrid (74,2 %), Cataluña (68,7 %), Navarra (68,2 %) y País Vasco (68,2 %), como ya ocurrió el año anterior. En los últimos puestos repiten Castilla-La Mancha (59,6 %), Canarias (59,1 %) y Extremadura (55,1 %). Incluso en aquellas CC. AA. que cuentan con lengua autonómica, la mayoría de los lectores prefiere leer libros en castellano. Con respecto a 2012, los porcentajes de lectores son más altos en todas las comunidades autónomas, con un mayor crecimiento en Asturias, Cataluña y Navarra.

Con todo, sigue habiendo un importante porcentaje de españoles (35,2 %) que no leen nunca o casi nunca, si bien el porcentaje se ha reducido en estos diez últimos años.

He considerado necesario cuando no prudente referirme a los anteriores datos estadísticos para poder situarnos en escena, con la lógica advertencia que los mismos se refieren a nuestro país, por lo que no resultan extrapolables a otros diferentes.

Existen, esencialmente, tres tipos de lectores, los ocasionales, los habituales, los bibliófilos y los coleccionistas, enunciados, como ahora razonaré, por grado de interés e intensidad en sus hábitos.

Los ***lectores ocasionales*** son aquellos para los que leer un libro es sinónimo de una tarde aburrida de domingo o constipado guardando cama, es más la excepción que la regla, el accidente que la costumbre. Se trata de personas que, literalmente e incluso literariamente, pasan de leer y si lo hacen es por pura necesidad o para quedar bien, si se presta la ocasión de hacerlo con el último *bestseller* del autor de moda; me refiero, en suma, a aquél 35,2 % de españoles que no leen nunca o casi nunca.

En su hogar no suele haber muchos libros y los pocos que hay forman parte del decorado junto con la lámpara de pie, el jarrón chino y los cuadros del salón. No es de extrañar que muchos de esos libros formen parte de alguna colección de las que se suelen vender en las campañas de verano o post navideñas, en especial los dos a o tres primeros volúmenes que salieron a la venta a un precio especialmente reducido, mientras que otros fueron obsequio inesperado de quien en el último momento se dio al recurso fácil de regalar un libro sin conocer ni la afición ni el gusto del obsequiado.

Para el caso de que nuestro lector ocasional se deje arrastrar por la tentación de leer alguno, lo más probable es que desista tras las primeras páginas, vencido por el tedio o el sueño, y no nos extrañe si lo regala como nuevo o, simplemente, lo tira en el primer contenedor de cartón que encuentre a su paso o lo deje triste y abandonado en cualquier banco, un verdadero sacrilegio digno de la Inquisición.

Un ejemplo de este tipo de lectores lo tenemos en la anécdota que suele contarse de Napoleón. En uno de sus numerosos trayectos en carruaje se le vio como lanzaba por una de las ventanillas un libro cuyo estado, se dijo, dejaba tanto de desear como sus tropas vencidas de regreso a casa, algo reprochable y vergonzoso para cualquier mortal.

Los ***lectores habituales***, sin llegar a la categoría de bibliófilos, aprovechan cualquier instante del día para leer, eso suponiendo que no esté enganchado al móvil. Y tanto les da si se trata de un libro físico, normalmente de tapas blandas que suelen ser más económicos, o de un *e-book*. Suelen leer alguna obra o autor por recomendación de amigos o por la publicidad de grandes almacenes, lectura fácil, cómoda y de pocas páginas, a poder ser.

El tercer tipo al que me refería es el de los ***bibliófilos***, aquellos a quienes se les considera como verdaderos amantes de los libros. En esta ocasión se trata de lectores empedernidos, sedientos de conocimiento, devoradores natos de cuanto pueda caer en sus manos y que mínimamente sea digerible.

Suelen poseer una biblioteca personal de cientos y hasta, a veces, miles de libros —aunque no tantos como los más de 100.000 libros de los que presumía acumular Fernando Sánchez Dragó o los 32.000 de Arturo Pérez Reverte—, adquiridos a través del tiempo en librerías antiguas y de ocasión o en establecimientos del ramo.

Están al día en las novedades editoriales, acuden a actos de presentación y conferencias de sus autores predilectos, compran compulsivamente en las ferias de libros y roban tiempo del tiempo para intentar leer todo lo que adquieren. El bibliófilo ama por igual el libro que la lectura. El libro es el medio y disfruta de su contenido.

Llegamos, finalmente, a los ***coleccionistas***. El coleccionista puede ser o no bibliófilo, pero sin duda es un acaparador/acumulador de libros.

Su pasión por comprarlos es tal que los libros se amontonan en el suelo dibujando una peligrosa línea vertical que amenaza en cualquier instante con desplomarse como un castillo de naipes, o bien ocupando doble fila en las librerías, distribuidos en la mesa del salón o atrincherados de lado a lado en los pasillos obligando a transcurrir por ellos de costado.

El problema que puede suceder, y de hecho ocurre, es que el coleccionista compre hasta dos y tres veces el mismo libro ignorando que tiempo atrás ya lo había adquirido, o que cuando elige uno de los amontonados en vertical y situados debajo de todo le dé un salto al corazón al comprobar atónito aquél título o autor que creía no haber leído o comprado, y lo mismo pasa cuando, de tarde en tarde, se dedica a sacar el polvo acumulado de las estanterías de los colocados en segunda fila y advierte las maravillas escondidas que se escondían a su lectura.

Pero el coleccionista va más allá todavía. Busca y rebusca hasta encontrar aquella primera edición o aquella cubierta que da valor a la obra, aún más si está dedicado por el mismo autor. A veces compra diferentes ediciones del mismo escritor y libro, publicados en diferentes países y en distintos idiomas para apreciar en su lengua original lo que quería transmitir el escritor.

El coleccionista tiene miles de libros, no menos de tres mil, un verdadero problema de convivencia y ácaros. Sí, porque el espacio vital se reduce y sucumbe ante nuevas estanterías donde poder colocarlos. Conozco un amigo al que le advertí que ante la acumulación de libros en su casa debía tomar urgentemente una decisión; así fue, a los pocos días me llamó para confirmarme eufórico que había comprado una segunda casa donde poder amontonar más libros.

El coleccionista, un género fronterizo con la enfermedad, puede tener sus libros ordenados por materias, autores, años, idiomas, tamaños o ediciones, aunque pocos creo que lo hagan, pues la continua adquisición de nuevos libros impide tenerlos permanentemente ordenados, con lo que la biblioteca se convierte en una verdadera jungla, toda una aventura para encontrar aquél libro que en algún momento buscamos desesperadamente, y ello durante días y hasta semanas, hasta que el día menos esperado, cuando ya habíamos arrojado la toalla, aparece ante nuestras narices.

Sus libros, los de nuestro coleccionista, no sólo los mima, sino que están absolutamente impolutos, sin la manía de muchos lectores de escribir la ciudad y fecha de compra, doblar las esquinas, poner señales de colores, subrayar párrafos enteros en bolígrafo o rotulador permanente, o poner anotaciones de cualquier tipo.

Su biblioteca es un verdadero templo, un lugar de oración y meditación, el Oráculo de Delfos. Que a nadie se le ocurra la osadía de coger ningún libro o, haciéndolo, no dejarlo en su mismo lugar y adecuadamente alienado con el resto. Quizás por tal motivo, el coleccionista nunca prestará sus libros; tamaño crimen no está permitido por las leyes de la naturaleza y de la divinidad.

Si bien se advierte, son más las diferencias que las coincidencias entre lectores —ocasionales o habituales—, bibliófilos y coleccionistas, aunque ninguno que yo sepa de ellos hace daño a la sociedad y sí mucho a favor de la cultura.

Como dijera en cierta ocasión Valentino Bompiani *«Un hombre que lee vale por dos»*. Aunque tampoco le falta razón a Umberto Eco cuando afirmó que el libro es un seguro de vida, una pequeña anticipación de la inmortalidad.

30

UN DELEITE PARA LOS SENTIDOS: EL CONCIERTO DE AÑO NUEVO DE LA FILARMÓNICA DE VIENA[88]

Como cada año y siguiendo una tradición que forma ya parte de los festejos de Navidad, he acudido desde la comodidad del salón de mi casa a deleitarme con el Concierto de Año Nuevo, en su ya 84 edición, a cargo de la Orquesta Filarmónica de Viena, este año bajo la batuta del director alemán Christian Thielemann, titular de la Staatskapelle sajona.

Cuando apenas tenía diez años seguía embelesado por la televisión las transmisiones en blanco y negro del concierto que inauguraba la temporada musical del nuevo año, mientras que con un simple magnetofón grababa en un casete las diferentes piezas de su programa.

Al oír y ver la majestuosidad de una orquesta tan maravillosamente armoniosa, tan disciplinada, compuesta de grandes y acreditados maestros, en un entorno único como es la Sala dorada del Musikverein, uno no puede por menos que dejarse transportar por los sentidos.

El público asistente, tan disciplinado como la propia orquesta, acude adecuadamente vestido para la ocasión y sus caras reflejan el entusiasmo contenido al escuchar unas piezas musicales, la mayoría de ellas compuestas por la familia Strauss pero también por otros contemporáneos suyos.

Y qué decir de la pieza final, la Marcha Radetzky, de Johan Strauss padre, interpretada desde 1946, tan esperada y deseada como coreada con los aplausos armónicos del público bajo la cómplice dirección del director de turno.

Tal es el éxito de este concierto, transmitido en directo a más de 100 países, que quien desee disfrutarlo en directo necesitará tener suerte en el sorteo anual de entradas que se realiza a través de la página web de la Orquesta Filarmónica.

---

88. Publicado en *Linkedin* el 1.1.2024.

Durante cerca de dos horas el mundo se paraliza y se reduce a una sala de conciertos donde todo es armonía, música, ensueño, imaginación, cultura por todos los poros.

Nuestras almas y nuestros sentidos se elevan a lo más alto y, por unos instantes, nos sentimos transportados a otra época, en que castillos, palacios, estatuas, lagos, prados y el curso sinuoso del Danubio, que da nombre a otra de las famosas composiciones de Johan Strauss hijo, se integran en un todo único.

¿Hay mejor manera de comenzar el año?

COLEX

LA EDITORIAL JURÍDICA DE REFERENCIA PARA LOS PROFESIONALES DEL DERECHO **DESDE 1981**

Paso a paso

Códigos comentados

Vademecum

Formularios

Flashes formativos

Colecciones científicas

DESCUBRA NUESTRAS OBRAS EN:

www.colex.es

Editorial Colex SL Tel.: 910 600 164 info@colex.es

Made in the USA
Coppell, TX
10 November 2026

11840740R00201